KB122246

부동산마케팅

이태교 · 방송희 공저

法 文 社

저자가 1974년 우리나라 부동산학계에서 처음으로 부동산마케팅이란 제목의 책을 경영문화원에서 펴낸 지 무려 40년의 세월이 흘렀다. 부동산이론에 기존의 마케팅이론을 접목시켜 '부동산마케팅'을 새롭게 학문적으로 체계화를 시도했다는 점에서 저자는 늘 자부심을 느끼고 있었다. 그 후 두 번에 걸쳐 수정판을 내고 1997년에는 한성대 안정근 교수의 참여로 책 내용 중 미국의 부동산중개업부분을 대폭 보완, 법문사에서 부동산마케팅을 다시 출판했다.

그로부터 20년, 부동산업환경은 엄청나게 변했다. 국제화, 정보화사회가 도래했는가 하면 1인가구가 우리사회에 대세로 자리 잡았다. 외국의 투자자금이 우리 부동산시장에 몰려오고 아파트건축에도 IT가 접목되고 있으며 가구구성의 변화로 고객의 욕구도 과거 중대형평형에서 중소형 아파트로 변하고 있다. 저출산·고령화로 한때 활기를 띠던 교외의 전원주택, 뉴타운이 쇠퇴하고 인구의 회귀(리턴)현상으로 도심의 낡은 건물들이 리모델링되면서 도심의 부동산값이 오르고 주상복합건물들이 속속 들어서고 있다. 부동산시장도 정권이 바뀔 때마다 새로운 부동산정책을 남발하는 바람에 장기침체와 경기과열이 거듭하는 널뛰기 장세를 보여왔다. 그동안 buyer's market인 침체기에서 허덕이던 시장이 최근 모처럼 seller's market로 활기를 띠고 있다. 그러나 급속한 부동산환경의 변화를 감안할 때 장기적으로 부동산시장은 buyer's market가 지속될 것으로 예상된다.

이에 따라 부동산마케팅의 연구와 중요성은 점차 더 커질 것으로 생각된다. 시대가 변하면 변화된 환경에 빨리 적응하는 것이 교수의 사명이다. 그래서 저자는 이번에 장래가 촉망되는 젊은 부동산학자 방송희 박사를 영입해서 공저를 내기로 한 것이다. 방 박사는 신예답게 저자의 부족한 부분을 훌륭하게 보완해 주었다. 그의 도움으로 부동산산업의 환경변화에 걸맞게 책의 많은 부분을 시의적절하게 수정, 보완할 수 있었다. 그러나 시간이 지나도 자료로서 가치가 있는 부동산개발업의 마케팅부분은 그대로 살렸다. 또한 이번 책에서 최근 부상하고 있는 부동산특수마케팅을 추가했다. 특수마케팅에는 리모델링, 인터넷, 귀족, 공간, 도시마케팅을 포함시켰고 그리고 브랜드마케팅도 새롭게 넣었다.

끝으로 이 책을 편집하는 데 정성을 다해준 편집부 배은영 선생, 영업부의 장지훈 부장, 권혁기 대리, 그리고 배효선 사장님을 비롯한 법문사 관계자 여러분들의 성원과 노고에 고마운 마음을 전한다.

2015년 12월 첫눈이 내리던 날에,
서울 역삼동 서재에서
저자 씀

차 례 >>>

제 3 장   부동산마케팅환경

제 4 장   부동산시장분석

제 5 장   부동산마케팅 관리과정

제 6 장   부동산마케팅전략

제 7 장　부동산 마케팅믹스 전략

제 8 장　부동산개발업의 마케팅활동

부동산마케팅

제 1 장

부동산시장의 패러다임 변화와 부동산마케팅

1. 한국에서의 부동산에 대한 인식

인류공통의 기반이자 국가성립의 기초인 토지는 위치의 고정성, 비생산성, 영속성과 같은 자연적 특성과 사회적, 행정적, 경제적 위치의 가변성, 고가성으로 대별되는 인문적 특성으로 인해 다른 자산과는 구별되는 특성을 가진다. 또한 부동산은 투자의 대상이 되는 자산인 반면 생산수단 또는 소비수단이기도 하다.

우리나라는 빠른 경제성장, 베이비부머(baby boomer, 1955~1963년 출생)세대의 사회진출, 농촌인구의 도시이동 등으로 부동산수요가 빠르게 증가하면서 1990년 대까지 부동산가격의 가파른 상승을 경험하였고, 부동산불패신화라는 말이 만들어 지는 등 부동산은 사 두면 오른다는 인식이 지배적이었다.

당시 부동산에 대한 수요는 항상 넘쳐났으며, 택지든 주택이든 만들기만 하면 팔리는 공급자 중심의 시장, 즉 판매자시장(seller's market)이었다. 때문에 시장에서 소비자의 욕구는 철저히 무시되어 왔다. 기업의 입장에서는 부동산을 금융기관에 담보로 제공하고 저리의 자금을 빌릴 수 있었기 때문에 부동산을 기업 성장의 조건으로 인식하였고, 부동산의 가치가 지속적으로 상승하고 있었기 때문에 금융기관 또한 부동산을 안정적인 담보물로 인식하였다.

부동산에 대한 투자수익은 주로 자본이득(capital gain)으로부터 나온다. 당시 부동산가격은 빠르게 상승하던 시기였기 때문에 투자자들은 임대료 수익을 목적으로 투자하기 보다는 향후 부동산가격 상승에 따른 자본이득을 기대하고 투자하기 마련이었다.

시장의 상황이 이렇다보니 국민들의 의식 속에 부동산은 생산수단이나 소비수단과 같은 이용의 대상이 아니라 투자와 투기의 대상으로 인식되고 있었다. 실제 공간을 이용하고자 하는 가계나 기업은 공간을 임대하기보다는 소유하고자 하였으며, 기업은 지가상승에 따른 자본이득을 얻기 위해 필요 이상의 부동산을 매입하였고, 가계도 마찬가지 이유에서 필요이상의 대형주택을 매입하였다.

2. 부동산 패러다임 변화의 원인

1) 부동산신화의 붕괴

1990년대 들어 부동산투기억제를 위한 정부의 노력과 분당, 일산 등 신도시건설로 인한 공급과잉으로 부동산가격이 하락하기 시작하였으며, 외환위기의 여파로 1998년~1999년 부동산가격 폭락을 경험하게 되었다. 이러한 경험은 '부동산은 사두면 오른다'는 식의 부동산 신화를 붕괴시킨 원인이 되었다. 특히 1998년부터 1999년 사이 부동산가격이 30% 이상 폭락하는 지역이 나타났고, 집주인이 전세자금을 내주지 못해 파산하는 '역(逆)의 전세대란'까지 발생하기에 이르렀다.

2) 부동산 가격의 안정과 차별화

1992년 이후에는 가격하락기 이외의 기간에도 부동산가격이 전반적으로 안정적 장세를 유지하고 있다. 전국의 지가는 외환위기로 정부가 1998년 IMF로부터 구제금융을 받은 이후 평균 +4% 수준의 연간변동률을 나타내고 있으며, 2008년 세계금융위기 이후에는 +1% 미만의 연간변동률을 나타내고 있다.

주택가격도 마찬가지로 2008년 이후 연간 주택가격변동률이 대체적으로 +5% 이하의 변동수준을 나타내고 있다. 이와 같은 부동산가격의 안정세는 경제성장 속도의 감소, 베이비붐 세대의 사회진출 마감, 도농(都農)간 인구이동 감소에 따른 현상으로 해석된다.

정부의 각종 투기억제정책과 주택공급의 확대 또한 부동산가격 안정의 주된 요인으로 작용했다. 주택수요는 감소한 반면 주택공급은 증가하면서 주택보급률이

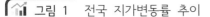

📊 그림 1   전국 지가변동률 추이

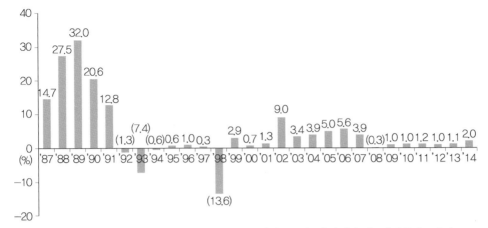

주: 연간변동률은 전년 12월 지가지수 대비 당해년 12월 지가지수의 변동률을 의미
자료: 한국감정원(http://www.r－one.co.kr)

📊 그림 2   전국 주택가격변동률 추이

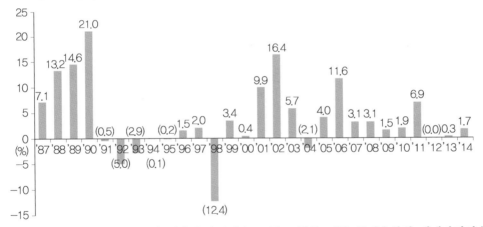

주: 아파트, 연립(다세대), 단독(다가구)주택을 모두 포함한 전체 주택유형의 매매가격지수
    변동률로, 연간변동률은 전년 12월 대비 당해년 12월 주택가격지수의 변동률을 의미
자료: 한국감정원(http://www.r－one.co.kr)

100%를 상회하고 있다. 이러한 이유로 주택가격이 상승하더라도 이는 지역적, 국지적 현상에 지나지 않는다. 예를 들어 주택가격 상승은 주로 수도권 지역에 한정되어 나타나며, 수도권 내에서도 대규모 재건축이 예정되어 있는 지역 등 특정 지역에서만 주택가격의 상승 현상이 나타나고 있다.

대통령	박정희	전두환	노태우	김영삼
재임기간	1963.12~1979.10	1980.09~1988.02	1988.02~1993.02	1993.02~1998.02
대통령	김대중	노무현	이명박	박근혜
재임기간	1998.02~2003.02	2003.02~2008.02	2008.02~2013.02	2013.02~2018.02

3) 금융시장의 변화

금융시장의 개방, 금융기관 구조 조정 등으로 금융기관들도 선진 금융기법을 도입하기 시작했다. 단순히 부동산을 담보로 대출을 실행하기 보다는 차입자의 신용도를 종합적으로 평가하여 대출을 실행하는 시스템으로 변화하고 있다.

금융시장에 있어서 다른 중요한 변화는 2008년 미국 서브프라임 모기지 사태의 경험으로 금융기관들이 더 이상 부동산이 안전한 담보물이 아님을 인지하기 시작했다는 것이다. 즉, 담보로 잡은 부동산의 가치하락으로 오히려 부동산담보물이 금융기관의 생존을 어렵게 하는 요인이 될 수 있다고 인식하기 시작했다.

4) 부동산시장의 개방과 부동산증권화, 간접투자제도의 도입

외환위기 직후인 1998년 이후 부동산시장이 대부분 개방되면서 부동산 평가방식이나 투자 방식이 세계적 표준(global standard)을 따르게 되었다. 특히 대형 오피스 시장의 경우 해외 투자자들이 시장을 주도하면서 부동산가치평가방식이 과거 거래사례비교방식, 원가방식 위주에서 수익환원방식으로 전환되었다.

또한 1998년 자산유동화제도(ABS제도)의 도입, 1999년 주택저당채권유동화제도(MBS제도)의 도입은 이러한 부동산의 가치평가방식, 금융방식 등의 변화에 불을 지폈다고 할 수 있다. 이러한 부동산증권의 발행으로 부동산을 담보로 한 자금조달이 원활해지는 결과를 가져왔기 때문이다.

2001년 7월부터 시행된 REITs(부동산투자회사: real estate investment trusts)제도 도입으로 부동산에 대한 간접투자도 가능해졌다. 개인들은 REITs 주식을 매입함으로써 간접적으로 부동산에 투자하는 효과를 얻게 되었으며, 부동산투자회사는 부동산을 매입할 때 철저하게 수익환원방식으로 부동산의 가치를 평가하고, 불확실한 자본이득보다는 확실한 임대료 수익을 중심으로 부동산에 투자하기 시작했다.

3. 부동산 패러다임의 변화 방향

1) 패러다임의 변화

첫째, 앞서 설명한 부동산 시장을 둘러싼 변화는 부동산 투자자들로 하여금 '자본이득' 보다 임대료 중심의 현금흐름을 중시하는 즉, '운영수익'에 초점을 두는 방향으로 패러다임을 변화시켰다. 부동산가격이 안정되면서 자본이득을 통한 수익 실현보다는 임대료 수입으로 투자수익을 얻고자 하는 경향이 커졌기 때문이다. 이러한 패러다임 변화에 부동산시장의 개방, 부동산 증권화 등도 하나의 원인으로 작용하고 있다. 또한 부동산에서 임대료 수입을 중시하면서 부동산에 대한 가치평가방식도 수익환원방식으로 정착되고 있다.

둘째, '판매자시장(seller's market)'에서 '구매자 시장(buyer's market)'으로의 변화이다. 부동산에 대한 수요 감소와 공급의 증가로 이제 '만들기만 하면 팔리는 시대'는 막을 내렸다. 그렇다보니 수요자가 원(욕구)하는 것이 무엇인지를 파악하는 것은 부동산개발업자와 건설사들의 주된 관심사항이 되고 있다.

셋째, 부동산에 대한 개념이 '자산'에서 '수단'으로 변화하고 있다. 부동산가격이 안정되면서 부동산을 투자 내지 투기의 대상이 아니라 생산 또는 소비수단으로 바라보기 시작했다. 과거에는 부동산에 대한 실수요에 투기적 수요가 가세하면서 부동산가격이 지속적으로 상승하는 현상이 빈번하였으나 이제 실수요 위주로 부동산 시장이 움직이고 있다.

넷째, '소유'의 개념에서 '이용'의 개념으로 변화하고 있다. 부동산을 생산 또는 소비수단으로 바라보기 시작하면서 부동산을 소유할 유인이 작아지고 있다. 부동산을 이용하고자 하는 사람은 사업의 성격이나 부동산가격, 임대료 수준 등을 검토한 후, 부동산을 매입하여 이용할 것인지 아니면 임차하여 이용할 것인지를 결정한다.

다섯째, 부동산은 '위험자산'이라는 인식이 확산되고 있다. 과거 부동산은 지속적인 가격상승과 담보능력 때문에 매우 안정적이면서도 수익성이 높은 투자자산이라는 인식이 팽배했다. 그러나 지금은 이런 이점이 모두 사라짐에 따라 부동산은 위험한 자산이라는 인식이 확산되기 시작했다. 즉, 가격 폭락으로 손실을 볼 수도 있을 뿐만 아니라 현금화의 어려움 때문에 부동산을 많이 보유하고 있다가는 흑자 도산을 할 수도 있다는 인식이 퍼지고 있다.

여섯째, 부동산투자방식이 직접투자에서 간접투자로 전환되고 있다. REITs와 같은 간접투자제도가 도입됨에 따라 직접 투자 대신 간접 투자가 활성화되고 있다. 개인은 투자자금이 소액이고, 위험분산이 어려우며, 부동산투자에 대한 전문지식이 부족하기 때문에 직접투자보다 간접투자가 유리하기 때문이다.

2) 부동산에 대한 인식전환

부동산 패러다임이 변화하는 상황에 능동적으로 대처하기 위해서는 첫째, 과거의 경험에 연연해서는 안 된다. 부동산에 대한 패러다임이 바뀌고 있기 때문에 과거의 경험에 집착하다가는 실패하기 쉽다. 예를 들어 부동산신화에 매몰되어 차입을 통해서라도 부동산을 매입할 경우 나중에는 차입금 상환에 허덕일 수 있다.

둘째, 시장의 흐름을 읽을 수 있어야 한다. 부동산가격의 차별화, 구매자 중심의 시장으로의 전환 등으로 부동산 시장의 흐름을 잘 읽을 수 있어야 시장 환경의 변화에 능동적으로 대처할 수 있다.

셋째, 시야를 넓힐 필요가 있다. 부동산시장의 개방, 부동산시장과 금융시장의 결합 등으로 부동산의 영역이 확대되고 있어 이제는 해외시장의 움직임, 환율 및 이자율의 변동사항 등이 부동산시장의 변화에 중요한 변수가 되고 있다. 따라서 시야를 부동산시장에서 금융시장, 해외시장 등으로 넓혀야 한다.

주거용 부동산 산업의 변화와 미래

2015. 12

김현아

한국건설산업연구원 건설경제연구실장

차례
CONTENTS

01_ 최근 주거용 부동산 시장의 변화

1)주택시장의 변화

비수도권의 유례없는 호황, 주택시장의 일반 공식이 파괴

- 글로벌 금융위기 이후 비수도권 도시들의 주택가격 약진
- **2014년 이후 수도권도 회복세, 비 인기지역들의 약진(유입인구 증가, 광역교통망 개통 및 확충)**

▶ 2009년말 대비 지역별 유형별 주택매매가격 변동률(2015. 7월말 기준, 국민은행, %)

	서울	강북	강남	경기	인천	부산	대구	대전	광주	울산	제주(서귀포)
단독	4.3	3.0	6.4	1.2	-3.1	17.2	23.8	8.4	6.3	20.8	
연립	0.5	-0.2	1.2	1.0	-7.6	30.3	43.5	23.9	9.6	28.0	
아파트	-5.2	-5.5	-5.0	-1.8	-4.8	43.9	62.5	29.3	50.8	42.6	40.7

▶ 2009년말 대비 지역별 유형별 주택전세가격 변동률(2015. 7월말 기준, 국민은행, %)

	서울	강북	강남	경기	인천	부산	대구	대전	광주	울산	제주(서귀포)
단독	21.2	20.4	22.6	14.4	13.4	24.2	25.9	12.0	6.1	17.2	
연립	33.0	33.2	32.7	29.0	15.4	29.5	45.0	28.2	11.5	29.8	
아파트	50.3	47.4	52.7	54.5	37.6	50.8	75.5	42.0	51.8	47.0	40.2

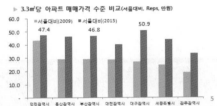

5

01_ 최근 주거용 부동산 시장의 변화

1)주택시장의 변화

▶ 2014.7~2015.7 지역별 아파트매매가격 변동률(Reps, %)

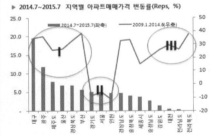

기존 주택시장...재건축, 신축, 소형 아파트가 주도

I: 가격 회복세가 지속되는 지역(지방 광역시)
II: 회복세에 진입한 지역(수도권)
III: 회복세가 둔화되는 지역으로 구분(광역시외 지방 도시)

▶ 글로벌 금융위기 이전 고점대비 주택매매가격 수준

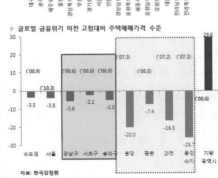

자료: 한국감정원

- ✓ 지역내 전세 →매매 전환 수요 증가
- ✓ 지역내 산업단지의 입주에 따른 인구 유입
- ✓ 지역내 공공기관이전에 따른 이주(상주 및 유동인구 포함) 수요 증가
- ✓ 재정비 사업 추진에 따른 멸실 증가
- ✓ 지역별 개발호재(지하철역 개통 및 신설, 복합 쇼핑공간 등의 개장 및 설치)
- ✓ 지역내 개발사업들의 추진과 토지보상금 지급
- ✓ 다양한 시장활성화 정책(청약제도, 전매제한 완화, 노후산단 리모델링, 세제 정상화 등)
- ✓ 사상 초유의 저금리 및 투자수요 유입

6

최근 주거용 부동산시장의 변화

1) 주택시장의 변화
2) 분양시장의 변화

01_ 최근 주거용 부동산 시장의 변화

비수도권 > 수도권
혁신도시로 인한 공간구조 재편
토지가격 꾸준히 상승
신축 주택선호

투자시장은 점점 더
현금흐름 중심으로 이동
전세 < 월세
보증금 < 높은 월차임
자본차익 < 공실, 연체, 관리비

구조변화
세분화 & 불균형

인구구조보다
수급, 유동성(금리, 환금성)이
시장 흐름 주도

Not 소유대상의 주택
BUT 거주 및 사용중심
수익형 부동산에 대한 관심 증대

4

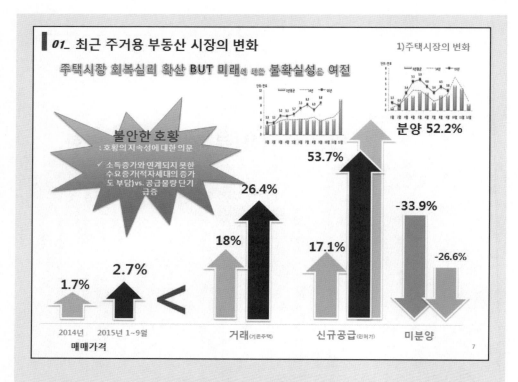

01_ 최근 주거용 부동산 시장의 변화

주택시장 회복심리 확산 BUT 미래에 대한 불확실성은 여전

분양 52.2%

53.7%

26.4%

18%

17.1%

-33.9%

-26.6%

불안한 호황
: 호황의 지속성에 대한 의문

✓ 소득증가와 연계되지 못한 수요증가(적자세대의 증가도 부담)vs. 공급물량 단기 급증

1.7%   2.7%   <

2014년   2015년 1~9월
매매가격

거래(기존주택)   신규공급(인허가)   미분양

7

01_ 최근 주거용 부동산 시장의 변화

2) 분양시장의의 변화

• **2015년 아파트 분양물량 사상 최대치**(약 48만호 추정)

   ✓ 비아파트 주택건설도 도생주붐이 있었던 2011년 수준보다 많아

   ✓ 오피스텔도 지난해 보다 39%증가한(약 5.9만실) 공급

   ✓ 분양단지 중 54.3%가 500세대 이상의 대형단지, 1000세대 이상도 18%나 차지(집단공급 증가-사업단위의 대형화)

• **중소형 아파트가 물량 주도, 대체, 경쟁상품 다양**

   ✓ 2015년은 아파트의 93%가 중소형 평형

   ✓ 2~3room은 아파트가 주도, 1-room은 오피스텔이 주도, 도생주는 지역별 틈새시장의 완충상품으로 기여

   ※ 아파트 분양물량의 64%가 전용면적 60~85㎡ 이하 (패밀리형)

   ※ 오피스텔 분양물량의 57%가 전용면적 40 ㎡ 이하 (1인 가구형)

   ※ 도시형 생활주택의 원룸형 비중은 감소. 2-room형 비중 증가. 지역별 차별화

▶ 주거용 건축물의 분양실적(2010~2015)

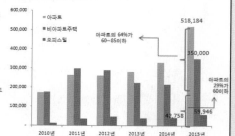

• **미분양 주택수 2002년 이후 최저치:**
재고부담이 없는 것이 밀어내기 분양의 뒷배경

   ※ 2007년은 이미 미분양주택이 증가하고 있었음에도 불구하고 밀어내기 분양을 시도

주: 비아파트는 세대수 기준의 인허가 통계이며, 아파트와 오피스텔은 분양실적(계획포함)임.
자료: 국토부, 부동산114㈜

8

01_ 최근 주거용 부동산 시장의 변화 2) 분양시장의의 변화

신축 주택 시장의 확대 배경 : (공급)낮은 재고부담과 (수요)풍부한 수요기반

공급

- **미분양 해소에 따른 낮은 재고부담**
  - ✓ 2010년 이후 지방부터 미분양이 감소하면서 다시 분양물량 증가
  - ✓ 수도권은 2014년부터 미분양 감소, 분양물량 증가

- **택지매입부담의 완화와 낮은 판매리스크**
  - ✓ 기수주했던 재개발 재건축 사업의 일반분양분 분양
  - ✓ NPL 사업장 인수후 재분양

- **분양사업 이익율 구조(분양가 지역별 차별화)**
  - ✓ 단가별 판매이익보다는 빠른 판매소진기간에 의한 이익

▶ 수도권 아파트 인허가와 미분양(1993~2015.9, 국토부, 호)

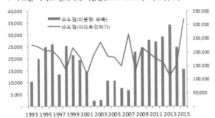

수요

- **준공주택 적고, 멸실주택 증가, 전세의 월세전환에 따른 주택부족 현상 심화**
  - ✓ 글로벌 금융위기 직후 분양주택 감소의 영향으로 입주물량 부족
  - ✓ 대규모 재개발 재건축 사업은 물론, 다세대 연립주택의 신축붐으로 멸실가구 증가

- **청약제도 완화, 분양아파트 프리미엄 효과로 신축주택 구매수요 증가**
  - • 청약시장 진출입 규제 완화
  - • 물량증가에 따른 분양가 경쟁

▶ 지방 아파트 인허가와 미분양(1993~2015.9, 국토부, 호)

9

 01_ 최근 주거용 부동산 시장의 변화 2) 분양시장의의 변화

2015년 분양물량의 총량규모 vs. 내용과 구성

- **2015년 아파트 분양물량 급증의 두 얼굴... 교체공급 많고, 중소형 주류**
  - ✓ 2000년대 중반부터 아파트 인허가받고 미루던 사업들이 경기회복세에 맞추어 집중 분양→ NPL 사업장 재공고 및 과거 인허가 소진분 반영
  - ✓ 재건축 재개발 사업장의 일반분양분(조합원 물량 포함하여 집계) 2015년 분양물량 중 13.6만호가 조합원 물량(교체공급)
  - ✓ 서울(87.5%), 부산(37.7%)은 분양물량 중 재개발 재건축 사업비중이 높음(전국 평균 15.6%)
  - ✓ 일부 광역시(대구, 광주, 울산)의 경우에는 최근 10년 평균보다 낮은 수준
  - ✓ 소형주택의 평면 다양화와 진화: 1인 가구 뿐만 아니라 가족구성 가구도 수용할 수 있는 강소주택(4-bay)으로 공급

▶ 아파트 인허가와 분양물량 추이(2000~2015)

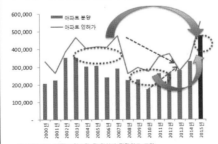

주: 2015년은 (예정)분양물량 및 인허가 전망치를 포함함
자료: 부동산114㈜ 국토부

▶ 지역별 2015년 아파트 분양물량과 재개발 재건축 분양

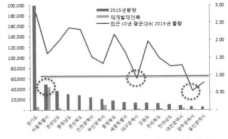

주: 2015년은 (예정)분양물량 및 전망치를 포함하였으며 재개발 재건축 분양물량은 조합원 물량을 포함한 총사업승인 물량임.
자료: 부동산114㈜

10

제1장 부동산시장의 패러다임 변화와 부동산마케팅 | **13**

01_ 최근 주거용 부동산 시장의 변화

2) 분양시장의의 변화

청약 경쟁률의 숨은 의미와 착시

[청약 순위제도 변화]

▶ 청약통장가입자수 및 1순위자

■ 청약 1순위자
■ 청약통장가입자수

19,235,999
10,620,940
5,849,043
4,216,888

2009년 4월   2015년 8월

▶ 지역별 청약통장 1순위자

자료: 금융결재원

▶ 지역별 분양권 거래량과 순수매매거래량 대비 수준(2015.1~9)

구분	분양권 거래량(A)	매매거래량(B)	A/B
전국	320,616	901,733	35.6%
서울	32,581	167,640	19.4%
부산	31,428	80,763	38.9%
대구	23,830	45,081	52.9%
인천	14,489	60,665	23.9%
광주	13,478	29,814	45.2%
대전	5,373	22,370	24.0%
울산	11,997	23,351	51.4%
세종	28,995	1,913	1515.7%
경기	62,003	234,571	26.4%
수도권	109,073	462,876	23.6%
비수도권	211,543	438,857	48.2%

주: 거래원인별 거래량은 순수 매매거래, 판결, 증여, 교환, 분양권으로 구분
자료: 국토부

- 청약통장 가입자 2천 만명, 1순위자 천만명 시대 도래
  ✓ 비수도권 통장보유자도 빠르게 증가, 신축주택에 대한 선호
- 거래제한 거의 없고 1순위자격 얻기 쉬워 쉽게 청약에 응모하고 계약을 포기하는 사례도 많아
  ✓ 전매제한 기간 짧고, 재당첨 금지조항도 폐지, 청약시장에 진출입 용이(실거주목적(무주택자, 교체수요)와 투자목적 수요까지 가세)
  ✓ 분양물량 쏠림에 따른 가격 경쟁으로 프리미엄 발생 → 무작정 청약에 응하는 사례도 증가(단기매도 목적)
  ✓ 높은 청약경쟁률에 대한 신뢰성 약화(최종 계약율이 중요)
- 2015년 전국 분양권 거래량은 32만건, 순수 매매거래량의 1/3 수준
  ✓ 대구, 울산, 광주, 부산 등 지방도시일수록 높음

11

02

향후 주거용 부동산시장 전망

1) 정책환경 변화와 시사점

2) 산업 패러다임의 변화

3) 위험 및 기회요인
  : 과잉공급 우려와 산업의 value chain up

정책환경: 자가, 분양주택은 수요자 중심으로 임대주택은 공급자 중심으로 무게 중심 이동

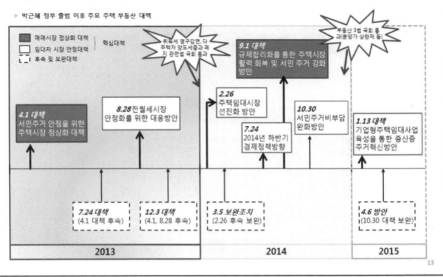

▶ 박근혜 정부 출범 이후 주요 주택 부동산 대책

주택시장에서 금융정책이나 금융시장의 영향력 더욱 확대

▶ 주택금융정책의 다양화(가계부채 종합관리 방안 (2015.7.22) **+**   미국의 금리인상(12월중 예정)에 따른 영향

- **대출구조의 개선 : 빚을 늘리는 구조에서 갚아나가는 구조**
  - ✓ 주택구입자금 용도의 장기대출은 분할 상환으로 취급함을 원칙
  - ✓ 주택가격 및 소득대비 대출금액이 큰 경우 분할 상환으로 취급
  - ✓ 신규대출 취급시 거치기간 단축(통당 3~5년 → 1년 이내)
  - ✓ 기존 대출 대출조건 변경(만기연장 등)시 분할 상환으로 유도(주택자금 이용에 과도한 제한 방지를 위한 예외 사항은 허용)

- **상환능력심사 방식의 선진화 : 금융회사 스스로 심사 능력 강화, 미상환 리스크 사전 관리**
  - ✓ LTV, DTI 기존이 동시에 60% 초과 대출 분할상환 의무화(LTV 60%초과 대출금은 대출개시부터 분할상환)
  - ✓ 지방에서도 실질적으로 LTV, 60% 초과대출에 대해서는 DTI 가 적용
  - ✓ DSR 규제 적용 : 총체적 상환부담을 고려, 주담대출 이외에 기타 부채의 원리금 상환액까지 채무상환평가시 고려

- **풍선효과 방지 : 제2금융권 비주택대출 관리 강화**
  - ✓ 토지 상가등의 담보인정한도 기준 강화

※ 신규 분양주택의 중도금 및 잔금대출은 분할상환 및 상환능력심사에서 예외 적용 예정

금융감독기관의 분양시장에 대한 대출조절 모니터링 시작 : 가계부채 총량관리 및 주택경기조절

여유자금이 증가한 주택도시기금의 역할 증대

임대주택리츠 시장 확대에 따른 금융기관들과 연기금 등의 주거용 부동산 시장 투자 확대

주택연금 등 고령층 주택자산 유동화에 지원 확대

신축시장 보다는 재고주택 관리를 지원, 거래 활성화 관련 산업 육성

- 지속적인 신규 공급으로 주택 재고는 2014년 현재 1,599만 호, 2025년에는 2,000만호 수준 예상, 신축 주택의 규모는 장기 평균 40만호 이하로 수렴예상(신축주택시장의 비중 2% 수준)

- 향후 노후 주택이 아파트 등 공동주택을 중심으로 증가 → 성능 및 주거환경 개선방식의 변화 필요
  - ✓ 부동산 경기에 의존하는 대규모 사업방식의 한계
  - ✓ 다수의 구분소유권자들의 이해관계 및 갈등 조정 필요

- 주택가격 상승세가 둔화될 경우의 거래 위축에 대비한 주택자산의 유동화 절실

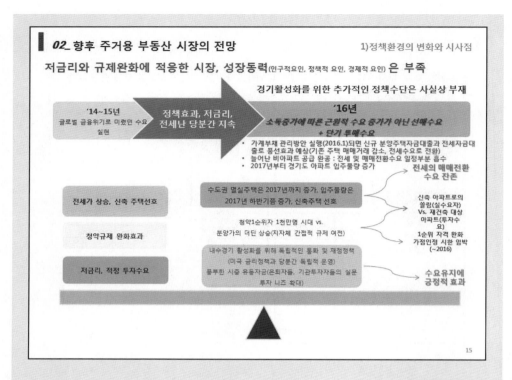

02_ 향후 주거용 부동산 시장의 전망

저금리와 규제완화에 적응한 시장, 성장동력(인구적요인, 정책적 요인, 경제적 요인)은 부족

경기활성화를 위한 추가적인 정책수단은 사실상 부재

'14~15년
글로벌 금융위기로 미뤘던 수요 실현

정책효과, 저금리, 전세난 당분간 지속

'16년
소득증가에 따른 근원적 수요 증가가 아닌 신매수요
+ 단기 투매수요

- 가계부채 관리방안 실행(2016.1)되면 신규 분양주택자금대출과 전세자금대출로 풍선효과 예상(기존 주택 매매거래 감소, 전세수요로 전환)
- 늘어난 비아파트 공급 완공 : 전세 및 매매전환수요 일정부분 흡수
- 2017년부터 경기도 아파트 입주물량 증가

전세가 상승, 신축 주택선호

수도권 멸실주택은 2017년까지 증가, 입주물량은 2017년 하반기쯤 증가, 신축주택 선호

전세의 매매전환 수요 잔존

청약규제 완화효과

청약1순위자 1천만명 시대 vs.
분양가의 더딘 상승(지자체 간접적 규제 여전)

신축 아파트로의 쏠림(실수요자)
Vs. 재건축 대상 아파트(투자수요)
1순위 자격 완화 가점인정 시한 임박 (~2016)

저금리, 적정 투자수요

내수경기 활성화를 위해 독립적인 통화 및 재정정책
(미국 금리정책과 당분간 독립적 운영)
풍부한 시중 유동자금(은퇴자, 기관투자자들의 실문 투자 니즈 확대)

수요유지에 긍정적 효과

15

02_ 향후 주거용 부동산 시장의 전망

신축 주택 시장의 성장과 규모 추이... 총량규모의 점진적 감소와 아파트 비중의 축소

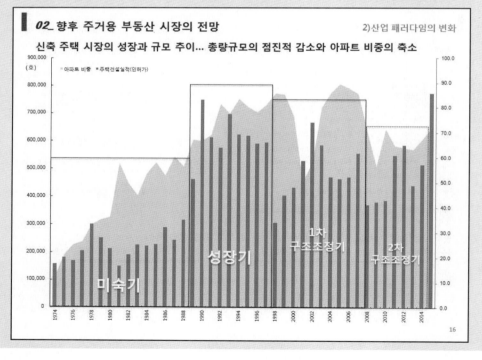

16

02_ 향후 주거용 부동산 시장의 전망 2)산업 패러다임의 변화

개발시대 중후반부부터 주택산업의 본격성장…. 반복과 변화가 혼재, 구조변화는 진행중
신축시장 규모 서서히 축소, 비아파트 비중 확대(아파트와 대체 및 경쟁) 추세

산업발전단계	기간	연평균 주택건설수(인허가)						주요 정책 및 이슈
		총계	단독주택	아파트	연립주택	다세대	아파트 비중	
미숙기	74~88년	222,670	96,192	95,420	31,058	-	41.6	**주택건설산업 태동기** (개별 소규모 사업자 중심)
성장기	89~97년	614,101	61,566	467,905	84,315	46,097	76.2	**주택건설산업의 성장기(신축시장 재고주택의 8.5%)** (기업단위의 주택건설업체 증가) - 수도권 1기 신도시개발(주택200만호) - 준농림지역 규제완화(민간택지공급) - 베이비 부머의 주택구입연령기(풍부한 구매수요기반)
성숙기 또는 성쇠기 / 1차 구조조정기	98~07년	488,475	37,655	377,040	6,580	65,125	78.5	**주택건설산업의 재편기(신축시장 재고주택의 3.6%)** (주력기업군의 교체) - 아시아 금융위기(IMF)로 금융환경변화(기업대출→가계대출) - 주택건설기업 Top tier의 교체(중견기업→대기업) - 도심주택개발사업의 대형화(대규모 단지형 재개발 재건축 사업)
2차 구조조정기	08~14년	461,637	65,656	313,800	10,016	72,165	68.6	**주택건설산업의 패러다임 변화(신축시장 재고주택의 3.6%)** (아파트 주도의 성장세 둔화) - 가구구조, 주택소비패턴의 변화(1~2인가구, 임차수요 증가) - 아파트 대체상품의 확대 - 중견기업들의 재약진(2기 수도권 신도시의 공공택지기반)
?	2015년	과거 성장기때보다 많은 물량 공급 - 사상 초저금리, 아파트 비아파트 모두 공급증가 - 전세가격 상승에 따른 매매전환압박 - 청약제도 완화에 따른 진출입 자율화 - 유동화에 유리한 상품구성(중소형, 조합원분, 재고부담 無)						**주택건설산업의 패러다임 변화중** (대규모 단지형 아파트 주도 but, 아파트 비중 감소) - 비아파트 상품의 다양화와 수요기반 확대 - 자가(부동자산보유)+임차수요 → 자가+임차+투자수요로 세분 - 재건축 사업의 재가동(노후한 입지호를 일서울 다발기업훈의 재진입)

02_ 향후 주거용 부동산 시장의 전망 2)산업 패러다임의 변화

거시 경제 및 구조 리스크
수출둔화 및 내수 침체 지속, 기업 구조조정, 가계대출 부실, 미국 금리 인상 등
인구구조 변화에 따른 리스크(적자 세대, 투자여력이 없는 계층의 증가)

경기 사이클상의 리스크
금융환경에 따른 변동성 확대
집단공급에 따른 변동성 확대
정책지원에 따른 수요진작(미래수요를 앞당긴 것에 대한 부작용)

지역별 시장 특성에 따른 리스크
단지형 재정비 사업에 따른 대규모 멸실과 완공
혁신도시 효과의 쇠퇴 → 2차 효과로의 연계여부

과당 경쟁에 따른 산업내 리스크
해외건설 부진에 따른 국내 건설시장의 부상과 경쟁 심화
임대주택 활성화 정책에 따른 산업간 경계의 붕괴와 새로운 경쟁자 등장

18

- **수요 리스크**
  - ✓ 거래량 증가의 한계, 추격매수수요 고갈, 전세의 매매전환도 한계점 봉착
  - ✓ 분양권 전매의 메리트 저하될 우려,
  - ✓ 수익률 하락으로 투자수요 유인의 한계

- **도시 재생 활성화, 주택소비 패턴 변화 → 소규모 주택개발 붐**
  - ✓ 소규모 주택개발에 대한 다양한 모델 및 비즈니스 확대 : 상대적으로 입지적 우위

- **신도시형 분양 아파트와 경쟁하는 상품이 계속 등장: 오피스텔, 도생주, 다세대 + 기업형 임대주택, 재개발 재건축 사업장내 일반 분양분**
  - ✓ 소형 아파트 위주의 경쟁에서 중형 주택으로까지 확대

- **경쟁력을 갖춘 택지확보의 어려움 : 고가의 토지비용 부담 가중**
  - ✓ 대규모 공공택지개발사업 대부분 종료, 신규 지정 중단, 잔여택지도 대부분 소진(중견업체들의 택지확보 어려움)
  - ✓ 수요가 있는 택지의 경우 토지가 부담이 너무 큼, 토지비 당분간 계속 상승하거나 현상태 유지 전망
  - ✓ 추가 사업장을 확보하지 못할 경우 점차 유휴인력 발생 우려
  - ✓ 2016년 총선 대비 지역개발 공약으로 지가 상승 우려 잠재, 중단되었던 도시개발사업들의 재개 새로운 택지공급원(대형업체 중심)으로 부상

19

2015년 최대 분양물량은 3년 뒤 과잉 공급을 초래할 것인가?

2015년 신규 공급 급증...   **과거 상황과 다른 점**

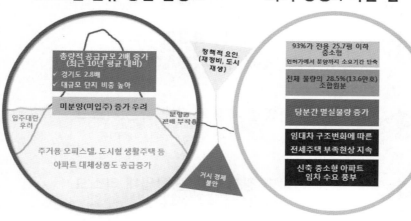

20

입주 초기 ➡ 2~3년 뒤 다시 월세전환

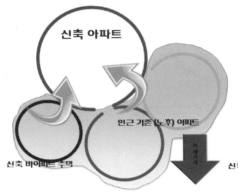

신규 아파트 : 잔금납부 등을 위해 실제 거주목적의 주택이 아닌 경우 대부분 전세
임대, 물량이 집중될 경우 전세가격을 매매가격의 50%수준까지 인하
중소형 신축 아파트에 대한 임차수요는 풍부한 상황

상대적으로 저렴했던 전세가격이 정상
화되면서 입주민 교체

신축 아파트

신축 아파트

인근 기존 (노후) 아파트

인근 기존 (노후) 아파트

신축 비아파트 주택

신축 비아파트 주택

주변지역 : 전세가 상승으로 매매가격의 70-80%수준으로 전세가격 형성,
순수 전세물량도 부족, 품질도 열악, 소비자 선택의 폭 제한
➔ 주변에 신축 아파트가 대량으로 완공되면 전세수요 이동(기존주택의 역
전세 발생 우려 확대)

주변지역 : 신축 아파트 전세가격이 정상화 되면서 이주 수요가 증가하
면서, 낮아졌던 전세가격도 다시 상승
➔ 신축 아파트의 긍정적 외부효과도 가격에 반영

21

주택의 투자시장 본격화 : 전세의 월세 전환, 기업형 주택임대사업 도입

· 주택의 절대적 부족시기의 종식 : 주택보급율, 자가보유율의 둔화시작
· 다음 사이클의 전세가 상승 : 월세 전환의 가속화 계기로 작용할 것
　✓ 월세비중 증가할 수록 임대관리에 대한 위탁수요 증가

주택금융 환경의 성숙

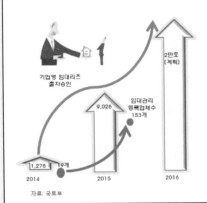

기업형 임대리츠
출자승인

임대관리
등록업체수
153개

9,026

1,276　19개

2014　　2015

2만호
(계획)

2016

자료: 국토부

· 저성장 프레임에 따라 대체투자수단 필요
　✓ 안정적인 운영소득이 보장되는 실물 자산 선호

· 리츠, 주택연금 등 주택자산의 유동화 수단 다양화
　✓ 기업형 주택임대사업 등 체계화된 서비스 제공과 자산을 관
　　리하는 관리주체의 필요성 증대
　✓ 주택재고 중 공동주택비중이 높아 상대적으로 관리의 효율
　　성 높은 편
　✓ IT기반이 잘 갖추어져 있어 다양한 수익모(주거지원 서비스)
　　창출도 가능

22

자산가치를 향상시키는 개보수, 업사이클링 등의 관련산업(자재, 설계 및 시공, 시설관리) 확대

주택보유
수요의 한계 ↓

Vs.

주택의 성능향상
및 교체수요↑

혁신도시, 귀촌 등
에 따른 다지역
거주 ↑
장단기 임차 수요/
임대수익을 추구하
는 투자수요↑

주택
사업 포트폴
리오 다변화

• **노후 공동주택의 성능개선** **(리모델링, 재건축, 마을만들기 등) 니즈 확대**
  ✓ 신축(재건축 사업완공 포함)사업지 인근 노후 공동주택의 가치증진에 대한 니즈 확대
  ✓ 도심지 신축 주택에 대한 선호 지속
  ✓ 원활한 주택거래를 위한 개보수나 가치향상 활동 증대

• **임차수요가 양적 질적으로 확대** : 주거용 건물의 장기 뿐만 아니라 단기 임차수요도 증가
  ✓ 주택의 개념이 확대되고 유형이 다양화

 ## 주택성능 향상으로서의 신축시장
가구수 증가나 인구구조에 비의존적인 수요

향후 10년 정도 재건축 사업 재개, 도시재생에 따른 후광효과
기존 추진단지의 재개, 재건축 허용연한 단축에 따른 신규 추진
시장 자체가 급팽창, 기존의 경기 의존적 사업방식으로는 사업성 낮아
주택성능 향상에 대한 요구 증대 vs. 추가 택지확보의 어려움

지방 주택시장에 대한 새로운 접근
혁신도시가 가져오는 지역 주택시장의 변화
지방도시들의 재개발 재건축 사업성 개선, 도심회귀 수단으로서의 역할

새로운 시장의 개척과 사업분야의 발굴

임대주택의 value chain 교체
매각차익에서 운영수익으로 + 단순 임대료에서 서비스 수수료로 Value added
다지역 거주, 임시거주 수요의 증가

주택리폼시장의 도래와 고령자 주택의 자산유동화
재개발 재건축 수익성이 낮은 노후 공동주택의 성능개선 대안
금융을 포함한 패키지 솔루션의 니즈 확대
고령가구들의 자산유동화 필요성 확대 : 다양한 금융상품과 연계된 임대주택사업의 기회

비주거용 건축물의 주거공간화, 단기주거 수요 증가
오피스 → 오피스텔   공장 → 아파트형 공장(지식산업센터)
호텔 → 고급형 콘도로 분양
기존 주거용 건물에 서비스 공간의 결합(계층별 서비스 차별화)

24

재정비 사업의 양면성 (시장규모는 커지나 **사업화 가능성은 감소**)

2022년 이후가 되면 전체 아파트 재고의 1/3이 개량이 필요

▶ 주택 유형별 준공연수별 현황

구분	6~15년 (1995~2004년)	16~30년 (1980~1994년)	30년 이상 (1979년 이전)	합계
전체	5,383,734 (38.8)	4,976,596 (35.8)	1,349,081 (9.7)	13,883,571 (100.0)
단독주택	876,094 (23.1)	1,455,683 (38.3)	1,168,435 (30.6)	3,797,112 (100.0)
아파트	3,652,353 (44.6)	2,690,159 (32.9)	123,323 (1.5)	8,185,063 (100.0)
연립·다세대	805,201 (46.0)	766,094 (43.8)	41,338 (2.4)	1,750,116 (100.0)

주: 전체에는 비주거용 건물 내 주택도 포함하여 산출함.
자료: 통계청(2010), 인구주택총조사.

▶ 서울시 재정비 사업지구내 조합원 고령화정도

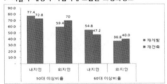

주: 서울시 5개 재개발 3개 재건축 사업장의 자료를 평균한 값임.
출처: 김현아(2013) 앞으로 주택재정비, 소유자의 고령화가 더 큰 문제, 동향브리핑, 한국건설산업연구원

- 주택소유자들의 고령화 : 자산의 대부분이 거주주택, 노후생활자금 부족, 투자여력 부족

- 부동산 경기 둔화, 고층 고밀로 추가용적률 고갈 : 어떻게 정비?

545만명
(2010)
65세 이상 노인인구

1,269만명
(2030)

135만호
(2010)

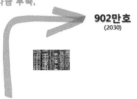

준공후 30년 이상된 주택수

902만호
(2030)

25

02_ 향후 주거용 부동산 시장의 전망   3)위기와 기회요인

재건축 사업의 양면성 (시장규모는 커지나 **사업화 가능성은 감소**)

- **주택 성능향상 수요는 증가, 주택소유자의 지불능력은 점차 약화**
  - ✓ 수명이 연장되고 노후의 삶의 기간이 연장 : 지금보다 쾌적.편리.안전한 고령 친화적 공간으로 주택성능을 개선하고픈 수요 증가
  - ✓ 주택가격이 안정, 저출산 등으로 추가매수수요가 감소 → 고령가구들이 보유한 주택의 처분 어려워져 → 노인들의 주거지 교체는 주거이동이 아닌 기존 주택의 성능 개선이 주류를 차지할 가능성이 큼.
  - ✓ **그러나** '저성장 시대'가 되면 그 동안 부동산 가격 상승에 의존하여 자력적 자금조달(Self-financing)은 점점 더 어려워지게 될 것임.
  - 특히, 자산의 대부분을 부동산(특히 거주주택)으로 보유하고 있는 우리나라의 고령가구들은 주택의 처분이나 유동화 없이 개보수나 정비에 소요되는 자금을 마련하기가 어려울 것으로 판단됨. → 설사 투자자금을 마련하더라도 규모 확대형보다는 가치확대후 거주주택규모를 축소하는 다운사이징 예상

- **전면 철거방식에 대한 소유자들의 부담**(경제적 요인, 비경제적 요인) **증가**
  - 최근 10년 서울시내 재정비 사업지구의 가구당 평균 추가 부담금(공사비)은 약 1.3억~2억 원 정도(은퇴 생활자의 8~10년 정도의 최소 생활 자금) 소유자들이 고령화되면서 사업기간동안의 이주를 꺼리는 현상까지 가세
  - 전세가격이 수준이 급등(주택가격의 70%초과)하면서 이주비에 대한 부담도 증가(소유 주택에 대출이 있을 경우 이주비 대출에 제한)
    ※ 서울 지역 평균 아파트 전세값 2억원 초과, 즉 주택구매시 대출금을 제외하고 추가로 약 3.5~4억원 정도의 자금조달이 가능해야 함

- **택지개발이나 신시가지(신도시)방식으로로 조성된 노후 공동주택단지 : 순차적 개발시 사업기간이 더욱 장기화**
  - 재건축 사업의 평균 사업기간 9년 정도 소요

26

노후주택 성능개선이 필요한 이유...
주택자산비중이 높은 우리나라 가계는 주택의 유동화, 거래원활이 중요

- 향후 집값 상승에 대한 기대감이 낮아지면서 주택의 감가 상각에 대한 소비자들의 우려 반영 (신축 주택 선호)

- 재개발 재건축 등 주택정비사업이 더 이상 활성화 되지 않을 경우 재고주택의 노후화에 따른 품질하락 및 거래감소는 더욱 확대될 것으로 예상됨.

가격이 떨어지는 것보다 더 두려운 것은 영원히 팔리지 않는 것

예시: 일본은 총 주택수가 5천만호..

이중 연간 거래되는 주택은?

▶ 주택유통비율 국제비교

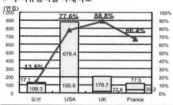

출처: 일본: 주택토지통계조사 (2008, 총무성)
　　　 주택착공통계 (2008, 국토교통성)
USA: Statistical Abstract of the U.S. 2006
UK: Communities and Local Government website
　　 http://www.communities.gov.uk/
　　 (Existing housing units only for England and Wales)
France: Ministry for the Durable Development website
　　　　 http://www.equipment.gouv.fr/
자료 : 나카가와 마사유키, 2015, "거품경제붕괴 후 일본의 주택수요·공급 추이", 한일 국제워크숍, 버블붕괴 25년, 일본 주택정책의 교훈 세미나 자료집 재인용.

▶ 재고수 대비 주택 거래량(회전율) 추이(단위: %)

구분	'06년	'07년	'08년	'09년	'10년	'11년	'12년	'13년	'14년
전국	8.8	6.1	6.4	6.7	5.4	6.5	4.8	5.4	6.2
수도권	11.8	8.0	7.2	6.2	4.3	5.5	3.9	5.1	6.4

주: 국토해양부, 부동산114(주). 통계청의 자료를 바탕으로 추정. 아파트 거래량을 재고주택
수(재고주택수+임주물량·멸실물량)로 나눈 추정한 값임.
자료: 한국건설산업연구원

"주거", "주택"에 대한 개념 변화가 진행중 → "주거용 공간" 진화

가족, 고정거주, 독립된 주거, 전용주거의 개념이 쇠퇴

- 비혈연가구, 1인 가구 증가 → 비전통적 가족이 주택수요계층으로 대두
- 독립된 주거의 형태를 갖추지 아니한 주거용 건축물 증가, 공유공간, 전유공간에 대한 개념도 변화
- 한곳에 고정된 거주지 → 계절에 따라 이동, 멀티 해비테이션 등으로 일시적 거주, 다지역 거주 증가

다양한 준주택의 증가 : 시설주택(서비스드 주택)의 증가

- 다양한 서비스가 결합된 주거용 건축물 수요 증가(물리적 형태 규제의 한계)
- 주거용 건축물의 융합(기존에는 복합의 개념 → 융합의 개념)
- 허용 용도지역 확대 불가피(직주근접, 스마트 워킹 확산, 도심공동화 방지 등) → 주택 용도는 주거지역에서만 허용해야 하는가?

주택소비 방식의 변화 : 직접 보유하기 보다 임차, 공유로

- 한시적 소유(임대분양, 주택연금 및 역모기지), 공유(지분소유, 소유권과 이용권의 분리), 임차(단기 임차, 중장기 임차, sale & leaseback 등 보유 및 임차방식의 다양화 → 주택소비의 유연화가 다지역 거주, 세컨하우스 등의 추가수요 촉진
- 자산기반의 주택소비에서 소득기반의 주택소비로(주택구입금융의 다양화, 전세제도의 쇠퇴와 월세 확대)

숙박 또는 일시적 거주공간과 증가

1인, 비혈연 가구 증가

원칙적으로 3~4인 가족 전용 주거시설

다양한 시설과 주택의 결합

주택의 개념

제2절 위치의 가치

1. 위치의 중요성

부동산학에서 Location이란 단어를 뺀다면 아마 부동산학은 학문으로 성립할 수 없었을 것이다. 부동산학이 고유의 학문으로 명맥을 유지하고 있는 것도 바로 '위치', 즉 위치의 고정성이라는 부동산 고유의 특징 때문이라 할 수 있다. 지가이론을 시작으로 입지론, 감정평가, 도시토지경제론 등 부동산학의 모든 분야가 '위치'로 귀결된다. 부동산학이 학문적으로 만개한 미국의 부동산학 원론 교제를 보면 어느 책이든 첫머리부터 위치의 중요성을 엄청나게 강조하고 있다.

"LOCATION, LOCATION, LOCATION the three most important things about real estate."라는 표현과 "It has often been said that the single most important word in real estate is 'location'."이라는 표현만 보더라도 부동산학에서 '위치'가 차지하고 있는 위상이 어느 정도인가를 짐작할 수 있다. 부동산학에서 키 워드는 바로 '위치'이다.

부동산 개발업에서 '위치'의 중요성은 보다 더 직접적으로 다가온다. 글로벌 한상(韓商)으로 미국 뉴욕 부동산업계에서 '미다스의 손'으로 평가를 받고 있는 우영식사장(영우&어소시에츠)은 뉴욕에서 최초로 차고가 하늘에 있는 '스카이 거라지(sky garage)'빌딩을 지어 부동산 개발 사업 분야에서 크게 성공한 교포이다. 그는 기자와의 인터뷰에서 "부동산 개발 업에서 가장 중요한 세 가지는 'Location', 'Timing', 그리고 'Timing'"이라고 말했다. 어느 사업이나 마찬가지이겠지만 타이밍 즉 시기가 중요하다. 시대가 영웅을 만든다는 말 역시 정치나 사업에도 시기를 맞추는 것이 성공의 요체라는 뜻이다.

더구나 큰 자금이 투자되는 부동산 개발업에서 시기의 중요성은 더욱 강조될 수밖에 없다. 그러나 개발업에서도 사업의 성공여부는 시기보다 단연 첫 번째 조건이 역시 '위치'다. 무엇보다 먼저 불특정다수의 고객들이 선호하는 '위치'를 선점하지 못하면 부동산 개발 사업은 성공할 수 없다.

한 나라의 운명도 '위치' 때문에 달라지는 것이 국제정치의 냉엄한 현실이다. 한국은 북으로는 중국, 러시아, 남으로는 일본과 이웃하고 있다. 지정학적으로 대륙세력과 해양세력이 맞부딪치는 위치에 교량처럼 특수하게 자리 잡고 있다. 때문에 5천년 역사에서 우리는 수많은 외침을 받았고 때로는 식민지로, 청일전쟁 때는 청나라와 일본에게 우리 땅을 전쟁터로 제공하는 치욕을 경험하기도 했다. 그래서 어떤 국제정치학자는 한국을 잘못된 위치에(Wrong location), 부적절한 크기(Wrong size)의 나라라고 평가하기도 했다. 만약 우리 한반도가 태평양의 하와이 근처에 입지했거나, 우리의 국토가 고구려의 고토를 회복한 넓이였다면 나라의 운명은 지금과는 전혀 다른 상황이었을 수 있다.

그러나 긍정적으로 생각을 바꾸어보면 사정은 달라진다. 한반도는 선진시장인 일본과 무한한 시장잠재력을 지닌 중국대륙을 지척에 두고 있기 때문에 수출 주력의 한국의 경제 기반에서 최적의 위치라 할 수 있다.

2. 위치 개념의 변화

시대가 변화함에 따라 '위치'의 개념도 절대적인 개념에서 상대적인 개념으로 변화하고 있다. 1960년대에 런던, 뉴욕 등 서구의 대도시에 도시화가 급격히 진행되면서 대도시의 도심에는 이민자, 흑인, 저소득층이 몰려들었다. 동시에 도심의 고소득층과 백인들은 이들을 피해 교외 주거지로 탈출하기 시작했다. 여기에 주 5일제 실시, 자동차의 대량보급으로 교외화 현상은 더욱 가속화되었다. 도심이 가난한 흑인과 이민자들에게 점령당하면서 범죄와 마약의 소굴로 바뀌고, 여기에 공해의 확산, 교육환경의 악화, 흑백 인종갈등 등으로 점차 슬럼으로 변모해 갔다. 반면에 환경이 쾌적한 교외주택단지에는 균일한 소득과 사회적 배경을 갖춘 중산층 백인들의 '폐쇄적 도시(Gated city)'가 형성되었다.

때문에 전통적인 지가이론에도 변화가 생겼다. 즉 접근성이 좋은 '위치' 즉 도심의 지가가 교외 땅값보다 떨어지는 이상한 현상이 나타난 것이다. 이로 인해 미국 등 선진국에서는 '대도시의 몰락'(The death of cities)이란 말이 나올 정도로 도심주거지의 값과 인기가 급락했다. 여기에다 1990년대 후반 인터넷혁명이 세계를 휩쓸자 부동산시장에 '위치' 즉 '거리의 소멸론(Death of distance)'까지 등장했다. 지식정보화사회가 되면서 인터넷과 영상통화를 이용하여 집에서도 업무를 처리할 수 있는 환경으로 변했기 때문이다. 그렇다보니 집값이 비싸고, 좁고, 불편한 도시에 살 필요가 없어진 도시민들이 도시를 떠나 집값이 싸고 쾌적한 전원으로 이주하기 시작했다. 도시보다 교외주택이 부각될 것이라는 전망 때문에 '입지선택장벽'이 허물어 질 것이라는 주장을 하는 사람들이 생겨나고, 심지어 이윤을 추구하는 기업 활동에 있어서는 '국경소멸론'으로 이어질 것이라는 전망이 뒤따랐다. 이는 미국의 많은 기업들이 본국에 있는 콜센터를 영어가 가능하고 인건비가 싼 인도나 필리핀으로 옮기는 사례를 들어 이제 '국경'은 무의미하다는 주장이었다.

그러나 시간이 지나 미국 등 선진국에서 전망과는 정반대의 현상이 나타나기 시작했다. '거리의 소멸론'으로 각광받던 교외주택단지는 위축되고 주택버블 붕괴로 가장 심한 타격을 받은 곳 또한 교외지역이었다. 오히려 맞벌이 부부와 싱글족의 증가, 고령자 은퇴자의 급증, 1인가구의 비중이 늘면서 교외거주자들이 도심의 문화적 취향, 의료시설 접근성, 편의시설이 완비된 도심으로 회귀(Return)하는 현상이 나타나기 시작한 것이다. 런던, 뉴욕 등 도시에서는 저소득층이 거주하던 도심낙후지역이 중산층 주거지역으로 변모하는 현상, 젠트리피케이션(Gentrification)이 시작되었다. 여기에 도심 집중화가 심화되면서 도심부동산가격은 급등하고 있다. 세월이 흐르면서 최근에는 거리와 '위치'가 오히려 더 중요해져 한때 주목을 받았던 '입지소멸론'이 사라질 형국에 이르렀다.

미국 하버드대학 마이클 포터교수는 2006년 비즈니스 위크 지에서 전통적인 위치의 개념에서 벗어난 색다른 이론을 전개하고 있다. 그는 "지금은 위치(입지)가 더 중요해졌다. 과거와는 달리 오늘날의 위치(입지)는 교통, 천연자원의 존재여부, 환경 등이 아니라 '얼마나 우수한 인재들이 많이 있는가 여부'에 의해 결정된다고 주장했다. 그 근거로 뉴욕, 런던 그리고 구글, 야후 등 첨단산업이 둥지를 틀고 있는 실리콘 벨리 같은 첨단기술과 상품제조, 집적효과가 있는 지역의 부동산가격이 폭등을 들며, 첨단기술과 상품은 1급 기술자와 과학자들이 몰려있는 클러스터에서 창출되기 때문이라고 주장했다.

캐나다 토론토대학 도시경제학자 리처드 플로리다(Richard Florida)교수도 "과거 산업화 시대에 기업들은 땅값이 싸고 인건비가 싼 곳(위치)을 찾았지만 지식정보화 시대 기업의 관심사는 '인재'가 모여 있는 곳으로 이동하고 있다"고 설명했다. 지난날 단순육체노동과 기계적인 작업이 활동의 주를 이뤘던 것과 달리 지금은 창의적인 인재가 기업성장의 핵심요소로 자리 잡았기 때문이다. 창조적 인재를 끌어 모을 수 있는 방법은 기술적 인프라(Technology)를 갖추고, 다양한 문화를 인정하고 수용(포용)하는 분위기(Tolerance)가 넘쳐나야 인재(Talent)를 자석처럼 끌어 모을 수 있다고 주장했다. 즉 3T를 구비한 위치에서 높은 지가가 형성된다.

| 참고 | 도시의 발전패턴

Urbanization 도시화(都市化)	• 일정한 지리적 공간에 많은 사람들이 모여 인구밀도가 높아지는 현상, 전입(轉入)인구가 전출인구보다 많은 상태
Sprawl(무질서한 확산)현상 Frog Leap Development Suburbanization(교외화, 郊外化) 직주분리(職住分離)현상	• 도심(CBD)에 인구집중 현상이 발생 • 도심은 이민자, 흑인, 저소득층이 점령, 슬럼화, 범죄, 마약, 공해 확산, 교육환경 악화, 인종갈등 발생 • 인터넷의 보급, 주5일제근무 확산, 자동차보급에 힘입어 도심의 백인들이 환경이 쾌적한 교외로 탈출
Doughnut 도시중심부 공동화(空洞化)현상	• 높은 지가 때문에 도심에는 주거용 주택이 사라지고 업무용 오피스빌딩이 점령 • 오피스에는 주간인구가 넘치지만, 야간에는 대부분의 인구가 베드타운(교외)으로 이동
Return 도심회귀(回歸)현상	• 직주분리로 인한 통근의 피로감 • 맞벌이 부부와 싱글족 증가(1인 가구 증가) • 젊은 세대의 교외지역 탈출 • 고령자 은퇴자의 증가로 의료시설이 완비된 도심지역 선호
GENTRIFICATION* (도심주택의 고급화)	• 런던, 뉴욕 등 대도시 도심부에 저소득층이 거주하던 낙후지역이 중산층 주거지역으로 변모하는 새로운 현상
직주접근(職住近接)현상	• 도심의 문화적 취향 • 의료시설에의 접근성 • 도심의 완비된 편의시설 • 주상복합건물 속속 등장 • 가족구성의 변화, 1인가구의 폭증
Super Gentrification (초고급 주택화)	• 이미 고급주택지로 변모한 도심지역이 다시 초고급주택으로 개발되는 현상

• 도심주택의 고급화(Gentrification)
－저소득층이 거주하던 도심낙후지역이 중산층 주거지역으로 변모
－영국의 사회학자 글라스(Glass)가 1964년 런던 도심낙후지역에 중산층의 유입현상에 대한 논문에서 Gentrification을 처음으로 언급하며 학계에 소개
－한국의 대표적 지역은 서대문구 홍대입구, 용산구의 경리단길, 이태원, 강남구 가로수길
* Gentry는 좋은 집안에서 좋은 가정교육을 받고 자란 사람들. 상류사회, 신사사회, The Gentry는 귀족 바로 아래 계급의 사람들, 혈통과 가계가 좋은 가문을 말함.

• 도심주택의 초고급화
－뉴욕, 런던, 시드니, 푸둥(浦東) 등에서 2000년대에 초고가 아파트가 등장한 배경

에는 다음과 같은 요인이 존재한다.

- Stock Option
- 금융산업 초고액 연봉자 등장
- 맞벌이 부부 증가
- 신부유층 탄생, Super Star
- 연봉제('08년, 10억 이상 연봉자 1120명)
- 도심의 편의시설(최근 주거선택의 기준으로)

- 한국의 경우 2000년, 20억 원 이상의 아파트가 전무하였으나, 2005년, 20억 원 이상의 아파트가 4800가구, 30억 원 이상의 아파트가 166가구, 2010년, 20억 원 이상의 아파트가 1만 8000가구, 30억 원 이상의 아파트가 2100가구에 달하는 상황

제 2 장

부동산마케팅의 기초이론

마케팅의 개념적 고찰

1. 마케팅의 정의

기업은 고객의 욕구를 충족시킬 수 있는 '제품'을 개발하고, 고객이 적절하다고 판단하는 '가격'을 결정하며, 적절한 '유통경로'를 통하여 시장에 제공해야 한다. 또한 제품의 '특징'을 고객에게 알리고, 판매 이후에도 적절한 '사후 서비스(after service)'를 해야 한다. 이와 같은 일련의 활동이 바로 '마케팅'이며 이러한 점에서 마케팅은 '판매'보다 훨씬 넓은 영역이라 할 수 있다.

또한 마케팅은 소비자의 관점에서 모든 것을 생각하고 행동하는 일련의 과정이다. 이러한 맥락에서 피터 드러커(Peter Drucker)는 마케팅의 목적을 "소비자를 잘 이해하여 제품이나 서비스가 그들의 욕구를 적절히 충족시킴으로써 자발적인 구매가 이루어지도록 하는 것"이라고 정의했다(안광호, 마케팅, 제3판, 2009, p.6).

'마케팅'이라는 용어는 20세기 초반 미국에서 나타나 보편화되기 시작했다. 마케팅이란 용어는 시장을 뜻하는 'market'에서 출발한 것으로 알려져 있다. 1905년 펜실베니아 대학에서 'The marketing of Products'라는 과목이 개설되었고[1] 1914년 'Marketing Methods and Salesmanship'라는 마케팅 서적[2]이 처음으로 출판되었다.

---

1) Robert Bartels, *The History of Marketing Thought*, 2nd ed., Grid, Inc., 1976.
2) R. S. Butler, H. Debower, and J. G. Jones, Marketing Methods and Salesmanship, New York: Alexander Hamilton Institute, 1914.

1935년 미국마케팅학회의 전신인 'National Association of Marketing Teachers' 는 학회 차원에서 최초로 마케팅을 아래와 같이 정의했으며, 이 정의는 1960년에 발간된 미국마케팅학회(American Marketing Association: AMA)의 마케팅 용어집에 그 대로 사용되었다.

| 1935년 발표된 AMA의 마케팅 정의 |

"Marketing is the performance of business activities that direct the flow of goods and services from producer to consumer or user[3])."
"마케팅은 생산자로부터 소비자나 사용자에로의 제품이나 서비스의 흐름을 다루는 기업행위의 수행이다."

1980년대 초 까지 가장 많이 사용되었던 이 마케팅의 정의는 1948년 미국 마케팅협회의 정의위원회(The Definition Committee of the American Marketing Association) 도 동일한 내용을 수용했다. 이 정의는 마케팅이란 유형의 상품뿐만 아니라 보험회사가 제공하는 보험, 은행의 여신 및 운송업의 운송 등 무형의 서비스(용역)도 마케팅의 대상으로 삼고 있다. 마케팅은 보통 법률적 관점, 경제적 관점, 사실적 혹은 기술적 관점이라는 3가지 관점에서 정의되고 있다.

즉, 상품 및 서비스에 대한 소유권과 점유권의 이전을 가지고 마케팅을 정의하려는 입장은 법률적 관점에서의 정의이며, 마케팅을 시간효용(time utility), 장소효용(place uti1ity), 점유효용(possession utility)의 창조에 관한 경제활동이라고 정의하거나, 혹은 상당한 대가를 지급하고 상품 및 서비스를 교환함으로써 인간의 욕망을 만족시키는 기업활동이라고 정의할 때는 경제적 관점의 정의이며, 이상의 법률적・경제적 두 관점과는 관계없이 직업적인 경제인이나 경영자가 이해하기 쉬운 용어로 상품유통과정에서 생기는 사실을 기술함으로써 마케팅의 본질을 정의하는 것은 사실적 혹은 기술적 관점에서의 정의이다. 앞에 설명한 미국 마케팅협회의 용어정의위원회의 정의는 이의 전형적인 것이라고 할 수 있다.[4])

한국에서는 마케팅과 동의어로 사용되고 있는 '배급' 및 '판매'와 개념상의 구별을 해 둘 필요가 있다. 일반적으로 배급(distribution)이란 생산자로부터 소비자 내지 사용자에게 재화를 유통・전달하는 메커니즘만을 의미하며, 재화의 수집, 보관, 운송, 중개, 배달 등의 경로를 다루는 것이 보통이다.

---

3) Committee on Terms, Marketing Definition: A Glossary of Marketing Terms, AMA.
4) 吳相洛. 마아케팅原論, 博英社, 서울, 1978, p.20.

한편, 판매(sales, selling)는 만든 물건을 생산자나 중간상인이 중개상이나 중간 사용자 또는 최종소비자에게 직접 소유권을 화폐와 교환하여 이전시켜 주는 행위를 가리키는 것으로, 마케팅보다는 훨씬 좁은 의미를 가진 마케팅의 하위개념이다. 따라서 마케팅은 배급이나 판매보다는 고차원적인 광의의 개념으로서 단순히 distribution이나 selling만을 가리키는 것이 아니므로, 마케팅은 원어 그대로 사용하는 편이 함축적이고 복합적인 본래의 어의(語義)를 더 잘 표현하는 것 같다.5)

1960년대 말까지 마케팅은 이윤을 추구하는 기업만이 행하는 것으로 인식되어 왔다. 그러나 1969년 Philip Kotler와 Sidney J. Levy는 "Broadening the Concept of Marketing"6)에서 영리추구기관인 기업만이 마케팅활동을 수행하는 것이 아니라 학교, 교회, 박물관, 경찰서 등 비영리기관도 마케팅 행위나 적어도 마케팅 유사행위를 수행하는 것으로 보아야 한다는 획기적인 주장을 하였다.

마케팅의 핵심은 상거래에 있는 것이 아니라 교환(exchange)에 있으므로 교환활동에 참여하는 어떠한 종류의 기관도 마케팅을 수행하는 것으로 보아야 하며 그 대상은 학교 등 비영리기관의 학생, 신도, 입장객, 일반시민 등을 시장으로 볼 수 있다고 주장하였다. 이 같은 사고의 발전과 논쟁결과를 반영하여 미국 마케팅학회는 1985년 마케팅의 정의를 다음과 같이 수정하였다.

| 1985년 발표된 AMA의 마케팅 정의 |

"Marketing is the process of planning and executing the conception, pricing, promotion, and distribution of ideas, goods and services to create exchanges that satisfy individual and organizational objectives."
"마케팅은 개인과 조직의 목적을 충족시켜주는 교환을 가져오기 위하여 아이디어, 상품 및 서비스에 대한 발상, 가격결정, 촉진, 그리고 유통을 계획하고 실행하는 과정이다."

이 정의에 따르면 마케팅행위의 객체는 유형의 제품, 무형의 서비스뿐만 아니라 아이디어를 포함하여 포괄적으로 보고 있으며, 이를 넓은 의미의 제품(product)이라 할 수 있다. 이 정의는 교환을 마케팅의 본질로 보고 있으며 또한 기업뿐만 아니라 여러 종류의 조직 혹은 개인도 교환과정에 참여하면 마케팅을 수행하는 것으로 보는 것이다.

한국마케팅학회도 2002년 한국 고유의 마케팅 정의를 다음과 같이 발표했다.

---

5) 金東基. 現代마아케팅原論, 博英社. 서울, 1971, pp.16~18.
6) Jounal of Marketing, 33, January 1969, p.15.

한국마케팅학회의 정의는 시장의 정의와 교환의 유지를 포함하고 포괄적 의미를 갖는 시장관리라는 표현을 사용한다는 점에서 AMA의 정의와 큰 차이를 보인다. 여기에서 시장을 관리한다는 의미는 마케터가 자신이 원하는 방법으로 시장의 행동방향을 결정짓는(direct) 것이다.

| 2002년 발표된 한국마케팅학회의 마케팅 정의 |

"Marketing is the process of defining and managing markets to create and retain exchanges by which organizations or individuals achieve their goals."
"마케팅은 조직이나 개인이 자신의 목적을 달성시키는 교환을 창출하고 유지할 수 있도록 시장을 정의하고 관리하는 과정이다."

기업환경의 급변에 따라 미국마케팅학회는 2004년 마케팅의 정의를 다음과 같이 수정하여 발표했다. 이 정의에서 마케팅의 핵심은 "교환"에서 "가치"로 변화되었다. 즉 고객에게 보다 높은 편익을 제공하고 비용을 줄여주는 가치의 개념을 마케팅의 핵심으로 설정한 것이다.

| 2004년 발표된 AMA의 마케팅 정의 |

"Marketing is an organizational function and a set of processes for creating, communicating, and delivering value to customers and for managing customer relationships in ways that benefit the organization and its stakeholders."
"마케팅은 고객을 위해 가치를 창조하고, 커뮤니케이션하고, 전달하며, 다른 한편으로는 조직과 이해관계자에게 이익이 되도록 고객관계를 관리하는 조직의 기능과 일련의 과정이다."

이 정의는 마케팅의 핵심을 고객을 위한 "가치 창조"에 두고 있으며 이를 통해 조직과 그 이해관계자들의 지속적 이익을 실현할 수 있는 것으로 기술하고 있다. 또한 조직과 이해관계자들의 지속적 이익 실현을 위해 고객관계관리(Customer Relationship Management; CRM)가 중요함을 명시적으로 표현하고 있다. 2007년에 발표된 AMA의 마케팅 정의는 아래와 같다.

| 2007년 발표된 AMA의 마케팅 정의 |

"Marketing is the activity, set of institutions, and processes for creating, communicating, delivering, and exchanging offerings that have value for customers, clients, partners, and society at large."

"마케팅은 고객, 단골고객, 비즈니스 파트너(협력업체, 동업자), 그리고 사회전반에 걸쳐 가치를 갖는 제공물을 창조하고, 알리고, 전달하고, 교환하기 위한 활동, 일련의 제도, 그리고 과정들이다."

이 정의도 마케팅의 핵심을 '가치'에 두고 있다. 그러나 마케팅을 실행하는 데 있어서 고객뿐만 아니라 기업의 협력업자와 더불어 사회전체를 염두에 두어야 한다는 점을 명시적으로 기술하고 있는 점에서 앞선 정의와 다르다. 미국 마케팅학회는 2007년 정의 이후부터 매 5년마다 새롭게 마케팅을 정의하기로 결정하였다. AMA는 2007에 정의한 내용을 2013년에 다시 공인했다.

2. 마케팅의 기초개념

1) 욕 구

근본적 욕구(fundamental needs)는 사람들이 살아가면서 필요한 음식, 의복, 가옥, 존경, 안전, 편안함 등 본원적이고 근본적인 대상에 대한 욕구(Needs/Wants)를 의미한다. 반면 구체적 욕구(specific wants)는 근본적 욕구를 실현시킬 수 있는 수단에 대한 욕구를 의미한다. 위와 같은 것들이 결핍되었다고 느낄 때 인간은 필요를 가지고 있다고 하겠다. 배고픔에 대한 구체적 욕구로는 한국의 된장찌개, 국밥, 서양은 햄버거, 샌드위치 등이 그 예라 할 수 있다. 소비자가 갖고 있는 필요들을 만족시킬 수 있는 구체적인 제품이나 서비스에 대한 바람을 욕구라 한다.

| 욕구의 분류 |

- 근본적 욕구(fundamental needs): 근원적, 근본적 대상에 대한 욕구
- 구체적 욕구(specific wants): 근본적 욕구를 실현시킬 수 있는 수단에 대한 욕구

2) 제 품

인간의 욕구를 충족시킬 수 있는 것은 무엇이든지 제품(product)으로 볼 수 있다. 제품에는 물리적 형태를 가진 유형의 제품(tangible/physical products)과 무형의 서비스(intangible services)가 포함된다. 서비스는 또한 편익들의 집합체(a bundle of benefits) 나아가서는 가치들의 집합체(a bundle of values)라고도 말할 수 있다.

제품의 종류에는 유형의 제품과 무형의 서비스뿐만 아니라 보다 넓은 의미에서 볼 때 사람, 장소, 지식, 아이디어 등도 포함된다. 예를 들어 연예인(사람), 휴양지(장소), 학교강의(지식), 사회봉사단체 후원(조직), 타인의 주장지지(아이디어) 등이 그것이다. 다만, 사람, 조직, 아이디어, 국가, 장소 등을 유형의 제품과 혼동을 피하기 위해 "제공물(offerings)"이라고 표현할 수도 있다.

| 제품의 종류 |

- 유형의 제품(tangible/physical products)
- 무형의 서비스(intangible services)
- 제공물(offerings)

소비재는 소비자의 쇼핑습관에 따라 편의품(convenience goods), 선매품(shopping goods), 전문품(speciality goods)으로 나누어진다. 편의품(便宜品)은 소비자가 주로 자기 집 근처에서 소량으로 자주 구입하며 살 때 여러 가게를 돌아다니거나 다른 상품들과 비교하지 않고 사는 상품을 말한다. 선매품(選買品)이란 소비자가 상품 구입 시 가격, 품질, 스타일 등을 다른 상품들과 비교한 후에 구매하는 상품이다. 전문품이란 특정한 제품이 가지고 있는 독특한 특성이나 매력 때문에 상당수의 소비자들이 그 상표만을 구입하려고 고집하는 상품이다. 자동차, 고급의류, 고급가구, 고급시계 등 그 상품구입이 곧 구매자의 사회적 지위와 권위로 연결되는 상품이다.

3) 교 환

무엇인가를 다른 사람에게 제공하고 자신이 원하는 무엇인가를 획득하는 행위를 교환이라 하며, 생산이 가치를 창조 하듯이 교환도 가치창조과정으로 볼 수 있다. 교환이 이루어지려면 교환의 조건이 당사자들에게 무언가 $+\alpha$가 있어야 한다. 쌍방에게 무언가 도움이 되지 않는다면 교환은 실패한다. 이 경우 성공한 교환도 가치를 창조하는 하나의 과정이다.

4) 가 치

가치는 소비자들이 제품을 선택하는 데 지침이 되는 개념이다. 가치란 편익과 비용의 상쇄관계에서 만들어진다. 기업이 소비자에게 높은 가치를 제공하기 위해서는 자사의 제품이 가급적 높은 편익을 제공하도록 하고, 소비자가 제품을 이용하기 위해 가급적 적은 비용을 치르도록 해야 한다.

5) 머천다이징(Merchandising, 상품정책, 상품화 계획, 제품계획)

일부학자들은 이를 상품계획이라고 번역하기도 한다. 학자에 따라서는 소비자의 욕구에 적합한 상품을 판매하기 위해 개별기업이 판촉활동에 중점으로, 실시하는 마케팅관리의 대내적 방법이라고 설명하기도 한다. 최근에는 머천다이징을 상품화 계획, 판매촉진, 광고선전활동을 포함한 넓은 의미로 사용하고 있으며 단순한 상품화 계획은 product plannning이라고도 한다. 마케팅의 핵심인 수요를 창출하려면 수요자의 행동을 철저히 조사하고 수요를 자극하는 전략을 구사해야 하며 생산원가 등을 고려해서 수요자에게 적합한 상품을 만들어야 한다. 즉 시장조사→ 상품화계획 → 선전 → 판촉 등이 원활하게 진행되어야 수요를 진작시킬 수 있다.

3. 마케팅관리

1) 마케팅관리의 개념

마케팅관리란 고객의 욕구충족과 기업의 목적을 달성하기 위해 관련 자료를 수집, 분석하여 마케팅전략을 수립하고 실행하며 그 성과를 평가하고 통제하는 행위를 말한다.

📊 그림 3   마케팅관리

마케팅전략은 시장세분화, 표적시장 선정, 그리고 제품 포지셔닝 결정의 3단계로 구성된다. 마케터는 고객의 욕구를 경쟁사보다 잘 충족시켜주는 제품을 개발하고(제품전략), 기업의 장·단기적 이윤과 고객의 구매력을 감안한 적정의 가격을 설정하며(가격전략), 이를 현재고객 및 잠재고객에게 잘 의사소통하고(촉진전략), 시장에서 쉽게 구매할 수 있도록(유통전략) 장·단기 마케팅프로그램을 계획하고 실행해야 한다.

기업은 마케팅 4P mix라는 마케팅수단에 의해서 마케팅전략을 수립, 실행해야 하는데 제품(product), 가격(price), 촉진(promotion), 유통(place)을 통틀어 마케팅믹스라고 한다. 이 네 가지 수단이 마케팅목표를 달성하는 수단으로 활용된다(안광호, 마케팅, 제3판, 2009, p.20).

부동산 마케팅은 일반상품 마케팅과 달리 부동산의 고정성으로 인해 발생하는 개별성 때문에 독점가격이 형성되며, 거래의 비공개성과 거래단위의 고가성으로 인해 독특한 특성을 나타내고 있다. 부동산마케팅이란 한마디로 <부동산 시장선택과 마케팅믹스, 즉 Market Selection+5P>로 구성되어 있다.

① 시장선택(CAT)

어떤 기업도 모든 사람에게 모든 제품을 공급할 수 없다. 때문에 선택과 집중을 통해 특정한 소비자집단의 한정된 욕구만을 충족시킬 수밖에 없으므로 제일먼저 욕구를 충족시켜줄 고객계층을 선택해야 한다. 시장선택은 마케팅에서 가장 중요한 결정인데 시장선택이란 바로 CAT선택작업이다.

- 계층(Class): 서민층, 중산층, 고소득층 등 주로 소득을 중심으로 선택
- 지역(Area): 수도권(Metropolitan)/지방(Local)
- 부동산의 종류(Type of Property): 단독주택, 아파트, 빌라, 연립, 다가구, 다세대, 오피스텔, 생활주택, 임대주택 등

② 마케팅믹스(5P)

시장선택이 끝나면 마케팅관리자가 마케팅활동을 수행하기 위하여 여기에 사용할 도구 즉 수단을 동원해야 한다. 그 도구는 다음 5가지 요소[7]로 구성되어 있다.

---

7) 미국의 J. E. Mccarthy교수는 그의 마케팅이론에서 마케팅믹스를 4P로 규정했으나 저자는 4P에, 부동산학에서 가장 중요한 입지를 의미하는 Location과 동의어(同義語)인 Place를 추가, 이를 Place-1로 명명하고 부동산마케팅믹스를 4P가 아닌 5P로 설명하고자 한다.

- 위치(Place-1): 개발업과 중개업 등 서비스업에서 위치 즉 개발후보지와 점포의 입지는 사업의 성패를 좌우하는 결정적 요소이다. 때문에 부동산마케팅에서는 일반상품 마케팅에서는 거의 존재가치가 없는 Location을 의미하는 Place를 하나 더 추가해서, 이를 Place-1로 명명했다.
- 제품(Product): 여기서는 제품의 질을 중점적으로 다룬다.
- 가격(Price): 고가, 저가, 정상가, 대금회수는 할부, 일시불, 이를 위해 부동산금융과 연결시킨다. 거래단위가 고가이기 때문에 부동산금융이 수반되어야 한다.
- 유통경로(Place-2): 직접분양, 분양회사, 중개업자, 인터넷
- 커뮤니케이션(Promotion/Communication): 광고는 신문, TV, 잡지, 인터넷 등, 인적판매, 콜센타 운영. 부동산의 위치의 고정성을 극복하기 위한 모델하우스건립. 그리고 현장안내라는 기법이 동원되어야 한다.

제2절 마케팅 관리 철학

기업 마케팅행위의 결과는 기업, 고객, 그리고 사회에 각각 영향을 미친다. 기업의 마케터가 마케팅관리를 함에 있어서 이들 중 어느 것에 초점을 맞추느냐에 따라 ① 기업중심 관리 철학, ② 고객중심 관리 철학, ③ 사회지향 관리 철학으로 구분할 수 있다.

1. 기업중심 관리 철학

수요가 공급보다 많은 판매자 시장(seller's market)에서 기업이 자사의 목적달성에만 관심을 기울이는 관리 철학으로, 생산개념, 제품개념, 판매개념으로 발전하였다.

1) 생산개념(production concept), 생산지향성시대(production orientation stage)

1900년~1930년, 그리고 1960년~1970년 한국의 부동산시장은 경기호황으로 제품의 수요에 비하여 공급이 부족하여 소비자들의 제품을 구매하고자 해도 구매가 어려운 경우가 있었다. 이 시기 기업 내 관심사는 생산량증가, 생산능률의 증대, 생산비절감에만 초점이 맞추어져 있었다. 때문에 기업의 생산부서가 중심이

되었으며, 판매부서는 생산부서에 속해 부속기능을 수행하는 역할에 그쳤다.

2) 제품개념(product concept), 제품지향성시대(product orientation stage)

기업들이 생산성에 주력하다 보면 제품차별화는 무시될 수밖에 없다. 그 결과 기업들이 생산하는 제품은 유사해져가고, 기업 간 경쟁은 점점 더 치열해진다. 제품개념이란 치열한 경쟁에 대처하고자 경쟁자보다 차별화된 제품 혹은 좋은 품질의 제품으로 구매자를 유인하겠다는 철학이다. 기업의 초점은 생산성 향상보다 제품 자체의 특징, 성능, 품질 등에 맞추어진다.

3) 판매개념(selling concept), 판매지향성시대(sales orientation stage)

제품개념으로도 시장에 대처할 수 없을 만큼 경쟁이 더욱 치열해지면 판매개념이 기업을 지배한다. 치열해진 경쟁 때문에 좋은 제품을 가지고도 판매가 어려울 경우 기업은 판매 및 촉진활동에 주력한다. 판매개념은 공급이 수요를 초과하는 경우 경쟁에 대처하기 위해 광고, 판매원의 노력에 의하여 판매증대를 가져오도록 하는 관리 철학이다.

1930년~1950년, 1970년~1980년 한국부동산 경기호황기에는 생산 공정 개선, 대량생산체제(mass production system), 자본집중에 의한 기업의 대규모화, 혁신 등으로 재고 과잉상태가 지속되었다. 판매개념을 구사하더라도 소비자의 선호를 얻을 수 있도록 제품차별화, 품질향상 노력을 병행해야 한다.

2. 현대 마케팅의 개념과 특질

마케팅이란 생산과 소비를 연결시키는 유통과 소비자가 원하는 제품을 만들어 파는 판매라는 두 개의 기본적 활동의 수행을 임무로 삼고 있다. 여기서 유통은 사회경제의 순환과정으로서의 파악이고, 판매는 한 기업활동 내지 경영관리활동으로서의 파악이다. 현대적 개념으로서의 마케팅은 단순한 판매만을 마케팅 자체로 보지 않으며, 오히려 기업활동 자체를 마케팅활동으로 간주하는, 이른바 total marketing으로 파악되고 있다. 왜냐하면 현대기업은 만들면 팔린다는 전제하에 만든 물건을 그냥 수요자에게 판매하는 활동만으로는 계속기업으로서(as a going concern) 기업활동을 계속할 수가 없다. 따라서 오늘날 마케팅은 판매자시장(seller's market) 대신 구매자시장(buyer's market)의 관점에서 재화와 용역을 생산·판매하고 있다.

그 결과 마케팅은, 첫째 생산 이전에 수요자의 욕구를 상품에 반영시키는 제품계획이라는 판매 전 서비스(before service, pre-selling)와, 둘째 수요자가 원하는 장소에서, 기꺼이 지급하고자 하는 가격으로 사도록 해주는 제품판매(sales)와, 셋째 판매 이후에는 수요자가 구입한 상품을 사용할 때에 사용법의 지도, 품질보증, 무료수리, 고장 난 부분품의 무료대체 등의 판매 후 서비스(after service, post-selling)라는 3요소에 의하여 구성되고 있다.[8]

경제성장의 단계(The Stages of Economic Growth)의 저자로 유명한 미국의 W.W. Rostow 교수는 경제발전단계를 5단계로 나누고, 그 최후의 단계를 고도대량소비 단계라고 불렀다. 여기서 대량소비(mass consumption)는 대량생산(mass production)과 대량유통(mass distribution)을 전제로 할 때 가능하다. 확실히 대량으로 생산된 제품이 대량으로 시장에서 소비되자면 mass marketing을 통하지 않으면 안 된다.

mass marketing은 종래의 단순한 selling만으로는 불가능하고, 기업조직의 일개 판매부문만으로는 성공할 수 없다. 또한 생산을 소비에 맞추는 대신 소비를 생산에 맞추는 판매방법이 등장하지 않을 수 없게 되었다. 이 새로운 개념의 마케팅은 그냥 만들어 팔려고 하는 대신 '팔릴 수 있는' 물건을 만들어 팔아야 한다는 명제의 질적 변화를 가져왔고, 이 지상명령은 한 기업에 있어서 판매부문만의 단독활동으로서는 성취될 수 없고, 기업의 사회적인 활동에 의해서만 표현될 수 있는 것이다. 여기에 마케팅을 단순한 판매관리의 기술에 대한 이론으로 보지 않고 기업경영자의 의사결정, 문제해결 등의 경제활동의 원리로서 인식하는 새로운 marketing으로서의 managerial marketing이 발전하게 되었다.

managerial marketing이란 상품을 판다는 실제 판매활동뿐만 아니라, 상품 및 용역이 생산자로부터 소비자에게 유통되는 전 과정에서 일어나는 제 활동(시장조사, 제품결정, 가격결정, 광고, 판매촉진, 판매경로선택 등)을 통일적으로 그리고 종합적으로 계획, 조직, 지휘, 집행, 통제, 조정하는 것을 임무로 하고 있다.

managerial marketing의 기본이론은 소비자지향(consumer orientation)으로, 소비자는 왕이고 생산자는 종복(從僕)이다(consumer is king and producer is servant)라는 소비자주권철학(the philosophy of consumer sovereignty)이 비단 판매관리 분야뿐만 아니라 기업의 모든 영역에까지 침투하여 marketing을 핵심으로 하는 기업체제의 확립을 지향하게 되었다. 따라서 managerial marketing론은 제품, 가격, 경로, 판매촉진, 광고, 인적 판매, 조직 등 마케팅의 모든 요소를 통일적으로 그리고 합리적으로 배합하여 최적결합(最適結合, optimum mix)을 결정하려는 마케팅믹

8) 상게서, pp.14~15.

스의 이론(marketing mix theory)이라고도 할 수 있다.9)

3. 고객지향 관리 철학

1) 마케팅지향성시대(marketing orientation stage, marketing concept stage)

치열한 경쟁에 직면한 기업이 대처하는 최선의 방법은 기업이 임의로 생산한 제품이나 서비스를 판매하는 것보다 그 기업이 대상으로 하는 표적시장의 욕구를 파악하여 그 욕구를 충족시키는 마케팅 컨셉이다. 이를 고객욕구충족, 고객지향 (顧客指向)이라 할 수 있다. 기업중심 관리 철학이 기업의 기존제품에서 출발하는 데 반해 고객지향 관리 철학은 고객의 욕구에 초점을 두는 것이다.

1950년 이후, 1980년~1990년대 한국의 부동산시장은 수요에 비해 공급 과잉 인 구매자 지배시장(buyer's market)이었다. 구매자 지배시장에서 마케팅 컨셉의 요 체는 고객지향, 전사적 노력, 고객만족을 통한 이익실현 등 이다.

고객지향, 고객지향적(customer orientation)사고는 고객의 욕구를 기업의 관점에 서가 아닌 고객의 관점에서 정의하는 것이다. 고객지향이란 고객만족을 통해 고객 에게 무언가 가치를 창조해주기 위한 마케팅활동이다. LG그룹은 이미 1990년대 초 그룹경영이념으로 "고객을 위한 가치창조"로 정하고 고객만족을 실현하기 위 해 그룹의 총역량을 투입, 고객지향운동의 선도기업이 되었다. 삼성서울병원의 고 객만족경영도 한국의 병원업계에 신선한 충격을 주었다. 1990년대 초까지 대형병 원에서는 하나의 관례처럼 여겨졌던 의사들의 촌지수수, 직원들의 불친절, 더럽고 음침한 영안실 등 병원들의 오랜 고질을 단칼에 혁신, 새로운 병원문화를 창조해 냈다. 특히 삼성병원의 깨끗하고 엄숙한 영안실개혁은 그 후 한국의 모든 병원에 서 벤치마킹하게 되었고 그 결과 한국의 장례문화를 혁명적으로 변화시켰다.

감동을 받은 만족고객은 시장에 엄청난 파급효과를 가져온다. 처음에는 1명의 만족고객으로 시작된다. 이 1명을 귀하게 여기고 최선을 다하면 1명이 2명이 되 고, 2명이 4명으로 늘어난다. 이는 기적을 낳게 된다. 일반상품과 달리 거래단위 가 큰 부동산 구매의 경우 만족고객의 소개는 거래성사에 절대적인 영향력을 발 휘한다. 이와는 반대로 한 사람의 불만고객을 잘못 다루어서 기업이 큰 곤경에 빠지는 경우를 흔히 볼 수 있다. 문제는 한 사람의 불만으로 끝나지 않는다는 것

---

9) A. P. Felton, The Marketing Concept Work, Harvard Business Review, Vo1.37 No.4, July— August 1959, pp.55~65.

이다. 불만고객은 시끄럽게 하고 주위 사람들에게 불만을 전파하고 심지어 안티(anti)클럽을 조직해서 활동하기도 한다. 만족고객은 최소 8명에게 그 사실을 이야기하지만, 불만을 가지면 그 수가 3배인 최소 24명에게 불만을 털어 놓는 것으로 알려져 있다. 10명의 친구보다 1명의 적이 무서운 법이다.

2) 전사적 마케팅(total marketing), 통합적 마케팅(integrated marketing)

소비자가 만족할 수 있는 제품의 품질, 가격, 및 광고 등을 제공하려면 단순히 판매부서의 힘만으로는 불가능하므로 기업전체의 노력이 필요하다. 즉 기업의 모든 활동이 마케팅을 중심으로 통합, 조정되고 마케팅사고가 기업 전반에 확산되어야 한다.

소비자지향은 회사의 마케팅부문뿐만 아니라 다른 모든 부문의 의사결정, 활동을 마케팅부문과 유기적인 관계를 유지하며 진행되어야 한다. 이를 전사적(全社的) 마케팅(Total marketing), Total company effort라 부른다.

|참고| **전통적 마케팅과 현대적 마케팅**

전통적 마케팅	현대적 마케팅
판매자 중심	소비자 중심
product－out	market－in
고압적(高壓的) 마케팅	저압적(低壓的) 마케팅
후행적(後行的) 마케팅	선행적(先行的) 마케팅
선형적(線型的) 마케팅	순환적(循環的) 마케팅

1) product－out: 기업이 임의로 생산한 제품을 시장에 출시해 판매하는 전략
2) market－in: 판매될 수 있는 제품을 생산하여 제품이 저절로 시장으로 스며들어 가도록 하는 전략
3) 고압적 마케팅(high－pressure marketing): 누적재고를 처리하기 위해 소비자에게 구매를 강요하는 밀어내기식 마케팅
4) 저압적 마케팅(low－pressure marketing): 소비자욕구가 활동의 중심
5) 후행적 마케팅: 회사가 임의로 제품을 만든 후 광고, 판촉활동을 강화
6) 선행적 마케팅: 사전 마케팅조사, 제품계획, 판매예측 후 제품을 만들어 판매
7) 선형적 마케팅(linear marketing): 기업이 제품을 임의로 만들어 소비자에게 수평으로 전달
8) 순환적 마케팅(cyclical marketing): 소비자욕구조사, 제품개발, 판매, 욕구조사를 계속 순환하면서 실시

4. 사회지향 관리 철학

1) 사회지향적 마케팅(societal marketing concept, societal marketing concept stage)

1970년대 이후 소비자욕구충족으로 기업이 번창했다. 그러나 단기적으로 개인 소비자에게 매우 좋은 제품도 장기적으로 사회 전체적으로는 소비자의 복지 저해, 공해 등 환경문제와 관련하여 폐해를 가져올 수 있다. 햄버거 같은 패스트푸드나 1회용 기저귀, 1회용 컵 같은 일회용품 등이 생활에는 상당한 편리성을 제공하지만 장기적으로는 소비자들에게 비만과 성인병 등 건강상 문제를 야기하고, 자원낭비, 공해 등 환경문제를 초래하므로 마케팅개념도 기업의 사회적 책임을 동시에 고려하는 경영이념으로 전환해야 한다.

기업은 마케팅활동이 사회에 미치는 문제(social and ecological consideration)를 심각하게 고려해야 한다. 사회지향 관리 철학은 고객만족, 기업목적, 사회복지 이 모두를 수용하는 가장 진보된 관리 철학이다.

Kotler 교수는 simple marketing concept에서 장기적으로 소비자와 공중복지를 생각하는 societal marketing concept로 전환해야 한다고 역설한 바 있다. 그 구체적 실천방안으로 단기적 소비자 만족보다 인류의 장기적 복지를 고려해야 하는 이른바 green marketing이 등장하였다.

최근에는 로하스 마케팅(LOHAS; Lifestyle of Health and Sustainability)이 새롭게 각광을 받고 있다. 로하스는 자신과 가족의 건강뿐만 아니라 환경, 사회정의 및 지속가능한 소비에 가치를 두고 생활하는 사람들의 라이프스타일을 말한다.

5. 마케팅이론의 방향과 전망[10]

미국의 경영학자 Peter F. Drucker 교수는 경영학 속에 마케팅이 포함되어 있다기보다 경영학 자체가 마케팅을 지향하고 있다고 경영학의 질적 변화를 시사했다. 즉, Drucker 교수는 기업의 목적에 대한 유효하고 유일한 정의는 이윤추구가 아니라 「고객의 창조」(to create customer)라고 말하고 있다. 그는 기업의 존재이유가 순전히 사적 이윤추구를 도모하는 데 있는 것이 아니라 고객이 요구하는 재화

---

10) 金東基. 前揭書, 改訂增補版, pp.20~22.

를 고객이 기꺼이 대가를 지불할 수 있는 조건으로 공급하는 데 있다고 하였다.

여기서 말하는 고객의 창조란 그저 생산한 상품을 고압적(high pressure)인 방법으로 판매한다거나 또는 유통시키는 것이 아니라, 경영자가 시장에 나아가서 팔릴 수 있는 상품이 무엇인가를 알아내어, 새로운 시장조건을 창조하여 나가는 것을 가리키는 것이다.

따라서 이것은 단순한 판매나 배급기능과는 다른 마케팅기능이며, 이러한 마케팅기능은 기업의 판매부문(영업부)만의 직능이 아니라 기업경영 전체의 직능이라고 말할 수 있는 것이다. 이러한 현대기업의 마케팅 지향경향(志向傾向)은 다음과 같은 근거에 따른 것이다.

첫째, 기업의 이익을 증대시키는 전략적 요인이 총이익률의 증대와 시장점유율(market share ratio)의 증대에 있다는 점인데, 이것은 현대경영에 있어서 고정비의 증대추세와 변동비의 감소경향이 총매출액의 증감에 따라서 기업의 이익도 증감되는 경향이 뚜렷해졌기 때문이다.

둘째, 불완전경쟁 하에 있는 오늘날의 시장경쟁에 있어서는 기업경영 전체가 마케팅적 성격을 가지고 있다는 점이다, 왜냐하면 기업의 수익은 기업의 시장 우위성에 크게 의존하고 있는데, 이 시장 우위를 확보하기 위하여 각 기업은 「제품차별화」(differentiation of products) 정책을 쓰고 있다. 제품차별화는 제품의 설계, 품질, 외관, 도장 등의 제품정책, 제품과 기업의 image를 높이기 위한 선전, 광고, 가격정책 및 판매조직의 계열화 등에 의해서 달성되는데, 이러한 제품차별화가 이루어질 때 자사제품의 적극적인 시장확대가 가능해지는 것이다. 이러한 제품차별화에 의한 시장의 우위성 확보는 품질개선, 생산비절감, 신제품개발, 관리개선 등의 모든 경영활동을 통일적, 유기적으로 이끌어 가게 하는 것이다.

셋째, innovation은 기업경영상 마케팅이 차지하는 중요성과 비중을 현저히 증대시켰다. innovation에 의한 신제품개발촉진은 기업의 수익성을 계속 유지·확보하는 데 필수적 요소이므로, 신제품개발을 위한 마케팅의 역할은 기업경영상 점점 중요성을 띠어 가고 있는 추세이다.

넷째, 마케팅연구와 관련되는 여러 분야의 종합적인 연구의 성행(盛行)이다. 과거처럼 마케팅의 개별적인 활동이나 또는 기능별·기관별·상품별에 의한 연구가 아니라, 기업경영의 입장에서 의사결정, 문제해결, 통제 등의 여러 문제까지도 해결하려면 문제해결에 유용한 모든 지식과 이론이 적극적으로 동원되지 않으면 안된다. 즉 상학, 통계학에서 전개된 OR, 사회학, 심리학, 문화인류학, 생물학에 관한 지식과 이론이 마케팅 문제해결에 강력한 무기로 등장하고 있는 것이다.

현대 마케팅은 앞으로 더욱 기업경영 자체가 마케팅활동이라는 성격으로 발전할 것으로 예상된다. 즉 마케팅이 단순한 시장유통현상이 아닌 관리현상으로서의 역할을 담당할 것이며, 따라서 지금까지 분리되어 연구되었던 마케팅과 경영학은 동일화(同一化)의 방향을 지향해 나갈 것이다. 마케팅은 또한 경영자활동의 가장 중요한 부분으로서, 여러 가지 문제의 다양한 해결방법을 제시하는 방향으로 그 연구가 체계적으로 정리될 것이 예상된다. 이에 따라 관련 제 분야의 마케팅연구에의 적극적인 참여와 그 성과의 종합적인 이용이 활발해질 것이다. 이미 광고를 비롯하여 판매촉진의 문제해결에 사회학, 심리학, 문화인류학, 생물학 등이 중요한 역할을 담당하고 있는 것이 그 좋은 예이다.

한편, 제품계획의 중요성이 점차 강조될 것으로 예상된다. 앞서 말한 바와 같이 현대자본주의의 고도화는 독과점체제에로의 이행을 가져와, 마침내 마케팅은 제품판매와 단순한 유통과정이 아니라 생산에 앞선 단계의 문제까지 포함한 광범한 영역까지 커버하게 되었다.

즉, 오늘날과 같이 생산기술의 혁신이 빠르고, 독과점적 성격을 띤 대기업이 점차 좁아져 가는 시장에서 자기시장 점유율을 확보·확대시켜 나아가지 않으면 안 되는 절박한 현실에서 제품의 life cycle이 짧고, 경쟁자의 신제품에 밀려나고 있는 기존제품에 아무런 개량을 가하지 않고 구태의연한 제품생산을 계속 반복해 나아간다면 격심한 경쟁에 살아남을 수 없다. 따라서 기업은 항상 경쟁기업의 제품보다 한걸음 더 빨리 기존제품의 개량을 도모하고, 신제품을 개발해서 이를 확대하여 그 시장에서 leader가 되도록 노력하지 않으면 안 된다. 이처럼 각 기업의 마케팅전략은 시장의 요구에 대하여 자기회사제품을 적응시켜 나아가는 것을 가장 중요한 과제로 삼고 있는 것이다. 제품계획을 중심으로 한 일련의 비가격경쟁 방법이 오늘날의 기업경영에 있어서 중요한 전략으로서 중요시되는 것은 바로 이러한 독과점 하의 시장조건과 기업의 마케팅활동과의 조정문제에 있다고 볼 수 있다.

1. 마케팅과 부동산마케팅

　　마케팅과 부동산마케팅은 어떠한 관계가 있고, 또 어떻게 다른가? 이는 부동산 마케팅의 연구와 접근방법에 있어서 먼저 전제가 되어야 할 것이다. 그 이유는 마케팅이론과 상호관계에 대한 이해가 뒤따라야 부동산마케팅이론을 체계화할 수 있기 때문이다.

　　마케팅이론에서 부동산을 함께 다룰 수는 없을까? Beckman과 Davidson은 그들의 공저 「Marketing」에서 "이 연구는 부동산 이외의 일반상품 및 유형재산을 취급하는 broker에 한정한다[11]"라고 지적함으로써 이른바 보험 브로커, 주식 브로커 및 부동산 브로커 등은 서로 유사한 성질의 업무에 종사하고 있기는 하지만, 그들의 연구대상에서 부동산을 포함하지 않는다는 취지를 명백히 하고 있다. 이는 마케팅이론과 부동산마케팅이론의 접근방법이 같을 수 없다는 것을 의미한다.

　　부동산은 다른 일반상품과 구별되는 특성을 가지고 있으며, 그것이 마케팅활동에 반영되어 부동산 특유의 마케팅문제와 마케팅방법을 창출해낸다. 부동산마케팅에 관한 저서들이 이제까지 많이 출판되었고, 판매에 관한 기술을 다룬 책이나 잡지도 상당수에 이른다. 그러나 우리나라에서 부동산마케팅과 부동산판매에 관한 서적은 그리 많지 않은 편이다. 그 이유는 크게 두 가지라고 생각된다.

　　하나는 마케팅과 판매가 원래 미국에서 수입된 학문이기 때문이다. 부동산학이 비교적 일찍부터 별개의 학문적 영역으로서 확립된 미국에서 마케팅관련 책을 저술하는 경우 부동산 이외의 제품을 대상으로 하였기 때문이다. 원래 마케팅의 대상은 상품과 서비스이지만, 현실적으로는 서비스분야의 마케팅이 경시되고,[12] 부동산은 부동산학의 영역에서 취급되는 것으로 제외되어 왔다. 이러한 미국의 접근방법이 그대로 우리나라에 도입됨으로써 부동산마케팅 연구가 우리나라에서 찾아보기 힘들게 되었다. 그러나 미국에서 출판되고 있는 이 분야 서적의 대부분이

---

11) Theoder N. Beckman & William R. Davidson, Marketing, 7th ed., Ronald Press Company, New York, 1962, p.378.
12) 현대마케팅의 특질은 서비스마케팅이 점차 중요시되고 있다.

부동산판매에 관한 것이고 그 중에 『부동산마케팅』[13]이라는 제목으로 출판된 것도 그 내용을 보면 판매기술을 집중적으로 다루고 있다.

다른 이유는 부동산업이 체계적으로 분류되거나 기업으로 성장되지 못했기 때문이다. 현재에 이르기까지 우리나라 부동산업은 체계적으로 분류되지 못하고 있으며, 체계적으로 관리되거나 기업으로 성장하지 못하고 있다.

부동산마케팅의 연구목적은 부동산기업의 부동산마케팅활동을 능률화하기 위한 원리 및 기술을 개척하려는 것이다. 그러한 명제는 부동산학이 부동산활동을 능률화하는 데 연구의 주안점을 두는 데서 비롯된다. 즉, 부동산의 마케팅활동도 부동산활동의 일환이기 때문이다. 부동산활동의 역사가 긴데도 불구하고 이 분야의 이론은 아직까지 체계화되지 못한 부분이 많다. 학문의 체계화에 관해서는 마케팅이나 다수 인접과학에 의해 지원을 받고 있으나, 부동산이 가지고 있는 독특한 자연적·인문적 특성 때문에 부동산마케팅 자체적으로 개발해야 할 많은 과제를 안고 있다.

따라서 '부동산마케팅 연구'는 아직 체계화가 미흡한 영역이고 앞으로 토목, 건축, 행정, 경영, 심리, 사회학 등 다른 학문의 도움을 받아 체계화가 이루어져야 할 것이다.

2. 부동산마케팅의 의의

부동산마케팅이란 부동산과 부동산업에 대한 태도나 행동을 형성·유지·변경하기 위해 수행되는 활동을 말한다. 이는 부동산의 종류나 부동산업의 종류에 따라서 구체적으로 나타날 수 있다. 예컨대 단독주택이나 아파트 또는 기타 주거시설 등의 판매나 임대를 개발 또는 촉진하기 위한 활동은 주거마케팅이라 할 수 있고, 빌딩을 임대하기 위해 적정 임료산출을 위한 평가활동은 평가마케팅이라 할 수 있다.

대규모의 건설회사들은 시장조사를 통하여 수요를 측정하고, 고객의 욕구에 맞는 가격과 제품을 개발하고 있다. 즉 이제는 마케팅활동에 의하지 않고는 개발업자들이 기업으로 존재할 수 없기 때문이다. 그러나 부동산마케팅에 있어서 부동산의 물리적인 부동산만을 대상으로는 할 수 없다.

부동산이란 토지, 건물 등의 물적 집합체이지만, 마케팅의 입장으로서는 부동

---

13) Wilham M. Shenkel 교수의 Marketing Real Estate가 대표적인 예이다.

산을 통해 얻게 되는 고객들의 정신적, 육체적 만족도 대상으로 해야 한다. 다시 말하면 마케팅적인 부동산의 개념은 물체로서의 부동산만이 아니고 그것을 통해서 얻어지는 고객의 만족도 포함하는 것이다. 예컨대 아름다운 음악을 제공하는 스테레오는 물리적으로 본다면 트랜지스터, 콘덴서, 스피커 등의 집합체에 불과하지만, 마케팅적 관점에서 본다면 입체음악을 내는 만족감의 총체로 파악되는 것이다.

마케팅에서 재화의 유통 내지 배달이라는 개념은 유포 내지 배달이 가능한 동산에 한한 것이며, 부동산 자체의 물적 유통이나 배달은 불가능하다. 따라서 부동산의 유통이라 하는 것은 부동산 자체의 물적 유통을 의미하는 것이 아니고, 부동산에 관한 권리나 이익, 정보의 이전을 의미하는 것이다.

'real estate'라는 단어는 부동산 그 자체를 의미하기도 하지만 부동산업(real estate business)을 의미하기도 한다. 따라서 부동산마케팅(real estate marketing)이라면 부동산 그 자체의 마케팅과 부동산업서비스의 마케팅 두 가지의 뜻을 지니고 있다고 보아야 한다.[14]

제 4 절 부동산의 특성과 마케팅

부동산은 일반상품과는 다른 고유의 특성을 가지고 있다. 부동산의 특성은 흔히 인간이 토지에 관계하든 그렇지 않든 변하지 않는 자연적 특성과 인간이 토지와 어떠한 관계를 가질 때 나타나는 인문적 특성으로 나누어진다. 부동산의 특성은 주로 토지 자체의 특성에서 연유된다. 그런데 이것이 마케팅에 반영되어 부동산 특유의 마케팅이 성립되는 것이다. 부동산마케팅을 논하기 위해서, 먼저 부동산의 특성과 마케팅의 상호관계를 살펴보기로 한다.

1. 자연적 특성과 마케팅

부동산과 일반상품을 구별하게 하는 가장 중요한 특성은 토지 고유의 성질로부터 비롯된 자연적 특성이다. 자연적 특성에는 위치의 고정성, 개별성, 영속성, 부증성 등이 있다. 본문에서는 이러한 부동산의 자연적 특성과 그로부터 파생된

---

14) 村田稔雄, 不動産のマーケティング, 住宅新報社, 東京, 1970, pp.17~23.

특성을 한데 묶어 마케팅 측면에서 다루도록 한다.

1) 위치의 고정성, 개별성

부동산(토지)이 다른 재화와 구별되는 가장 기본적인 특성은 지리적 위치의 고정성, 다시 말해 부동성(不動性)이다. 위치의 고정성은 부동산의 거래와 가격 형성을 국지화시키는 한편, 거래 장소인 부동산 시장을 불완전하게 만드는 요인이다.

지리적 위치의 고정성은 절대적인 것으로 물리적 실체가 이동하였다 하더라도 지리적 위치는 이동될 수 없는 성질을 말한다. 예컨대, 홍수・파도・지진 등 자연재해로 인해 토지를 구성하는 토양 등 물리적 실체의 일부가 이동했다 하더라도 토지의 지리적 위치가 변화했다고 볼 수는 없다.

지리적 위치의 고정성은 토지뿐만 아니라 건물에도 적용된다. 다만 예외적으로 이동주택(mobile home)은 차량에 연결되어 자유자재로 옮겨 다니는 주택이다. 또한 주택의 부품이 공장에서 만들어져 현장에 수송되어 조립, 완성되는 조립식주택(prefabricated house)과 같이 분해・이축이 가능한 건축물도 있다.

이와 같은 부동산의 기본적 특성은 개별부동산을 그 지역사회에서 특유한 존재로 만든다. 예를 들어 분양택지나 별장지와 같이 동일지형, 동일면적을 가진 필지가 있다고 하더라도 그 지리적 위치가 가진 특수성 때문에 각 필지는 학교, 역, 상점가와의 거리, 전망, 일조, 통풍 등에 있어 차별화되는 요인을 가지고 있다. 또한 건물 자체는 조립식주택으로 공장에서 생산한 동일규격의 제품이라 할지라도 일정한 토지 위에 위치하면서 서로 다른 상품이 된다. 결국 물리적으로 완전히 동일한 부동산은 존재할 수 없으며, 이러한 성격을 개별성이라고 한다.

이처럼 위치의 고정성은 부동산(土地)을 개별성이 강한 상품으로 만드는 중요한 요인이다. 부동산의 개별성은 다른 말로 이질성(heterogeneity) 또는 비대체성이라고도 한다. 이러한 부동산의 개별성 때문에 마케팅 전문가는 개개의 부동산에 정통하지 않으면 안 된다.

지리적 위치의 고정성이라는 자연적 특징으로 인해 부동산 판매활동에 있어서 현지안내(現地案內)라는 특수한 마케팅방법이 필요하다. 일반상품은 전시(展示)를 통하여 판매가 가능하지만, 부동산은 고객이 직접 상품이 있는 현장으로 찾아가야 한다. 물론, 특정 장소에 견본주택(model house)을 만들어 고객들이 상품을 보고 판단할 할 수 있도록 하고 있으나, 이는 건물 자체만을 소개할 뿐, 이를 통하여 건물이 자리하게 될 토지의 견본소개는 불가능하다. 이 때문에 토지나 주택은 가격이 폭등하더라도 다른 상품처럼 외국에서 수입해서 가격을 조정하여 공급할 수 없다.

2) 시장의 지역적 한계성

지리적 위치의 고정성이라는 부동산의 기본적 특성은 필연적으로 부동산시장을 지역적으로 제약한다. 부동산의 소재가 생활 및 기업 활동의 본거지가 되기 때문에, 그 시장도 지역적으로 한정될 수밖에 없다. 또한 일반상품시장과 비교해서 조직화가 불완전하고, 전국이 다수의 지방시장으로 나누어져 있고, 이를 이어주는 정보망이 제한적이다. 때문에 중개업자는 자기가 속한 지역에 대하여 전문가나 권위자가 되어야 한다. 한 중개업자가 전국을 커버한다는 것은 불가능하다. 따라서 부동산마케팅에 있어서는 지역적 제약을 극복하기 위해 다른 지역에 거주하는 동업자들과 긴밀한 커뮤니케이션과 협업(協業)을 해야 한다. 중개업은 네트워크사업이다. 또한 시장의 지역적 한계성 때문에 부동산관리회사가 필요하다. 부동산 소유주가 임대자산이 입지한 곳에 산다는 보장이 없으므로 멀리서는 토지나 건물을 효과적으로 관리하기가 어렵다. 이런 문제점을 해결해 주는 것이 부동산관리회사(property management firm)이다.

3) 비생산성

토지는 다른 일반상품과는 달리 생산비를 투입한다 하더라도 물리적 면적을 증가시킬 수 없다. 택지조성이나 매립으로 토지의 사용가능한 토지 면적이 증가하였다 하여도 이는 토지이용의 전환이거나 바다의 수면이 육지화된 것이지 토지의 절대량이 증가한 것은 아니다. 이러한 토지의 특성을 비생산성(unproductivity), 부증성, 면적의 유한성이라고 한다.

토지의 면적은 유한하기 때문에, 토지를 이용하고자 하는 수요가 증가하면 지가는 큰 폭으로 상승하게 된다. 지가의 상승은 생산비 증가의 요인이 된다. 따라서 기업이나 정부는 어떤 개발 사업을 할 때 늘어나는 지가의 부담을 줄이는 방법을 강구해야 한다. 지가가 높은 지역에서 건물이 고층화되거나 또는 지하화되는 현상이 일어나는 것은 원가절감을 위한 불가피한 선택이라고 할 수 있다. 또한 정부나 민간개발업자가 교외에 대단위 신도시를 건설할 때에 고속도로, 지하철, 전철 등 교통시설을 확충하여 접근성을 높이는 것 또한 높은 지가를 감당하기 위한 방법 중 하나이다.

4) 영속성, 내구성

토지는 사용에 의하여 소모, 마멸되지 않는 영속성을 가지고 있다. 홍수 등으로 토양이 다소 유실될 수는 있으나, 토지 자체가 없어지는 것은 아니다. 따라서 전체적으로 영구불멸, 불변이라고 볼 수 있다. 우리는 지금 조선조 때 세종대왕이 거닐던 땅을 밟고 있다. 토지는 사용해도 줄어들거나 방치해 두어도 부패하지 않는다. 이는 질적 변화가 거의 없는 영속적인 사용과 보존이 가능하다는 뜻이다. 영속성 때문에 토지의 생산력은 합리적으로 관리한다면 천재지변이 없는 한 무한히 유지되므로, 보석처럼 가치보존의 기능을 한다고 볼 수 있다. 인플레이션 헤지(inflation hedge) 수단으로 토지가 각광을 받는 이유가 바로 가치보존의 기능을 수행하고 있기 때문이다.

토지에 비교해서 건물의 물리적 내구성(durability)은 짧은 편이지만, 일반상품과 비교한다면 내구연한이 엄청나게 길다. 따라서 우리는 일반상품은 일 년 동안에도 수십 회 구입하지만, 부동산의 구매는 일생을 통하여 거래 횟수가 극히 제한되어 있다. 극단적인 경우 한 사람이 일생 동안 토지나 주택을 단 한 번밖에 구입하지 않거나, 한 번도 구입하지 않을 수도 있다. 여기에 부동산마케팅의 고충이 있다.

따라서 기업의 목적은 이윤추구에 있는 것이 아니라, 고객을 창조(to create a customer)하는 데 있다고 말한 Peter F. Drucker의 주장처럼15) 부동산마케팅에 있어서 일반상품과 달리 항상 새로운 고객을 창조, 개발하지 않으면 안 된다. 특정 법인이나 투기업자를 대상으로 할 경우에 계속고객으로 수회 반복해서 거래가 이루어질 수도 있으나, 대개 한 번 거래한 일반고객은 다시 고객이 되기보다는, 새로운 고객창조의 소개자 또는 산파의 역할을 하는 경우가 많다. 따라서 계속해서 새로운 고객을 창조하기 위해 부단히 노력해야 한다.

2. 인문적 특성과 마케팅

부동산의 인문적 특성은 자연적 특성과 달리 부동산이 인간과 어떤 관계를 가질 때 나타나는 특성이다. 이 특성 또한 자연적 특성과 마찬가지로 일반재화에서는 쉽게 발견되지 않는다. 이러한 부동산의 인문적 특성은 특히 토지에 강하게 나타난다.

---

15) Petre F. Drucker, The Practice of Management, Harper & Row, New York, 1971, p.37.

1) 용도의 다양성

토지는 다른 일반재화와 달리 그 용도가 매우 다양하다. 예컨대, 농업용지, 공업용지, 상업용지 또는 주택용지로서 여러 가지 용도에 사용될 수 있는 가능성을 가지고 있다. 토지의 효용은 그 용도에 따라 여러 가지로 달라진다. 이 같이 용도의 다양성은 하나의 토지에 대하여 경합, 전환 및 병존이라는 세 개의 다른 형태로 나타난다. 여러 가지 다른 용도에 충당할 수 있다는 것은 하나의 토지에 대하여 제각기 다른 용도에 충당하려는 요구가 경합하는 현상을 자아낸다.

특정 토지에 대한 용도의 선택은 경합이 있기 때문에 가능하다. 어떤 용도가 선택되느냐 하는 것은 사람들의 합리적 판단에 의해 결정된다. 이것은 토지이용의 규제와 같은 행정적 요인에 의할 수도 있다. 그러나 주어진 토지에 최고의 지대를 지불할 수 있는 최유효이용의 원칙에 맞는 용도가 선택된다.

법률과 행정법규가 허용하는 범위 안에서 부동산마케팅은 주택지는 쾌적성(amenity)을, 상업지는 수익성(profitability)을, 그리고 공업지의 경우는 생산성(productivity)을 극대화하는 방향으로 전략이 수립되어야 한다. 이른바 토지에 대한 최유효이용의 원칙에 따라 대상 부동산의 이용계획을 수립하는 것이 바람직하다. 최유효이용이 되려면 대상 부동산이 주변환경과 어울리는 '적합의 원칙'과 주어진 대지에서는 '균형의 원칙'에 맞게 이용되어야 한다.

최유효이용에 반하는 비경제적 이용은 부동산 소유자는 물론 경제적·사회적·국가적으로 큰 손실을 가져온다. 한 번 잘못 이용된 부동산은 수정, 보완, 철거 등을 통하여 용도가 전환되거나 재이용되기까지 막대한 경비와 시간이 소요되기 때문이다. 이로 인해 개인, 기업, 국가에 막대한 손실을 입힌다.

2) 병합·분할의 가능성

토지는 이용주체의 편의에 따라 쉽게 분할 또는 병합될 수 있다. 현재의 사용방법이 최선의 것이 아니라면 토지의 사용방법은 언제라도 변경될 수 있다. 토지는 주위환경의 변화에 따라 변경될 수 있는 가변적이고 신축적인 성질을 지니고 있다. 예컨대 2층 건물이 증축을 통하여 3층 건물이 될 수 있으며, 1필지의 땅은 2필지, 3필지의 땅으로 분할되거나, 또는 2필지, 3필지의 땅을 병합하여 1필지로도 만들 수도 있다.16) 효과적으로 토지의 병합과 분할을 행하여야만 토지의 최유효이용을 기대할 수 있다.

---

16) 小宮山生長, 動産·不動産鑑定評價の實務, 中央徑濟社, 東京, 1966, pp.136~139.

일반상품은 두 개의 상품을 하나로 합치거나 하나를 두 개로 나누면 이미 상품으로서의 가치를 상실한다. 즉, TV나 피아노를 나누거나 합치면 사용이 불가능하다. 그러나 부동산, 특히 토지의 경우 삼각형 형태의 토지를 인접 토지와 합하여 정사각형 또는 직사각형으로 만들면 토지의 최유효이용이 가능해져 높은 가격으로 평가받을 수 있다. 넓은 토지는 법률이 허용하는 범위 안에서 분필이 가능하므로 한 필지를 처분해서 다른 필지에 건축할 수 있는 자금을 마련할 수 있다. 이처럼 부동산마케팅에 있어서 최대의 이윤을 올리기 위해서는 부동산의 병합·분할의 가능성을 마케팅전략의 하나로 활용해야 한다.

3) 사회적·경제적·행정적 위치의 가변성

토지는 자연 그대로 볼 때 불변이지만 인간과의 관계를 지어보면 결코 부동·불변이 아니다. 사회적 위치의 변화란 예컨대 농경지가 신도시의 건설로 주거지구로 변하기도 하고, 반대로 고급주택지에 공장이나 판자촌이 들어서서 쾌적한 주거환경이 파괴되기도 한다. 즉, 부동산 자체는 변함이 없으나, 이를 둘러싸고 있는 환경의 변화로 인하여 부동산의 사회적 위치는 변할 수 있다.

부동산의 경제적 위치(가치 또는 가격) 또한 가변적이다. 농경지가 공장지대로 변하면서 수익이 껑충 뛰어오르는 경우를 예로 들 수 있다. 이 밖에 도로, 철도, 전철, 항만 등의 신설 확장, 개수 등을 비롯하여 경제성장, 소득증대, 경기순환 등으로 인하여 부동산의 수급 및 유용성이 변동되는 것을 들 수 있다. 이처럼 토지 자체는 움직이지 않지만, 인간은 토지 위에서 자유로이 움직일 수 있다.

경제적 위치의 가변성의 가장 대표적인 사례는 미국 플로리다 올란도 근처에서 일어났다. Disney World가 건설되면서 과거에는 그 지역의 거의 모든 토지가 농업에 이용되었으나 갑자기 모텔, 주유소, 식당, 아파트 부지로 바뀌면서 가격이 급등했다. 또한 어느 지역에 공항이 건설되면 활주로 주변의 땅은 유용성이 증대하고 값이 오른다. 그러나 활주로 끝부분의 땅은 비행기 이륙 때 소음 때문에 부정적 영향을 받는다.

행정적 위치의 가변성이란 부동산에 대한 정부의 정책, 행정 등의 변동으로 부동산활동이나 가격이 직접 또는 간접적으로 영향을 받음으로써 부동산의 위치(지위)가 변하는 것을 말한다.[17] 여기서 말하는 부동산활동의 대표적인 것이 부동산의 이용활동이다. 부동산의 행정적 위치를 변화시키는 요인으로는 국토의 계획 및 이용에 관한 법률과 도시계획법에 따른 지역·지구제가 대표적이다. 어떤 지역

---

17) 김영진, 부동산학개론, 건설연구사, 서울, 1972, pp.119~120.

에 용도지역이나 용도지구가 지정되면 그 지역에 있는 부동산의 가격, 이용 상황 등에 중대한 영향을 미치고 행정적인 위치뿐 아니라 경제적 위치까지 변화시킨다. 이때 부동산시장의 양상도 변화한다. 종래 동일한 주거지역이던 곳이 상업지역으로 분할되면 부동산시장은 주택시장과 상가전용시장으로 나누어진다.

특히 정부가 정책적으로 부동산투기지역 고시, 토지거래에 대한 허가제 실시, 토지에 대한 공공기관의 선매제도 등을 실시하게 되면 이러한 정부의 정책은 전국적으로 부동산의 가격, 이용 형태, 거래 양상에 지대한 영향을 미치고, 정책의 영향권 내에 있는 부동산의 가격에는 물론 부동산경기에까지 결정적인 역할을 한다.

토지나 건물에 대한 각종 행정법규 또한 토지의 거래규모, 건물의 구조, 방재 등에 영향을 주고, 이것은 결국 거래와 가격을 좌우하는 결과가 된다. 행정력에 따른 부동산 세제는 그동안 우리나라 부동산정책의 주 무기로 활용되어 왔으며, 부동산의 가격, 이용, 경기에 가장 큰 영향력을 행사해 왔다.

부동산금융도 정부의 정책에 따라 택지, 주택의 공급과 거래에 상당한 작용을 하였다고 할 수 있다. 부동산마케팅에 있어서는 정부의 정책을 능동적으로 활용, 사업을 하고자 하는 대상지의 부동산이 최유효이용이 될 수 있도록 유도하는 전략이 필요하다.

4) 법적·행정적 제약의 복잡성

"모든 것의 아래에는 토지가 있다(land is under all the things)."라는 말은 토지가 인간의 모든 생산물과 모든 활동의 기초를 이루고 있다는 것을 의미한다. 토지와 인간생활은 불가분의 관계이다. 토지의 이용에는 각종 법률과 행정법규가 뒤따른다. 부동산사법, 공법 등 수많은 법이나 규정 중 단 하나만 위반해도 해당 부동산은 제값을 받지 못한다. 행정구역상 같은 마을에 있는 토지라도 그 토지에 그린벨트가 처지거나 공원용지로 지정되면 토지소유자는 사실상 재산권을 상실하게 된다. 일반상품은 돈을 주고 점유하면 소유권이 발생한다. 그러나 부동산은 대금을 지급하고 등기라는 공시절차를 거쳐야 비로써 권리를 주장할 수 있다. 그러므로 부동산마케팅에 있어서 부동산 업자는 고객이 안심하고 상품을 살 수 있도록 지식과 정보를 알려주고 법적 제약의 복잡성을 제거해 주어야 한다.

3. 경제적 특성과 마케팅

1) 독점성/희소성

부동산이 지니고 있는 부동성, 부증성, 영속성, 희소성, 개별성 등 자연적 특성으로 인하여 대상 부동산은 독점적 성격을 가지게 되며, 그 결과 독점가격을 형성하게 된다. 특히 토지는 일반재화와는 달리 시장에 대량으로 공급하는 것이 곤란하고, 동일한 토지가 거의 존재하지 않기 때문에 독점가격을 형성한다. 고도상업지구나 상점가의 각지(角地) 등이 고객들의 오픈 스페이스 선호와 수급상의 희소성 때문에 높은 가격에 거래가 되는 것이 좋은 예이다.

토지의 희소성은 토지를 보다 효율적으로, 생산적으로 이용하려는 인간의 능력에 영향을 준다. 인간이 주어진 희소자원을 고도로 이용하기 위해 내 놓은 아이디어가 건물의 고층화와 지하화 작업이다. 또한 농지의 수확량은 과거에 비해 엄청나게 증가했다. 이것은 토지에는 아무런 변화가 없었다. 그러나 비료의 개량, 관계시설, 종자개량 등 개혁의 결과였다. 그러나 일반상품과 달리 독점가격을 규제할 수 없는 것이 토지이기 때문에 이에 대한 연구가 필요하다. 위치의 고정성과 관련해서 도로변 상가의 경우 오후에 그늘이 지는 거리 쪽이 그늘이 지지 않는 쪽보다 고객을 많이 끌어 들인다.

2) 비상품성

부동산은 개별적 성격이 강하기 때문에 부동산 하나하나에 대하여 일반상품이나 주식과 같이 매스컴을 통해 매매가격, 매매상황 등을 구체적으로 일반에게 알리기가 어렵다. 또한 견본거래가 불가능하기 때문에 현물을 확인하려면 부동산이 소재한 현지까지 가야 하는 번거로운 절차가 필요하다.

한편, 부동산은 이동이 불가능하기 때문에 비상품적 성격이 짙고, 위치가 고정되어 있어서 비교가 곤란하며, 다른 상품과 같이 시장가격이 뚜렷하게 나타나지 않기 때문에 가격 평가에도 어려움을 느낀다.[18] 따라서 부동산의 마케팅전략은 이러한 부동산의 특성을 충분히 고려한 것이어야 한다.

---

18) 이 때문에 임장활동이 전개된다.

3) 수익성

일반재화가 소비재적 성질을 가지고 있는 데 반하여 부동산은 소비재적 성격과 생산재적 성격을 동시에 가지고 있다. 부동산은 내구재로서 장기간 이용되고, 특히 토지는 영구적으로 사용할 수 있다. 따라서 부동산은 일반상품과 달리 임대료 등의 형태로 장기간에 거쳐 수익을 올릴 수 있다. 이 부동산의 지속적 수익성(收益性)은 부동산 금융에 중요한 역할을 한다.

4) 구매의사결정의 복잡성

부동산은 일반상품에 비해 내구성이 길고, 고가의 상품이기 때문에, 부동산을 구입할 때 그 의사결정과정이 복잡하고, 의사결정까지 긴 시간(Long Consideration, 長考)이 요구된다. 한 마디로 매매쌍방이 대상 부동산을 잘 파느냐, 잘 사느냐에 따라 한 사람의 경제적, 사회적 지위가 달라지기 때문이다. 특히 주택은 한 가족이 동시에 생활하는 기반이므로 주택구매의 의사결정에는 배우자와 자녀 등 다수인이 참여할 수 있고, 의사결정에 이르기까지 상당한 시간이 걸리며, 수차례 현장을 답사하는 예가 많다.

따라서 특히 마케팅의 대상이 주택일 경우에는 하나의 상품을 판매하는 데 있어 최소한 두 사람(부부) 이상을 대상으로 만족을 주어야 하며, 업자는 고객이 막대한 자금을 지출하는 것에서 오는 정신적 불안감을 제거해 주는 것이 필요하다. 그리고 부동산업자는 여러 차례 반복되는 현장 안내에 허비되는 시간과 노력을 참아내는 인내심도 필요하다.

5) 고가성(高價性)

부동산은 어느 일반상품보다 거래단위가 클 뿐만 아니라, 고액의 자금을 필요로 하는 상품이기 때문에 거래에는 엄청난 리스크가 따르기 마련이다. 한 건의 부동산을 잘못 판단한 구매로 패가망신하기도 하고 반대로 졸부의 반열에 오르기도 한다. 때문에 부동산거래에서는 거래에 관여하는 부동산업자의 신용이 무엇보다 중요시 된다. 신뢰를 잃은 업자는 부동산 업계에서 존립할 수 없다. 또한 부동산은 일반상품과 비교가 되지 않는 고가성 때문에 이른바 충동적 구매가 어려운 편이다. 따라서 부동산마케팅에서 있어서 가장 중요한 것은 만족고객을 창조하는 작업이다. 한 사람의 만족고객은 주저 없이, 자신 있게 주변의 친구들을 소개하기 때문이다. 만족고객은 직접 입소문을 내고 다닌다. 만족고객은 최소 8명에게 그 사실을 이야기한다고 한다. 반대로 불만고객은 최소 24명에게 그것을 토로하기 때문에 그 파급효과가 엄청나다고 한다. 한 사람의 불만고객이 '안티'가 되지 않도록 관리하는 것도 마케터가 해야 할 큰 과제 중의 하나이다.

어떤 고객이라도 일시에 막대한 자금을 마련한다는 것은 불가능하다. 때문에 업자는 부동산거래에서는 고객의 부담을 가능한 한 줄여주고, 보다 많은 고객을 확보하기 위해서는 반드시 부동산 금융을 알선, 지원해주어야 거래가 성립될 수 있다.

아마도 인류역사상 국가 간 부동산 거래에서 가장 성공적인 사례는 미국이 1867년에 제정 러시아로부터 720만$로 사들인 '알래스카'일 것이다. 당시 제정러시아는 크림전쟁 이후 악화된 재정난 때문에 미국정부에 700만$의 빚을 지고 있었다. 때문에 빚을 탕감하고 미국이 실제 지급한 돈은 20만$, 우리 돈 단돈 2억원으로 그 넓은 북쪽의 땅을 구입한 셈이었다. 그 당시 매입을 결정한 국무장관 슈어드(Seward)는 바보 같은 결정을 했다는 미국인들의 비난 때문에 장관직에서 파면당했다. 그러나 지금에 이르러 그는 미국에서 가장 존경받는 인물 중의 한 사람이 되었다. 한반도의 8배 넓이에 석유를 비롯한 엄청난 자원을 지닌 알래스카를 헐값에 팔아넘긴 러시아는 역사상 최악의 부동산 거래를 한 국가로 기록될 것이다.

제5절 부동산산업의 분류

1. 미국과 일본의 부동산산업 분류

부동산산업의 분류는 부동산마케팅 이론을 구축함에 있어 중요한 위치를 차지한다. 그러나 부동산업은 그 종류가 다양하고, 시대와 사회가 발전함에 따라서 그 수도 증가하고 있다. 미국이나 일본처럼 부동산업의 전문화가 이루어진 사회에서는 그 종류가 다양한 반면, 우리나라 같은 경우는 매우 단순하다고 할 수 있다. 부동산업의 분류방법에 대해서는 학자들의 견해에 따라 다르고 나라의 실정법에 따라서도 상이하다. 또한 시대의 발전으로 인한 부동산업의 다양화는 곧 부동산의 분류를 시공적으로 변화시키기도 한다.

미국의 Alfred A. Ring과 Jerome Dasso 교수는 부동산업을 아래와 같이 분류하고 있다.

| 미국의 부동산업의 분류: Alfred A. Ring과 Jerome Dasso의 정의 |

① 금융・투자업
② 순자산투자, 채권자투자, 임차권투자
③ 중개업
④ 주택, 상업투자, 공업용, 농장・토지 개발업
⑤ 토지분양, 도급건설, 투기적 건설서비스업
⑥ 평가, 건축, 상담, 교육, 에스크로우, 보험, 관리, 기획, 권리분석

또한, 미국의 Maurice A. Unger 교수는 부동산업으로 ① 중개업, ② 마케팅(부동산금융), ③ 개발 및 분양, ④ 평가, ⑤ 관리, ⑥ 상담, ⑦ 매매 및 투기, ⑧ 대회사 방계회사의 부동산활동, ⑨ 합동조합투자, ⑩ 정부의 금융활동, ⑪ 시장조사, ⑫ 재개발, ⑬ NAR의 활동[19] 등으로 구분하고 있다.

蒲池紀生(1982)에 따르면 『택지건물거래업법, 宅地建物取引業法』에서 말하는 정의에 따라 매매업과 중개업(대리 포함)으로 구분하고 매매업은 다시 일반 매매업, 개발・분양(택지, 주택, 아파트)으로 세분되며, 중개업은 매매와 임대로 분류하고 있다.[20]

이상 학자마다 부동산업에 대한 분류방법이 다르고, 나라와 시대에 따라서도 그 분류를 달리하고 있다.

2. 부동산산업의 분류

1) 부동산개발업

① 택지조성 분양업

각종 택지를 개발・조성하여 공급하는 업자를 개발업자(developer)라 하고, 민간기업을 민간개발업자(private developer)라고 부른다. 미국이나 일본에서는 대형 부동산업자들이 대부분 민간개발업을 겸하고 있다. 택지조성업자는 일반주택용지 조성과 공업단지조성 등을 대상으로 하고 있다.

---

19) Malrice A. Unger, Real Estate, 5th. ed., South－Western Publishing, Cincinnati, Ohio, 1974, pp.15~19.
20) 蒲池紀生, 不動産業界, 教育社, 東京, 1982, pp.30~31.

② 주택분양업

주택을 건설해서 분양하는 업을 말하며, 여기에는 단독주택을 주로 다루는 분양업자와 공동주택, 즉 아파트, 연립주택, 조립식주택을 건설·분양하는 부류로 나눌 수 있다. 여기에서 말하는 아파트분양업에는 순수한 아파트뿐만 아니라 상가아파트, 맨션아파트를 비롯해서 광의로는 연립주택도 여기에 포함된다.

주택의 대량판매와 대량공급시스템을 확립하기 위해서는 주택생산의 공업화가 불가피한데, 이의 총아로 등장한 것이 바로 프리패브주택(Prefabricated house)이다. 프리패브란 Prefabrication 또는 Prefabricate의 약자로 '공장에서 생산된 것'이란 뜻이다. 프리패브주택이란 주택의 각 부분을 공장에서 규격화·양산화해서 가능한 한 현장시공을 적게 해서 건설하는 주택을 말한다. 부자재를 현장에 옮겨 조립하므로 조립주택이라고 부르기도 했다.21) 공장생산주택에는 미국에서 개발된 이동주택(mobile home)도 있는데, 이것은 차량에 주택을 붙여 어느 곳이든 자유자재로 이동한다.

③ 비주거용 건물분양업

주거목적이 아닌 건물로는 상업, 공업, 농·어업, 문화 기타의 건물 등으로 나눌 수 있다. 상업용으로는 영업장을 제공하는 시장건물, 백화점, 주차빌딩, 점포, 사무실용 건물 등이 있다. 공업용으로는 공장건물을 건설하여 분양하는 형태이며, 농어업용은 창고, 목장, 농장 등을 공급하는 것이다. 문화용 기타는 학교, 공회당, 극장, 레저용 건물 등을 세워 공급하는 업이다.

④ 전원개발분양업

별장지, 전원농장, 전원도시, 공원묘지 등을 건설해서 분양하는 업을 말한다. 외국에서는 전원도시, 별장지의 분양이 대종을 이루고 있으며, 우리나라는 주말농장, 공원묘지의 분양이 활발한 편이다.

또한 여가시간이 늘어나면 세컨드 하우스를 교외에 갖고자 하는 수요가 일어나기 마련이다. 고급 아파트가 늘어날수록 별장지의 수요도 증가한다. 별장은 목적별로 세 가지로 구분할 수 있을 것이다. 첫째는 이른바 협의의 별장지로 순수한 별장지이며, 둘째로 별장과 주택을 겸한 혼합형이 있다. 이것은 주택과밀로 인한 도심의 공해를 떠나 별장지인 전원지구에서 살려고 하는 것으로 별장과 주택

---

21) 蒲池紀生, 離陸する住宅産業, 文藝春秋, 東京, 1969, p.127.

을 혼합한 형이다. 셋째로는 첫째와 둘째 이유 이외에 순수하게 투자대상으로서의 별장지를 들 수 있다.

⑤ 도시개발업

도시개발은 새로운 도시를 건설하는 신도시건설과 도시의 기능이 슬럼화되어 가는 것을 방지하기 위한 도시재생으로 나눌 수 있다. 미국이나 일본 등 선진 국가에서는 대부분 이런 사업들이 거대한 자본력과 기술 경험을 가진 민간개발업자(private developer)에 의해 수행된다. 행정부를 비롯한 공공기관에 의하여 주도되고 있는 신도시건설 및 도시재개발사업은 가장 규모가 큰 부동산개발업의 하나이다.

2) 부동산서비스업

부동산서비스업이란 문자 그대로 다른 사람을 위해 서비스를 제공하고 대가를 받는 업이다. 부동산개발업과는 달리 많은 자금이나 고정시설투자를 하지 않는 대신에 부동산에 대한 전문지식, 실무경력 그리고 사회적 신임이 필요하고 일정한 자격이 요구되는 경우가 많다.

① 부동산중개업

부동산중개업이란 타인의 의뢰에 의하여 일정한 보수를 받고 부동산거래의 중개를 업으로 행하는 것을 말한다. 우리나라에서는 중개업이 복덕방으로 통칭되며 업으로 존속해 왔으나, 1983년 말 부동산중개업법이 마련되어 1985년 공인중개사 제도를 도입함으로써 중개업이 전문직업의 하나로 등장하게 되었다.

② 에스크로우(Escrow)업

다른 사람의 의뢰를 받고 다른 사람의 부동산거래계약에 정하여진대로 일을 해주는 업을 말한다. 갑이 을에게 어떤 부동산을 매도하기로 계약한 경우에 갑이 소유권이전에 필요한 문서를 제3자에게 공탁하고, 매수인 을은 매매대금을 역시 같은 제3자에게 공탁하면 제3자는 갑·을이 각자의 이행을 다하였는가를 스스로 확인한 다음 갑에게는 대금을, 을에게는 소유권이전을 해준다. 여기서 말한 제3자가 바로 Escrow업자이다. 대금과 저당권, 채무액 등을 정확하게 정산하고, 사법서사처럼 스스로 소유권이전등기절차까지 대행한다.

Escrow업자는 하나의 신탁업과 유사한 성격을 갖고, 고객으로부터 받은 금전은 자기 계정과는 별도의 계정으로 관리해야 한다. 이것을 Escrow계정이라 하여,

중개업자도 같은 규제를 받는 것이 미국의 제도이다. 별도계정으로 관리되는 고객의 금전에 대하여는 업자가 설사 압류를 당하는 경우라도 압류를 면한다. Escrow업은 부동산의 거래가 단순하지 않은, 발전된 사회에서는 필수적인 제도이다. 실제로 비전문가로서는 부동산과 관련된 복잡한 저당채무액의 계산 등 어려운 문제가 게재되는 것이 선진국가의 부동산 거래현상이다. 이 제도는 미국 California주의 민법, Escrow 면허법, California주 금융법 등에 의해 처음 실시되었다. 우리나라에서는 신탁업법의 규제를 받는다.

일본에서는 부동산대리사무라 하는데, 은행·신탁회사 등이 그의 신용을 바탕으로 고객 또는 공공기관 등의 의뢰에 따라 여러 가지 사무행위를 대리하는 것을 말한다.

부동산대리사무로서 구체적으로 위임되는 사항은 ① 토지의 보존, 수리, 개량에 관한 사항, 토지의 임대 및 여기에 따르는 사항, ③ 조세공과 기타 관리에 소요된 비용의 대리지불, ④ 수지 계산서를 작성해서 위탁자에게 보고하는 것 등이 있다.[22]

③ 부동산권리보증업(또는 보험업)

부동산의 거래과정에는 여러 가지 법률상의 하자가 따르는 경우가 많고, 전문가가 아니면 법률상으로 완벽하게 등기나 계약서 등을 판독할 수 없다. 부동산을 사들이는 사람은 언제나 불안을 느끼고 거래금액이 어느 상품보다 크기 때문에 한번 거래로 패가망신하는 경우도 있다. 이같이 불행한 경제적 손실을 방지하기 위해 부동산의 소유권을 보증하는 부동산업의 하나이다. 부동산의 매매·금융 등에 따른 권리분석을 요구하면 목적에 따라 업무의 처리가 달라지며, 회사는 의뢰인에게 보증서를 발행한다. 보증회사는 회사의 보증서를 발행하기에 앞서 대상 부동산의 소유권을 철저하게 분석하여, 그 결과를 놓고 대상 부동산의 소유권을 보증할 수 있는가 없는가를 판단한다. 보증을 거부당한 부동산은 사실상 거래성이 없어진다.

이 밖에 부동산권리분석을 전문적으로 대행하는 부동산업도 있다. 앞에서 말한 부동산소유권보증회사가 이 업무를 대행하는 경우도 있고, 권리분석만을 대행하는 업체도 있다. 여기서 권리분석대행업이라고 하는 것은 두 가지를 포함하는 뜻으로 쓰인다.

---

22) 不動産用語辭典, 第一法規出版, 東京, 1971, p.289.

④ 부동산금융업

부동산금융이란 부동산을 담보로 하는 금융을 말한다. 부동산금융은 자금의 수요자 측으로서는 부동산에 투하되는 자본의 회전기간이 길고 상당한 금액이 구속을 받기 때문이다. 자금을 공급하는 입장에서는 부동산이란 안전하고 확실한 담보에 의해 앞으로 채무불이행의 위험을 방지할 수 있기 때문에 성립하는 업이다.23) 금융활동 자체는 부동산활동의 범주에 속하지 아니하나, 채권담보를 위해 부동산이 이용되는 데서 부동산활동의 하나가 되고, 나아가서는 부동산업의 하나가 된다.

⑤ 부동산상담업

고객의 부동산활동을 위해 상담역할을 하는 전문가를 부동산상담사(Counselor Real Estate; CRE)라고 한다. 미국에는 부동산상담사협회(American Society of Real Estate Counselors)가 있어 그 회원에게 CRE의 자격과 칭호를 주고 있다.

오늘날처럼 부동산을 둘러싼 정치적·법률적·행정적 제약이 심하고 복잡한 시대에는 어떤 부동산을 처분하거나 개발·활용하는 데는 전문가가 아니고서는 정확한 판단이나 결정을 내릴 수 없다. 대상 부동산을 법이 허용하는 범위 내에서 최유효이용의 방법을 찾아내야 가격도 최고로 평가될 수 있고, 장기적으로 유용성이 최대로 발휘되어야 수익이 보장된다.

부동산상담업에는 입지선정을 전문적으로 대행하는 업무도 포함된다. 즉, 어떤 사업주체가 점포나 공장을 신설하거나 확장하려고 하는 경우에 사업의 규모, 윤곽, 지역 등을 지정해서 제시하면 그들의 요구에 맞게 용지선정을 대행하는 업무이다. 미국은 국토가 광대하고 산업의 전문화 현상이 두드러짐에 따라서 적합한 최적의 용지를 선정하는 것은 매우 어려운 전문적인 작업으로 인정되어, 이런 종류의 새로운 업종이 개발, 발전되고 있다.

현재 국내 리테일 부동산시장은 글로벌 부동산 종합서비스회사들이 장악하고 있다. 대형 오피스빌딩과 대형 쇼핑몰 등의 건물에 패션, 식료료, 럭셔리 등 브랜드를 입점시키고 점포 관리, 마케팅 등을 하는 리테일 시장은 쿠시먼앤드 웨이크필드와 세빌스의 양강구도를 형성하고 있는데 최근 영국계 부동산회사인 존스랑라살이 끼어들어 한국업체들을 따돌리고 외국계 3사 간 경쟁이 치열하다.

---

23) 實用不動産用語辭典, 商事法務研究會, 東京, 1971, p.85.

⑥ 부동산관리업

부동산의 성질을 변화시키지 않는 범위 안에서 부동산의 보존, 이용, 개량하는 것을 부동산의 관리라고 한다. 따라서 사무실용 빌딩이나 대단지 아파트처럼 규모가 크고 관리·유지하는 데 상당한 전문지식과 기술·관리능역이 필요한 부동산의 경우 관리계약에 따라 관리를 대행시키는 예가 많다. 이같이 계약에 따라 대가를 받고 남의 부동산을 관리해 주는 전문관리회사가 점차 늘어나고 있다

부동산관리는 시설관리, 자산관리, 기업관리의 세 영역으로 나눌 수 있다. 가장 중요한 것은 자산관리이다. 자산관리는 소유주나 기업의 부를 극대화하기 위하여 부동산의 가치를 증진시킬 수 있는 다양한 방법을 모색하는 적극적인 관리를 말한다.

미국에서는 공인부동산관리사(Certified Property Manager; CPM)가 있어 상당한 전문지식과 자격조건을 구비해야 하기 때문에, 엄격한 윤리규정의 적용을 받고 있다. 자격은 부동산관리사협회(The Institute of Real Estate Managers)가 수여한다. 이러한 관리사제도는 부동산의 소유와 경영관리가 분리되는 전문화현상의 하나이다.

⑦ 부동산임대업

사무실, 아파트, 토지, 단독주택, 공장, 점포, 별장, 창고 기타 각종의 부동산을 임대하고 그 대가로 임대료를 받는 부동산업의 하나이다. 부동산의 임대에는 소유권의 이전 없이 남의 부동산을 사용·수익하며, 이를 위해 남의 소유의 부동산에 당장 필요한 시설이나 구축물 등을 건축하는 데 자금이 들어가는 예가 많으므로 항상 분쟁이 일어날 소지가 있다.

부동산의 거래와 같이 임대분야에서 권리보증회사의 권리분석과 보증이 많이 쓰인다. 임대업이 성장하면 임대차보험업(lease insurance)도 발달하게 된다. 임대차보험이란 점포·사무실용 부동산 등의 임대차계약에 주로 쓰이는 제도로서, 임차인이 만일 임료의 지급채무를 이행하지 못하는 경우에 보험회사가 임차인에 갈음하여 임료를 지급해 주는 것을 말한다. 그에 대한 보험료는 임대인이 부담하는 것이 통상이고, 규모가 작은 상점이나 회사의 사무실 등 일반적으로 신용도가 낮은 임차인과의 임대차에 있어서 이 보험제도의 활용이 필수적인 것으로 되어 있다. 이 보험은 아파트와 같은 주거용 부동산의 임대차거래에 있어 임료의 지급불이행이나 임차인의 사망 등에 대해 임대인을 보호하기 위해서도 쓰이는 경우가 있다.

⑧ 부동산감정평가업

감정평가업이란 타인의 의뢰에 의하여 일정한 보수를 받고 토지 등의 감정평가를 업으로 행하는 것을 말한다. 감정평가업은 '부동산가격공시 및 감정평가에 관한 법률'에 의하여 등록을 한 감정평가사와 인가를 받은 감정평가법인이 행할 수 있다. 일본의 경우 부동산감정업이란 자신이 직접 또는 타인을 사용하여 타인의 요구에 따라 보수를 받고 부동산의 감정평가를 업으로서 행하는 것을 말하며, 부동산의 평가란 토지 및 건물에 관한 소유자 기타 권리의 경제 가치를 평가하여 그 결과를 가액으로 표시하는 것이다.

부동산감정사로서의 공인자격을 보유하지 않는 개인 혹은 법인도 부동산감정업을 영위할 수는 있으나, 이 경우에는 반드시 사업소마다 1인 이상의 전임감정사를 두도록 되어 있다. 미국에는 MAI(Member Appraisal Institute)라고 해서 감정사가 상당한 사회적 지위를 향유하고 있는 직종이다. 일본에서는 이 업이 샐러리맨이 개인사업으로 전환하는 데 가장 매력 있는 업종의 하나로 평가되고 있다.

제 3 장

부동산마케팅환경

제1절 부동산마케팅과 환경[1]

　　환경이란 주체(主體)인 인간을 둘러싸고 인간생활에 영향을 미치는 유형, 무형의 객체(客體)이다. 한문으로 환경의 어원을 살펴보면 '環'은 '두르다' 또는 '애워싸다'는 의미이고, '境'은 장소(지경경)를 의미한다. 서양에서의 환경의 어원은 라틴어의 medius, 프랑스어의 milieu에서 유래했는데 이는 영어의 middle에 해당하며 lieu는 place 장소를 의미한다. 이는 '중앙의 장소'라고 할 수 있다. 즉 환경은 특정한 주체를 둘러싸고 있는 객체를 뜻하는 것이다. 환경구성요소들은 기능적으로 긴밀한 상호관계를 가지는 하나의 체계를 형성하는데 이를 '환경체계'라 한다. 환경체계 내의 구성요소들은 각각 독특한 가능과 작용이 있다. 구성요소에 급속한 변화가 발생하거나 여기에 환경체계가 적응하지 못하면 환경에 교란이 일어나 환경문제가 시작된다. 이들 구성요소들이 상호 조화를 이룰 때 안정된 환경이 유지되지만 균형과 조화가 파괴되면 이것이 바로 '환경파괴'로 이어져 심각한 문제가 발생한다.

　　일반적으로 환경은 기업 활동의 제약조건이다. 예컨대 공정거래법과 같은 법률은 경영자가 통제 불가능한 법이다. 이러한 제약조건들은 단기적으로는 통제가 어려우나 시간이 지나고 기업 활동 여하에 따라 변화시킬 수도 있다.

　　경제발전은 국민의 부동산활동에도 많은 변화를 가져왔다. 한때는 개발업자가

---

[1] 환경부분은 한국방송대학교 출판부가 1999년 펴낸 '환경교육', 이종문, 이민부 공저를 참고, 이를 수정보완해서 작성했다.

집을 지어만 놓으면 팔리던 시대도 있었으나 이제는 그 사정이 달라졌다. 가만히 앉아서 고객을 기다리면서 방을 한 칸 얻어 주던 복덕방 영업시대도 끝이 났다. 중개업자는 적극적으로 신문광고를 내고 고객을 찾아다니며, 인터넷 등 다양한 매체를 통하여 고객을 만나기에 여념이 없다. 감정평가사도 발로 뛰어야 일거리가 생기는 상황이고 앉아서 영업하던 시대는 이미 지나갔다.

이처럼 부동산업도 생산 지향적 경영에서 마케팅 지향적 경영으로의 전환이 요구되고 있다. 때문에 이제는 부동산업계도 과거와는 다른 관점에서 마케팅활동을 전개해야 한다. 따라서 부동산업도 부동산을 둘러싸고 있는 환경의 변화에 능동적으로 대응하면서 기업목표를 설정하고, 마케팅전략을 변경해 나가지 않으면 안 된다. 마케팅에 있어서 기획, 의사결정, 문제해결 등을 위해서는 급변하는 업계환경과 시시각각으로 변화하는 시대 흐름을 파악하여 소비자지향적인 전사적 마케팅을 펼쳐야 생존할 수 있다.

현대기업의 마케팅관리는 기업의 경영내적 요인보다는 경영외적 요인에 의해 영향을 받는 경우가 많다. 따라서 오늘날 기업이 마케팅관리활동을 효율적으로 수행하려면 기업의 환경구조를 정확히 파악하여 합리적인 마케팅환경관리를 해야 한다. 왜냐하면 기업 마케팅활동의 전개과정은 문화적·사회적·경제적·행정적 조건이나 요인에 의해서 영향을 받는 시장 환경에 의해 크게 제약을 받기 때문이다.2)

건설업자가 어느 지역에 주거단지계획을 세우고 토지매입에 나설 경우나, 어느 지역에 공동주택을 건설하고 분양할 때 행정적 조치 때문에 고통을 당하는 경우를 우리는 쉽게 목격할 수 있다. 부동산은 다른 재화와 달리 투자규모와 거래단위가 크기 때문에 정부의 부동산정책이나 행정조치가 기업목표가 어긋날 경우 기업이 받는 충격은 대단하다. 따라서 부동산업에 종사하는 사람들은 사업의 기획과정에서 예상치 못한 돌발 상황에 대응할 수 있는 대안을 마련하는 등 초기 기획과정에서부터 철저한 준비를 하지 않으면 안 된다.

부동산마케팅 활동은 단순히 기획, 조직, 지휘, 통제 및 조정으로서의 관리과정만으로 이해해서는 안 되고, 부동산마케팅환경과의 교섭이라는 환경관리까지를 포함해서 포괄적으로 이해할 필요가 있다.

---

2) 김동기, 현대마케팅원론, 개정증보판, 박영두, 서울, 1982, pp.90~98.

1. 솔로이코노미시대의 개막

　　부동산환경의 가장 큰 변화는 1인 가구가 우리사회에 대세로 자리 매김하면서 솔로이코노미시대가 개막되었다는 사실이다. 1인 가구가 새로운 소비시장으로 부각되면서 부동산, 식품, 가전, 레저업계 등이 이들을 겨냥한 맞춤형 상품을 집중개발, 시장에 출시하고 있다. 과거에는 산업화와 도시화에 따라 핵가족화되어 부모와 자식세대가 함께 거주하는 가구유형이 일반적이었다. 하지만 경제발전과 생활수준의 향상에 따른 우리 국민들의 가치관의 변화에, 여성의 경제활동참여 증가, 초혼연령의 상승, 비혼 증가, 출산율 저하, 이혼율 증가 등 사회전반은 물론, 특히 가구구성에 중대한 변화를 가져왔다. 서울시는 지난 2013년 가족특성 공개에서 1980년에는 1인 가구가 전체 가구의 4.49%에 불과했는데 2015년 27.1%로 늘어났다고 발표했다. 30년 사이에 전체 가구의 넷 중 하나는 나 홀로 가구가 차지하고 있는 셈이다. 2035년에는 전체 인구의 1/3이 넘는 34.3%가 1인 가구가 될 것으로 예측했다.

　　통계청이 밝힌 '2013년 한국의 사회동향'에 따르면 1인 가구 중 독거노인 비율은 2010년 34.3%로 나타났는데 어느새 한국도 노인들이 혼자 사는 시대가 도래한 것이다. 일본 국립사회보장인구문제연구소는 2014년 초 일본은 앞으로 20년 후 '독거 가구'와 65세 이상 고령자가 가구주인 '고령가구'가 중심을 이루는 '독거고령화사회'가 될 것이라고 발표했다. 2010년 전국평균 32.4%인 독거가구 비율이 2035년에는 37.2%까지 올라갈 것이라고 예측했다.

　　우리나라에서 1인 가구가 급증하고 있는 이유는 결혼을 미루는 청년세대의 만혼, 결혼은 필수 아닌 선택으로 생각하는 독신주의의 부산물인 비혼족(非婚族) 즉 골드미스와 싱글남의 증가, 경제적 이유로 인한 결혼 포기자, 높은 이혼율, 특히 황혼이혼의 증가, 고령화로 배후자 사별자의 증가, 자녀유학과 지방근무로 인한 기러기 아빠, 최근에는 세종시 출범과 함께 혁신도시로의 공직자이주로 기러기 아빠의 급증, 노시부모에게서 독립한 신세대 증가, 여기에 저출산과 결혼을 하고도 애기를 갖지 않는 비출산 가구 등 혼자 사는 '싱글족'과 장수사회진입으로 독거노인이 늘어나면서 1인 가구가 급증하고 있다.

우리나라의 1인 가구의 증가추세를 보면 2000년 15.5%(222만 가구), 2005년, 317만 가구, 2012년, 25.3%(453만 가구)였고 지난 2014년 25.2%(420만 가구), 2030년에는 32.7%(709만 가구)로 높아질 것으로 예상되는데, 이는 전국 세집 당 한집이 1인 가구가 될 전망이다.

가구구성을 보면 1979년만 해도 한국의 평균적 가정은 5인 가족이었다. 2014년에는 3인 가족, 즉 부부와 자녀로 구성된 핵가족이 가장 보편적인 가족형태였다(33.3%). 현재의 추세로 가면 2020년에는 1인 가구(29.6%)가 부부와 자녀로 구성된 가구(28.4%)를 제치고 가장 보편적인 삶의 형태가 될 전망이다.

2. 사회적 변화

1인 가구의 증가는 가족에서 개인에게로 삶의 무게중심이 이동, 저출산 심화, 배달음식 사업의 성장 등 다양한 사회적 변화를 초래하였다.

삶의 무게중심이 가족에게서 개인에게로 이동되면서 젊은 세대들은 과거에 비해 결혼시기가 점점 더 늦어지고 있으며, 결혼을 하더라도 자녀를 가지려 하지 않는 경우가 많으며, 월세에 거주하더라도 외제차를 구입하여 현재의 삶에 높은 가치를 부여하거나, 정치에 무관심한 특징을 보이고 있다. 주택 유형에 있어서도 소형 아파트 또는 오피스텔을 선호하고, 이러한 선호의 변화에 따라 건설업체의 아파트 평균 공급면적도 줄어드는 추세이다.

1인 가구의 증가로 인해 외식업계의 변화도 주목할 만하다. 1인 고객을 위한 식당이 최근 증가하고 있는데 식당 내부에 bar를 설치해서 혼자 식사하는 싱글족이 불편 없이 식당을 이용할 수 있도록 하고 있다. 이들을 '혼술족', '혼밥족'이라고 부르며, 식당마다 1인 메뉴를 준비하는 등 외식문화에 있어서도 과거와 다른 모습을 보인다.

반면 1인 가구의 증가는 다양한 사회적 문제로 이어지기도 한다. 원룸, 오피스텔, 다세대주택의 허술한 보안문제로 범죄에 노출될 가능성이 높고, 혼자 살기 때문에 우울감을 느끼는 사람들이 많아졌으며, '외롭다', '아프면 안 된다'는 강박관념이 생기는 등 정서적 외로움을 느끼는 사람들이 증가하는 것이 그것이다. 또한 고독사(孤獨死)할 가능성이 높아지고 있다는 점은 심각한 문제이다. 특히 도시와 농촌을 막론하고 급증하고 있는 독거노인 가구는 고독사 가능성으로 이어질 수 있어 지속적인 사회적 관심이 필요하다 할 것이다. 한국보다 먼저 고령사회를 겪고 있는 일본의 경우 연간 고독사가 2만 6천명에 이른다.

3. 경제적 변화

1인 가구의 증가는 경제적으로도 큰 변화를 야기하고 있다. 1인 가구의 증가로 인해 생산품에 있어서도 과거 소품종 대량생산에서 다품종 소량생산시대로 바뀌고 있다. 소형 가구, 밥솥, 로봇청소기 등 가전 판매가 증가하고 있으며, 할인점 상품이 증가하거나, 소량포장 증가, 1인용 상품 증가 추세가 두드러지고 있다. 간편식에 들어가는 식자재를 공급하는 업체와 소형 가전제품 제조사, 혼자서 가볍게 즐길 수 있는 모바일 게임을 만드는 업체 등의 주가가 연일 상승세를 유지하고 있다.

1인 가구의 급증으로 가장 큰 혜택을 보고 있는 업종은 편의점이다. 편의점에서 파는 도시락 등 간편식들이 초강세이다. 초고령사회에 접어든지 오래된 일본은 편의점 시장이 폭발적으로 증가하고 있다. 국내에서는 젊은이들에게 놀이터로 인식되는 편의점이 일본에서는 '경로당' 수준으로 바뀌고 있다. 우선 나카쇼쿠(中食) 상품이 매대를 점령했다. 나카쇼쿠는 집밥과 외식의 중간 정도인데 기업이 미리 조리해 판매하는 음식을 고객이 구입, 가정에서 먹는 형태이다. 노인인구와 1인 가구가 폭증하면서 시장이 커지고 있다. 일본의 훼밀리마트는 지방자치단체와 연계, 노인들을 위해 도시락을 집으로 배달해 준다. 세븐일레븐은 '세븐밀'이라는 도시락 택배 서비스를 제공하고 있다.

편의점 직원이 정기적으로 독거노인을 방문해 안부를 확인한다. 노인들의 건강도 편의점이 맡은 셈이다. 약국과 제휴하는 편의점이 늘고 있다. 로손은 건강관리업체인 '위즈넷'과 연계한 점포를 열었다. 편의점 안에 노인 상담창구를 설치, 멀리 떨어진 구청이나 보건소를 방문하지 않아도 된다. 훼밀리마트는 약국과 제휴, 의약품취급 편의점 사업을 확대하기로 했다. 편의점 안에 의약품 거래에 관한 교육을 받은 직원이 근무하기 때문에 일반 의약품을 24시간 구입할 수 있다. 낮시간에는 약사도 상주, 편의점에서 조제약까지 살 수 있다.

2014년 훼밀리마트는 노래방과 결합한 편의점을 오픈했다. 편의점에서 산 음식물을 노래방에 가져가 먹을 수 있다. 로손은 편의점 안에 서점을 들였다. 편의점에서 CD나 DVD 등을 사거나 빌릴 수 있다.

가족을 위해 가끔 백화점에 들러 물건을 많이 사는 시대에서 나를 위해 자주 집 근처 편의점으로 가 조금씩 사는 시대로 변했다.

1인 가구의 빠른 증가로 소비시장 패턴이 바뀌면서 '나홀로족'이 자주 이용하는 업종의 주가가 강세이다. 반대로 신세계백화점은 2015년 상반기 6개월간 주가가 30.2% 떨어졌고 같은 계열의 대형마트 종목인 이마트도 12.6% 내렸다. 롯데쇼핑은 26.4%, 롯데하이마트도 같은 기간 하락률 26.6%를 기록했다. 매출부분을 보면 2015년 1월 백화점은 7.1%, 대형마트 12.6%가 줄어들어 고전하고 있는 데 반해 편의점 매출은 같은 1월 한달 동안 5.7% 증가했다.

1인 소비가 뜨면서 솔로 이코노미의 규모가, 2010년 60조원 시장이 2030년에는 194조원으로 예상되어 대형마트들은 싱글족 마케팅에 열을 올리고 있다.

고령사회의 그늘인 독거노인들도 새로운 시장을 창조하고 있는데 노인 돌보미 시장은 2008년 8400억원에서, 2010년에는 1조 6911억원으로 급증했다.

4. 부동산업계의 변화

한국의 부동산업계에서도 1인 가구, 독신자가 살기 좋도록 아파트에 붙박이 전자제품을 넣고 수납공간을 강화하는 등 맞춤형으로 설계한 평면에다 세를 놓아 임대수익을 얻으려는 투자자들을 겨냥한 50평방미터 미만의 '초미니아파트'를 경쟁적으로 내놓고 있다. 초미니아파트는 경쟁상대인 오피스텔, 도시형 생활주택보다 생활이 편리한데다 아파트는 단지 내 주차장 공원 등 공용 시설이 오피스텔보다 잘 갖춰져 있고 관리비도 싸다.

부동산시장에서 공용면적 50평이 넘는 대형평형에 대한 수요는 위축된 지 오래다. 3~4인 가족이 살기에 너무 넓은데다 관리비가 부담되기 때문이다. 최근 가장 인기 있는 평형은 25평 안팎과 1~2인 가구를 겨냥해 지은 소형아파트, 원룸과 오피스텔 등이다.

일본은 고도성장시대였던 1970~1980년대에 '샐러리맨＋전업주부＋자녀'의 가족형태를 모델로 상정해서 주택업자가 공급한 교외의 뉴타운이 꿈의 주거지였다. 도쿄근교에 다마(多磨) 뉴타운, 오사카의 센리(千里) 뉴타운, 전원주택단지는 경제성장의 자랑스러운 열매였다. 중산층이라는 국가 주축 세력이 자리 잡은 상징이기도 했다. 그러나 맞벌이 부부의 증가로 이들의 도심으로의 통근문제가 대두되고 장수사회로 진입하면서 노인들이 대형병원이 입지한 도심을 선호하면서 교외형 주택의 인기가 시들해지고, 그 화려했던 교외전원지역의 별장들은 폐허가 되고 말았다. 대신 도심에는 독신타운이 대량으로 형성되기 시작했다. 고객들이 도심 등 교통이 편리하고 편의시설이 잘 구비된 도심주택을 찾고 있기 때문이다. 대도시

교외의 신도시 지방자치단체들은 이제 날로 늘어나는 빈집처리에 골머리를 앓고 있다. 현재 도쿄주변 뉴타운 중에는 40~50%가 빈집상태로 방치되어 있다.

고령화와 인구감소로 빈집이 급증하자 일본정부가 본격적으로 대책마련에 나섰다. 일본정부 발표에 따르면 전국 주택 6,063만 채(2013년 기준) 가운데 13.5%인 820만 채가 빈집이다. 도쿄도(東京都)의 빈집 비율은 10.9%이며 계속 증가추세이다. 비어있는 자가 주택은 고령자들이 양로원 등 노인 복지시설에 입소하거나 사망한 후 폐가로 방치된 집들이다. 도쿄도의 구청들은 붕괴, 화재 위험 때문에 집주인에게 철거나 개보수를 요청했지만 이에 응하지 않아 결국 구청이 강제철거를 단행하고 있다. 또한 빈집 주인의 의뢰를 받아 필요한 사람에게 임대해주는 '빈집은행'사업을 실시하는 한편 빈집을 싸게 임대하거나 시민단체에 사무실로 빌려주기도 한다.

5. 문화적 변화

1인 가구의 증가는 혈연, 지연 중심에서 동호회, 사교모임 중심으로 네트워크 또한 변화시키고 있다. 취미, 여가활동은 주로 인터넷 동호회원과 즐기는 문화가 보편화되고 있으며, 엔터테인먼트, 여행관련 시장이 크게 성장하고 있다. 특히 나홀로 여행은 크게 확대되는 추세이다.

이처럼 가구구성은 급격히 변하고 있으나 우리나라의 복지, 세제, 주택 등 사회제도와 관습은 현재 제자리 걸음으로, 시스템은 여전히 4~5인 다인가구에 초점이 맞춰있는 실정이다. 납세제도를 비롯해서, 주택 복지 등 사회전반에 걸친 정책도 1인 가구의 증가에 맞춰 모든 시스템을 시급히 개선해야 할 시점이다.

공동거주를 원하는 1인 가구를 연결해주는 시스템이나 시설을 만들어 싱글 패밀리끼리 유대감을 형성하도록 환경을 조성할 필요가 있다. 실제로 서울 노원구는 지난 2013년부터 구(區) 내 6개 대학 학생과 집을 소유하고 있는 독거노인을 연결해 주는 시스템을 운영하고 있다. 이 때문에 대학생들은 시세의 50% 선에서 방을 구할 수 있고 독거노인들은 외로움을 덜 수 있어 일석이조이다.

전국적으로 1인 가구 비율이 전체의 47%에 달하지만 고독사가 없는 스웨덴의 시스템을 도입할 필요가 있다. 특히 '공동주택정책'은 1인 가구를 위한 핵심지원책이다. 집합주택거주자들이 개인 원룸을 제외한 공동주방과 육아센타 등 나머지 시설을 공유할 수 있도록 한 것이다. 다양한 연령대의 거주자들은 각자의 경험과 정보를 교류하며 공동체를 꾸려나간다. 이 때문에 1인 가구라 해도 고립될 일이 없다. 상대적으로 수입이 적은 청년층과 노년층의 안정된 주거생활을 뒷받침하기 위해 국가에서 지원하는 주택보조금은 이 나라가 1인 가구의 천국이 될 수 있는 밑바탕이 되었다.

제3절 부동산마케팅환경의 구성요소

생태계에서 살아가는 모든 생물들은 그들이 활동하는 영역의 환경 속에서 살아간다. 모든 유기체나 인간이 그러하듯 기업도 생존을 위해서는 그가 활동하고 있는 환경에 의존하지 않을 수 없다. 환경에서 생존유지를 위해 필요한 것을 얻기도 하며, 또 주기도 한다. 부동산업에 있어서도 부동산기업은 환경과의 교환을 통하여 그 목적을 달성하고 있다. 이러한 과정에서 부동산업의 마케팅활동과 관련된 환경을 부동산마케팅환경이라 한다. 본서에서는 부동산마케팅환경(real estate marketing environment)을 부동산업과 내적·외적으로 관련이 있는 영향력 및 제도의 총체로 정의한다.

그러면 부동산업활동에 있어서 마케팅환경은 어떻게 구성되어 있는가? 부동산마케팅환경의 모든 국면을 다룰 수는 없지만, 그 환경을 구성하는 구성 요인과

📊 그림 4 부동산마케팅의 환경구성요소

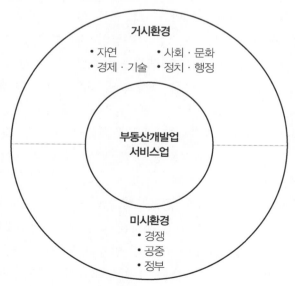

기업과의 관계를 그림으로 나타내면 [그림 4]와 같다.

이러한 여러 환경 요인들은 기업에 대해 ① 기업의 성공을 제한하는 제약적 역할(constraining role)을 하기도 하고, ② 성공을 촉진하는 기회를 부여하는 기회적 역할(opportunistic role)을 하기도 한다.[3]

1. 거시환경(Macro Environment)

1) 자연환경

자연환경이란 대기권(大氣圈), 수권(水圈), 암석권(岩石圈)으로 나눌 수 있다. 대기의 오염은 화석연료의 사용으로 급속도로 증가하고 있으며 인구가 밀집한 도시에서는 심각한 문제가 되고 있다. 최근 프레온 가스 사용으로 인한 오존층 파괴, 화석연료와 삼림의 파괴로 이한 이산화탄소 배출량의 증대로 인한 온난화 등이 있다. 최근 유럽 등 세계도처에서 발생하는 홍수는 전 지구적 기후변화와 이에 따른 해수면의 상승, 엘리뇨현상, 농업생태계의 변화 등에 기인한 피해사례라 할 수 있다.

물은 순환하면서 생태계의 중요 구성요소로서 기능을 한다. 지구 전체 물의 양 가운데 97% 이상은 해수가 치지하고 있으며, 나머지 부분은 빙하의 형태로 남아있기 때문에 인간이 이용하는 물의 양은 1%에도 못 미친다. 육상의 수자원은 부존이 편재되어 있고 계절적 변동이 심해 물 부족에 고통을 받는 지역이 많다. 지표에 존재하는 물 이외에 미래의 자원은 지하수이다. 현재 강과 지하수가 각종 생활폐수, 공장폐수, 축산폐수 등으로 심각하게 오염되어 가고 있는 것이 큰 문제이다. 암석권에 속하는 삼림의 보전은 생태적으로 중요한 기능을 가지고 있다.

삼림은 스펀지 같은 기능을 통해 토양의 침식을 막고 홍수량을 자연 조절해준다. 삼림(森林)은 기온과 습도, 태양복사열 등의 조건에 따라 기후를 조절하기도 하고 산소공급으로 대기오염의 정화기능을 담당한다. 건강한 삼림보전과 다양한 생물종보호를 통해서 자연의 물 순환을 원활히 해줄 때 자연환경의 평형이 유지된다. 최근 자연환경은 날이 갈수록 오염되고 있으며, 사람의 생명을 위협할 정도로 악화되고 있다.

일반상품의 마케팅 분야에서와 마찬가지로 부동산마케팅 분야에서도 이에 대한 시급한 대책이 마련되어야 할 시점이다. 공기오염, 수질오염, 쓰레기 처리, 하

---

3) 出牛正芳, マーケテイング管理論, 增補版, 白桃書房, 東京, 1983, p.21.

수종말처리, 유해물질의 신중한 사용 등을 통해 자연환경을 보존하고 반 공해대책을 통해서 자연환경 개선에 적극 협조해야 할 것이다.

2) 경제적·기술적 환경

환경은 자연생태계에서 질이 악화되는 것도 문제이지만 경제적 측면에서도 공간적 차별성을 갖는 것이 특징이다. 환경문제는 모든 사람에게 골고루 영향을 미치는 것으로 생각하기 쉬우나 사회계층이나 경제적 발전정도가 다른 지역의 경우는 환경피해에 대응하는 능력의 차이가 있기 때문에 공간적 차별성이 존재한다. 고지가, 고가격의 아파트가 밀집한 소득수준이 높은 지역은 그렇지 못한 지역보다 오염의 정도가 상대적으로 낮게 나타나는 경향이 있다. 경제적 측면에서 환경의 오염은 환경자원 이용에 대한 경제적 불평등을 가져온다. 물이나 공기처럼 과거에는 누구나 자유롭게 이용 가능했던 자유재(自由財)가 환경오염에 의한 이용의 제약으로 경제재(經濟財)로 바뀜에 따라 희소화된 환경자원은 그 이용에 대한 대가를 지불해야 하는 시대로 변했다.

부동산마케팅이 경제시스템의 한 구성부분이라면 당연히 특정시기와 기간에 경제구조와 정책, 자원 및 상황에 따라 영향을 받는다. 예를 들면 정부의 재정정책, 경제성장, 경기변동 등은 마케팅에 영향을 미치는 경제적 요인이다. 부동산마케팅에 있어서 국내 저축·투자수준 및 국제수지상태, 재정 및 금융상태, 물가·임금·고용상태, 세 부담의 상태 등은 개인의 가처분소득(可處分所得)에 영향을 주고, 그것이 부동산의 수급에 영향을 주며, 결국 부동산가격 형성에 영향을 미치게 된다.

기술도 마케팅활동에 영향을 끼친다. 시장기회는 존재하나 필요한 기술이 결여될 때 기술은 제약이 되며, 반대로 기술적 이노베이션은 종종 새로운 마케팅 기회를 창조한다. 부동산기업이 적기에 승강기, 냉난방, 방재, 인터넷 같은 새로운 투자설비를 늘리면, 부동산 전반에 대한 수요도 증대시키게 된다.

3) 정치적·행정적 환경

정치적·행정적 환경은 기업에 대해 기회를 창조하는 동시에 억제하는 강력한 역할을 하고 있다. 토지이용·거래에 관한 법 규제가 강화되고 있고, 투기억제를 위한 갖가지 대책이 쏟아져 나오고 있다. 동시에 재개발을 포함한 대단위개발 계획이 취소, 축소, 중단 혹은 확대되는 정책이 속속 발표되기도 한다. 이러한 일련의 조치들은 부동산시장을 위축시켜 부동산업 경영을 어렵게 하기도 하지만, 반대로 활성화시키기도 한다. 감정평가업이나 부동산중개업 등 서비스업에 종사하는 사람은 특히 정치적·행정적 환경에 크게 영향을 받는다. 국토계획법, 공정거래법, 소비자보호법, 환경정책법 등 부동산과 관련된 법률만도 수 없이 많다.

4) 사회적·문화적 환경

생활을 편리하게 하려는 인간의 욕구로 인하여 도시화와 공업화는 가속화되고 있고 인구의 폭증과 더불어 대부분의 인구가 도시에 집중되는 과밀화 때문에 생태계의 균형이 깨어져 가고 있다. 도시화는 그 자체로서도 환경적 위협이 되고 있지만 한편으로 농촌의 해체라는 손실을 가져왔다. 농업이 갖는 환경적 효과는 대단하다. 우리나라 농업의 중심인 '논농사'는 토양유실을 막아주고 강수량이 여름에 집중되는 시기에 일정 기간 물을 가두어두는 저수지 기능을 하고 있다. 논에 고여 있던 물이 서서히 강으로 흘러가면서 용수로 이용되고 일부는 지하로 스며들어 지하수 함양의 기능도 한다. 또한 홍수조절에도 한 몫을 하는 한편 벼는 탄산가스를 흡수하고, 산소를 공급하는 탁월한 작물 중의 하나이기 때문에 대기를 정화시키는 데도 기여한다.

한편 저출산 고령화, 1인 가구의 증가, 소비자주의, 그린마케팅, 여성상위시대의 도래, 주5일제근무 정착화 등 우리사회는 혁명적 변화를 겪고 있다. 사회적 관점에서 부동산마케팅의 기능은 소비자나 의뢰자에게 유용성이 있는 경제재나 서비스를 생산·제공하고, 그것을 통해서 국민생활수준을 향상시키는 것이다. 부동산마케팅은 소비자들과 의뢰자의 행동, 소비자의 각종 그룹, 사회계층 및 조직에 있어 사람의 행동 등을 다루게 된다. 부동산마케팅의 사회적 환경에는 인구규모, 가족구성 및 가구분리, 도시형성 및 공공시설의 정비, 교육 및 사회복지수준, 부동산거래 및 사용수익의 관행 등이 포함된다.

문화적 측면의 환경문제는 무절제한 과소비이다. 과소비문화는 환경자원을 고갈시키고 환경문제를 더욱 악화시킨다. 전국 강가에 들어선 고급호텔, 콘도, 골프장, 유흥업소들이 배출하는 공해물질은 하천과 토양을 오염시키고 엄청난 경제적 부담을 우리에게 안겨주고 있다.

이러한 요인 외에도 개발이나 판매를 지연시키는 소송, 집단항의 등의 행동도 부동산마케팅과 경영에 큰 영향을 미치고 있다. 여기에는 국민의 권리, 지역개발과 재개발, 주택문제, 토지보상문제 등이 얽혀 있는데 가장 심각한 문제는 여기에 직업적인 전문시위꾼들이 개입할 때이다. 따라서 부동산마케팅의 중심도 과거와는 달리 기업이 사회적 책임의식을 가지고 부동산과 인간과의 관계 개선을 위해 적

경제발전 단계	특 성			
	인구통계 및 소득수준	지식, 과학과 기술	가치	사회구조
전산업화 단계	• 유목생활 • 희박한 인구 • 높은 출산율과 사망률 • 현금수입이 거의 없음	• 전 세대에서 후세대로 언어에 의한 전승 • 미신적 습관 • 변화에 대한 저항	• 인습지향사회 • 정령신앙 • 운명을 진정시키는 초자연력	• 부족사회 • 계속되는 가족관계 • 인습적으로 결정된 사회에서의 역할 • 리더: 추장, 주술사, 어른
발전도상 단계	• 정주 • 출생률 증가, 사망률 감소 • 낮은 1인당 소득	• 실무와 응용에 관심 • 발전된 사회로부터 차용 • 적은 기초조사	• 미래지향 사회 • 자연력의 연구와 이용 • 절약과 극기 • 조직적 종교	• 분할: 농촌은 부족중심 • 도시는 전국 지향적 보다 엄밀한 계층체계 • 리더: 왕과 왕자, 고급관료
공업화 단계	• 광범위한 도시발전 • 인구의 고증가율 • 수명이 길어짐 • 1인당 소득증가	• 깊고, 소박한 경의를 가짐 • 초·중등은 의무교육 • 높은 교육을 위한 집중적 공공지원 • 기초와 응용분야 연구에 집중지원	• 유물적 사회: 억제되어야 할 적 • 경쟁, 소비자주의, 쾌락주의, 세속주의, 조직인	• 복잡: 많은 제력의 영향 • 핵가족관계, 개방단계 구조 • 리더: 비즈니스맨, 정치가, 각종 분야의 opinion 리더
고도산업 단계	• 인구 밀집 • 1인당 소득 높음 • 안전에 대한 관심 증대 • 소득증가 관심희박	• 높은 교육수준 • 생태학적인 지향 • 제2의 인지는 과학적 진보 • 과학의 윤리와 인간차원의 관심	• 미적지향사회: 제력은 휴머니즘과 협조 • 개인존중 • 모든 만족의 기본적 필요	• 보다 개방적이고, 자유로운 구조 • 일시적 가족구분 • 현저한 계층구조 없음 • 리더: 철학자, 지식인, 예술가

자료: Ben M. Enis, Marketing Principles, Goodyear Publishing Co., Inc., 1974, p.59.

극적인 노력을 경주해야 할 시점에 와 있다고 하겠다.

　사회·문화적 특성은 고객들의 지식, 가치, 아이디어, 태도, 신념, 행동패턴, 반응, 관습 및 윤리와 법 등에서 파악될 수 있다. 이러한 특성은 보통 시장세분화에서 중시되고 있다. Ben M. Enis는 경제발전단계를 4단계로 나누고, 각각 사회·문화적 특성을 〈표 2〉와 같이 말했다.

　또한 부동산마케팅 활동은 사회·문화의 발전과 변화에 영향을 미치고 있다.

예를 들면 기업은 아파트분양이나 토지매매중개 등을 신문·라디오 등을 통해 광고하고, 국민은 그것에 의해 영향을 받게 된다. 실제로 아파트가 대량 건설되고 이것이 주거기능을 하면서 우리나라는 5000만 인구 가운데 92%가 도시에 몰려살고 이들의 10명 중 6명이 아파트에 산다. 어느새 우리사회는 아파트 중심의 주거문화가 자리 잡았다. 중개업자들에 의한 지나친 투자권유나 유혹은 부동자금의 흐름을 바꾸어 놓아 사회적인 물의를 일으키기도 한다. 이처럼 부동산마케팅 활동은 사회에 영향을 미치고 있으며, 동시에 중대한 사회적 책임을 지고 있다.

2. 미시환경(Micro Environment)

1) 경쟁업자

부동산기업의 마케팅 환경 중 또 다른 하나는, 경쟁업자로 구성되는 경쟁적 환경이다. 기업은 이익을 발생시키고, 시장점유율을 높이기 위해 경쟁업자를 확인하고, 또 그들의 동향을 지속적으로 파악하지 않으면 안 된다. 이러한 경쟁업자는 다음과 같은 네 가지 유형이 있다.

① 욕구경쟁업자

소비자나 의뢰자의 욕구를 자극하는 경쟁업자이다. 주택이 필요한 소비자는, 전용면적 85㎡의 신축아파트를 매입할 것인가, 아니면 전세로 입주하고 남은 자금으로 자동차를 구입할 것인가를 두고 고민할 수 있다. 또는 사업자금 마련을 위해 집을 처분할 것인가, 아니면 은행에서 집을 담보로 대출을 할 것인가를 두고 의사결정을 하게 될 수도 있다. 이때 아파트분양업자, 주택임대업자, 자동차판매회사, 은행 등은 욕구경쟁업자가 된다.

② 유형별 경쟁업자

소비자나 의뢰자의 특정욕구를 충족시킬 수 있는 서로 다른 부동산을 가지고 있는 경쟁업자이다. 예컨대 부동산투자가는 상업용 부동산, 주거용 부동산, 공업용 부동산 중 어느 부동산을 선택할 것인가를 생각하게 되며, 또 토지를 살 것인가 건물을 살 것인가도 고려하게 된다. 이때 경쟁업자는 부동산의 종류에 따라 달라진다. 주택매입고객이라면 단독주택, 연립주택, 오피스텔, 도시형주택, 아파트냐 등을 결정하게 된다. 부동산의 가치를 평가받고 싶은 사람은 어느 감정평가법인에 의뢰할까를 결정해야 한다. 주택을 매도하거나 임대하려는 사람은 중개인, 공인중개사, 중개법인 중에서 어떤 것을 선택할지 고민하게 될 것이다. 이 때 이들은 모두 유형별 경쟁업자가 된다.

③ 제품형 경쟁업자

구매자의 특정욕구를 충족시켜 줄 수 있는 제품형을 가진 경쟁업자를 말한다. 주택구매자가 여러 가지 주택 중 아파트를 매입하기로 결정하였다고 하자. 그러면 이 고객은 소형, 중형, 대형아파트 중에서 경제사정에 맞는 규모를 고르게 될 것이다. 이때 소형아파트를 주로 짓는 시(市), 토지주택공사, 중소규모 민간업자와 중·대형아파트를 주로 짓는 민간업자는 제품형 경쟁업자가 된다.

④ 상호경쟁업자(商號競爭業者)

구매자의 특정욕구를 충족시켜 줄 유사제품이나 서비스를 가진 브랜드 즉 상호(商號)가 다른 경쟁업자를 말한다. 예컨대 전용면적 85㎡의 동일한 규모의 아파트를 구매한다 하더라도, 어떤 건설회사가 시공한 아파트를 구입할 것인지를 선택해야 한다. 이때 이 건설회사들은 상호경쟁업자가 된다.

2) 공 중

부동산마케팅환경에는 여러 종류의 공중(公衆, public)이 포함된다. 공중은 기업목적을 달성하는 데 실질적 혹은 잠재적으로 이해관계를 가지며 영향을 미친다. 이들은 기업이 시장수요를 충족할 수 있는 능력을 조성하기도 하고 방해하기도 한다.

공중은 다음과 같이 세 가지로 대별된다. 즉 목표시장관리에 있어 공중은 ① 3개의 투입공중(投入公衆: 지지자, 종업원, 공급자), ② 2개의 산출공중(産出公衆: 대리상, 소비자), 그리고 ③ 4개의 제재적 공중(制裁的 公衆: 정부, 경쟁자, 일반공중, 특수공중)으로 나뉜다.[4]

① 투입공중

투입공중(投入公衆)은 지지자공중, 종업원공중, 공급자공중으로 나눌 수 있다. 지지자공중은 부동산기업에 관심을 가지고 있는 공중이며, 부동산기업 또한 지지자공중에게 관심을 가지고 있다. 종업원공중은 기업내부의 공중으로 기업에 큰 영

---

4) 윤정길, PRs論, 건국대출판부, 서울, 1983, p.326.

향을 미친다. 왜냐하면 종업원공중이 기업에 호감을 가지고 있을 때 외부공중에 대해 보다 적극적인 태도를 가지게 되기 때문이다. 물론 최고경영자나 임원, 판매원 등도 동일한 역할을 수행한다고 볼 수 있다. 공급자공중은 부동산기업의 자금조달, 재료조달 등의 재무부분, 구매부분과 관계된다. 은행, 단자회사, 증권회사, 물자조달회사 등이 여기에 포함된다. 이들 역시 부동산기업에 관심을 가지며, 부동산기업 또한 그들에게 관심을 갖는다.

② 산출공중(産出公衆)

산출공중은 대리상공중(代理商公衆), 소비자공중이다. 부동산기업이 제품 및 서비스를 생산하여 판매하는 표적시장 또는 기회시장의 공중이다. 주택이나 상가의 분양을 위임받은 중개회사는 그 성격상 대리상공중이 되며, 분양을 받은 소비자는 소비자공중이 된다.

③ 제재적 공중(制裁的 公衆)

제재적 공중은 정부, 경쟁업자, 일반공중, 특수공중 등으로 나뉜다. 정부공중은 부동산활동에 영향을 미치는 법률이나 조례를 제정·관장하는 행정부, 입법부, 사법부 공중을 말한다. 기업이 마케팅 기획이나 정책을 수립할 때 부동산거래나 규제를 반드시 고려해야 한다. 경쟁업자공중은 앞에서 살핀 바와 같다. 일반공중은 사회단체와 같이 부동산기업에 대해 조직적인 방법으로 행동하여 영향을 미치지

그림 5 부동산조직체의 공중(公衆)

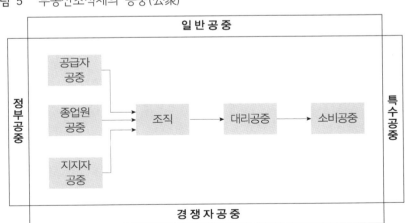

자료: 윤정길, PRs론, 건대출판부, 1983, p.327.

는 않으나 부동산기업의 제품이나 서비스에 대해 이들이 가지는 태도 내지 이미지는 결국 부동산기업에 영향을 미치게 된다. 특수공중은 특별한 관리와 관심을 가져야 하는 공중이다. 예컨대 어느 지역은 독특한 주거건축형태가 시장을 지배하고 있어, 그러한 양식을 따르지 않고는 판매를 할 수 없는 경우가 있다. 이때는 그 지역에 알맞은 마케팅기획과 관리를 해야만 실패를 면할 수 있다. 이와 같은 특수지역의 특별한 공중을 특수공중이라 한다. 또한 부동산 기업 활동에 영향을 직·간접으로 주는 신문사, 방송국과 같은 매체도 이 공중에 포함시킬 수 있다.

3) 정 부

정부는 제재적 공중의 일종으로 부동산기업의 활동에 제약을 가하기도 하지만, 적극적인 행정작용을 통하여 부동산기업에 호의적인 영향을 미치는 기회적 역할을 하기도 한다. 부동산시장에서 보면 정부는 다음과 같은 세 가지 기회적 역할을 한다.

① 택지·공업단지의 조성과 분양
집단주거지와 공업단지 등을 조성하여 부동산업자에게 분양함으로써 부동산기업의 택지확보난을 해결하여 준다.

② 소비자교육과 정보제공
각종 행정작용을 통하여 부동산기업의 마케팅기획이나 정책형성에 영향을 주어 좋은 제품과 서비스를 생산하도록 유도하고, 그것이 소비자를 위한 것임을 교육하고 정보를 제공함으로써 부동산기업에게 기회적 역할을 제공하고 있다.

③ 서비스의 창출
정부는 부동산기업으로 하여금 서비스업에 종사할 수 있도록 각종 서비스업을 창출해 준다. 우리나라의 부동산업 중 서비스업으로 분류되는 부동산평가업, 부동산중개업 등은 정부의 서비스업 창출이라고 보아도 좋을 것이다.

3. 부동산기업과 환경적응

부동산기업이 목표를 성취하려면 기업에 기회적 역할을 하는 제 환경을 면밀히 검토·분석하여 목표를 설정하고, 그 목표를 달성하기 위한 전략을 실천하기 위한 관리시스템을 기획하는 등의 과정을 밟아 이를 적용해야 한다. 그 과정은 다음과 같이 나타낼 수 있다.5)

환경 → 목표 → 전략 → 구조<조직> → 시스템(system)

그러나 실제로는 여러 가지 문제 때문에 기업이 위와 같은 과정대로 환경에 적응하지 못 하는 경우가 많다. 그 이유는 여러 가지 구성요소가 저마다 다르게 변화되어 목표, 전략, 조직 및 시스템 사이에 최적조정이 이루어지기 어렵기 때문이다. 즉, 환경의 변화에 따라 과거의 목표, 전략, 조직, 시스템은 현재 환경에 그대로 적응되기가 어렵다. 기업이 2015년의 환경적 조건 하에 있는데 목표는 2010년에, 전략은 2005년에, 조직구조는 2000년에, 관리시스템은 1995년에 각각 기획·개발된 것이라면 기업은 현재의 환경기회에 적응하기 어려워진다.

따라서 기업목표를 세우고자 할 때는 금년도의 환경만을 전제로 할 것이 아니라 환경변화에 대한 예측을 전제로 그 때마다 달성할 목표, 조직, 시스템을 고려한 단기, 중기, 장기계획을 세워 환경변화에 대처할 대안을 마련해야 하는 것이다. 이러한 미래 지향적 사고가 환경적응에서의 관건이라 할 수 있다.

5) Philip Kotler, Marketing Management, 4th ed., Prentice−Hall. Englewood Cliffs, New Jersey, 1980, p.96.

제 4 장

부동산시장분석

제 1 절　부동산시장의 특성과 기능[1]

| 참고 |　시장이란 무엇인가?

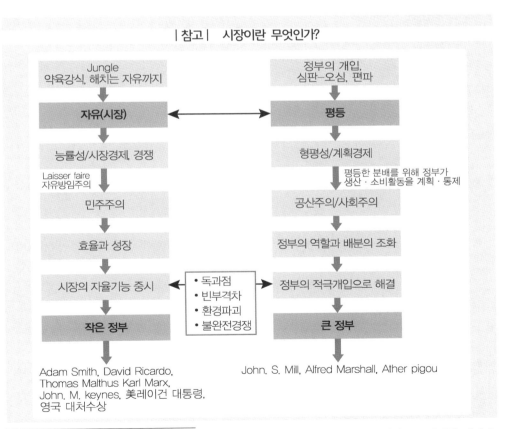

---
1) 자본주의의 꽃인 시장의 중요성을 강조하기 위해 저자가 시장을 종합적·체계적으로 정리한 것이다.

▶ 시장을 키워야 파이가 크다. 정부가 개입할 수록 파이가 줄어든다.
  • 정글적인 요소를 제거하는 것이 정부의 역할. 나쁜 짓 하는 사람 징벌하는 것.
  • 개입하는 것은 바람직하지 않지만 기율은 잡아야 한다. 정의와 법을 침해하지 않는 한 각자의 이기심에 따라 하고픈 일을 자유롭게 하면서 이익추구.

▶ Global Standard란 시장성(경쟁), 투명성(정직), 다양성(순혈주의 배제)을 구비해야
  • 우리 안방에 세계의 베스트가 들어오고 우리도 외국에 나가서 베스트가 되어야 경쟁이 되고 생존이 가능. 즉 우리도 베스트를 만들어야 치열한 경쟁에서 생존할 수 있다는 얘기. 우리가 만들 수 없다면 이를 만들 수 있는 사람을 데려와서 만들어야 한다.
  • 미국 실리콘 벨리의 중국, 인도인 기술자를 대량 영입하는 사례를 참고해야 함. 외국인을 포용해야 기회가 오고 발전이 가능.
  • 성별, 인종, 나이로 차별해서는 안 된다. 이것들은 인간의 힘으로 어떻게 할 수 없는 사항이다. "조건의 평등"이어야지 능력이나 노력과 관계없이 동일하게 분배되는 "결과의 평등"은 경쟁의 동기를 박탈한다.

▶ 1997년 우리나라의 외환위기 발생원인
  1. 노동시장: 오너로부터의 자유박탈, 노동시장에 유연성이 없다는 것은 시장성이 없다는 것.
  2. 금융시장: 관치금융, 정부개입
  3. 재벌시스템: 상호출자, 내부거래, 분식회계, CEO는 친인척(족벌주의, 학연, 지연, 혈연)으로, 기업 내부에 다양성과 시장이 존재하지 않는 것이 재벌이다.

▶ 한국의 정치, 의료, 교육: 후진, 낙후, 국제경쟁력 상실, 공급자의 자유박탈, 시장이 없었다.

▶ 공짜 점심은 없다(There is no such thing as a free lunch). 즉 선택에는 기회비용이 발생하고 대가를 치러야 한다(Economic Thinking, Robert H. Frank, 코넬대 교수).
  • 기회비용(Opportunity Cost)이란 그 활동을 추구하기 위해 포기해야 하는 모든 것의 가치를 의미한다. 눈먼 돈은 없다(No cash on the table).

▶ 사람들은 인센티브에 반응한다(People respond to incentives). 즉 어떤 행위든 그에 따르는 추가비용보다 편익이 큰 경우에 합리화된다는 의미.

▶ 시장이 자유롭게 굴러가는데도 자원이 효율적으로 배분되지 못하는 상황을 시장

의 실패(market failure)라 한다.

▶ 정부가 시장에 대해 정책목표를 가지고 개입했다가 자원배분의 효율성과 시장의
활력을 떨어뜨리고 시장가격을 왜곡시키는 것을 정부의 실패(government failure)
라 한다. 관료의 부패, 관료주의가 이를 부채질하기도 한다.

▶ 정부가 시장의 기능을 전적으로 믿고 간섭을 하지 않는 '작은 정부' 아래서는 시
장의 실패현상이 나타나고

▶ 정부가 시장의 부작용을 줄이기 위해 간섭하기 시작하는 '큰 정부' 아래서는 정부
의 실패의 현상이 나타난다.

1. 부동산시장의 개념

시장(market)이란 어떤 장소라기보다는 수요와 공급에 관한 정보가 수요자와
공급자 사이에 교환되면서 가격형성력(價格形成力)이 작용하고 거래된 재화의 실제
적 이동에 의해서 소유권의 교환이 이루어지(매매되는)는 범위(sphere) 또는 매개
체라 할 수 있다.

이러한 범주 안에서 시장은 공간적 장소에 역점을 두고 일정한 시간에 모여서
현실적으로 재화의 거래를 하는 특정한 장소, 또는 건물을 의미하는 구체적 시장
(concrete market)과 조직에 주안을 두어 수요공급이 관련하는 일정한 범위를 의미
하는 추상적 시장(abstract market)으로 구분한다.

시장이라는 용어는 많은 의미가 내포되어 있으나 일반적으로 아래와 같이 정
의된다.

| 시장의 정의 |

① 사람들이 원하는 재화를 교환하기 위해 만나는 것
② 시장이 서는 큰 빌딩이나 공공장소
③ 어떤 상품이 팔리는 지역
④ 상품교환활동을 통한 상업활동과정
⑤ 상품의 일단: 증권시장, 축산물시장 등

일반상품이 거래되는 시장에 관한 정의는 이처럼 다양하다. 그러나 부동산시장은 다른 시장과 달리 위의 정의가 모두 해당된다고 할 수 없다.

부동산거래를 하는데 적용되는 시장이라는 용어는 원래 엄밀한 경제적 의미나 측정에 의하기 보다는 통상 그대로 쓰여 짐으로써 굳어진 말이 되었다고 볼 수 있다.[2] Byrl N. Boyce는 부동산시장이란 부동산권리의 교환, 상호 유리한 교환가치 결정, 경쟁적 이용에 따른 공간배분, 토지와 공간이용의 패턴결정 및 수요와 공급의 조절을 돕기 위해 의도된 상업 활동[3]이라고 정의하기도 한다.

위에서 열거한 시장의 다섯 가지 정의 중에서 부동산거래에 사용할 수 있는 것은 ④ 상품교환활동을 통한 상업활동과정이라 할 수 있다. 그 이유는 이 정의가 광범하고 대체로 모든 것을 포함할 수 있는 개념이기 때문이다. 부동산시장은 양이나 질의 면에서 보면 미리 측정가능한 상품의 거래나 교환을 하는, 살 사람과 팔 사람의 만남으로 명확히 규정할 수도 없고, 가축, 증권, 채권, 생산품 등과 같은 상품의 거래장소로 규정될 수도 없다. 부동산이라는 상품은 토지나 건물 그 자체가 아니고 추상적인 '부동산의 권리'나 '이익'이기 때문이다.[4]

부동산시장은 토지, 건물의 수요공급관계에서 성립되는 시장이기 때문에 구체적인 시장이다. 그러나 시장형태의 발전단계에서 보면, 상업자 점포의 단계에 머무는, 엄밀한 의미에서 말하는 거래소형태까지는 발전하지 못하고 있다. 또한 추상시장으로서의 노동시장도 아니며, 시장범위로 볼 때 전국시장이나 세계시장에 이르지는 못하고 있다. 이와 같이 부동산시장이 거래소형태까지 발전하지 않는 것이나, 시판범위가 좁은 수요권에 머무는 것은 부동산이라는 재화의 성질 때문이다.

그러면 부동산시장은 상품시장의 영역에 들어가는가? 부동산은 상거래의 대상이지만 상품이라고 하지는 않는다는 견해가 있다. 상품이란 교환을 위해 생산된 재화이며, 그 자신이 사용가치를 갖는 것에 한한다. 또 상품은 성질상 이동 가능한 것을 요구하기 때문에 토지, 건물과 같은 부동산은 상품으로는 취급하지 않는다. 기업회계상 부동산은 고정자산이며, 고정자산에 대응하는 재는 자본이므로 부동산시장은 자본시장의 일종으로 규정해야 할 것이다. 그리고 그것은 관념재를 대상으로 하는 자본시장이 아니고 구체적인 물건으로서 자본자산을 대상으로 하는 자본시장[5]이라는 것이다.

---

2) Alfred A. Riing and Jerome Dasso, *Real Estate, Prentice—Hall Englewood Cliffs*, New Jersey, 1981, p.402.

3) Byrl N. Boyce, *Real Estate Appraisal Terminology*, Ballinger Publishing, Cambridge, Massachusetts, 1975, p.172.

4) Alfred A. Ring and Jerome Dasso, op. cit., p.403; Brian Good—all, The Economics of Urban Areas, Pergarmon Press, Oxford, 1978, p.60.

그러나 부동산은 오래전부터 상품으로 간주되어 왔으며,[6] 거래목적은 부동산 그 자체가 아니고 그 권리이며, 주택 같은 내구 소비재는 대량생산이 가능해졌고, 조립식 주택(prefab)처럼 공업화로 진행되기기도 한다. 어쨌든 오늘날에 와서는 부동산도 하나의 상품으로 취급하게 되었고, 부동산시장도 점차 세분화되어 가는 과정에 있다.

1) 부동산시장

부동산시장은 부동산이라는 재화의 매매가 이루어지는 구체적인 장소라기보다는 부동산의 수요와 공급에 관한 정보가 수요자와 공급자사이에 교환되고 그 결과로 부동산이 매매되는 추상적 시장이라 할 수 있다. 추상적 시장은 재화의 종류에 따라 상품시장과 노동시장, 자본시장 등으로 나눌 수 있는데 부동산시장은 이 중에서 상품시장과 자본시장의 중간정도에 속하는 것으로 봐야 할 것이다. 상품이란 유형물이고 사용가치가 있으며 성질상 이동이 가능한 것으로 정의할 수 있다.

또한 부동산시장은 협의로 보면 위치가 고정되어 있어 특정인이 독점할 수 있으나 광의로 전국적으로 시장을 보면 대체성이 있기 때문에 경쟁시장이 형성될 수 있으므로 "독점적 경쟁시장"이라 할 수 있다.

2) 토지시장의 특성

① 토지는 상품인가?

토지는 상품이다. 그 이유는 "이용과 처분이 기본적으로 개인의 자유로운 의지에 맡겨져 있고 거래는 시장에서 이루어지고, 가격은 수급을 반영해서 결정되기 때문이다"(1970년 日本土地臨時調査會 최종보고서).

이처럼 토지가 상품으로서 거래가 되고 있는 것은 사실이지만 거기에는 반드시 "자유로운" 시장이 아니고 공공이 가격에 개입하거나 경우에 따라서는 거래자체를 금지하는 국토계획법상 허가제 등이 있다. 이러한 예를 제외하고는 "토지는 시장에서 자유롭게 거래되어 왔다".

② 외부경제와 외부불경제의 빈번한 발생

토지이용에 관해서는 외부경제, 외부불경제가 대단히 크다. 개인이나 기업이

---

5) 金澤良雄 外 3人, 土地問題, 有斐閣(東京), 1969, p.115.
6) Brian Goodall, Loc. cit.

토지를 이용함에 있어서 다른 토지 이용자에게 손해를 끼치기도 하고 다른 토지
이용 때문에 편익을 얻기도 한다.

③ 높은 토지이용 전환비용

토지는 이용전환의 비용이 높다. 반면 토지공급의 탄력성은 극히 적은 편이다.
토지의 공급이란 엄밀히 말하면 "공급"이 아니라 "토지이용의 전환"에 불과하다.
농지의 주거지화나 바다의 매립을 통한 토지조성이 대표적이다.

④ 강력한 토지 보유의욕

국민들이나 기업 심지어 국가까지 토지에 대한 보유의욕이 대단히 강하다. 토
지보유를 위해서는 국가 간 전쟁도 불사한다. 고정성, 비대체성 때문에 어느 특정
의 토지를 어떻게 하든지 소유하겠다는 욕구에 대해서는 다른 토지로 대체할 방
법이 없어 이 경우 독점가격이 형성된다. 이 때문에 토지에 관한 시장가격기구가
제대로 작동되기가 어렵다.

⑤ 시장기구의 작동 어려움

일반상품시장에서는 "가격과 수급관계가 서로 조정되는" 시장기구가 성립된다.
즉 "수요가 공급을 상회하면 가격은 상승하고 그 때문에 공급이 증가, 수요와 균
형이 잡힌다. 역으로 공급이 상회하면 가격은 떨어져 수요는 증가한다".

그러나 토지시장의 경우 도시에서 가장 유망한 택지의 후보지(素地, 裸地)는 농
지이다. 서울의 현재의 택지는 과거의 농지였다. 앞으로도 이런 추세일 것이다.
"농지의 택지 공급곡선은 통상의 공급곡선과는 반대"이다. 그 이유는 "가격의 상
승이 공급을 증대시키는 것이 아니고 역으로 공급을 감소시키고 있기 때문"이다.
이는 일반상품 시장기구의 작동과는 반대되는 현상이다.

토지시장의 특성은 가격결정을 대단히 불합리하게 한다. 때문에 정부가 토지
시장에 개입하는 필연성이 발생하는 것이다. 따라서 근대경제학자들은 토지시장을
시장의 실패를 일으키는 전형적인 예로 지목하고 있다. 이 때문에 시장 기구를
건전하게 작동시키기 위해 공공이 토지시장에 어느 정도 개입하는 것을 정당화시
켜주고 있는 셈이다.

3) 주택시장의 특성

시장은 판매자와 구매자가 자유롭게 접촉해서 일물일가가 형성되는 곳이라 할

수 있다. 이때 시장가격은 판매자가 그들의 재화와 용역을 시장의 모든 구매자에게 판매하는 가격과 또한 구매자들이 시장의 판매자들에게 구입하는 가격이 일치하는 점에서 형성된다. 시장의 특성을 논할 때는 완전경쟁적 시장의 특성을 가지는 시장인가 아니면 독점시장의 특성을 가지는가가 중요하다. 주택시장은 먼저 완전경쟁시장의 성립조건을 살펴보고 이를 바탕으로 주택시장의 특성을 설명하는 것이 이해하는 데 도움이 될 것이다.

① 완전경쟁시장은 시장에 수많은 판매자와 구매자가 있어 어느 한 사람의 판매자 혹은 구매자의 행동에 따라 자기에게 유리한 방향으로 시장가격에 영향을 미칠 수 없는 경우를 말한다. 그러나 주택시장은 어느 특정지역에서 매매를 원하는 자의 수가 다수 존재하지 않는 것이 일반적이기 때문에 시장에 영향력을 행사할 수 있는 것이 특성이다.

② 완전경쟁시장에서 거래되는 재화와 용역은 동종동질의 상품이어야 한다. 그러나 주택시장의 경우는 같은 평형의 신규아파트를 분양할 때는 물론 거래되는 모든 상품의 동종동질의 상품이란 있을 수 없다. 일반적으로 시장에서 동종동질의 재화를 거래한다는 것은 어떠한 판매자의 상품이 다른 판매자의 그것과 완전히 대체관계가 성립될 수 있음을 의미한다. 그러나 주택시장에서는 입지에 따라 상품의 제원이 달라 완전한 대체는 이루어질 수 없다.

③ 완전경쟁시장은 자원의 이동이 자유롭다. 매매쌍방이 시장에서 재화와 용역을 생산하거나 구입할 수 있고 시장진출입을 마음대로 할 수 있다.

④ 완전경쟁시장은 완전한 정보의 수집이 가능하다. 그러나 주택시장은 정보가 불완전하거나 획득이 어렵다. 그 이유는 주택의 매매쌍방이 주택시장에 직접적으로 거래에 참여하기보다는 여기에 중개업자가 개입하고 고급주택의 경우 참여하는 매매쌍방의 수가 극히 제한되어 있기 때문이다.

끝으로 주택이란 상품은 외형상 비슷한 두 개의 주택이라 할지라도 하나하나 주택의 물리적, 경제적 특성으로 평가해보면 동질동종의 주택이 없기 때문이다.

2. 부동산시장의 유형

부동산시장은 거래되는 부동산의 유형에 따라 다음과 같이 분류할 수 있다. 부동산시장에서 이러한 세분화된 영역은 소유권이나 이용여하에 따라 더 세분될 수도 있다. 예를 들어 임대자와 임차자간 공간임대거래가 이루어지는 임대시장(rental market)과 매도자와 매수자간 자산매매거래가 이루어지는 자산시장(equity market)으로 구분할 수도 있다.[7]

| 부동산시장의 유형 |

① 주거용 부동산시장: 도시주택, 교외주택, 농촌주택
② 상업용 부동산시장: 사무용빌딩, 상가부동산, 영화관, 차고, 숙박업소
③ 공업용 부동산시장: 공장, 광산, 창고
④ 농업용 부동산시장: 임야, 초지, 목장, 과수원, 농작물재배농지
⑤ 특수용 부동산시장: 묘지, 교회, 클럽, 골프장, 공원, 기타 공공용부동산(빌딩, 고
　　　　　　　　　　　속도로, 길 등)

---

3. 부동산시장의 특성

부동산의 특성과 마케팅과의 관계를 논할 때 부동산은 자연적 특성을 가지고 있기 때문에 부동산시장은 다른 일반상품시장과는 달리 다음과 같은 고유하고 특별한 특성을 지니고 있다.[8]

1) 지역 시장성

부동산시장은 위치의 고정성 때문에 공간적 작용범위가 일정지역에 한정되는 경향이 있다. 이것은 일반상품의 장소 이동성, 특히 대량수송성과 정반대되는 것으로 부동산시장의 기본적 특성이다. 이 위치의 고정성 때문에 시장 활동에 있어서 불리한 작용을 하기도 하고, 유리한 작용을 하기도 한다.

최근 이동주택(mobile house)이나 조립식 주택(prefab house)처럼 이동가능한 부동산이 나타나면서, 위치의 고정성이라는 부동산의 기본적 특성도 상대적으로 그 개념이 수정되어야 할 입장에 있다. 그러나 사회 통념상 토지와 그 정착물로 정의되는 부동산은 일반적으로 절대적 위치가 고정되어 있으므로, 그 시장은 지역적 제약을 벗어날 수 없다. 시장의 지역적 제약에 따라 그 시장기능과 작용은 그 지역의 경제적·사회적 또는 정치적 변동에 크게 영향을 받는다.

시장의 수요·공급 역시 지역적인 수요나 지역적인 공급에 그치지 않을 수 없다. 따라서 부동산개발업자는 대상 사업지의 인구분포, 소득수준, 가치관 등을 면

---

7) Larry E. Wofford, *Real Estate*, John Wiley and Sons, New York, 1983, pp.234~236.
8) Nelson L. North and Alfred A. Ring, *Real Estate Principles and Practices*, 5th ed., Prentice–Hall, Inc., New York, 1960, pp.32~35.

밀히 분석하여 소비자의 욕구에 맞는 제품계획을 수립, 공급해야 성공할 수 있다. 더구나 중개업자는 그 지역사정에 정통한 지역 전문가나 권위자가 되어야 함은 말할 것도 없다. 또한 위치의 고정성 때문에 거래시장을 가지는 것이 곤란하고, 비록 갖는다고 하더라도 국지적으로 한정된 극히 협소하고 불완전한 시장에 그쳐, 적정한 시장가치가 형성되는 것이 어렵다.

따라서 부동산 가격이 적정한 것인지 식별하기 어렵고, 가격의 기초가 되는 시장가치가 형성되기 어렵다. 이 때문에 부동산시장에서는 가격 및 가치의 적정성을 평가하는 감정평가가 요구되기도 한다.

2) 비표준화성

부동산의 특성인 개별성은 부동산시장을 복잡하고 다양하게 만들어 상품의 표준화를 불가능하게 한다. 이러한 상품의 비표준화는 수요와 공급분석을 복잡하게 만든다.[9] 물론 위치의 고정성도 본질적인 이유가 되겠지만, 이러한 특성으로 인해서 부동산은 일반상품과 달리 대체성이 거의 없으며, 특히 법적으로는 전혀 대체 불가능한 것이다.

일반상품시장의 경우 규격화나 표준화에 의하여 공급가격의 인하를 시도할 수 있으나, 부동산시장은 하나하나의 부동산이 경제적·법적 제원을 달리함으로써 그 특유의 개성(개별성)을 갖고 있으므로 그 성격이 전혀 상반된다.

주택, 건물 자체는 상당한 표준화가 진전되었다고 할 수 있으나, 토지와의 결합체인 복합부동산으로 볼 때, 시장에서의 특성은 근본적으로 비동질적이며, 상대적 의미로서 표준화는 곤란하다.

이러한 부동산상품의 비표준화는 하위시장(sub-market)을 존속하게 하는 원인이 되며,[10] 부동산가격결정을 복잡하게 만든다. 가격결정기구의 명료화를 위해 이처럼 복잡한 부동산시장을 단순화시켜야 한다면, 아래와 같은 가정이 필요할 것이다.[11]

| 부동산시장 단순화를 위한 가정 |

① 시장사정에 정통한 당사자(buyers and sellers)의 수가 주어질 것
② 부동산의 단위가 동일하고 판매량은 시장이 계속 열리기에 충분할 것

---

9) Loc. cit.
10) Ibid., p.52.
11) Ibid., pp.52~53.

③ 부동산은 자유계약과 법적·사회적 구속을 받지 않고 거래되며, 가격에 영향을 주는 조세나 보조금 지급 같은 정부의 조처가 없다.
④ 거래자는 이익이 생기는 거래를 한다.
⑤ 양도와 이전비용이 없다.
⑥ 수익배분과 소비자선호가 고려된다.
⑦ 자본금은 필요나 수입에 따라 차용될 수 있다.
⑧ 모든 부동산의 이익은 부담이 없는 완전 소유권, 즉 소유자점유로서의 이용 가능한 완전한 단위일 것

3) 시장수급조절의 곤란성

부동산의 영속성 즉, 토지는 영구적이여 건물 등 지상 정착물도 다른 일반상품에 비하여 반영구적인 내구성을 지니고 있다. 이런 특성 때문에 시장의 수요·공급의 빈도는 극히 낮으며, 또한 전술한 지역성, 폐쇄성, 비표준성 및 비조직성 등의 요인으로 부동산시장의 수급조절이란 극히 어렵다.[12] 부동산의 수요가 갑자기 증가한 사례는 전후 일본의 도시지가의 오름세나 한국의 대도시지가의 폭등현상에서 찾아 볼 수 있다. 이는 부동산 공급의 비탄력성 때문에 판매자 지배시장(seller's market)이 되어, 부동산경기가 상향곡선을 줄달음쳐 올라갔기 때문이다.

이와 반대로 1970년 말 서울시의 강남개발로 인한 택지 공급초과현상처럼 공급증가에 수요는 매우 비탄력적이었기 때문에 시장은 구매자 지배시장(buyer's market)이 되고 업계는 불황으로 떨어져 1972년 부동산시장의 기능은 마비상태가 되었다. 더구나 일반상품시장은 선매매제도가 있어 시장가격을 합리적으로 조절할 수 있는 기능이 있으나 부동산시장은 비대체성과 같은 고유의 특성으로 이러한 제도가 있을 수 없기 때문에 수급조절기능은 거의 전무하다.

토지의 가격은 수요공급의 관계에 따라 변동하지만, 생산되지 않는 토지는 수요가 증대해서 가격이 상승해도 여기에 따른 공급이 증가될 수는 없다. 수급균형의 법칙의 성립은 완전경쟁시장에서는 일물일가(一物一價)의 법칙에 의한 가격이 형성된다. 그러나 대체물이 없고 이동이 불가능하고, 효용이 각기 다른 토지의 유통기구는 완전경쟁시장이 될 수 없으므로 일물일가라는 시장가격은 토지에는 있을 수 없다.

---

12) Ibid., p.10.

4) 시장의 비조직성

부동산시장의 또 하나의 특성은 시장의 조직화가 거의 불가능하다는 것이다. 이 특성은 부동산 하나하나의 거래가격이나 내용 등에 가지각색의 변화를 가져오게 하여, 각 지역시장 내의 모든 거래뿐만 아니라 한 나라, 한 지역사회를 통해 적용되는 현상이라 할 수 있다.13) 그러나 최근 경영기술의 향상과 정보, 전달수단의 발달은 부동산고유의 특성에서 오는 장애를 극복하고 부동산시장의 비조직성을 점차 개선하려는 경향으로 나타나고 있다. 즉, 부동산시장의 비조직성과 지역성을 탈피하여 시장권 확대(市場圈 擴大)를 위한 시도가 미국 등 선진제국에서 시작되었다.

부동산업자의 권익을 위한 협회 등을 통한 상호정보교환이나 긴밀한 연락, 전산망을 이용한 정보망의 정비, '매스 커뮤니케이션'을 이용한 탈 지역화(脫 地域化) 등의 운동이 눈에 띄고 있는데, 이는 부동산시장이 일반상품시장에 비해 조직화가 불완전하고 많은 지역시장으로 나누어져 있긴 하지만 앞으로 부분적인 조직화가 기대되고 있다.

5) 거래의 비공개성

부동산의 판매자와 구매자는 서로 매매의사를 가지고 만나 그들의 상한가와 하한가를 제시하여 매매가를 결정하게 된다. 부동산은 위치의 고정성으로 인한 개별성과 거래단위가 고가성 때문에 거래 시 판매자와 매수자 사이에 자금출처조사 등 세금문제가 수반되고 사생활이 노출되는 등 위험이 따르기 때문에 거래내용이 쉽사리 공개되지 않는다. 매매쌍방이 상호이익을 위하여 실거래가격을 조작하는 경우가 허다하다. 부동산 특히 땅은 선조나 부모로부터 물려받은 경우가 많아 소유자는 매매사실 자체가 외부에 알려지는 것을 꺼린다. 더구나 그 땅이 종중소유일 경우 이해당사자의 수가 많은데다 매매과정에 상품시장의 원리가 배제되어 결국 법적인 후유증으로 사회문제로 이어지기도 했다. 특히 한 가정이 몰락해서 부동산을 처분할 경우 사생활노출을 꺼려 극비리에 거래하기도 한다. 경제원리로 보면 완전경쟁시장에서는 임의의 시점에 있어서 동일 종류의 상품에 대하여 두 가지 가격을 성립시킬 수 없다는 이른바 일물일가(一物一價)의 법칙이 작용한다. 그러나 부동산시장은 부동산의 개별성과 매매당사자들의 특수한 사정 등으로 인하여 일반상품과 달리 일물일가의 법칙이 적용되지 않는다. 이 밖에 부동산시장이

---

13) Robert J. Wiley, op. cit., p.9.

지닌 특성을 다음과 같이 요약할 수 있다.

| 부동산시장의 특징[14] |

① 개개의 부동산은 유일하여, 그 개별성은 서로 상당한 차이를 지니고 있다.
② 어떤 부동산은 소송이나 제한이 있어 개발과 판매의 한계성을 지니고 있다. 따라서 적절한 장소에 있는 부동산이라도 부동산시장에서는 제외되고 만다.
③ 어떤 부동산은 소유자의 감상적인 집착으로 매매를 꺼리고, 이를 감상가격이라고 하는데, 이는 가격과 시장여건에 상당한 영향을 끼치는 요소로 나타나고 있다. 또한 대부분의 부동산소유자들은 자기 부동산에 대해서는 '최유효이용에 대한 허상'을 가지고 있기 때문에 소유자가 호가하는 가격은 시장가격과 괴리가 있기 마련이다.
④ 어떤 부동산은 장기간 대여되고 있어 판매나 전대(sublease)가 되지 못하는 경우가 있다.
⑤ 일반적으로 사는 사람은 가까운 주위에 거주하는 사람으로 한정되어 있어 파는 사람과의 거래조건에 유리한 위치에 서는 경우가 많다.
⑥ 부동산의 가격은 부동산의 금융 정도에 따라 크게 영향을 받는다.
⑦ 부동산의 가격은 지역, 지구 등을 규정하는 법률의 변화에 의해 영향을 크게 받는다.
⑧ 어떤 부동산의 가격은 인근 지역이나 경기예측의 특징에 따라 영향을 받는다.

4. 부동산시장의 기능

부동산시장은 자원배분, 교환, 가격 창조 및 수급조정 등의 기능을 하지만, 그러한 기능은 다시 토지나 건물의 이용 및 소유 활동에 영향을 주기도 한다. 그러므로 이 기능은 지역사회나 어느 지역의 부동산 수요는 물론 사회적·경제적 위치에 영향을 주기도 한다.

1) 자원배분

부동산은 이용주체에 따라 가정, 기업, 공공기관 및 정부로 나눌 수 있고, 그 주체의 의사결정에 따라 이용이 달라지며, 그러한 각 주체의 상이한 의사결정에도 불구하고 시장에는 자원배분의 수단으로서의 원리와 질서가 존재한다.

도시지역에서 가격 메커니즘, 부동산시장기능(real estate market operating)은 몇

---

14) Arthur M. Weirner, Hormer Hoyt and George F. Bloom, op. cit., pp.180~181.

가지 배분역할을 한다. 즉, 시장에는 부동산의 수요자를 위한 임대부동산과 매각 부동산이 경쟁적으로 대두되고, 그러한 경쟁은 기존건물의 유지와 수선, 건물의 신축 등을 통하여 자원배분의 역할을 하게 되는 것이다. 이 때 각종 공간에 대한 경쟁은 가격의 창조와 결정의 중요한 요소이다. 이러한 과정은 부동산자원이 수요자 사이에서 어떻게 배분되는가를 결정해 주고, 유효공급량의 가감률에 영향을 미친다.

부동산을 소유하게 되는 수요자는 자원으로서 공간의 배분을 받음과 동시에 그 소유로 인한 소유이익에 의한 수익배분(allocation income)도 받게 된다. 배분의 관점에서는 자원뿐만 아니라 그 수익배분도 어떻게 분포되는가에 관심을 가져야 한다.

2) 교 환

부동산의 매매는 매도인과 매수인이 상호이익이 있을 때 시장에서 일어난다. 매도인은 현금을, 매수인은 부동산을 원한다. 그러므로 부동산시장은 대금능력을 가진 부동산 이용자의 기호에 따라 부동산을 재배분하거나 공간을 재배분한다. 그리하여 부동산과 현금, 부동산과 부동산, 소유와 임대 간에 교환이 이루어지게 된다. 대개 매도인은 한 때는 매수인이었고 현금보다는 부동산을 택한 사람들이다. 자기가 갖고 있던 부동산이 값이 오를 경우 매도인은 이를 처분해서 더 많은 현금을 보유하려 하거나 혹은 다른 부동산을 원하게 될 것이다. 이러한 일련의 요소들은 교환활동을 불러일으킨다.

3) 가격의 창조

부동산의 거래는 사적으로 이루어지는 경우가 많다. 그러므로 투자가, 임대인, 평가사, 중개업자는 매매되는 부동산이 어떠한 가격으로 결정되는가에 관한 정보를 구하려고 애쓴다. 그리고 투자가는 대체부동산 내지 사례부동산의 매매가격 이상으로 대상 부동산의 가격을 지불하려 하지 않는다. 반면에 매도인은 더 많은 가격을 받기 원한다.

이러한 과정에서 매매당사자는 가격을 협상하게 되는데, 매수인의 주관적인 제안가격(buyer's subjective valuation price)과 매도인의 주관적인 제안가격(seller's subjective valuation price)이 제시된다. 이 때 매수인이 더 이상 지불할 수 없는 상한가격(ceiling price)과 매도인이 더 이상 양보할 수 없는 하한가격(floor price) 사이에서 거래가격이 창조되게 된다. 이렇게 창조된 거래가격은 유사한 다른 부동산의 매매를 희망하는 당사자들에게 참조가격이 되기도 한다.

이러한 과정이 반복됨으로써 부동산의 가격은 창조되며, 파괴되는 것이다. 부동산가격에 관한 정보는 거래당사자뿐만 아니라, 부동산시장의 안전과 유지를 위해서도 중요하다.

4) 양과 질의 조정

소유자, 관리자, 개발업자, 건축업자 등은 그들의 통제 하에 부동산 가격이 최대가 되도록 노력을 경주한다. 세금, 보험, 금융 및 임대 관리 등에 더 많은 주의를 기울이는 것도 그러한 노력의 일환이다.

또, 부동산시장이 변화성이 있고 동태적인 것도 그러한 것을 촉진시킨다. 즉, 인근에 새로운 도로가 개설되면 주거지가 상가로 바뀔 수 있고, 각 부동산의 가격은 높아진다. 동시에 구옥(舊屋)에서 임차인은 퇴거하고, 지역의 인구와 소득이 증가하여 새 주거에 대한 수요를 창출한다.

그러므로 부동산의 소유자는 부동산이용의 성격을 달리하게 되고, 시장압력과 기회에 반응한다. 새로운 모델이나 기술혁신 등도 시장의 변화를 초래한다. 토지의 경우도 수요가 증대하면 미성숙지는 분할되고, 공지는 지역 공간량의 증대를 위해 개발된다. 이렇듯 시장은 부동산의 양과 질을 조정하는 기능을 한다.

5) 정보제공

부동산시장은 부동산활동주체들에게 정보를 제공한다. 투자가, 건축가, 개발업자, 세무서, 임대업자, 중개업자 등은 그들의 업무상 가격결정이나 판단을 위해 부동산거래에 관한 정보를 수집하고 이용한다. 투자가는 사례부동산을 더 싸게 사고, 임대업자는 임대료를 더 받고, 세무공무원은 평가가격을 산정하기 위해 정보가 필요한 것이다. 그러므로 가격정보는 부동산시장이 계속적인 운용과 안정을 위하여 중요하다. 일단 거래에서 결정된 부동산가격은 앞으로 가격형성에 영향을 미치는데 부동산의 유형에 따라 유사한 부동산에 지급된 실제 가격과 비교하여 결정된다.

1. 시장지역의 확정

부동산시장지역은 부동산의 종류에 따라 달라지며, 물리적·사회적·법적·경제적 요소에 의해 영향을 받는다. 사람들은 중심업무지구(CBD, Central Business District)에서 일을 하지만 주거는 도심지 아파트나 변두리 단독주택을 구입하게 된다. 변두리 공장에서 일하는 노동자나 샐러리맨 등 저임금노동자들은 도심부보다는 변두리지역 가까이에 집을 마련하게 된다. 그러므로 주거지수요 분석은 지역사회(community)를 대상으로 하지 않을 수 없다. 그래서 수요분석에 있어서는 분석범위를 축소하기 위해 '아파트 대 단독주택', '고소득층주택 대 저소득층주택'과 같은 몇 가지 판단기준이 설정될 수 있다.

반면, 일상생활용품을 구입하는 구매행동은 상권(trade area)이나 인근지역으로 한정되는 경향이 있다. 편의품은 대개 직장에서 집으로 돌아오면서 사고, 쇼핑을 하는 경우도 대체적으로 집에서 가까운 상점을 이용하기 때문이다. 다음과 같은 몇 가지 사항은 지역주민의 상권을 파악하는 데 도움을 준다.[15]

1) 인근지역의 범위

도로, 철도, 공원, 강, 호수, 언덕 등 물리적인 경계가 인근지역(neighborhood)을 구분하는 수가 있다. 대상 부동산이 속한 지역으로 용도적 기능적으로 동질성을 가진 인근지역은 도시 또는 지역사회의 물리적 측면의 하나이기 때문에 그 경계를 파악하는 것이 중요하다. 인근지역은 설령 같은 용도의 토지이용이 되고 있다 하여도 대소의 차이가 있고, 또 가격형성에도 직접적인 영향을 미치므로 시장분석에서 큰 지위를 갖는다. 우리나라와 일본의 평가기준에서는 근린 또는 근린지역을 '인근지역'이라고 명명하고 있다.

---

15) Alfred A. Ring and Jerome Dasso, *op. cit.,* p.427.

2) 사회적 · 경제적 지위

인근지역은 유사한 지위와 소득수준을 형성한다. 주민의 복장, 주거수준, 연령, 학력, 소득, 사회적 지위 등이 유사한 경우가 많다. 이러한 정보는 인구주택총조사 통계를 통해서 얻을 수 있다.

3) 통행패턴

통행패턴은 일상용품의 구매에 영향을 준다. 자동차나 대중의 통행패턴은 상권 분석에 중요한 대상이 된다. 고층의 백화점은 주간인구의 통행이 잦은 곳에 입지해야 하며, 사무용이나 산업용공간의 경쟁은 지역적인 것은 물론 전국적으로 나타난다. 또한 공장입지나 주사무소설치 등은 다른 관련분야와 관련지어 입지하게 된다.

2. 시장분석의 목적16)

시장분석은 목적에 따라 다음과 같은 역할을 수행한다.

첫째, 시장분석은 주어진 부지(敷地)를 어떠한 용도로 이용할 것인가를 결정하는 역할을 한다. 어떤 특정부지를 나중에 팔거나 개발하기 위하여 오랫동안 나지(裸地, law land)의 상태로 보유하고 있던 사람이 막상 이것을 개발하려고 할 때에는 시장상황이 토지를 매수했던 당시와는 크게 달라져 있는 수가 많이 있다. 이럴 경우, 시장분석은 주어진 부지에 대한 법적, 물리적, 경제적, 사회적 제약조건 등을 분석하여, 가능한 대안적 사용을 제시해 준다. 나지란 지상에 건물, 구축물 등 토지의 사용, 수익에 지장이 되는 물건이 없는 토지로서 시장성이 가장 높고 최유효이용이 가능한 토지를 말한다. 일본에서는 나지를 갱지(更地)라 한다.

특정부지를 어떠한 용도로 사용할 것인가에 대한 시장분석은 주변의 토지이용이 대상부지의 사용에 어떠한 영향을 주고 있는가를 파악하는 데에 즉 대상지역의 표준적 사용에 중점을 둔다. 예를 들어, 법원 근처에 공지를 소유하고 있는 사람은, 이것을 변호사 사무실로 개발하는 것이 가장 타당하다. 이처럼, 주변의 토지이용이 특정부지의 용도에 미치는 영향을 입지효과(location effect)라고 한다.

---

16) 이태교 · 안정근, 부동산마케팅, 법문사, 2004, pp.50~51의 내용을 요약.

둘째, 시장분석은 특정용도에 어떠한 부지가 적합한가를 결정해주는 역할을 한다. 부동산 타당성분석(real estate feasibility analysis)의 현실적인 필요성은 주어진 부지를 무엇으로 이용할 것인가를 결정하는 데에도 있지만, 주어진 용도에 적합한 부지를 어떻게 선택할 것인가에 더 큰 비중이 있다. 많은 투자자들은 그들의 특별한 사용목적에 부합되는 적절한 부지를 찾으려고 노력하고 있다.

이 같은 목적을 위한 시장분석은 교통의 편의성, 주차공간의 유용성, 인근주민의 소득, 인구특성 등을 파악하는 데에 중점을 둔다. 시장분석가들은 특정용도에 적합한 여러 부지를 비교·분석하여, 투자자가 최적의 부지를 선택할 수 있도록 도움을 준다. 경우에 따라서는 적합한 토지가 여럿일 수도 있으며, 때로는 최적의 토지가 없을 수도 있다. 이럴 경우, 시장분석가는 각 부지의 특성, 장단점 등에 부지선택의 준거(site selection criteria)를 적용하여, 우선순위를 정하고 투자자에게 제시한다.

셋째, 시장분석 또는 타당성 분석은 주어진 자본을 투자할 대안을 찾는 투자자를 위해 수행되기도 한다. 이런 투자자들은 대체적으로 세후현금흐름(ATCF: after tax cash flow)의 극대화에 관심이 많다. 경제성분석은 이 같은 목적을 위해 행해진다. 이럴 경우의 시장분석은 투자대안에 대한 영업수지 분석과 시장가치의 분석 등에 중점을 둔다. 시장분석가는 투자수익률과 위험에 영향을 미치는 여러 변수들의 시장자료를 수집하여, 미래의 현금수지와 미래가치를 가능한 한 정확하게 예측하여 투자자에게 제시한다.

넷째, 타당성분석은 새로운 개발사업뿐만 아니라 기존의 개발사업에 대해서도 행해진다. 여기서 중요시되는 문제는 기존의 개발사업이 시장에서 현재 어떤 위치를 점하고 있는지를 정확하게 파악하는 것이다. 즉 기존의 개발사업은 현재 시장경쟁력이 있는가? 계약임대료는 시장임대료에 비해 적절한가? 만약 계약임대료가 시장임대료보다 낮다면 그 이유는 무엇인가? 부적절한 관리에 기인하는가? 또는 다른 원인에 기인하는가? 어떤 부분을 유지, 수선해야 하는가? 등이 그것이다.

시장분석가는 시장의 상황을 정확히 평가하여, 어떻게 하면 현재의 개발사업이 시장에 접합될 수 있는가를 생각해야 한다. 그러기 위해서는, 시장분석가가 과거에 시장에서 일어났던, 그리고 현재 일어나고 있는 변화에 주목하여, 기존 개발사업의 시장경쟁력에 영향을 주는 요소를 분석하고 그 추세를 파악해야 한다.

3. 시장분석

1) 지역분석

지역분석이란 대상 부동산이 속한 지역 내 부동산의 가격형성에 영향을 미치는 지역적인 분석을 통해 당해 지역의 지역특성, 장래동향을 명백히 하여 그 지역 내 부동산의 표준적 사용과 가격수준을 판정하는 작업이다. 여기서 말하는 지역(region)이란 특정규모의 공간구역을 지칭하는 것이 아니라 어떤 개발사업이 시장에 영향을 미칠 수 있는 공간적 범위를 의미한다. 따라서 분석의 대상이 되는 지역은, 개발사업의 성격이나 규모에 따라 그 공간적 크기를 달리한다. 지역분석의 주요 요소로는 다음과 같은 것이 있다.

① 국가경제가 지역에 미치는 영향

예를 들면, 국가경제의 전반에 걸친 불경기나 지역에 영향을 미치는 영향이라든지, 그 지역이 국가경제에서 차지하는 역할이나 비중 등을 분석한다.

② 경제기반분석

지역의 산업은 여러 가지로 분류된다. 경제기반분석이란 지역의 경제기반이 현재의 고용, 인구 및 부동산 가치에 미치는 영향을 분석하는 것을 말한다. 여기서 경제기반이란 지역주민의 생계를 유지시켜주는 경제활동 내지 그 지역의 수출활동으로서, 다른 지역으로부터 자금을 끌어들이는 산업을 말한다. 경제기반분석에서 기본적으로 다루는 사항은 지역사회의 고용 소득, 소비 그리고 기타 외적요인 등에 대한 추세와 전망이다.

③ 인구분석

인구구조의 변화추세는 지역시장이 앞으로 활성화될 것인가 또는 그렇지 않을 것인가에 대한 지표를 제공한다. 인구이동의 유형, 연령구조, 교육수준 등은 주의 깊게 평가되어야 한다.

④ 소득수준

지역의 평균소득, 소득원의 종류, 실업의 유형, 새로운 고용기회 등이 대상지역의 공간수요에 어떠한 영향을 미칠 것인지를 분석한다.

⑤ 교통

대상지역은 교통의 요지에 위치하고 있는가 또는 그렇지 않은가를 파악한다. 도로교통체계뿐만 아니라, 철도교통, 항공교통 등 기타 가능한 한 교통체계를 분석한다.

⑥ 성장과 개발의 유형

대상지역은 성장지역인가? 안정지역인가? 또는 하락지역인가? 과거의 성장추세는 어떠하였으며, 현재는 어떠하며, 앞으로는 어떻게 변할 것인가? 지역의 개발방향은 어떠한 추세로 나아가고 있는가? 그 이유는 무엇인가? 등을 분석한다.

인근지역의 사이클패턴(neighborhood age cycle pattern)은 성장기, 성숙기, 쇠퇴기, 천이기(遷移期, 옮기어 바뀜, 생물의 군집이 시간의 추이에 따라 변천하여 가는 현상), 악화기의 단계로 진행된다. *성장기는 지역적으로 이미 개발이 이루어지기 시작한 부분도 있으며 전체적으로는 왕성한 개발이 이루어지고 있는 기간으로, 지가상승률이 가장 높은 단계이다. *성숙기는 지역단위의 개발이 거의 끝나고 부동산의 가격수준이 최고가 된다. *쇠퇴기는 인근지역에 존재하는 양호했던 환경이 서서히 악화되기 시작한 단계이다. 이 단계에서는 필터링(filtering)현상이 일어나며, 지역적으로 동질적이며 동시적인 재개발이 이루어지기도 한다. 또한 지가상승률이 저하된다. *천이기는 동시, 동질적인 재개발이나 개별적 재개발화 현상이 일어나지 않고 종래의 건축상태를 그대로 유지, 수선해 가는 부동산활동이 전개되는 단계이다. 이 단계에서는 상위계층의 주민이 떠나고 하위계층의 주민들이 들어와서 거의 완전한 주민교체가 이루어지게 된다. *악화기는 천이기에 있어서도 재개발이 이루어지지 않으면 다른 사정이 없는 한 슬럼화되며 어떤 변화가 없으면 더욱 슬럼지역으로 진행되는 단계이다.

2) 인근분석

거시적인 지역분석이 끝나면, 분석대상을 좀 더 깊고 좁게 맞추어 인근지역의 미시적인 제 상황을 분석한다. 인근분석(neighborhood analysis)은 개발대상이 되는 부지를 중심으로, 그를 둘러싸고 있는 인접지역의 동태적 변화를 정확하게 표출할 수 있도록 행해져야 한다. 인근지역의 경계를 어떻게 설정할 것인가도 쉬운 문제는 아니다. 시장분석에서는 보통 토지이용의 형태에 따라 인근지역의 경계를 설정한다. 그러나 때때로는 고속도로, 공원 등과 같은 인공적 장애(man made barrier)에 따라 설정하기도 하고, 하천, 산, 호수 등과 같은 자연적 장애(natural barrier)에 따라 설정하기도 한다. 아래에서 제시하는 내용은 인근분석에서 살펴야 할 핵심적인 사항들이다. 앞에서 언급한바 있지만 우리나라 평가기준에서는 근린지역을 '인근지역'으로 명명하고 있다. 우리나라에서 감정평가를 할 때 분석되는 지역은 크게 인근지역(근린지역), 유사지역, 동일수급권(同一需給圈)으로 분류된다. 여기서 인근지역은 대상 부동산이 속한 지역으로 위 세 가지 지역 중 가장 좁은 범위에 해당한다. 동일 수급권평가대상 부동산과 대체, 경쟁관계가 성립하여 가격형성에 있어서 상호 영향을 미치는 부동산이 존재하는 지역적 범위를 말한다. 유사지역(類似地域)은 인근지역과 지역적 위치는 다르나 용도적 측면과 가격형성요인이 인근지역과 유사하고 인근지역과 상호대체, 경쟁의 관계를 갖는 지역을 말한다.

① 지방의 경제(local economy)가 부지에 미치는 영향

부지가 위치하고 있는 지방 지역의 경제가 그 부지의 과거 이용에 어떠한 영향을 미쳤는지, 앞으로 또 어떠한 영향을 미칠 것인지를 분석한다. 인근지역의 주고용원(主雇傭源)에 대한 분석은 매우 의미가 있다. 특히 주고용원을 제공하는 주요회사나 국방부 직할부대 및 기관 또는 주요 건물들에 대한 부동산결정이 대상부지에 어떠한 영향을 미칠 것인지 고찰해야 한다.

② 교통의 흐름

인근지역의 교통에 대한 분석도 매우 중요한 사항이다. 인근지역의 교통 분석에는 대중교통이나 자가교통뿐만 아니라, 도보교통에 관한 사항도 포함되어야 한다. 또한 각 교통수단 간의 상호관계도 파악되어야 한다. 교통량조사나 교통유형의 조사 등은 교통 분석의 일부분으로서 중요한 의미가 있다.

③ 인근지역 내의 경쟁

어떠한 종류의 개발사업이라 하더라도, 공간적 수준을 도시나 그 이상으로 넓히게 되면, 그것과 경쟁되는 유사한 사업이 있기 마련이다. 그러나 인근지역 수준에서 유사한 개발사업이 있는지 없는지, 있다고 했을 때는 경쟁력이 있는지 없는지는 개발사업의 성패를 좌우할 수 있는 매우 중요한 요소가 된다. 인근지역에서 특정형태의 토지이용이 점차 포화상태에 이르고 있을 때, 그와 동일한 토지이용을 새로 부가한다는 것은 현명한 방법이 되지 못한다.

④ 미래의 경쟁가능성

인근지역에 유용한 부지가 많다는 것은, 그만큼 앞으로 경쟁이 될 수 있는 다른 개발사업이 들어올 가능성이 많다는 것을 뜻한다. 따라서 미개발된 토지가 지역지구제상 무슨 용도로 지정되어 있으며, 가용토지는 얼마나 되는지 등은 반드시 조사되어야 한다. 동시에 기존의 지역지구제뿐만 아니라, 어떤 지역이 이와 유사한 용도로 지정될 가능성이 있는지 여부도 조사되어야 한다. 그리고 다른 용도로 사용되고 있는 지역이 재개발되어 유사한 용도로 변화할 가능성이 있는지 또한 조사되어야 할 것이다.

기존의 인근지역이 현재 모두 개발된 상태라고 하여, 앞으로 경쟁부동산(competitive property)이 더 이상 입지하지 않을 것이라고 판단해서는 곤란하다. 인근지역의 경제상황에 따라, 기존의 건물들이 개축될 수도, 용도가 전환될 수도, 새롭게 재개발(redevelopment)이 될 수도 있는 가능성을 염두에 두어야 한다.

⑤ 인구의 특성

인근지역 주민들의 인구적 특성도 또한 중요한 요소이다. 연령구조, 성별구조, 가구규모, 소득수준, 교육수준 등은 개발사업에 대한 수요를 좌우하는 중요한 요소가 된다. 근린지역 주민들의 인구구조 변화는 기존의 개발사업 및 미래의 개발사업 타당성을 시간적으로 변경시킬 수 있다.

3) 부지분석

부동산개발사업의 타당성분석을 하는 경우에 행하는 시장분석 절차이다. 초점을 더 좁혀, 대상 부지 자체를 분석하는 것을 부지분석(敷地分析, site analysis)이라 한다. 부지분석에서 단계에서는 다음 사항에 초점을 맞추어 분석이 수행되어야 한다. 부동산개발사업의 타당성분석을 하는 경우에 행하는 시장분석절차이다.

① 지역지구제

어떤 경우에 있어서나, 지역지구제에 대한 고찰은 부지분석에 있어서 핵심적인 사항이 된다. 비록 특정용도에 대한 수요가 있다고 하더라도, 대상부지가 그 용도로 지정되어 있지 않거나 용도변경이 허용되지 않는다고 하면, 대상부지는 그 용도로 활용될 수 없다. 용도변경이 필요한 부지는 이미 해당용도로 지정되어 있는 부지에 비해 가치가 떨어진다. 지역지구제를 고찰할 때에는 경쟁대상이 되는 부지에 대해서도 살펴보아야 한다.

② 편의시설

어떠한 부지라 할지라도, 그것이 개발되어 특정한 용도로 쓰이기 위해서는 최소한의 편의시설(utility)이 제공되어야 한다. 전기, 가스, 상하수도 등 편의시설에 대한 유용성은 반드시 조사되어야 한다.

③ 접근성

대상부지에 대한 접근성(accessibility)의 결여는 그 부지의 유용성을 크게 저하시킨다. 접근성에 대한 평가는 최소의 비용으로 지체 없이(짧은 시간) 대상 부지에 출입할 수 있느냐 여부에 초점이 맞추어진다. 이것은 대상부지 자체뿐만 아니라, 인근지역의 교통체계와 연계되어 평가되어야 한다. 즉, 부지 자체로서는 출입에 아무런 장애를 초래하지 않는다 하더라도, 들어오는 주간선도로상에 교통체증이 심하다고 하면, 이 부지에 대한 접근성은 실질적으로 상당히 떨어진다고 볼 수 있다.

④ 크기와 모양

대상부지의 크기와 모양도 역시 개발사업에 대한 타당성에 많은 영향을 준다. 건축법에서는 건폐율, 용적률, 주차공간 등 어떤 부지가 최소한 일정규모 이상이 될 것을 요구한다. 모양이 불규칙하거나 크기가 규모의 경제에 미치지 못할 경우에는 현실적으로 특정한 개발사업이 제한되는 수가 많이 발생한다.

⑤ 지 형

경사도, 식생, 자연배수, 하중지지력(荷重支持力, load bearing capacity) 등 지형적 요소들도 특정부지의 개발가능성에 많은 영향을 주고 있다. 경사도가 급한 부지는 토양이 유실되는 문제를 안고 있으며, 경사도가 너무 완만한 부지는 자연배수가 잘 안되어 홍수의 피해를 볼 수 있다. 이 같은 자연적 제약요소를 시정하는데에 추가적인 비용지출이 요구되어, 개발사업의 타당성이 저해되는 수가 있다.

4. 수요분석

수요분석(demand analysis)이란 특정한 부동산개발사업에 대한 유효수요를 추계하기 위하여 시장을 평가하는 것을 말한다. 수요분석의 첫 번째 단계는 개발사업에 대한 시장지역을 정의하는 것이다. 시장지역은 부동산의 유형에 따라 달라질 수 있다. 시장지역이 정해지게 되면, 그 다음 단계로 수요에 영향을 주는 여러 가지 요소를 분석하게 된다.

1) 경쟁력

수요분석을 위한 경쟁력 조사는 대상부동산의 현재 경쟁력이 어떤 상태에 있으며, 계획된 경쟁력(planned competition)은 어떤 수준으로 할 것인가를 결정하기 위해 행해진다. 여기에는 비교부동산(comparable property)의 위치, 임대료 수준, 평가가치, 공실률, 쾌적성(amenities) 등이 포함되어야 한다.

2) 인구분석

시장지역 내의 주민들의 인구적 특성은 그 지역의 소비자 선호를 판단할 수 있는 지표가 된다. 소득, 연령구조, 가구규모 등은 특히 주거용이나 점포용 부동산에 대한 수요를 분석하고자 할 때에 매우 중요한 요인이 된다. 그러나 공업용이나 사무실 부동산에 대한 수요를 파악하는 데에 인구분석이 직접적인 도움을 주지 못하지만, 이 같은 부동산을 수요하는 산업 활동에 필요한 노동의 질과 양을 분석한다는 점에서는 의미가 있다.

3) 추세분석

개발사업에 대한 시장수요의 분석이 단순히 과거나 현재상황의 분석에만 그친다면 이것은 의미가 없다. 시장분석의 목적은 과거나 현재의 자료로 추세를 파악하고, 이를 토대로 미래의 수요를 가능한 한 정확하게 예측하는 데 있다. 추세분석(trend analysis)의 의의는 바로 여기에 있다.

5. 공급분석

공급분석(supply analysis)이란 기존의 공급과 장래 기대되는 공급을 조사하는 것을 말한다. 기존의 공급은 현재 시장에 공급되어 있는 해당 토지이용의 전체량을 조사함으로써 파악할 수 있다. 그리고 장래 기대되는 공급은 다음과 같은 사항을 통하여 분석할 수 있다.

1) 공실률 및 임대료 추세

현재의 공실률(vacancy rate)은 미래의 공급을 예견할 수 있는 지표가 된다. 예를 들어, 현재 시장의 공실률이 높다는 것은 수요가 공급에 미치지 못한다는 것을 뜻한다. 따라서 가까운 장래에 공급이 줄어 들 것으로 예측할 수 있다. 반대로 공실률이 낮다는 것은 장래 공급이 늘어날 것으로 예측할 수 있다.

또한 현재 임대료가 상승하는 추세에 있다면 앞으로는 공급이 증가할 것으로 예측할 수 있다.

2) 정부서비스의 유용성

전기, 가스, 상하수도와 같은 공공편익시설은 부동산이 공급되기 위한 필수적 전제조건이 된다. 경쟁대상이 되는 부지에 만약 이 같은 편의 시설이 제공되지 않는다면 가까운 미래에 그 곳은 유사부동산(similar property)이 공급될 가능성이 높지 않다고 판단할 수 있다.

3) 건축착공량과 건축허가량

가까운 장래에 공급될 수 있는 부동산의 양을 가장 직접적으로 파악하는 방법은 건축착공량(construction starts)과 건축허가량(building permits)을 조사하는 것이다. 따라서 어떤 개발사업을 시작하고자 할 경우에 현재 착공량과 건축허가량을 조사하고, 이것과 수요예측량을 비교하는 것은 다른 어떤 것보다 우선해야 할 필수적 사항이다.

4) 도시 및 지역계획

정부나 지방자치단체의 지역개발이나 도시계획에 관한 정책들은 특정지역이나 특정개발사업을 장려하기도 하고 억제하기도 한다. 정부가 장려하는 특정사업의 공급은 증가할 것으로 예측할 수 있다. 또한 특정지역으로의 공업이전이 장려되고 있다면, 이전이 장려되고 있는 지역에는 그렇지 않은 지역에 비해 앞으로 많은 공장이 공급되리라는 것도 쉽게 예측할 수 있다.

5) 건축비용의 추세 및 금융의 유용성

건축비용은 급격하게 상승하고 있는데도 임대료 수준은 상승하지 않을 것으로 예상되고 있다면, 장래의 공급이 줄어들 것이라는 것을 예측할 수 있다. 또한 자금의 유용성은 부동산의 공급을 제한하기도 하고 조장하기도 한다. 일반적으로, 이자율이 상승하게 되면 공급은 줄어들고, 이자율이 하락하게 되면 공급이 증가하는 경향이 있다.

제 5 장

부동산마케팅 관리과정

부동산마케팅 관리과정의 의의

1. 부동산마케팅 관리과정의 개념

부동산마케팅 관리과정(marketing management process of real estate)이란 부동산 기업이 환경적응과정에서 행하는 마케팅활동의 관리적 과정을 말한다. 부동산마케 팅관리는 부동산기업의 생산제품, 서비스와 수요를 조정하는 데 필요한 제 활동에 관한 총체적 관리의 일부분이고, 마케팅 목표의 달성을 위한 계획적인 제 활동의 관리에 관계되는 것이다. 부동산마케팅에 있어서 관리활동이 수행되는 까닭은 마 케팅 목표 및 기업목적을 보다 합리적으로 달성하려고 하기 때문이다.

사실상 관리란 특정집단이나 조직체가 가지고 있는 희소자원을 미리 결정된 기 준에 따라 대체적으로 사용되도록 할당하는 하나의 사회심리과정(social psychological process)이다. 여기서 말하는 희소자원이란 사람, 에너지, 시간, 공간, 자금 및 기 계 등을 포함하며, 대체적 사용이란 활동 또는 전략의 과정이 여러 가지가 있음 을 뜻하고, 미리 설정된 기준이란 달성하려는 목적 내지 목표를 말한다.[1]

마케팅목표가 기업의 이윤추구와 소비자의 이익보호라면 마케팅관리목표는 마 케팅의 제 활동을 통합하여 그 결과 마케팅 목표를 달성하려는 것이다.

따라서 마케팅관리는 매상고와 비용을 조정하여 수익을 크게 하기 위한 책임 을 부여받고 있다고 할 수 있다. 이윤추구가 기업의 최대 목표라면 매상고와 비

---

1) 김원수, 마케팅관리론, 전정판, 경문사, 1983, p.199.

용을 조정하여 매상에 의한 수익을 최대로 하는 것이 요구된다. 소비자에 대한 적극적인 활동을 하지 않으면서 소비자가 상품을 구입하기만을 바란다면 아무리 상품이 뛰어나거나, 시장기회가 있다고 하여도 충분한 매상을 올리거나 이익을 확보할 수는 없을 것이다.

즉, 마케팅관리에 관리능력이 결여되어 있다면 그 결과는 기대할 수 없는 것이다. 마케팅관리는 아무런 노력도 기울이지 않고 고객이 상품을 구입해 주는 것을 앉아서 기다리는 소극적 태도를 취하는 것이 아니라 수요창출을 위해 적극적이고 능동적으로 대처하는 것을 말한다. 그래서 마케팅관리자가 있고, 기획 조직, 조정 및 통제의 관리과정이 수행되는 것이다.

그러면 이러한 관리과정은 어떠한 효용이 있는가? 이러한 과정이란 개념은 부동산마케팅 경영자가 당면하는 문제를 분석하기 위한 유용한 테두리(framework)를 마련해 주는 것이므로, 이를 이용하면 부동산마케팅 경영자는 기업의 모든 활동 및 이를 기업 활동 전체와 마케팅활동과의 관계를 알 수 있게 되어, 나아가 그가 관리활동을 수행할 때 그가 따르게 될 체계적인 일련의 활동단계(orderly sequence of step)를 마련해 주어 보다 실현가능성이 높은 관리활동을 수행할 수 있도록 이에 대한 통찰을 할 수 있게 하여 주는 것이다.

마케팅과정은 부동산마케팅경영자가 당면한 문제를 분석하기 위한 유용한 틀(framework)을 마련해 준다. 따라서 이를 이용하면 부동산마케팅경영자는 기업의 모든 활동과 마케팅활동과의 관계를 알 수 있게 된다. 나아가 그가 관리활동을

📊 그림 6　마케팅관리과정

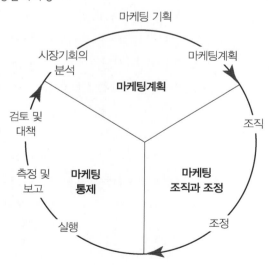

수행할 때, 따르게 되는 체계적인 일련의 활동단계(orderly sequence of step)를 마련해주어 보다 실현가능성이 높은 관리활동을 수행할 수 있도록 해 준다.

그런데 마케팅관리는 의사결정의 과정으로 이해되므로 마케팅관리과정은 마케팅의사결정과정(marketing decision process)으로서의 성격을 가지며, 또한 기획은 일단의 조정된 결정이므로 마케팅관리과정은 바로 광의의 마케팅기획과정(marketing planning process)이라 할 수 있다.2) 관리과정을 나타내면 [그림 6]과 같다.

2. 마케팅관리과정의 진화3)

우리는 앞에서 마케팅관리과정은 기본적으로 기획과정이며, 이는 의사결정의 기초가 됨을 살펴보았다. 이러한 기획과정으로서의 관리과정은 어떻게 다루어졌는가? 기업에 있어서의 기획시스템은 다음과 같은 네 가지 단계를 거쳐 진화되어 왔다.

1) 비계획단계(unplanned stage)

기업이 처음으로 설립된 경우 기업경영자는 자금조달, 고객문제, 설비투자 및 자재조달 등에 시간을 빼앗겨 정식계획에 대해서 관심을 쏟기 어렵다. 따라서 경영진은 기업존속을 위한 일상적인 업무처리에 쫓겨, 계획단계도 없고 또 그 시간도 없다.

2) 예산제도단계(budgeting system stage)

경영진은 기업의 현금흐름에 대한 계획을 개선하기 위해 예산관리제도를 도입한다. 경영진은 다음 년도의 총판매액과 그 판매수준에 다른 예상비용과 현금흐름을 추정하게 되며, 각 부문관리자(departmental manager)는 다음 년도의 각 부문업무 수행 상 요구되는 예산을 편성한다. 이러한 예산은 재무적인 것이어서 실제로 계획을 하는 것과 같은 방식으로 집행되지는 않으므로 예산은 계획과 반드시 일치하는 것은 아니다.

3) 연차기획단계(annual-planning stage)

경영진은 연차계획(annual plans) 설정의 필요성을 인식하게 되는데, 이때에는

---

2) 상게서, p.200.
3) 상게서, pp.200~202.

다음 세 가지 유형의 공식기획제도 중 하나를 택하게 된다.

① 하향식 기획제도(top-down planning)

최고경영층이 모든 하위 층의 목표와 계획을 설정하는 기동방식으로서 군대에서 주로 쓰인다. 이 방식은 맥그리거(McGregor, D.)의 X이론에 따르는 것이다.

② 상향식 기획제도(bottom-up planning)

기업의 여러 단위(부·과)가 저마다 그들이 가장 잘할 수 있다고 생각되는 바에 따라 그들의 목표와 계획을 설정하고, 그것을 상위 경영책에 제출하여 승인을 받는 방식이다. 이는 맥그리거(McGregor, D.)의 Y이론에 입각한 기획방식이다.

③ 목표 하향·기획 상향식 기획제도(goals down-plans up planning)

최고경영층은 먼저 기업기회와 소요조건 등 광범위한 입장에서 연도별로 기업목표를 설정한다. 다음 기업의 각 단위는 기업이 전체로서의 목표를 달성하는 데 이바지하는 계획을 수립하고, 그것이 최고경영층에 의해 승인을 받으면 공식 연차 계획(official annual plan)으로 확정하는 방식이다.

4) 전략기획단계(strategic-planning stage)

이 단계에 이르면 기업의 전체적인 효율성을 높이기 위해 기업의 계획제도는 더욱 정밀화되는데, 가장 중요한 변화는 장기계획이 도입된다는 점이다. 이는 경영진이 연차 기획이 장기계획과의 관련 하에서만 의의가 있다는 것을 인식하게 되었음을 뜻한다. 왜냐하면 장기계획의 제1차 년도에 대응하는 계획으로서 연차기획이 상세하게 계획되어야만 하기 때문이다. 이러한 기획제도가 더욱 정밀화되면 여러 계획이 전략적 성격을 띠게 된다.

제2절 부동산마케팅 관리

1. 기 획

기획(planning)이란 말은 이제 흔히 사용되는 말이며, 우리 생활주변에서 얼마든지 찾아볼 수 있는 인간행태이다. 관리자에게 있어 기획의 중요성을 새삼 논할 필요가 없을 만큼 현대마케팅에 있어서 기획이 차지하는 비중이 커졌다.

기획이란 최적의 수단으로 목표를 성취할 수 있도록 장래에 취할 행동을 위한 일단의 결정을 준비하는 과정이다.4) 기획의 최종결과는 계획이며, 계획은 특정결과를 성취하는 미리 결정된 행동노선(predetermined course of action) 또는 장래행동을 위한 일단의 결정이다.

기획은 성질상 수없이 많은 형태의 계획을 만들어 낼 수 있고, 또 만들고 있다. 그러나 기획이 무엇을 위한 수단이 되어 있느냐에 따라, 성취해야 할 최종적 결과를 결정하는 목적기획(end-result planning)과 이를 달성하기 위한 수단을 결정하는 수단기획(means-to-an-end)으로 대별할 수 있다.

전자에 속하는 계획으로는 목표, 예산 시간목표, 마감(deadline) 등이 있고, 후자에 속하는 계획으로는 정책, 절차, 방법, 각종 사업계획 또는 운영계획 등이 있다. 수단기획에 의해서 산출되는 수많은 계획은 이용 빈도에 따라서 단일사용계획(single-use plans)과 반복사용계획(repeat plans) 또는 상비계획(standing plans)으로 구별할 수 있다.

단일사용계획은 문자 그대로 한 번 사용하고 마는 계획이며, 그 목표에 도달하고 나면 계획은 그것으로 종료된다. 이에 속하는 것으로는 주요사업계획(major programs), 파생사업계획(derivative programs), 세부사업계획(projects), 특수사업계획(special programs), 세부계획(detailed plans) 등이 있다.

상비계획은 결정이 반복적으로 행동의 지침으로 사용되는 것으로, 대표적인 예로는 정책, 표준적 절차, 표준적 방법, 규칙(rules) 등이 있다.5) W. H. Newman

표 3   마케팅관리계획의 유형

범위	최종목표	행동코스	
		단일사용계획	상비계획
광범한 계획 ↕ 세부계획	목표 예산 및 마감 성과기준 경비 질(quality) 양(quantity) 기타	일반사업계획 세부사업계획 인원배치 세부적 예정 진도표 명세서 방법 기타	정책 조직구조 표준적 절차 표준적 방법

---

4) 권영찬, 기획론, 법문사, 서울, 1979, p.19.
5) 상게서, pp.49~51.

은 목표와 더불어 상기한 두 가지 형태의 계획을 일괄해서 〈표 3〉과 같이 제시하고 있다.6)

이와 같은 기획의 최종결과인 계획의 유형을 알게 되면 계획을 보다 능률적으로 수립하는 데 도움이 된다. 계획의 계층은 다음과 같이 분류할 수 있다.7)

1) 계획의 계층분류

① 목적과 임무

조직화된 모든 집단은 의미 있는 존재가 되기 위해서는 목적(purpose)을 가지고 있어야 한다. 일반적으로 기업의 목적은 경제적 재화 및 용역의 생산과 판매라고 할 수 있으며, 정부의 목적은 안전과 복지와 같은 사회적 필요의 충족이고, 법원의 목적은 법률의 해석과 적용이며, 대학의 목적은 가르침과 조사연구라고 할 수 있다. 목적은 임무(mission)와 구별되지 않고 사용되는 경우가 많으나 때로는 구별되기도 한다.

② 목 표

목표(objectives or goals)는 활동(activity)이 지향하는 것이다. 그것은 계획이 지향하는 종점(end point)일 뿐만 아니라 조직화, 충원, 지시 및 통제가 지향하는 종점이다. 기업목표는 기업의 기본계획을 구성하는 것 이지만, 각 부문 또한 목표를 가지고 있다.

부분목표(department objective)는 본래 기업목표의 달성에 기여해야 하지만, 이들 두 목표는 완전히 다르다. 예를 들면 기업의 목표는 일정한 이익을 획득하는 것인 데 반하여, 판매부문의 목표는 일정한 인원으로 일정량의 판매건수를 올리는 것이다. 이들 목표는 일관성은 있지만, 판매부문 목표만으로서는 기업목표를 달성할 수 없다는 것에서 차이가 있다.

③ 전 략

전략(strategics)은 행동의 일반적 실시계획(general program or action)을 나타내며, 포괄적인 목표(comprehensive objectives)를 달성하기 위해 자원을 배치하는 것을 의미한다. 회사는 매년 일정률의 수익성을 향상시키는 목표를 가질 수 있고,

---

6) William H. Newman, Administrative Action; The Techniques of Organization and Management, 2nd ed., Prentice−Hall Englewood Cliffs, N. J., 1963, p.53: 상게서, p.83 재인용.
7) 임익순·소영일, 현대경영학원론, 박영사, 서울, 1983, pp.15~20; 김재덕, 부동산경영론, 경영문화원, 서울, 1984, pp.54~57.

목표달성을 위한 전략으로 분양주택을 일반에게 직접 분양할 것인가 혹은 중개업자에게 위탁 분쟁할 것인가를 선택할 수 있다. 또한 아파트만을 지을 것인가, 단독이나 연립주택도 같이 지을 것인가 등과 같은 중요한 정책(Policies)을 포함할 수도 있다. 따라서 전략의 목적은 중요한 목표와 정책에 따라 기업의 미래모습을 결정한다고 할 수 있다.

④ 정 책

정책(policies)은 의사결정에 있어서 사고와 행동을 이끌어 주는 지침으로서 방침이라고도 한다. 정책은 의사결정이 이루어지는 한계를 정해 주며, 의사결정이 목표에 일관성있게 기여할 수 있도록 보장해 준다. 정책은 중요한 회사정책으로부터 부문정책을 거쳐 과, 계에 적용되는 파생적 정책에 이르기까지 많은 계층에 펼쳐져 있다. 정책은 또한 판매, 재무, 인사 등과 같이 기능별로도 관련되어 있다.

부문정책의 예로서는 신입사원의 채용에 있어 학력제한을 두지 않는 것을 들 수 있고, 회사정책으로서는 회사 내 인원만을 승진시키고 외부 인사를 특채하지 않는다든가, 기업윤리에 엄격히 따르는 것을 들 수 있다.

⑤ 절 차

절차(procedure)는 장래의 행동을 취급하는 습관적인 방법을 설정하는 계획이다. 그것은 사고가 아니라 실제로 행동을 지시해 주는 것이며, 어떤 특정한 행동을 성공적으로 진행시키는 정확한 방법을 상세히 규정한 것이다. 절차의 본질은 필요한 행동을 시간적 순서로 나타내는 것이다.

절차는 조직의 모든 계층에 존재하며, 하위계층으로 내려갈수록 보다 신중한 통제의 필요성이 더욱 커지고, 그 수가 많아진다. 즉, 절차는 계획의 다른 형태의 것과 마찬가지로 그 중요성에 있어서 계층을 이루고 있는 것이다. 일반적으로 회사에서는 계층에 따라 회사 전체의 절차를 나타내는 회사표준실무, 사업부표준실무 및 부문, 지사, 과, 계 등에 따라 각각 특정한 절차를 가지고 있다. 예를 들어 만일 어떤 중개회사의 정책 중에 의뢰물건을 신속하게 판매한다는 정책이 있다면 특정한 방법으로 판매할 수 있도록 하는 절차가 동시에 필요한 것이다.

⑥ 규 칙

규칙(rules)은 다른 계획과 마찬가지로 여러 가지 대안으로부터 선택된 필요한 행동이라는 점에서 계획의 일종이라고 할 수 있다. 규칙은 일반적으로 계획의 가장 간단한 형태이다. 규칙은 간혹 정책이나 절차와 혼동되는 일이 많다. 규칙은 상황과 관련하여, 특정하고도 명확한 행동이 행해져야 할 것인지 아닌지를 요구한다. 규칙은 절차에 관련되어 있다는 점에서 행동을 이끌어 주지만, 행동의 시간적 순서를 나타내지는 않는다.

사실 절차는 규칙의 연속으로 볼 수 있으나, 규칙은 절차의 일부일 수도 있고, 그렇지 않을 수도 있다. 예를 들어 '금연'이라는 규칙은 어떤 절차와도 전혀 관계가 없다. 그러나 중개의뢰를 관리하는 절차는 모든 의뢰가 접수된 날을 확인한다고 하는 규칙을 통합할 수가 있다.

⑦ 실시계획

실시계획(programs)은 목표, 정책, 규칙, 직무할당, 취해야 할 단계, 동원해야 할 자원 및 그 밖에 주어진 행동과정을 수행하는 데 필요한 요소들의 복합체이다. 이 같은 실시계획은 필요한 자본과 영업예산에 의해 보조를 받는 것이 보통이다.

주실시계획(主實施計劃)은 여러 가지 파생적 실시계획을 필요로 한다. 예를 들면, 아파트를 공급하는 건축실시계획은 그 투자가 합리적으로 이루어지기 위해서는 기능공이 훈련되어야 하고, 설계사가 훈련되어야 하며, 분양을 알리기 위해 광고실시계획도 필요하다. 건축자금에 대한 계획도 마련해야 할 것이다. 이와 같은 실시계획은 아파트가 준공되어 분양에 들어가기 전에 모두 준비되어야 하고 또 조정되어야 한다. 이처럼 여러 가지 파생적 실시계획의 네트워크에서 어느 한 부분이라도 잘못되면 주실시계획이 연기되지 않을 수 없으며, 그 결과 불필요한 비용이 발생하게 되고 손실을 보게 되기 때문이다.

⑧ 예 산

예산(budgets)은 기대되는 결과를 수치로 표시한 것이다. 즉 '수치적으로 표시된 실시계획(numerized programs)'이라 할 수 있다. 예산은 재무적 수치로도 표시될 수 있고, 노동시간, 판매단위 또는 그 밖의 다른 수치로도 표시될 수 있다. 이것은 비용예산으로서 영업활동을 다룰 수도 있고, 자본지출예산으로서 자본지출을 반영하게도 되며, 또는 현금예산으로서 현금흐름을 표시할 수도 있다.

예산은 통제수단도 되지만, 예산을 편성하는 것은 분명히 계획이다. 예산은 앞으로 1주간 혹은 1년 또는 5년간에 걸쳐 회사로 하여금 기대되는 현금의 흐름, 수익과 비용, 자본지출, 노동시간 혹은 판매건수 등을 사전에 결정하게 된다. 예산은 통제를 위해서 필수적인 것이긴 하지만, 만일 그것이 계획을 반영하고 있지 않다면 의미 있는 통제기준이 될 수 없다.

2) 계획 간의 관계

목표, 정책, 절차 및 방법은 어떤 관계에 있는 것일까? 이를 [그림 7]과 같이 나타낼 수 있다.[8] 가장자리의 둥근 원은 기획의 범위를 표시한 것이다. 먼저 기획을 통해서 설정된 목표가 원내에 포함된다. 관리에 의해서 설정된 정책은 4개의 수직선으로 표시되고 있다. 이들은 기획에 있어 관리자의 지침 또는 안내라고 할 수 있고, 화살표식으로 된 수직선상의 양단은 모든 활동이 취해질 수 있는 한계를 표시하는 것이다. 대체로 수평을 이루고 있는 곡선은 목표에 도달하기 위해 상세하게 설정된 행동코스를 가리킨다. 이 절차는 x_1, x_2, x_3 등으로 표시된 일련의 과업(task)으로 구성되며, 이 표식은 수행되어야 할 각종의 과업을 시간적 순서에 따라 번호로 표시하고 있다.

절차는 정책에 의하여 설정된 영역의 한계 내에 머물고 있으나, 목표에 도달하는 경로를 설정하기 위해 이 영역을 관통하고 있다. 절차상의 명세된 과업 하나하나, 다시 말하면 x_1, x_2 또는 x_3 등을 수행하는 방법이 각 과업에 적용되는 표준적 방법(standard method)이다.

상비계획인 정책, 절차 및 방법의 주요특징과 이들에 관한 기초적 지식을 정

그림 7 계획 간의 관계

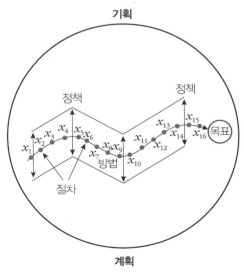

8) 권영찬, 전게서, pp.84~85.

리하면 〈표 4〉와 같다.

📊 표 4 상비계획의 종류별 비교				
계획의 종류	주요 속성	주요 특징	용도	공통적 결함
정책	활동을 위한 전반적 한계의 설정	광범위하고 일반적이며, 포괄적	해석 판단	관리의 각 결정을 잘못 인지할 수 있음
절차	과업의 순서적 계열을 명시	특정업무수행에 맞추어 작성	약간의 해석과 아울러 복종	일단 작성되면 그대로 경직화하는 경향이 있음
방법	개별적 과업수행을 위한 행동코스 명시	개별적 과업의 수행방법을 뚜렷하고 자세히 제시	복종	이것을 위한 기획이 무시되거나 불충분하기 쉬움

부동산마케팅에 있어서 기업의 목표가 설정되면, 이러한 목표설정은 일단 부동산활동을 하는 기업 내의 누구에게나 알기 쉬운 형태로 알려져야 한다. 조직목표를 인식하느냐 못하느냐는 개인뿐만 아니라, 조직의 발전과도 깊은 관련을 갖기 때문이다. 개인으로서는 업무측정으로, 기업으로서는 이윤과 직결된다. 따라서 목표가 설정되면 개개의 목표달성에 필요한 구체적인 계획, 방침, 절차를 나타내도록 해야 한다. 이때 계획은 부동산기업조직의 모든 수준에서 이루어지므로 계획은 전체로서의 목표에 제 부분이 협조하지 않으면 안 된다. 이 경우 전체로서의 목표는 대개 부동산마케팅목표와 일치하고, 매출액과 기대이익으로 표현된다.

따라서 부동산마케팅의 제 환경을 분석하고 시장기회를 평가할 필요가 생기게 되는 것이다. 그러기 위해 가장 적절한 표적시장을 우선 명확히 하지 않으면 안 된다. 물론 이때의 목표는 현실 가능해야 한다. 그리고 이 목표를 달성하기 위한 방법을 결정해야 한다.

우리는 경영목표를 경제적 측면과 시간적 측면으로 나눌 수 있다. 경제적 측면에서 경영목표를 본다면 주당 수익과 같은 수익성목표, 경쟁력 강화목표(매상고, 시장점유율 등), 효율목표(자본회전율, 재고회전율 등) 등이 있다. 이 목표를 달성하기 위해서는 기간설정이 요구될 것이다. 이는 시간기준, 즉 정량적으로 나타낼 수 있다.

예를 들면, 장기목표로서 향후 5개년간 투자할 자금의 평균회수율을 15%로 설정한다고 하자. 이 일정기간에 걸쳐 투자자본의 회수기준은 성장률과 관계가 있다. 즉 15%의 회수율은 성장을 통해서도 달성될 수 있으며, 조업율과 능률을 반영하는 비용의 절감을 통해서 달성할 수도 있다.

부동산업회사에 기획이 중요한 의의를 갖는 이유는 무엇인가? 기획은 계획과 목표를 달성하는 데 필요한 방침·절차·일반적 행동기준을 설정하여 주기 때문이다. 이러한 방침과 절차의 지침서는 각 사람이 할당된 직무를 실제로 어떻게 처리하는가를 결정하는 데 도움을 준다. 또한 기획의 작성은 경영에 참가하지 않는 자라도 기업이 무엇을 목표로 하고 있으며, 그것을 어떻게 성취하려고 하며, 전체의 구체적인 계획 중에서 자신들은 어떠한 위치에 있는가를 이해할 필요가 있다.

| 부동산업에 있어서 기획이 필요한 사항 |

① 기업 활동의 규모, 매상고
② 서비스 활동, 부동산관리, 부동산감정평가, 부동산금융
③ 사무원과 판매원의 인사 관계 및 교육훈련
④ 영업소설치
⑤ 영업범위와 대상물건

2. 조직화

관리자가 조직이론을 알고 있으면 마케팅관리에 유용하게 활용할 수 있다. 조직화란 조직의 목적을 달성하고 인적·물적 자원을 조성하기 위해 역할, 일, 권한을 형식상으로 구성하는 것을 말한다.[9] 이는 사내직원 사이에 존재할 수 있는 관계를 확정하는 것이다. 각 사람에게 자신의 직무는 무엇인가를 알려 주고, 그것이 타직무와 어떠한 관계를 갖는가를 설명해야 한다. 훌륭한 조직의 가장 두드러진 점은 기업 활동을 유지하는 데 필요한 일상직능이 정확하게 처리되고 약간의 간과도 없다 것이다. 조직이란 원활하게 기능하는 처리체제로 일상 업무를 짜 넣기 위한 수단인 것이다.

조직구성의 중요한 목적의 하나는 명령을 하는 자와 그것을 실행하는 자를 분명히 하는 것이다. 조직구성에 있어서 책임과 권한이야 말로 가장 큰 의의를 갖는다. 경영의 기본원칙은 만약 어떤 사람이 무언가 일할 책임을 부여받았을 때 그것을 달성하기 까지 충분한 권한, 즉 힘을 주어야 하는 것이다. 판매원이 할당 매상의 책임달성을 부여받았다면 목표달성을 위한 방법을 결정하는 권한도 주어

---

9) Realtors National Marketing Institute, Real Estate Office Management People Function System, RNMI of NAR, Chicago, Illinois, 1978, p.19.

져야 한다. 만일 그 권한이 주어지지 않으면 그는 힘도 없고 직무수행능력도 방해를 받게 된다.

1) 조직의 요소

조직화의 요소에는 크게 직무, 권한 및 책임의 기본요소가 있으나 이 밖에도 이와 같은 직무, 권한 및 책임이 구체적으로 규정되어 조직의 각 구성원인 개인에게 할당됨으로써 형성되는 조직의 기본단위인 직위와 각 직위간의 상호관계까지 포함하면 5가지 기본 요소가 있다고 할 수 있다.[10]

① 직 무

직무는 직능이라고도 하는데, 이는 조직의 구성원에게 각각 분할된 업무의 기술적 단위 또는 업무의 총체를 말한다. 직무에는 필연적으로 직무수행을 의한 권한과 책임이 있게 된다.

② 권 한

권한이란 일정한 직무를 스스로 수행하거나 또는 타인으로 하여금 수행하도록 하는 데 필요한 공식적인 힘 또는 권리를 말한다.

③ 책 임

책임이란 일정한 직무와 권한을 일정한 기준에 따라 수행해야 할 의무를 말한다. 이와 같은 의무는 단순히 마음속으로 의무감을 느끼는 것이 아니라, 조직목표의 달성에 기여할 수 있도록 구체적으로 일정한 권한을 행사하여 직무를 수행해야 할 의무를 말한다.

④ 직 위

직위는 수행해야 할 일정한 직무가 할당되고, 그 직무를 수행하는 데 필요한 권한 및 책임이 구체적으로 규정되어 조직의 각 구성원인 개인에게 부여된 조직상의 지위를 말한다.

⑤ 상호관계의 설정

(a) 라인(line)의 관계: 직속상사와 부하의 관계와 같은 상하의 관계에서 형성

---

10) 임익순·소영일, 전게서, pp.226~231.

되는 포괄적 결정, 명령의 관계이다.

(b) 스텝(staff)관계: 스텝부문과 라인부문 또는 스태프부문과 다른 스태프부문과의 사이에 형성되는 협력, 조언의 관계이다.

(c) 직능적 권한관계: 어떤 특정한 전문 직능과 관련하여 다른 직위의 사람들에 대하여 일정한 범위 내에서 지시 또는 통제하는 관계이다.

(d) 병존적 권한관계: 동일한 계층의 직위 간에 있어서 동일한 업무를 취급하는 사람들 간에 이루어지는 결정과 승인의 관계이다.

(e) 조직 외 기관 또는 사람에 대한 관계: 직위에 있어서 일이 대외적 성질을 띠고 있을 때 당해지위가 그와 같은 대외활동에 있어서 가지고 있는 관계이다.

2) 효율적인 조직설계

기업에서는 여러 가지 다양한 마케팅활동을 효율적으로 수행할 수 있도록 도와주는 조직설계가 필요하다. 이에는 다음과 같은 과업이 포함된다.[11]

① 조직구조의 기획 및 설계

기업은 통합적·혁신적이고 책임을 지는 마케팅활동을 할 수 있도록 뒷받침하여 주는 조직구조를 기획 설계해야 한다. 이에는 보통 여러 마케팅경영자를 감독하고 그들의 보고를 조정하는 마케팅의 최고위양임자를 임명하는 것이 포함된다.

② 마케팅관리직위

각 마케팅 관리직위(광고 관리자, 제품관리자 및 판매 관리자)는 반드시 직무목적, 기능, 과업 및 책임에 의해 기술되어야만 한다.

③ 개인의 능력

각 직위는 충분한 기능과 동기 및 마케팅 업무를 효율적으로 수행할 수 있게 해주는 개성을 가진 개인에 의해 충족되어야만 한다.

3) 마케팅조직의 유형

오늘날 기업 마케팅부문의 조직은 마케팅활동의 기본적인 네 가지 측면, 즉 기능, 지역적 단위, 제품 및 최종이용시장(end use markets)에 따라 조정·편제되

---

11) 김원수, 전게서, p.238.

고 있다. 이를 각 조직유형의 특성에 따라 살펴보면 다음과 같다.12)

① 기능적 조직(functional organization)

이 조직은 마케팅관리부장, 광고·촉진부장, 판매부장, 마케팅조사부장 및 신제품부장 등이 조정책임을 지고 있는 마케팅담당 부사장에게 보고하는 것으로, 마케팅기능에 따라 부문화되어 있는 마케팅조직이다. 단일제품이나 비교적 규모가 작은 고객층이 시장에 널리 분산되고 있을 때에 주로 이용된다. 이 조직은 관리가 쉽다는 장점이 있으나, 제품계열이나 시장의 수가 많아지면 조직효율이 떨어진다는 단점이 있다. 건설회사의 콘도미니엄 마케팅조직에 활용될 수 있는 조직이다. 그러나 규모가 커지면 그에 따라 달라질 수도 있다.

② 지역별 조직(geographic organization)

이는 전국적으로 판매를 하는 경우에 사용되는 조직인데, 판매원뿐만 아니라 경우에 따라서는 다른 기능까지도 지역별로 조직화하는 경우가 있다. 지역별로 수요패턴이 다른 경우에 이용되며, 지역고객의 동향을 쉽게 파악할 수 있어서 이들에 적합한 마케팅활동을 할 수 있다. 부동산중개업이 기업화되어 지방에 지점을 여럿 설치할 경우 활용될 수 있는 조직이다.

③ 제품관리조직(product management organization)

다양한 제품을 생산하거나 이질성이 높은 제품을 생산하는 경우에 이용되는 조직이다. 이 조직은 앞의 기능적 조직과 보완적으로 활용될 수도 있는데, 특정제품을 전담하는 여러 명의 제품관리자를 감독하는 제품군관리자들을 총괄하는 총제품부장(products manager)이 주관한다.

그러므로 제품의 이질성 정도와 제품 수에 따라 이러한 조직유형이 이용되는데, 이때에는 전문적인 마케팅실행계획에 의해 제품계열의 관리가 효율화될 수 있으며, 기능적 조직으로는 관리하기 어려운 많은 수의 제품을 효율적으로 관리할 수 있다.

④ 시장관리조직(market management organization)

소비자, 기업체 및 정부 등과 같이 저마다 그 성격이 다른 시장에 제품을 판

---

12) P. Kotler, Principles of Marketing, Prentice—Hall, Englewood Cliffs, N. J., 1980, pp.174~182; 상게서, pp.185~196 재인용.

매하는 경우에 이용되는 조직이다. 시장관리자는 시장에서의 판매와 이익에 대한 장기 및 연차 계획에 대한 책임을 지며, 기업 내의 기능전문가로부터 마케팅조사 및 광고와 같은 지원을 받는다. 이러한 조직의 이점은 고객요구에 맞추어 조직을 편성할 수 있다는 점이다.

대부분의 기업들은 시장에 따라 마케팅조직을 재편성하는데, M. Hannan은 이를 시장중심조직이라 부르고, "시장지향성을 확보하는 유일의 길은 주요시장을 중심으로 사업부를 설정할 수 있는 관리단위가 되도록 기업의 조직구조를 재편하는 것"이라고 주장하고 있어 시장의 중요성을 강조하였다.

3. 통 제

통제(統制)란 현재의 집행을 측정하는 과정이며, 사전 결정된 목표에 대한 지침이다. 통제의 본질은 기획과정에 있어서 결정된 바람직한 결과에 대한 현재의 행동을 체크하는 데 있다.[13]

부동산마케팅활동에 있어 이러한 통제활동이 필요한 이유는 비록 마케팅계획이 수립되고, 이에 따라 마케팅활동이 수행된다고 해서 반드시 마케팅목표나 기업목적이 자동적으로 달성되지 않기 때문이다. 기획이 아무리 잘되고 계획이 수립되어 마케팅활동을 수행한다 하더라도 기업을 둘러싸고 있는 마케팅환경에는 예상치 않았던 변화가 생기기 마련이므로 이에 대응하여 마케팅활동을 수정하지 않으면 목표의 달성이 어렵다.

따라서 적절한 통제활동이 관리활동의 일환으로 수행되지 않는다면 마케팅활동을 효율적으로 관리할 수 없게 된다. 이러한 통제활동은 오늘날 기업에서 중요시되고 있는데, 그 이유는 기업규모가 확대되고 기업을 둘러싸고 있는 환경이 과거와는 달리 급격히 변화하고 있기 때문이다[14].

1) 통제의 절차[15]

통제활동은 다음과 같은 세 가지의 기본적인 절차를 밟아 수행된다.

---

13) Joseph L. Massie, Essential of Management, Prentice—Hall, Englewood Cliffs, New Jersey, 1979, p.91.
14) 김원수, 전게서, p.348.
15) 임익순·소영일, 전게서, pp.375~377.

① 표준의 설정

계획은 통제가 이루어지는 기준이 되는 것이므로, 통제과정에 있어서 첫 번째 단계는 계획을 설정하는 것이다. 그러나 계획은 그 내용과 복잡성에 있어 매우 다양하고, 또 관리자들은 모든 것을 항상 관찰할 수 없으므로 특정한 표준을 설정하게 된다. 표준(standard)이란 성과를 측정하기 위해 설정해 놓은 기준(criteria)을 말한다. 즉, 그것은 관리자에게 계획이 이상 없이 수행되고 있는가의 여부를 알려 주기 위해 그것과 대비하여 성과를 측정하도록 하는 표준이 되는 것이다.

② 성과의 측정

통제에 있어 두 번째 단계는 종업원에 의하여 실제로 전개되고 있는 마케팅활동을 신속하고 정확하게 측정하는 것이다. 이것은 성과가 빗나가 표준과 맞지 않아서 발생하게 되는 편차를 될 수 있는 대로 신속히 파악하여 적절한 수정조치를 강구함으로써 장내 계획으로부터의 이탈을 방지하기 위해서이다.

이와 같이 마케팅활동의 성과를 표준과 비교하여 검증하는 방법으로서 관리자는 구두 또는 서면으로 받은 보고 중에서 계수나 사실을 분석하여 보기도 하고, 또는 실제로 현장에 나가서 하급자들의 활동과 성과를 시찰 또는 조사할 수도 있다.

③ 편차의 수정

통제의 세 번째 단계는 측정된 성과와 설정된 표준 사이에 편차가 생길 가능성이 보이면 이를 막기 위해 수정조치를 강구하는 것이다. 그런데 이러한 수정조치를 취하기 위해서는 먼저 편차의 원인이 신속히 분석되어야 한다. 편차의 원인으로서는 ① 예기치 않았던 작업조건이 변경된 경우, ② 부하의 훈련이나 능력이 부족한 경우, ③ 계획이나 표준이 부적절한 경우, ④ 지시방법이 부적절한 경우 등을 생각할 수 있다. 이들에 대해서는 ① 내부적·외부적 조건을 조정한다든가, ② 부하의 감독, 훈련 및 선발을 재검토한다든가, ③ 필요한 경우에는 계획을 조정한다든가, ④ 리더십 및 동기부여의 방법을 변경시킬 필요가 있다.

2) 통제의 요건[16]

① 계획과 직위에 적합할 것

모든 통제기법과 시스템은 그것이 따라야 할 계획을 반영하고 있어야 한다. 또

---

16) 상계서, pp.380~382.

한 통제는 각 지위에 따라 행해져야 한다.

② 개별관리자들과 그들의 성격에 적합할 것

통제는 또한 개별관리자들의 성격에 알맞도록 이루어져야 한다. 통제시스템과 정보는 물론 개별관리자들이 그들의 통제기능을 수행하는 것을 도와주기 위한 것이다. 만일 그들이 통제시스템과 정보를 이해할 수 없거나 혹은 이해하지 않으려고 한다면 그것은 유용한 것이 되지 못할 것이다. 따라서 통제는 각 개별관리자들의 성격에 알맞도록 수표, 도표, 수학적 모형 등의 형식으로 이루어져야 할 것이다.

③ 중요점에 있어서의 예외를 강조할 것

통제를 능률적이고 효율적으로 수행하기 위해서는 예외를 강조할 수 있도록 설계되어야 한다. 즉, 관리자는 계획된 성과로부터의 예외적인 사항에 대해서만 주의를 집중해야 한다는 것이다. 그러나 예외를 관찰하는 것만으로는 충분하지 않다. 계획으로부터 벗어난 어떤 편차는 별로 의미가 없으나 다른 것은 매우 중요한 의미를 가지고 있을 수도 있는 것이다.

④ 객관적인 표준을 설정할 것

관리에 있어서는 주관적인 요소가 개입되기 쉬우나 통제를 합리적으로 수행하기 위해서는 객관적이고 정확한 표준을 실정해야 한다. 객관적인 표준은 물건 당 판매시일과 같이 양적인 것일 수도 있고, 종업원의 특정한 자질향상을 위한 훈련 실시계획에서와 같이 질적인 것일 수도 있다. 어떤 경우이건 표준은 확실하고 검증 가능해야 한다.

⑤ 탄력적일 것

통제는 상황변동에 따라 탄력적으로 이루어질 수 있어야 한다. 즉, 통제가 효과적으로 수행되기 위해서는 계획의 실패 혹은 예상하지 못했던 사유로 계획이 변경되더라도 이에 적응할 수 있도록 탄력성이 있어야 한다는 것이다.

⑥ 경제적일 것

이는 통제를 위해 얻는 이익이 이와 같은 통제시스템을 운영하는 데 소요되는 비용보다도 더 커야 함을 뜻한다. 이와 같은 비용이익사고방식(cost-benefit philosophy)

은 통제시스템뿐만 아니라 모든 시스템의 설계 및 운영에 있어서도 중요한 기준이 된다.

⑦ 수정행동을 취할 수 있을 것

통제시스템은 수정행동(修正行動)을 이끌어 줄 수 있도록 설계되어야 한다. 즉, 통제시스템은 성과와 계획의 편차를 밝히는 것뿐만 아니라, 어디에서 편차가 발생하였으며, 누가 그것에 대하여 책임을 질 것인가를 밝혀 주고, 또 거기에 대하여 어떤 수정행동을 취할 수 있도록 설계되어야 한다.

3) 통제의 유형[17]

① 연차계획통제(annual plan control)

연차계획이란 기업이 성취하기 위한 판매, 이익 기타 목표의 연차계획을 분명히 하는 과업이다. 즉 당해 연도 연차계획의 실현중인 성과를 계획에 맞춰 검토하고 수정하는 통제과정을 말한다. 이에는 다음과 같은 수단이 사용된다.

| 연차계획의 수단 |

(a) 판매 분석(sales analysis)

판매 분석이란 판매목표와 관련된 측정·평가활동으로, 판매분석에는 판매차이분석(sales variance analysis)과 미시판매분석(micro−sales analysis)이 있다. 전자는 판매실적분석에 차이가 난 원인이 무엇인가를 분석하는 방법이다. 예컨대 판매목표에 미달한 것이 아파트 분양가격인지 판매호수(량)인지를 분석하는 것이다. 후자는 특정제품이나 지역 등이 분배받은 판매량을 달성하지 못한 경우 어느 것이 목표미달인가를 보는 방법이다.

(b) 시장점유분석(market−share analysis)

판매 분석만으로는 파악하기 어려운 경쟁업자에 대한 자사의 상대적인 판매성과를 측정하기 위한 분석이다. 판매가 증대되었을 때 그것이 부동산경기의 호전 때문인지 회사의 마케팅활동의 개선 때문인지 알 수가 없다. 이때에는 일반 환경의 영향을 제거하기 위해 시장분석을 해야 한다. 그 결과 시장점유율이 높아졌다면 경쟁업자를 이긴 셈이며, 낮아졌다면 패한 것으로 보면 된다.

(c) 마케팅비용 대 판매액분석(marketing expense−to−sales analysis)

연차계획은 기업이 판매목표를 달성하기 위해 과대지출을 하지 않도록 확인하는 것이다. 마케팅비용은 총판매액에서 차지하는 마케팅의 총지출비용으로 나타

---

17) P. Kotler, op. cit., pp.546~558.

낼 수 있으며, 미국의 경우 대부분의 기업이 30% 정도를 점하며, 이중 15%가 판매인건비, 5%가 광고비, 6%가 판촉비, 1%가 마케팅조사비, 3%가 판매관리비로 구성되고 있다. 경영자는 전체비율과 이의 여러 비율을 파악하여 어느 것이 통제범위를 벗어나고 있는지 검토해야 한다.

(d) 고객태도분석(customer attitude tracking)

기업은 고객, 판매점 및 마케팅관여자의 태도를 살피기 위해 다양한 체계를 이용한다. 여기에는 불만처리 및 제안제도(complaint and suggestion system), 고객패널(customer panel), 고객조사(customer survey) 등이 있다.

(e) 수정(修正)활동(corrective action)

목표와 실속 간에 편차가 생기면 수정활동을 해야 하는데 다음과 같은 것이 있다.

생산감축	가격인하
판매원·판매상의 동기유발강화	부대경비의 삭감
인력감축	장부정리
투자감축	재산매각
기업매각	

② 수익성 통제(profitability control)

기업은 연차계획통제 외에도 제품, 지역, 고객집단, 판매경로 및 주문규모 등의 수익성을 측정할 필요가 있다. 이러한 정보는 제품이나 마케팅활동을 확대시킬 것인지, 감축할 것인지를 결정하는 데 중요한 역할을 한다. 이 분석은 기업의 손익계산서를 전제로 실시할 수 있다.

③ 전략적 통제(strategic control)

기업은 수시로 전반적인 마케팅효율성을 검토해야 한다. 왜냐하면 마케팅환경은 급격히 변화하고 이에 적응하려면 연차계획통제나 수익성 통제만으로는 불가능하기 때문이다. 기업은 종래 설정하였던 목표, 정책, 전략 및 방법 등을 재평가하고, 새로운 대안을 모색해야 한다. 이것이 곧 전략적 통제라 할 수 있다. 여기에는 마케팅감사 수단이 이용된다.

마케팅감사(marketing audit)란 "기업의 마케팅 성과개선을 위해 문제영역을 결정하고 기회를 발견하여 행동계획을 권고하기 위해 기업 또는 사업 단위의 마케팅환경, 목표, 전략 및 활동 등을 포괄적·체계적·독립적 및 기간별로 검토하는 것"이라 정의할 수 있다.[18]

---

18) Ibid., p.554.

마케팅감사의 특징은 포괄성(comprehensive), 체계성(systematic), 독립성(independent) 및 기간성(periodic)에 있다. 감사의 주요내용은 거시환경, 과업환경, 마케팅전략, 마케팅조직, 마케팅체계, 마케팅생산성 및 마케팅기능 등이다.

제 6 장

부동산마케팅전략

제1절 소비자행동분석

인간은 언제나 합리적으로만 행동하거나 개인으로서 행동하는 것이 아닌 아주 복잡다양한 동물이라는 것이 여러 학자들에 의해 밝혀졌다. 부동산의 구매에 있어서도 인간의 행동은 그와 같이 나타난다. 예컨대 무주택서민을 대상으로 국민주택을 만들어 판다고 하여도 구매력이 있는, 집 없는 사람이 모두 그 주택을 사는 것이 아니다. 같은 무주택자라도 나이, 교육정도, 성별, 가족구성, 기호, 신분 등의 차이로 동일한 반응을 나타내지 않는 것이 통상이다.

이와 같이 소비자행동은 여러 가지 복잡한 변수에 의해 이루어진다. 더욱이 인간사회가 복잡해짐에 따라 인간의 행동도 더 복잡해지고 있다. 소득수준, 문화수준 및 생활수준으로 인한 사회 환경의 급속한 변화는 현대인에게 끊임없이 자극과 경험을 주고 있어, 그에 따라 인간의 행동도 점차 다양화되고 있다.

그래서 종래 소비자행동을 순수한 개인행동으로 파악하던 것에서 벗어나 최근 마케팅학자들은 관계집단과의 분석을 통하여 소비자의 행동분석을 시도하는 경향이 많아졌다. 이러한 경향은 현대 마케팅이론에서 크게 클로즈업되고 있는 접근방법으로 시장세분화전략에 있어서 필요불가결한 기본적인 분석도구가 되고 있다.

1. 행태과학적 접근

소비자 혹은 구매자행동을 종래와 같이 단순히 경제적 관점에서 보는 대신 사회학적·심리학적 및 문화인류학적인 관점에서 접근하는 것이 행태과학적 접근방법이며, 아래와 같은 기본적인 사고(basic thinking)에 입각해 규명하는 점이 소비자행동에 대한 행태과학의 공헌이다.1)

| 행태과학적 접근방법 |

① 동태주의(動態主義)적 사고: 소비자행동의 동태적 과정 중시
② 분석주의적 사고: 소비자행동의 단순한 기술에 그치지 않고 행동의 인과관계를 명확히 분석하여 궁극적으로 잠재행동의 예측까지 가능
③ 기능주의(機能主義)적 사고: 소비자행동의 단편적이고 부분적인 분석에서 한 걸음 더 나아가 소비자행동의 전체적인 흐름에서 나타나는 일정기능과 상호작용관계를 체계적으로 규명하려는 사고
④ 경험주의적 사고: 소비자행동을 소비자의 경험에 입각하여 분석하려는 사고

소비자의 구매행동은 항상 어떤 욕구와 원망(願望)의 충족을 목적으로 전개되는데, 이것은 기본적으로 지각(知覺), 동기, 개성, 관습 등에 의해서 결정된다. 개개인의 심리적 특성은 주로 가족, 친척, 동창회, 친구 등 준거집단(reference group) 즉 同輩集團(peer group) 등에 의해 영향을 받아 형성된다. 뿐만 아니라 경제적·사회적·문화적인 전통이나 가치관에 의해서 형성되어 있는 사회구조에 의해서도 크게 영향을 받는다. 준거집단이란 개인의 태도나 행동에 직·간접으로 영향을 끼치는 모든 집단을 말하는데 가족, 친척, 동창회, 교회, 아파트 부인회, 회사 등이다.

따라서 소비자행동은 주체의 직접적인 심리적·경제적 요인에 의해서는 물론 사회적·문화적인 간접적 요인에 의해서도 크게 영향을 받기 때문에 소비자행동은 경제학적 관점에서보다 행태과학적 관점에서 하나의 전체적 시스템으로 이해되고 있다.2)

그러나 이러한 접근방법의 채용에 있어서는 이 분석기법이 마케팅에 현실적으로 얼마나 채용가능한가를 실제 검증하는 일이다. 마케팅 활동의 심리적·사회적 측면, 판매자와 구매자의 심리적 태도와 행동양식에 관련된 복잡한 상황을 분석하는 방법, 원칙이나 법칙의 도출, 문제의 제기, 가설(假說)의 설정 및 이론적인 모델구축 등은 모두 여러 행태과학의 도움을 받아야 한다.3)

---

1) 吉田正昭·村田昭治·井關利明, 消費者行動의 理論, 丸喜株式會社, 東京, 1969, p.53: 김동기, 현대마케팅원론, 박영사, 서울, 1982, p.155 재인용.
2) 김동기, 상게서, pp.155~156.

2. 심리학적 분석

역시 소비자행동을 분석하는 데는 심리학적 연구가 중요하다. 이러한 심리학에는 여러 분야가 있으나, 실제 개개인의 소비자행동을 분석·설명하는 이론적 도구를 제공하는 것은 주로 사회심리학이다. 마케팅에서 고려되는 심리학적 소비자 유형과 소비재를 살펴보면 아래와 같다.[4]

1) 심리학적 소비자 유형

① 관습적인 소비자 집단
특정상표에 대한 상품충성도(brand royalty)가 강하고, 그러한 상품을 반복적·관습적으로 구매하는 집단

② 합리적인 소비자 집단
합리적인 구매동기부여나 구매소구에 민감한 집단

③ 가격에 민감한 소비자 집단
가격이나 경제적인 가격비교에 의해서 상품구매를 하는 집단

④ 충동적(衝動的) 소비자 집단
물적 소구나 외관의 소구에 의해서 충동적으로 상품구매를 하는 소비자 집단

⑤ 감정적 소비자 집단
제품이 무엇을 상징하며, 또 자기 이미지나 위신을 고양시켜 주는가 하는 감정적인 구매동기를 가진 집단

⑥ 신 소비자 집단
아직 심리적으로 안정되지 못하고 뚜렷한 구매패턴을 형성치 못한 집단

---

3) 상게서, p.158.
4) 상게서, pp.164~170.

2) 심리학적 소비재 유형

① 위신상품(威信商品)

리더십을 상징하는 상품으로, 고급승용차, 고급주택, 양복, 가구, 예술품 등, 1970~1980년대 Newyork Times, 시사주간지 Time, Newsweek 같은 신문, 잡지 등

② 성인상품

소비자의 성숙성을 상징하는 상품으로, 담배, 화장품, 커피, 맥주, 술 등

③ 스테이터스상품(status products)

Big-name product(사회적 지위를 과시하는 제품), Membership 상징, 성공, 품질

④ 혐오제거상품

개인적·사회적 혐오감을 경감시키기 위해 사용되는 상품으로 화장비누, 치약, 강장식품, 향수 및 면도기 등이 이에 속한다.

⑤ 쾌락상품

인간의 감각에 크게 의존해 있는 상품으로, 술안주, 화려한 의복, 승용차의 디자인 및 색 등

⑥ 기능성상품

문화적·사회적 의미가 적고 일정한 기능을 수행하는 기준에 의해서 상품구매가 행해진다. 주식품, 과일, 야채, 건축자재 등

3) 소비자의 상품평가와 이미지

소비자는 상품평가를 할 때 대체로 다음과 같은 기준을 사용한다고 한다.

① 건강위생적인 기준
영양풍부, 인체무해, 건강, 청결 여부

② 기능적인 기준

우량재료, 견고성, 사용 및 취급 간편, 성능이나 효과 우수

③ 감각적(관능적)인 기준

육체적 쾌감을 자극하는 좋은 색채, 좋은 형태, 좋은 맛, 좋은 냄새, 좋은 촉감, 좋은 소리 여부

④ 사회·심리적인 기준

고가, 외래품, status symbol, 최신 유행, 신형, 과시가치의 유무 여부

⑤ 경제적인 기준

저가, 품질양호, 효용가치, 유지비 저렴 여부

3. 사회학적 분석

모든 인간행동, 특히 소비자행동은 본질적으로 인간의 사회적 행동으로 파악될 수 있다. 소비자는 가족, 사회계급, 지역공동체와 같은 제사회집단의 구성원으로서 특유한 행동유형을 갖고 있다.

1) 가족행동의 영향

한 가족의 구성원으로서 개인이 특정제품을 선택하는 경우 가족의 욕구 및 필요를 고려하지 않으면 안 된다. 예로 전셋집에서 살던 가장이 주택구매력이 생겨 주택을 구입하려고 할 때, 자기는 단독주택을 사고 싶으나 아내와 아이들의 의견을 따라 아파트를 구입하는 경우가 있다. 왜냐하면 아내와 아이들의 만족이 자기에게는 더 큰 만족이 될 수 있기 때문이다. 이처럼 가장의 가정에 대한 애착 및 가족애의 농도의 여하에 따라 가족집단의 영향력을 크게 받을 수도 있고, 그렇지 않을 수도 있는 것이다.

미네소타대학의 Hill교수는 소비자의 구매방법을 결정하는 여섯 가지 가족성격을 다음과 같이 들고 있다.[5] 이러한 것들은 구매자행동을 설명하는 데 완전할 수는 없으나, 구매자행동의 복잡성과 다양성을 이해하는 데 도움이 된다.

---

5) 상계서, p.176.

| 구매방법을 결정하는 가족성격 |

① 사회적 위치: 교육, 직업, 주택 및 재산상태
② 일반적 가치: 양친의 전통적·현대적 사고, 시간에 대한 태도
③ 가족의 목표, 정책, 생활양식: 시간절약 및 여가상품에의 투자, 현재의 소비가 장래의 보상에 투자되는 경향, 사회적 진보, 조화, 교육의 강조 등
④ 가족의 조직: 가족 수, 연령, 권력구조, 역할배분, 결혼
⑤ 가족행위의 잠재 요인: 부부의사소통의 적정성, 부부간 감정, 의사결정과 문제해결의 일반적 능력
⑥ 가족의 역사: 가업의 종류, 거주지 변경, 재산상의 변화, 교육적 배경, 계급적 변화

2) 사회계급의 영향

미국에서는 구매자가 속해 있는 사회계급이 소비자행동에 중요한 결정요인이 된다고 보는 학자가 많다. 우리나라에도 이미 그러한 현상이 각 부문에서 나타나고 있다. 고급아파트 밀집지역에서 고급승용차가 많이 판매되고 있는 것 등이 그러한 예이다.

이와 같이 소비자의 소비패턴은 재화 구입 시 매스 마켓 품목에서 차츰 사회적 지위의 상징을 잘 나타내 주는 프레스티즈 마켓 품목(prestige market items)으로 이행하는 경향이 두드러지고 있다.[6] 이것은 소비자가 자기의 사회계급 내지 신분의 정도에 따라 구매의사결정을 하는 경우가 있기 때문이다. 사회계급에 관해서는 많은 학자들이 여러 가지로 분류하고 있다. 그러한 사회계급의 본질을 엥겔, 콘라트 및 블랙월 등은 다음과 같이 말하고 있다.[7]

① 사회계급은 계급조직이다

각 계급은 각 사회구성원의 마음속에 자리 잡고 있으며, 어떤 경우 상이한 다른 계급에 대해서 우월감이나 열등감을 느끼게 한다. 그러한 것은 각 사회계급의 구성원의 권역, 특권, 위신 및 영향력이다.

② 동일사회계급은 행동의 동질성을 갖는다

동일한 사회계급의 구성원은 개성, 의복, 언어, 가치관, 재산 및 행동양식이 서

---

6) 상게서, p.178.
7) James F. Engel. David T. Kollat and Roger D. Blackwell. Consumer Behavior, Holt. Rinehart & Winston. N.Y, 1969, pp.264~267; 상게서, pp.183~184 재인용.

로 유사점을 가지고 있다. 동일사회계급에 속하는 사람들은 동일제품을 동일상점에서 구매하는 경향이 있는 동시에 동일한 의사결정과정을 거치는 경향을 가지고 있다.

③ 사회계급은 각 집단 간의 접촉행위에 대해서 제약을 가한다

특정사회계급에 속하는 사람들은 주로 자기가 소속된 사회계급의 구성원들과 상호접촉하려는 경향과 상이한 계급구성원과의 사회적 접촉행위는 가급적 제한하려는 경향을 가지고 있다.

④ 사회계급은 지위이다
⑤ 사회계급은 고정적인 것이 아니라 계속적으로 변동하는 것이다
⑥ 사회계급은 다차원적(多次元的)이다
⑦ 사회계급은 문화를 전파시킨다

이러한 사회계급을 결정짓는 한 개인의 요건은 ㉠ 직업 및 지위, ㉡ 개인적 성취, ㉢ 접촉하는 인간집단과의 상호작용, ㉣ 재산, ㉤ 가치관, ㉥ 계급의지, ㉦ 권력 내지 특권, ㉧ 위신 등이다.[8]

3) 사회계급과 소비자행동과의 상관관계

사회계급이 구매자행동에 미치는 영향 중에서 가장 큰 상호작용을 하는 것은 소비자의사결정과정이다. 이 소비자의사결정과정에 영향을 미치는 소비자 개개인의 동기부여, 지각, 개성, 학습 및 지능, 가족 및 문화유형 등은 그 질과 수준에 있어서 사회계급과 밀접한 관계를 가진다.[9]

① 동기부여(Motivation)

동기부여란 어떤 목표를 달성하기 위하여 개인의 에너지가 동원된 상태를 말한다. 하류계급일수록 감정적 동기가 더 크게 작용하며 상류계급은 합리적인 동기를 더 많이 갖는 경향이 있다.

② 지각(知覺, perception)

개개인은 국제정세에 관한 뉴스나 상품광고, 타인의 행동을 관찰·해석하는

---

8) 김동기, 상게서, p.185.
9) 상게서, pp.188~193.

데 있어서 자기가 속해 있는 사회계급의 가치관에 입각해서 지각하고 해석하는 경향이 있다. 소비자들의 행동은 그들이 그들 자신과 환경을 어떻게 지각하느냐에 따라 크게 달라진다.

③ 학습과 지능(learning and intelligence)

한 소비자가 속해 있는 사회계급이 상류층일수록 그렇지 못한 구매자보다 높은 지능지수를 갖고 빨리 학습하는 경향이 있다. 학습이란 경험으로 인한 행동의 변화를 말한다. 우리의 거의 모든 행위는 우리가 배운 것이다.

④ 가족(family)

사회계급은 가족에 대해 커다란 영향을 주고 또 가족은 준거집단 중에서 가족 구성원의 구매행동에 가장 큰 영향을 미친다. 대부분의 소비자들은 결혼하기 전까지 부모와 함께 생활하면서 그들로부터 인생관, 종교관, 가치관 등을 배운다.

⑤ 문화유형(culture pattern)

사회계급간에는 계급간의 사용언어가 있고, 문화활동에도 엄청난 차이가 있다. 또 특정상품이나 서비스에 관한 구매의사결정과정, 정보탐색과정 및 구매행동과정도 사회계급이 미치는 영향이 크다.[10] 문화란 어느 특정사회가 지니고 있는 가치관, 태도, 살아가는 방식을 말한다.

제 2 절 마케팅전략기준

마케팅전략을 결정하는 경우 여러 가지 문제가 검토되어야 하지만, 기본적인 기준으로서 내적 일관성, 외적 일관성, 자본력, 시간, 위험도 등과 같은 것을 들 수 있다.

---

10) 상게서, p.192.

1. 내적 일관성

내적 일관성은 마케팅목표와 마케팅전략의 상호관계와 적합성을 의미한다. 상비계획은 동일한 결정을 가지고 되풀이해서 행동지침을 삼는 것이 특징이므로, 마케팅목표와 전략은 상호 적합해야 한다. 이외에도 마케팅구성요소의 조정을 들 수 있다.

2. 외적 일관성

마케팅 성과 측정 시 환경에 의한 마케팅전략의 효과를 분석하지 않으면 안 된다. 외적 일관성은 시장경향, 법 규제상태 및 경쟁 등의 외부환경제력(外部環境諸力)의 변화에 대해 예측성과 적응성을 요구한다.

3. 자본력

회사의 자본력은 자금, 인력 및 시설 등으로 구성되나, 이러한 자원이 마케팅목적달성을 위해 유효하게 적용되기도 하고, 환경변화에 따른 위험과 기회에 적응할 수 있는 능력이 문제가 되기도 한다.

4. 시 간

마케팅목표와 마케팅전략을 명확히 하는 것으로 시간적 측면이 문제가 된다. 모든 전략의 중요 요소는 그 시간적 제약이다.

5. 위험도

전략기준으로서 위험을 예측하는 것은 물론, 수량화하는 것도 어렵다고 할 수 있다. 과거의 경험은 때로 전략의 위험요소를 평가하는 데 필요하지만, 객관적 데이터가 될 수는 없다. 기술, 정치, 행정 및 소비자 제역은 항상 변화한다. 마케팅관리자가 소비자주의, 공해문제, 생태학적 문제 등을 예측하기란 쉽지 않다. 모든 회사가 이러한 제약에 영향을 받고 있으므로 이러한 위험요소의 분석과 함께 충격에 대한 분석을 행하지 않으면 안 된다.

전략은 행동의 일반적 실시계획을 나타내며, 포괄적인 목표를 달성하기 위해 자원을 배치하는 것을 의미한다고 앞에서 살핀 바 있다. 부동산마케팅 전략은 크게 나누어 기업 및 사업부 수준에서 형성되는 것과 구체적인 상품·서비스 및 시장수준에서 형성되는 두 가지가 있을 수 있다. 부동산마케팅활동은 주어진 사회적 조건과 시대적 여건에 따라 그 전략전개방향이 달라지며, 또 그러한 여건 하에서의 환경적 조건에 따라서도 달라지므로 부동산마케팅전략도 여러 가지로 분류될 수 있다.

부동산경기(不動産景氣, real estate cycle)와 일반경기(business cycle)가 같다면 부동산마케팅전략도 일반경기에 따를 수밖에 없을 것이나 어느 나라건 양자가 일치하지는 않는다. 부동산경기는 일반경기를 선도하거나 추종하는 상관관계(interrelationship)를 가지고 있어, 경제적 환경 분석을 더욱 어렵게 한다. 즉 부동산경기 분석에 있어서는 일반경기의 진퇴가 바로 부동산경기로 나타난다고 속단하기 어려운 것이다. 다만 근본적인 면에서 부동산경기도 순환적인 국면이 있기 때문에 경기변동의 유형이 나타나며, 이는 부동산활동을 하는 데 있어 중요한 정보원이 된다.

마케팅관리자는 이 같은 경기현상에 지혜롭게 대응하는 전략을 수립하여 부동산마케팅목표를 달성해야 한다. 부동산경기순환은 다음과 같이 네 가지 국면을 가지고 있는데, 그때마다 알맞은 전략을 수립해야 한다.

1. 부동산경기

1) 순환국면과 특징

경제상황은 정지되어 있는 것이 아니고 생명체처럼 호 불경기를 번갈아가며 움직인다. 경제활동이 어느 정도 규칙적으로 변동하는 것을 경기변동이라 하는데 이런 현상은 주기적으로 반복되기 때문에 경기순환이라고도 한다. 한마디로 경기란 현재의 경제활동의 상태를 말하며, 호황국면, 후퇴국면, 불황국면, 회복국면의 4개 국면이 순환하며 규칙적으로 반복되는 특징을 갖는다.

① 호황국면, 확장기

호황국면이란 경제활동이 활발하게 이루어져 생산, 소비, 투자, 소득, 고용 등이 확대되는 국면이다. 이에 따라 재고와 실업은 감소하고 기업이윤, 물가, 주가, 임금, 이자율이 모두 오름세를 보인다.

② 후퇴국면, 후퇴기

호황이 지속되다 정점(頂點, peak)에 도달하면 그 후부터 경제는 전반적인 후퇴국면으로 접어든다. 이 국면에서는 생산, 소비, 투자, 소득, 고용 등이 감소되고 재고와 실업이 증가하기 시작하며 기업이윤은 감소한다. 물가, 주가, 임금, 이자율 등도 오름세가 그치고 내림세로 반전한다.

③ 불황국면, 침체기

이러한 경기후퇴가 더욱 심화되는 국면을 불황이라 한다. 불황국면에서는 생산, 투자, 소비, 소득 고용 등이 계속 감소하며 기업이윤은 격감한다. 이에 따라 기업의 도산이 증가하고 물가, 주가, 임금, 이자율 등이 하락하여 낮은 수준에 머무른다. 재고는 초기에 증가하다가 생산이 격감함에 따라 나중에는 축소되기 시작한다.

④ 회복국면, 회복기

불황이 진행되어 경기의 바닥인 계곡(低點, trough)에 도달하면 경기는 회복국면에 접어든다. 투자수익률 이하로 충분이 낮아진 이자율이 투자 및 소비수요를 유발시켜 생산, 고용, 소득 등이 확대되기 시작한다. 뒤이어서 물가, 임금, 이자율도 완만한 오름세를 보인다. 이 과정에서 기업이윤도 증가한다. 이 회복국면이 진행되어 평균수준 이상으로 경제활동규모가 확대되면 호황국면으로 다시 접어들어 또 다른 순환이 시작된다.

⑤ 주기와 진폭

정점(peak)에서 다음 정점(정상)까지, 혹은 저점(trough)에서 다음 저점(계곡)까지를 경기순환의 한 주기(週期)라 한다. 또한 정점과 저점의 격차를 진폭(振幅,

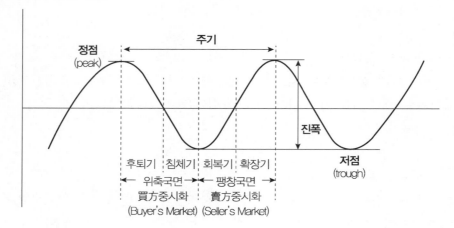

그림 8   경기변동

amplitude)이라 한다. 경기순환은 매 순환마다 주기나 진폭이 같지 아니하고 각 국면의 지속기간도 상이하다.

2) 경기변동(순환)의 종류

① 단기파동(소순환)

3~5년(약 40개월)을 주기로 하는 경기변동으로 발견자 J. Kitchen의 명칭을 따 키친파동(Kitchen's wave, minor cycle)이라고 한다. 통화 공급이나 이자율의 변동, 기업의 재고변동 등에 따라 일어나는 단기적인 순환이다.

② 중기파동(주순환)

6~10년을 주기로 하는 경기순환으로 발견자 C. Juglar의 이름을 따서 쥬글러 파동(Juglar's wave, major cycle)이라 한다. 주로 기업의 설비투자의 변동으로 일어 나는 순환이다. 쥬글러파동이 일반적이기 때문에 주순환이라고 부른다.

③ 장기파동(장기순환)

50~60년을 주기로 하는 경기순환으로 콘드라티에프 파동(Kondratjev's wave, long cycle, 발견자 N. D. Kondratjev)이라 한다. 산업혁명, 자동차, 전기의 발명 등 기술의 혁신이나 신자원의 개발 등에 따라 일어나는 순환이다.

3) 부동산경기순환의 특징

부동산경기를 측정할 수 있는 지표는 현재 존재하지 않는다. 다만 건축 착공량, 부동산 가격지수 및 거래량, 택지 분양실적의 자료를 통하여 유추하고 있는 실정이다.

① 부동산경기의 내용

부동산경기의 내용은 건축경기이다. 그 건축경기를 광의로 본다면 공업용, 상업용 부동산 등을 포함할 수 있으나 협의로 보면 주거용부동산의 건축 활동이 중심이다. 따라서 협의의 부동산경기는 주거용 부동산의 건축경기가 중심이 되나, 광의로는 상업용 공업용부동산 등의 건축경기를 포함하고, 최광의(最廣義) 개념에는 토지경기도 포함해야 할 것이다.

② 일반경기와의 관계

부동산경기는 일반경기에 비해 그 정점이 높고 저점이 더 깊다. 또한 부동산경기의 주기가 일반경기에 비해 약 2배 정도가 길다는 것이 일반적 통설이다. 부동산경기와 일반경기와의 관계에는 전순환적, 동시순환적(병행성), 후순환적, 역순환적(역행성) 등 이론이 아직도 혼재되어 있다.

4) 부동산경기순환의 유형

과연 부동산경기는 일반경기에 선행하는가 아니면 후행하는가 등을 놓고 학계는 지금까지도 논의가 계속되고 있다. 일반경기와 부동산의 부문별 경기순환의 시간적 관계는 부동산의 부문별 경기가 일반경기에 앞서 이루어진다는 전순환적(pre-cyclical), 동시에 진행된다는 동시순환적(equi-cyclical), 부동산경기가 후행한다는 후순환적(post-cyclical), 부동산의 부문별 경기는 일반경기와 거꾸로 움직인다는 역순환적(counter-cyclical) 네 부류의 이론으로 나눌 수 있다.

일반적으로는 주식시장의 경기는 전순환적이며 부동산시장의 경기는 후순환적이라고 알려져 있다. 그러나 부동산시장의 경우도 부동산의 종류에 따라 경기순환의 유형은 다르다.

① 주거용 건축경기와 일반경기의 역순환적 관계

주거용부동산의 건축경기는 부동산을 포함한 일반경제의 경기와는 반대되는 역순환적 현상을 나타내고 있다. 이것은 주거용부동산의 공급자와 수요자에게 제공되는 자금의 유용성과 밀접한 관계가 있다. 일반경기가 호황일 때는 기업으로부터 자금수요가 많아 이자율이 높아지는 경향이 있다. 반면에 주택수요자에게 제공되는 주택자금은 저리인 경우가 많으므로 금융기관이나 투자자는 수익성이 높은 다른 부문으로 자금을 이동시켜 주택자금의 융통이 어려워지고 주택에 대한 수요도 감소한다. 주택수요가 감소함에 따라 주택건설업체의 주택공급량도 줄어들어 결국 주거용 건축경기는 불황에 처하게 된다.

② 상업 공업용 건축경기와 일반경기의 병행관계

상업용부동산과 공업용부동산의 건축경기는 주거용부동산의 그것과는 반대되는 현상을 보이고 있다. 상업용과 공업용부동산의 경기순환은 일반경제의 경기순환과 거의 일치하고 있다. 경기가 호전되어 경제가 활성화되면 생산을 위한 공장건물이나 업무를 위한 사무실공간에 대한 수요가 증대되고 수요가 증대됨에 따라 부동산의 공급도 늘어나게 되므로 상업 공업용 부동산의 건축경기는 일반경기와 대체로 일치하는 경향이 있다.

2. 부동산경기에 따른 마케팅 전략

1) 하향시장

일반경기 순환에는 후퇴기, 즉 위축국면에 해당하는 시장이다. 하향시장(declining market)에서는 부동산위험부담을 줄여야 한다. 이 국면(phase)에서는 부동산을 팔려고 하여도 잘 팔리지 않는 등 거래가 저조하고, 가격은 상승의 둔화, 보합상태의 유지·하락을 나타낸다. 이 국면이 장기화되면 공가가 증가하며, 일반 경기의 불황이 병행되면 공가율은 더욱 높아져서 부동산의 소유는 큰 부담을 가져오게 된다. 따라서 부동산개발업의 경우 이 국면에서는 대형주거용건물의 다량분양이나 전원개발 등을 피하고, 실수요를 겨냥한 소형·중형 주택건설 및 다음 사업을 위한 택지구매나 조성 등에 전략목표를 두어야 한다. 이 시장 하에서는 무리하게 부동산을 소유하는 것도 하나의 부담으로 되어 때로는 파산에의 가속요인이 되기도 한다.

이 국면이 장기화될 경우 가장 타격을 받는 것은 이른바 '불황에 약한 유형의 부동산'으로서, 예컨대 규모가 큰 호화주택, 교외의 고급분양택지, 기타 불요불급한 부동산 등이다. 이러한 국면에서 기업경영이 어려울 것은 물론이나, 위에 든 부동산의 거래를 중개하는 중개업자들의 타격도 무시할 수 없다. 그러나 이때에도 실수요자의 거래는 계속 있기 마련이므로, 소규모주택의 건설이나 주문주택의 생산, 임대용건물에 목표를 두는 것이 전략의 하나가 될 수 있다.

이 국면의 특징을 감안하여 부동산마케팅전략 시 다음 사항도 염두에 두는 것이 좋을 것이다.

① 종래의 거래사례가격은 새로운 매매활동에 있어 가격설정의 상한선이 된다.

② 이 시장국면에서는 빌딩 같은 부동산도 수익성에 영향을 받을 가능성이 있다. 따라서 부동산임대업의 경우 수익의 예측 등에 있어서 수익의 증대를 속단하거나 종래의 수익이 그대로 계속 되리라는 안일한 기대를 갖지 않도록 하는 것이 현명하다.[11)]

2) 회복시장

경기의 하향이 저점에 이르러 하향을 멈추고 상승을 시작하는 국면이다. 회복시장(opening market)에서는 지역적·국지적으로 전략을 수립해야 한다. 부동산경기의 회복은 대체적으로 광역적으로 일시에 회복되는 것이 아니라 개별적·지역적인 것이 통상이므로 마케팅전략도 이를 고려하여 세운다. 지역적 업자뿐만 아니라 광역적 업자라 하더라도 지역이 어떻게 회복될 것인지 예측방향을 정확히 설정해야 한다.

이때 지역적으로 관심을 가져야 할 사항은 지역을 찾는 고객의 동향, 택지의 거래동향, 형성된 부동산의 가격수준, 공가의 동향, 건축자재의 수요동향, 건축허가신청의 동향, 경기후퇴를 촉진한 요인의 변화 등이다. 중기계획을 갖는 부동산 개발업자가 이 시기에 사업초년도가 되는 사업계획을 갖고 있다면 4~5년째에 종료되도록 전략을 수립하는 것이 유리하다.

3) 상향시장

상향시장(advancing market)에서는 제품의 다양화 및 시장확대 전략을 펼쳐야 한다. 하향시장의 반대국면시장이고 일반경기에서는 확장국면에 해당하는 시장이다. 이 시장 하에서 부동산개발업이 단일사용계획(single-use plans)을 가지고 단기계획사업을 하는 경우라면 제품의 다양화 및 시장확대전략을 꾀할 수 있다.

이 시기에는 부동산의 가격이 상승일로에 있고, 거래도 활발하기 때문에 실수

---

11) 상게서, pp.166~167.

요자와 가수요자가 합세하여 부동산시장을 형성한다. 이때는 단독주택, 아파트, 콘도미니엄, 별장, 산업용지 등 부동산의 종별을 가리지 않고 거래가 형성되며, 고급단독주택, 고급연립주택 등의 신제품의 수요도 증대된다.

부동산기업은 이 시장에서 기업이윤을 확대하는 동시에 시장지위도 개선해야 한다. 이를 위해서는 다음과 같은 전략방향이 설정될 수 있다.

① 제품의 품질을 개선하고 새로운 모델을 추가한다.
② 새로운 세분시장을 개척한다.
③ 새로운 고객을 찾아내는 판매 전략을 수립한다.
④ 기업의 이미지를 높이는 노력을 기울인다.

한편, 상향시장은 부동산의 경기가 후퇴할 가능성을 안고 있다. 즉 경기후퇴를 예측하지 못하고, 사업만 확대시키면 실패할 우려가 크다. 특히 부동산마케팅활동에 있어서는 부동산경기순환의 타성에 젖기 쉬우므로 경계할 필요가 있다.

4) 후퇴시장

후퇴시장(recession market)에서는 취약제품의 확인과 시장축소전략을 꾀한다. 후퇴시장 하에서는 거래가 점차 한산해지기 시작한다. 이때는 부동산투자가의 활동 및 가수요가 급격히 줄어들고 실수요자만의 시장이 형성되는 것이 일반적이다. 따라서 시장규모는 그만큼 축소되고 거래량도 줄게 된다.

부동산기업은 이에 대처하기 위해 시장축소전략을 세우고 마케팅비용을 줄여 건전한 경영이 되도록 해야 한다. 더욱이 취약제품을 많이 가지고 있으면 기업에 많은 부담을 안겨 준다. 예를 들어 미분양아파트를 장기간 다량보유하고 있으면 경영자의 시간소비는 물론, 가격이나 재고조정을 하지 않을 수 없게 되어 다른 제품의 생산에 관심을 기울일 수 없을 뿐만 아니라, 나아가 기업의 이미지를 악화시킬 우려마저 수반하게 된다.

우리나라와 같은 부동산시장에서 특히 예측하기 어려운 국면이 후퇴시장이라 할 수 있다. 우리나라는 부동산투기현상이 농후한 탓으로 정부의 강력한 규제만 있으면 비교적 단시일 내에 경기가 후퇴되는 것이 종래의 특징이었다. 한편 유능한 경영자는 이러한 시장을 역이용할 수도 있다.

5) 안정시장

안정시장(stable market)에서는 실수요자시장을 목표로 삼는다. 안정시장에서는 위치가 좋고 규모가 작은 부동산이 경쟁력을 갖는다. 즉 이 시장은 불경기 속이라 하더라도 우수한 주택(예를 들어 잘 지은 연립주택이나 아파트 등) 생활에 필수적인 것이므로 비교적 판로가 안정되고, 경기후퇴의 영향도 적게 받는다. 우리나라의 부동산시장에서도 경기의 후퇴기나 회복기에는 이러한 유형의 부동산이 명맥을 유지한다. 따라서 이 시장 하에서의 마케팅전략은 실수요자를 겨냥해야 한다.

제4절 시장세분화전략과 STP전략

1. 시장세분화전략

1) 시장전략의 의의

부동산기업이 부동산시장에서 효과적으로 마케팅목표를 달성하기 위해서는 부동산시장에 대해 자세한 분석 작업이 선행되어야 한다. 시장분석을 함으로써 부동산의 수급동향 예측은 물론 고객의 욕구에 부응하는 제품을 공급할 수 있다. 시장분석을 위해서는 시장세분화(market segmentation)를 바탕으로 마케팅전략을 수립해야 된다.

시장세분화란 전체 시장을 일정한 기준에 의해 동질적인 세분시장(homo-geneous segments)으로 구분하는 과정을 말한다. 전체시장을 세분시장으로 나누는 이유는 다양한 소비자의 욕구를 무시하고 하나의 제품만으로 제품시장에서 경쟁우위를 확보하기 어렵기 때문이다.

2) 시장세분화의 목적

사람은 만능일 수 없다. 그래서 자기가 좋아하고 잘하는 분야를 선택해서 집중적으로 투자해야 성공할 수 있다. 기업도 모든 소비자들이 만족할 수 있는 제품이나 서비스를 제공하는 것은 불가능하다. 부동산분야도 사회가 복잡해지고 고객의 욕구와 구매행동이 다양해지면서 한 기업이 모든 소비자들과 전국을 커버한다는 것은 어려워졌다. 지나치게 고객 지향적 사고에만 집착하여 개별 고객의 욕구를 모두 충족시켜 주려하다가는 기업이 추구하는 이익목표의 달성이 어려워질 수 있다, 이에 따라 마케터는 전체 시장을, 욕구가 비슷한 고객집단으로 구분하고 각 집단별로 차별적인 접근을 시도하는 전략을 택할 수밖에 없다.

시장세분화를 실시하는 목적을 좀 더 구체적으로 살펴보면 다음과 같다.

① 시장세분화를 통한 소비자의 욕구 파악을 통하여 소비자 만족도 향상

하나의 제품으로 전체 시장을 공략하기보다 각 세분시장이 원하는 차별적 제품의 개발을 통해 소비자의 다양한 욕구를 충족시킬 수 있다. 예를 들어 현대자동차는 일반 승용차 부문에 에쿠스, 그랜저, 소나타, 투스카니, 아반떼, 클릭과 같이 각 세분시장의 욕구에 맞는 차별화된 모델을 출시함으로써 전체 승용차 시장에서 선도적인 지위를 유지하고 있다.

② 세분시장을 통해 잠재소비자의 욕구를 발견, 새로운 시장기회 포착 가능

국내 화장품업계의 선도기업인 ㈜태평양은 남성들의 화장품 사용에 대한 시장조사를 실시한 결과, 남성들도 피부와 외모 가꾸기에 많은 관심을 갖고 있음을 알게 되었다. 이러한 잠재적 시장기회를 이용하기 위해 미래파 에센스 마스크라는 팩 제품을 출시함으로써 스킨과 로션에 한정되었던 남성용 화장품의 영역을 확장하였다. 특히 남성이 여성처럼 팩을 하는 것에 대한 거부감을 없애기 위한 광고 주제로 TV광고를 실시하여 신제품 구매에 대한 소비자의 심리적 부담을 해소시켜줌으로써 새로운 시장 개발에 성공할 수 있었다.

③ 자사 상표들 간의 불필요한 경쟁 방지

시장세분화를 통하여 자사 상표들 간의 불필요한 경쟁을 방지할 수 있다. 다시 말해 각 상표들로 목표시장과 차이점을 명확히 구분하고, 이를 소비자들에게 알려줌으로써 자사 상표들 간에 발생할 수 있는 불필요한 경쟁을 피할 수 있게 해준다. 예를 들어 한국야쿠르트는 프리미엄 제품을 개발하면서 위에 좋은 윌, 장에 좋은 메치니코프, 간에 좋은 쿠퍼스로 명확한 차이점을 제시함으로써 자사 상표들 간의 경쟁을 예방하고 시장을 확대했다.

3) 시장세분화기준

① 지역특성

고객의 요구와 반응은 지역적으로 다르다는 생각에 따라 부동산시장을 도·시및 군과 같은 지역별로 세분하여 각 지역별로 그 지역의 특성을 파악하는 것이다. 세분화된 지역별로 기후, 인구밀도, 전통, 관습 등을 조사한다.

이러한 경우 부동산기업은 ① 하나 혹은 몇 개의 지역에서 고객의 요구를 전

문적으로 충족할 것인가 아니면, ② 전국적으로 마케팅활동을 하지만 지역적 요구나 선호의 차이에 주의를 기울일 것인가 결정해야 한다. 예로 어느 회사는 아파트설계 시 대도시와 지방중소도시를 구분하여 하고 있는데, 이는 우리나라 대도시인들은 생활이 편리한 양식주택을 선호하고 중소도시와 농촌사람들은 절충식 및 한식주택을 선호하여 아파트는 저층을 선호하기 때문이다. 또 남쪽지방은 주택에 개구부(開口部)를 많이 내고 북쪽지방은 적게 내는 경향이 있기도 하기 때문이다. 중국 3대 도시의 지역에 따른 소비자 특성조사에 의하면 북경(北京)은 수도시민으로 자긍심이 강하고 편리와 실용보다는 전통을 더 추구하기 때문에 아름다운 주거환경을 더 선호하며 다소 보수적이라 브랜드도 신뢰할 만한 것을 찾고 쇼핑스타일도 매우 신중하고 계획적이라고 한다. 한편 상해(上海)는 전통보다 편리함을 추구하고 이에 따라 주거형태도 전통보다 편리함을 우선시한다고 한다. 그들은 과시적이고 유행에 민감하며 상해시민의 사회적 가치관은 북경시민과 정반대이다. 남쪽에 위치한 광주(廣東)는 편리함보다는 실용성을 추구하는 편이며 주거형태도 아름답거나 세련된 것, 편리한 것보다는 실용적이고 저렴한 것을 택하는 것으로 나타났다(김용준, 차이나 마케팅, 2011).

② 인구통계
소비자들의 욕구와 구매행태는 나이에 따라 다르게 나타날 수 있으므로 고객의 연령은 중요하다, 가족규모(family size), 성별, 소득, 직업, 교육, 결혼여부 등의 가족생활주기(family life cycle) 등과 같은 여러 인구 통계적 변수를 기준으로 하여

📊 표 5   인구통계의 변수

변수	전형적인 세분 예
연령	고객의 욕구와 능력은 나이에 따라 달라진다.
가족규모	1~2명, 3~4명, 5명 이상
소득	소득이 높은 계층일수록 고품질, 고가품을 선호하는 경향이다.
직업	전문직 및 기술직, 경영자, 관리, 기업주, 판매종사원, 기능공 및 직장, 운전직, 농부, 퇴직자, 학생, 주부 및 무직자
교육	중졸 및 그 이하, 고중퇴, 고졸, 대중퇴, 대졸
가족생활주기 (family life cycle)	독신, 결혼무자녀, 결혼 6세 이하 자녀, 결혼 6세 이상 자녀, 성년자녀, 기타

자료: Kotler, P., Principles of Marketing, 2nd ed. Prentice−Hall, Inc., Englewood Cliffs, N. J., 1983, p.217을 참조하여 저자 작성.

부동산시장을 세분화하는 것으로, 이러한 변수는 고객욕구, 선호 및 사용률 등과 밀접한 관련이 있으므로, 종래 이 기준이 널리 이용되어 왔다. 특히 최근 여권신장과 여성의 사회참여도가 높아지면서 여성의 구매의사결정과정에서 영향력이 점차 확대되고 있다. 또한 소득은 바로 구매력으로 연결되기 때문에 소비자들 간 소득차이는 다액자금이 소요되는 부동산산업분야에서는 확실한 세분화변수가 될 수 있다.

또한 이 변수는 측정하기가 쉽고, 비통계적 변수로서 세분화를 한 경우에도 목표시장의 규모를 알고 이에 효율적으로 도달하려면 다시 인구 통계적 요인과 관련지어야 하기 때문에 시장전략에 있어 유의해야 할 부분이다.

③ 고객심리

고객의 심리변수에 의해 시장을 세분화하는 것으로, 사실상 동일한 인구통계집단에 속하는 사람도 다른 심리적 특성을 가지고 있으므로 이러한 세분화가 필요하다. 왜냐하면 전자와 관련된 사실은 고객의 태도나 생활스타일 등은 반영하지 않기 때문이다. 여기에는 다음과 같은 변수가 주로 쓰인다.[12]

 (a) 사회계층(social class): 사회계층은 미국의 경우 하하층(20%), 하상층(35%), 중하층(30%), 중상층(12%), 상하층(약 2%), 상상층(1% 미만) 등 크게 6개의 계층으로 나누어지는데, 이는 부동산에 대한 개인의 선호에 강한 영향을 미친다. 사회계층이란 소득, 직업, 재산, 교육수준의 복합개념이다.

 (b) 생활스타일(life style): 다른 생활스타일을 가진 집단으로 시장을 세분화하는 것이다. 모든 사람은 나름대로 생활스타일을 가지고 있는데, 이와 같은 생활스타일의 수는 한정되어 있다. 생활스타일은 여러 가지 방법에 의해 파악할 수 있다. 생활양식분석의 대표적인 방법으로 AIO분석이 있다. 행동, 관심, 의견(activities, interests and opinions, AIO approach)에 의해 사람들을 면접하여 질문조사를 하고, 그 다음 이들을 공통적인 행동, 관심 및 의견을 가진 집군으로 나누면 생활스타일세분화를 할 수 있다. 이들 각 유형은 특정의 행동, 관심 및 의견뿐만 아니라 제품이나 매체에 대한 선호도 다르다. 이러한 생활스타일에 대한 정보가 있으면 마케팅전략을 마련할 때 어떤 생활스타일집단에 어떤 제품이 가장 잘 소구될 것인가 쉽게 결정할 수 있다. 라이프스타일을 통한 세분화는 일반적으로 광고를 통하여

---

12) P. Kotler, Principles of Marketing, 2nd ed. Prentice-Hall, Inc., Englewood Cliffs, N. J., 1983, p.221.

특정 라이프스타일 집단에 속한 사람의 생활을 묘사하여 같은 라이프스타일에 속하거나 속하고 싶어 하는 소비자들로 하여금 동질성을 느끼게 하여 제품구매를 유도하는 방식을 사용한다. 생활스타일은 사람들이 살아가는 방식을 말한다. 인간이 환경과 상호작용하여 살아가는 나름대로의 양식 및 행동방식이라 할 수 있다.

(c) 개성(personality): 고객의 개성에 따라 시장을 세분화하기도 하는데, 모든 기업들은 고객개성(consumer personalities) 자아(自我이미지와 自我概念)에 일치하는 소구력이 강한 제품을 생산하려고 한다. 그러나 아직 개성적 변수는 완전히 검증된 변수가 아니므로 이를 사용할 때에는 신중을 기해야 한다.13) 개성이란 어떤 대상에 대하여 비교적 일관성 있게 그리고 지속적인 반응을 하도록 하는 개인의 독특한 심리적 특성을 말한다.

④ 고객행태

이는 제품관련세분화(product−related segmentation)라고도 하는데, 실제의 제품이나 제품속성에 대해 고객이 가진 지식, 태도, 용도 및 반응 등에 따라 고객을 세분화하는 것이다. 소비자가 무엇을 원하느냐에 따라 시장을 나눌 수 있기 때문이다. 고객이 구매와 관련해 어떻게 행동하는가가 시장을 세분화하기에 가장 효율적인 시장세분화기준이다. 이에는 다음과 같은 세 가지 쌍수가 있을 수 있다.14)

(a) 구매계기(buying occasion): 이는 제품을 구매하는 경우 내지 계기(契機)에 따라 고객을 세분하는 것으로, 예를 들면 부동산의 구매계기를 거주, 임대, 투자 등으로 구분하는 것이다. 이러한 계기 중 어느 것이 지배적이냐에 따라 부동산기업은 그에 알맞은 마케팅전략을 세울 수 있다.

(b) 추구혜택(benefits sought): 고객이 부동산을 구입함으로써 얻으려고 하는 특정의 혜택을 기준으로 고객을 세분화하는 것이다. 예컨대 여러 부동산이 각각 저가, 내구성, 고가 등과 같은 특성을 지니고 있다면 고객의 구매행동에 서로 다른 영향을 미치게 된다. 즉 고가의 부동산을 보유함으로써 자신의 신분상징으로 삼으려는 사람은 조금 무리를 해서라도 고가의 부동산을 구입하려고 할 것이다. 치약시장을 예로 들면 고객이 치약에서 찾는 편익은 치아의 미백을 원하는 고객, 충치예방을 위하여, 악취제거용으로, 값을 가장 중요시하는 고객 등으로 나눌 수 있다.

---

13) Ibid., pp.221~222.
14) Ibid., pp.223~226.

(c) 고객준비태세(顧客準備態勢)의 단계(stage of buyer readiness): 특정시점에서의 여러 고객의 부동산구매에 대한 준비태세의 단계는 저마다 다르다. 예컨대 어떤 사람은 제품을 인지조차 하지 못하고 있는가 하면 어떤 사람은 인지하고 있고, 정보를 가진 사람이 있는가 하면 관심을 가지거나 욕구를 가진 사람도 있고, 어떤 사람은 구매의도를 가진 사람도 있다. 따라서 각 단계별 분포비율이 어떠냐 하는 것은 마케팅전략에 큰 영향을 미친다.

2. STP전략

STP(Segmentation, Targeting, Positioning) 전략은 고객의 욕구가 다양해질수록 중요시 된다. 마케팅전략이 급속히 소비자 중심적으로 바뀌면서 이러한 다양한 고객의 욕구를 충족시키기 위해 일대일 마케팅의 수준에까지 기업의 마케팅전략이 도입되고 있다. 하지만 기업은 일대일 마케팅의 수준에 맞는 개인화된 상품을 생산할 수 없다. 특히 부동산개발업의 경우는 더욱 그러하다. 따라서 일정 규모의 시장으로 유사고객을 군집화시킬 수밖에 없다.

기업은 다양한 고객의 욕구를 발굴하여 유사한 고객 집단으로 분류하고(시장세분화, Segmentation), 자신이 보유한 역량과 자산을 고려하여 가장 적합한 시장을 찾아내고(표적시장의 선정, Targeting) 그 표적 시장에서 자사의 제품을 알리는(포지셔닝, Positioning) 일련의 과정을 수행한다.

이러한 마케팅전략의 수행 과정인 STP전략은 통합적으로 움직여야 한다. 시장세분화는 표적시장 선정의 목적을 가지고 고객 집단을 분류해야 하며 포지셔닝은 선정된 표적시장 내에 자사 제품을 어떻게 인식시키는가가 중요하다. 따라서 STP전략은 각 구성요소들 간의 상호관계와 상호 작용의 중요성을 간과해서는 안 된다.

부동산상품의 경우에도 STP전략은 중요하다. 부동산상품은 부동산이 가지는 특성으로 인해 개인화된 고객들을 대상으로 차별화된 상품을 공급하는 데는 한계가 있다. 특히 집합 건물 내 호수별로 분리된 분양 상품의 경우 일대일 마케팅 수준의 차별화된 상품을 공급한다는 것은 거의 불가능하다.

이로 인해 부동산상품은 상품이 가지는 물리적 특성보다는 이러한 물리적 특성에 포함된 서비스를 통해 고객 만족을 꾀할 수밖에 없다. 따라서 STP전략 중 앞에서 살펴본 시장세분화를 제외한 표적시장(target market)과 포지셔닝(positioning)에 대해 살펴보기로 하자.

1) 표적시장 선정(market Targeting)

표적시장이란 마케팅 환경 변화에 대응하여 경쟁사와의 관계에서 살펴본 자사가 보유한 역량과 자원이 최대한의 시장성과를 달성할 수 있는 최적의 시장을 일컫는다. 즉 표적시장이란 회사가 보유한 상품이 가장 잘 팔릴 수 있는 시장을 말한다. 표적시장에서 가장 중요하게 살펴보아야 하는 변수는 표적시장을 선정하는 기준과 선정된 표적시장에 어떻게 도달할 수 있는가 하는 커버리지 전략(coverage strategy)이다.

Goodman(1988), Rosen(1979)은 소득이 높아짐에 따라 주택소유율도 증가한다는 것을 발견하고 소득을 주택 구입의 고려 변수로 높게 판단했다. Michelon (1977), Rossi and Shalay(1982) 역시 주거 선택이 인구 통계적 요소에 의해 결정될 수 있음을 보여 주었다.

또한 김정호(1987)는 우리나라 도시 가구의 주거이동 형태 분석을 통해 평균 주거 이동주기는 자가의 경우 6년, 차가의 경우 1.8년 이며, 자가의 경우 36~45세에 이동 빈도가 가장 높고, 차가는 30대 중반에 가장 빈도가 높으나 그 이후 급격한 정체를 보이고 있음을 분석하여 인구 통계적 요인이 주거 이동에 큰 영향을 미친다고 보고하였다.

한동근(1987)은 가구의 주거 선택 행위를 단계별로 나눠 이들 결정 과정에 가구 특성이 어느 정도 영향을 미치는가를 분석하였다. 그 결과는 가구주의 연령, 가구 소득, 가구주의 교육수준이 높을수록 자가 소유 확률이 높게 나타났고, 주거 수준의 결정은 가구 소득과 가구 규모가 결정적인 변수로 나타났다.

대한주택공사(1988)의 임대주택의 지역별 배분 연구에서 가처분소득이 유의성 있는 설명 변수였으나 가구원수, 임대료, 유지관리비도 중요 변수로 분석되었다.

이러한 선행 연구들은 주택시장에서 표적시장을 선택함에 있어 중요한 변수는 인구 통계적 변수와 가구주의 소득 및 학력으로 요약된다. 따라서 이러한 인구 통계적 변수와 가구주의 특성을 고려한 표적시장 선정 작업이 필요할 것이다.

정부의 정책에 의해서도 표적시장이 달라질 수 있다. 6억 원 이상 고가주택이 금융비용을 마련하기 까다로워지면서 주상복합아파트의 공략 표적시장이 청약통장 소유자에서 자금력이 풍부한 VIP층으로 바뀔 전망이다. 따라서 주상복합 아파트는 대형평형 위주로 구성될 가능성이 높으며 공략 표적시장도 자금력이 뒷받침되는 일명 VIP층으로 바뀌고 있다. 주상복합이 다시 본연의 고급주택으로 방향을 선회하여 대형화, 고급화로 트렌드가 변화고 있으며, 서민층이 노리기에는 다소

무리가 따르는 상품으로 자리매김할 것으로 전망된다.

이렇게 주상복합 아파트가 정부의 정책으로 인해 가구주의 소득에 맞춘 상품으로 변모하고 있는 것은 건설회사의 표적시장이 달라지고 있다는 말이다. 전국 주상복합 아파트 분양가를 살펴보면 2004년 이후 꾸준히 증가하여 2006년 말 전국 평균 분양가가 1,280만원을 넘어섰고 현재는 3,000−5,000만원 선을 넘어서고 있는 점 등은 이러한 추세를 더욱 강화시킬 것으로 보인다.

2) 포지셔닝

한 기업이 어떤 세분시장에 들어갈 것인가를 결정하고 나면 다음 단계는 그 세분시장에서 자기 회사의 제품을 어떻게 자리매김시킬 것인가를 결정해야 한다. 시장세분화를 통해 선정된 표적시장에서 기업들이 마케팅 활동을 수행할 때 거의 대부분의 경우 그 표적시장 내에는 경쟁기업들이 존재하기 마련이다. 따라서 기업은 자사 제품이 경쟁사 제품과는 다른 차별화된 특징을 보유하고 있음을 고객에게 인지시켜야 하며 이러한 과정을 포지셔닝(positioning)이라고 한다.

최근에는 이러한 포지셔닝에 있어 제품이 가진 물리적 특성보다는 소비자의 심리적 요인에 더 많은 비중을 두는 경향이 있다. 즉 진출하려는 표적시장이 비교적 안정되어 있고 강력한 선두주자가 있는 경우에는 고객의 선호도는 쉽게 변하지 않으며 이런 경우에는 제품의 물리적 특성을 변경시키려는 노력과 함께 소비자의 심리적 인지도를 높이는 데 주력해야 한다.

이러한 포지셔닝 전략을 수행하기 위해서는 먼저 제품에 대한 고객의 지각을 2차원이나 3차원 그래프로 표시하는 포지셔닝맵(positioning map)을 작성할 필요가 있다. 이 포지셔닝맵은 소비자의 머리 속에 인식되어 있는 자사제품과 경쟁제품의 포지션 즉 어떤 위치를 차지하고 있는가를 나타낸다. 포지셔닝맵은 소비자의 인지를 기준으로 만들어지기 때문에 인지도맵(perceptual map)이라고 부르기도 한다. 이렇게 포지셔닝맵을 그려보면 자사제품이 소비자에게 어떻게 인식되고 있는지, 경쟁제품이 무엇이며 얼마나 있는지, 경쟁제품이 어떻게 인식되고 있고 또 자사제품과 어떤 관계가 있는지, 소비자가 생각하는 이상적인 제품 속성은 무엇인지, 자사제품이나 경쟁제품이 놓치고 있는 시장은 어디인지 등을 알 수 있다.

포지셔닝맵을 작성할 때 가장 중요한 것은 지표를 선정하는 일이다. 이 지표는 제품에 대해서 소비자들이 구매의사결정을 할 때 가장 중요하게 생각되는 것으로 선정해야 한다. 소비자들이 중요하게 생각하는 속성도 경제적, 사회적 환경 변화 등 외부적인 요인에 의해 영향을 받기 때문에 신중하게 선택해야 한다.

포지셔닝맵은 자사제품과 경쟁제품의 위치를 비교할 수 있으며, 포지셔닝맵을 바탕으로 시장세분화가 가능하고, 나아가 제품포지션을 이용한 새로운 시장의 기회를 발견하고 마케팅 전략을 수립할 수 있는 근거자료가 된다.

　　아파트 상품을 예로 들면 과거에는 품질과 가격이라는 두 가지 조건을 가지고 포지셔닝맵을 설정하는 경우가 대부분이었다. 하지만 소득수준의 향상에 따라 고급아파트수요가 증가하면서 이러한 물리적인 지표의 중요성은 줄어들고 있는 반면 신뢰와 친근감 등 정성적(定性的, 물질의 성분을 검출하는 화학분석)인 지표의 중요성이 커져가고 있다.

　　한번 설정된 포지셔닝은 영원하지 않으며 경쟁상황과 소비 욕구의 변화에 따라 재포지셔닝(repositioning)하여야 한다. 제품 개발과 출시 시점에서 목표한대로 포지셔닝이 훌륭했어도 시간이 지남에 따라 이 포지셔닝이 부적합할 수도 있다. 소비자 욕구나 경쟁상황이 달라지거나, 또는 성장하리라 예상했던 표적시장이 기대 이하일 경우가 바로 그러하다. 이때는 당초 포지셔닝에 안주하지 말고 철저한 조사를 통해 자사 제품의 포지션을 분석하고 새로운 포지션을 개발하는 재포지셔닝 전략을 수립해야 한다.

　　대우건설의 경우 푸르지오라는 브랜드를 처음 선보일 때 푸르지오의 브랜드 컨셉은 깨끗하고, 산뜻하고, 젊다는 의미의 '푸르다'와 지구의 대지를 의미하는 지오(geo)가 결합된, 당시 유행하던 웰빙에 초점을 맞추었다. 과거 서민적, 튼튼한, 중후 장대의 이미지에서 웰빙, 섬세함, 모던함 등의 이미지로 상징성이 이전했다. 2005년 들어 대우건설은 프리미엄 아파트로, 트렌드를 창출하고 정착시키는 역할을 하는 'value tend setter'라는 방향으로 재포지셔닝 전략을 추진하였다. 당시 재포지셔닝을 추진했던 이유는 '웰빙'이라는 트렌드가 경쟁사들의 무분별한 모방도입으로 일반화된 브랜드 컨셉이 되어버렸고 소비자의 욕구도 아파트를 '투자가치' 있는 상품으로 보기 시작하였기 때문이었다. 따라서 이러한 소비자 욕구와 시장경쟁상황의 변화에 대응하기 위해 재포지셔닝 전략을 세우게 된 것이다.

　　포지셔닝 전략의 유형으로는 '속성, 성과에 의한 포지셔닝, 사용상황에 의한 포지셔닝, 제품 사용자에 의한 포지셔닝, 경쟁에 의한 포지셔닝으로 분류할 수 있다.

　　이 중 부동산 상품은 과거 '속성, 성과에 의한 포지셔닝'에서, '제품사용자' 및 '경쟁에 의한 포지셔닝'으로 이전해 가고 있다. 제품 사용자에 의한 포지셔닝이란 특정한 제품 사용자들이 가지는 가치관, 라이프스타일 등을 고려하여 그들에게 가장 어필될 수 있는 제품 속성이나 광고 메시지 등을 사용하는 전략으로 단순히 제품이 가지는 물리적 속성을 강조하는 속성, 성과에 의한 포지셔닝과는 차별화된다.

📊 표 6   포지셔닝 전략의 변화

구분	기존 STP전략	변화된 STP전략
제품 차별화	제품 차별화를 강조	제품 차별화는 불가능
고객 선호구조	제품의 물리적 실체를 강조	제품의 심리적 인지를 강조
시장 성공요인	적절한 포지셔닝 수단 사용	고객의 마음속에 가장 먼저 포지션을 취함
광고 유용성	광고의 중요성 강조	광고의 무용성 주장
브랜드 포지션	장기적 관점에서 경쟁상황의 변화로 변화 가능	확고하며 쉽게 변하지 않음

자료: 심형석, 부동산마케팅론, 도서출판 두남, 2007, p.156.

2000년대 초에는 '안목치수'라는 용어가 유행하여 광고에도 자주 등장했다. 이는 아파트 전용면적 산정 시 눈으로 확인할 수 있는 벽체간 거리를 기준으로 아파트 설계 표준화를 위해 도입한 제도로서 같은 전용면적이라도 안목치수 분양은 벽체 중심선 분양면적에 비해 실 면적이 넓어짐을 의미한다. 이러한 안목치수가 등장하는 광고가 바로 '속성, 성과에 의한 포지셔닝'의 전형적인 예라고 할 수 있다.

최근의 아파트 상품 광고의 특징은 트렌드에 맞춰 '웰빙'이라는 개념을 도입하고 있다. 과거에는 환경친화적인 아파트를, 최근에는 소비자들의 라이프스타일 등을 고려하여 웰빙이라는 사회적 트렌드에 부합될 수 있는 상품으로 기획되고 있다고 하겠다.

같은 제품이라도 포지셔닝 전략에 따라 새로운 제품으로 탄생할 수 있으며 이에 반해 사회적 트렌드에 부응하지 못해 좋은 제품이 사장되는 경우도 일어난다. 이는 제품이 가지는 물리적 특성과 더불어 고객의 인지 속에 각인된 제품의 이미

📊 표 7   STP전략의 단계별 주요활동

STP전략의 3단계	단계별 주요활동
시장세분화	• 고객시장의 세분화 • 상품시장의 구조분석 • 필요시 새로운 세분시장 개발 등 시장보완 전략 수립
표적시장 선정	• 세분시장별 사업성 검토 • 표적세분시장의 선정
포지셔닝	• 포지셔닝의 목표수립 • 포지셔닝을 위한 마케팅 전략 수립 • 마케팅 차별화 전략 수행 및 목표 달성

자료: 심형석, 부동산마케팅론, 도서출판 두남, 2007, p.157.

지도 중요하기 때문이다. 이런 측면에서 포지셔닝 전략도 과거 제품의 물리적 실체를 강조하는 행태에서 고객의 심리적 인지를 강조하는 방향으로 이전하고 있다.

앞에서 살펴본 이러한 STP전략은 단계별로 추진되어야 하며 동시에 통합 운영될 수 있는 시스템 구축이 중요하다. 〈표 7〉은 이러한 STP전략의 단계별 주요활동을 세부적으로 설명하고 있다.

끝으로 회사는 포지셔닝 맵을 바탕으로 자사제품이 경쟁제품과 비교할 때 우위를 가질 수 있는 근원적인 요인을 찾아내야 한다. 경쟁사와 대비해서 소비자들에게 차별적인 가치를 전달하기 위하여 회사는 자사제품을 선보일 때 소비자에게 어필할 수 있는 한두 단어 혹은 한 문장을 찾아내야 한다. 이것을 USP(Unique Selling Proposition/Point)라 부른다. USP는 자사제품의 고유한 차별요인으로 광고, 판촉 등에 일관되게 사용해야 한다. USP를 정할 때 사용하는 기준으로 제품이미지, 가격, 품질, 경쟁사와의 뚜렸하게 대조 되거나 차별화되는 것으로 선택한다. 예를 들면 자동차를 판매하기 시작하면서 제품 이미지를 창조할 때 한국 현대차는 경제성, 일본 토요타는 신뢰성, 독일 벤츠는 최고급 기술력을 내세워 시장을 공략하는 전략을 구사하고 있다(유필화 외, 현대마케팅, 2014, p.164).

제 7 장

부동산 마케팅믹스 전략

부동산 마케팅믹스의 구성요소

마케팅믹스란 기업이 표적시장에 도달하기 위해 이용하는 통제가능한 마케팅
요소(수단)의 조합으로 정의할 수 있다.[1] 부동산 마케팅믹스는 표적시장에 도달하
고, 또 시장표적을 만족시키는 과정에 영향을 주는 통제 불가능한 환경변수에 적
합하기 위한 통제가능변수의 조합이다. 부동산 마케팅믹스의 요소는 연구자에 따
라 다르게 정의할 수 있으나, 본서에서는 ① 입지선정·토지확보, ② 제품계획,
③ 가격전략, ④ 커뮤니케이션, ⑤ 유통경로 전략으로 분류하고자 한다.

미국의 J. E. Mccarthy교수는 그의 마케팅저서에서 마케팅믹스를 4P(Product,
Price, Place, Promotion)로 규정했으나 저자는 부동산학에서 가장 핵심적인 위치를
뜻하는 Place를 추가해서 이를 Place-1으로, 유통은 상품의 장소적 이동을 의미
하기 때문에 이를 Place-2로 명명해서 부동산마케팅믹스의 구성요소를 일반상품
과 달리 5P(Place-1, Product, Price, Place-2, Promotion)로 설명하고자 한다.

1. 부동산 마케팅믹스의 초점

[그림 9]에서 ①은 소비자, 의뢰자 및 사회이익으로 마케팅믹스 구성요소의 초
점을 나타낸다. 이것은 마케팅관리자의 관심이 단지 소비자의 요구에 대한 관심만
이 아님을 뜻한다. 예를 들면 단기적으로 만족할 만한 상품을 원하는 소비자가

---

1) 出牛正芳, マーケテイング管理論, 增補版, 白桃書房, 東京, 1983, p.49.

그림 9 부동산 마케팅믹스의 구성요소

있다. 그런데 1회용 컵, 기저귀 등은 장기적으로 볼 때 환경문제로 결국 소비자를 해치는 상품이 될 수도 있다. 소비자의 이익과 장기적 복지라는 입장에서 보면 이러한 상품들은 바람직하지 않는 것이다. 따라서 이처럼 소비자의 요구, 사회이익 및 사회적 자원에의 관심을 반영하는 소비자교육도 필요한 것이다.

2. 마케팅 정보시스템

마케팅 정보시스템의 기능은 기업이 대상으로 하는 시장 환경 및 사내의 정보를 수집하고, 가공하고, 보고하는 것이다. 소비자교육, 판매촉진(sales promotion)과 같이 마케팅 커뮤니케이션이 기업으로부터 소비자에게 정보가 흐르는 것이라고 한

그림 10 정보과정단계

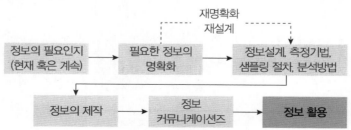

다면 마케팅 정보시스템은 소비자로부터 기업 및 사내로 흐르는 정보를 처리한다.

마케팅 정보수집의 가장 대표적인 것으로 마케팅조사가 있다. 마케팅조사의 대상은 ① 광고, ② 경제와 기업조사, ③ 기업책임조사, ④ 제품조사, ⑤ 판매·시장조사 등이다. 이러한 정보프로세스는 [그림 10]과 같은 단계를 거친다.

3. 마케팅믹스[2)]의 요소

1) 입지선정과 토지확보

부동산기업이 부동산공급을 위해 가장 먼저 계획해야 할 것은 사업대상지역을 선정하는 일이다. 다음으로 선정된 그 토지를 확보하는 작업이다. 사업에 필요한 용지를 어디로 정할 것인가에 대한 결정은 사업의 성패를 좌우하는 중요한 과제이다. 또한 토지를 얼마나 적정한 가격에 확보하는가에 따라 사업이윤이 좌우된다.

2) 제품계획

부동산 공급업자의 경우 상품의 거래단위가 크기 때문에 다른 산업의 공급업자에 비해 그들이 판매하는 제품이나 서비스 여하에 따라 시장에서의 평판에 엄청난 영향을 받는다. 악성 루머에 휘말리면 기업이 도산할 수도 있다. 또한 부동산 공급업자들이 제공하는 제품의 질에 따라 기업 이미지가 결정되고 매출에 지대한 영향을 준다. 따라서 부동산 공급업자는 부동산 시장에 어떠한 상품을 내놓을 것인가? 어떻게 소비자의 욕구에 맞는 부동산 상품을 설계, 개발할 것인가? 어떤 제품을 시장에 공급할 것인가? 등 철저한 제품계획을 수립해야 한다.

3) 가 격

부동산의 가격은 비합리적으로 형성되는 경우가 많다. 때문에 때론 많은 이익을, 경우에 따라서는 엄청난 손실을 가져다주는 특이한 상품이기도 하다. 그래서 부동산의 가격은 시장에 참여하는 수요자와 공급자 모두에게 중요한 의미를 갖는다. 또한 부동산 가격은 가장 큰 관심의 대상이다. 공급업자는 고품질의 제품과 동시에 합리적 가격을 원하는 소비자에게 만족할 수 있는 가격을 어떻게 결정하여 제시할 것인가를 철저하게 검토해야 한다. 또한 부동산 가격 결정에 있어 부동산평가사나 부동산중개업자의 자문과 조언은 중요한 역할을 한다.

---

2) 마케팅믹스는 표적시장에 대한 마케팅 구성요소의 적절한 조합을 의미한다.

4) 커뮤니케이션

마케팅 커뮤니케이션 수단으로서는 홍보(publicity), 광고, 인적판매 및 판매촉진을 들 수 있다.[3] 최근 소비자교육의 필요성과 중요성이 강조되고 있는데, 소비자교육은 커뮤니케이션전략의 일환으로서 행할 수 있다. 부동산 소비자교육은 아직 활발한 논의가 되고 있지 않으나, 앞으로의 과제이다. 우리나라의 경우 기업에서는 아직 실시하고 있지 않으며, 학교교육에서 부분적으로 다루어지고 있는 정도에 불과하다.

5) 유통경로

유통경로란 특정제품이나 서비스가 소비되거나 또는 사용될 수 있도록 하는 과정과 이와 관련한 일체의 상호 의존적 조직이라고 정의할 수 있다. 유통경로는 적절한 시간에, 접근 가능한 위치에, 적절한 수량으로 제공될 경우 효율적인 마케팅 전략을 수행할 수 있다. 유통경로의 종류에는 분양대행회사와 중개업자, 모델하우스, 인터넷 등을 들 수 있다.

제 2 절 입지선정과 토지확보

부동산기업이 과업을 수행하기 위해 계획한 사업실행 과정에서 입지선정은 가장 먼저 수행하는 중요한 과정이다. 부동산 개발업은 입지선정의 좋고 나쁨에 따라 사업의 성패가 결정되고, 서비스업의 경우도 점포의 입지선정은 영업의 성패를 좌우한다. 특히 민간개발업자는 '좋은 위치에, 합리적인 가격으로 원재료인 토지를 어떻게 확보할 것인가?'는 가장 큰 과제 중 하나이다.

1. 입지선정의 개념과 중요성

입지(location)란 경제활동의 주체가 점하는 장소를 말한다. 경제활동의 주체를 입지주체라 하고, 입지주체가 요구하는 자연적, 사회적 여러 조건을 입지조건이라 한다. 입지조건은 입지주체와 시간의 흐름에 따라서 달라진다. 경제활동이 전문화됨

---

3) 片山又一郎 外, 現代廣告論, 實敎出版, 東京, 1980, p.118.

158 **부동산마케팅**

에 따라 입지주체의 요구조건이 다양해지고 복잡해지며 점차 전문성을 띠게 된다.

입지선정이란 입지주체가 점유하기 위한 위치를 선정하는 작업과정[4]을 말한다. 입지는 정적이고 공간적인 개념인 반면, 입지선정은 동적이고 공간적, 시간적 개념이라 할 수 있다. 입지선정은 토지이용의 결정에 접근하는 측면으로서는 입지주체가 무엇이냐에 따라서 입지조건에 부합하는 용지를 선정하는 활동과, 이미 주어진 용지의 최유효이용도를 결정하는 활동 모두 입지선정활동의 범주에 속한다.

흔히 입지선정은 사운을 건 중대한 작업이라 한다. 오늘날의 입지주체는 고가의 용지를 구입해야 하는 동시에 많은 고정설비비를 투입해야 하므로 입지선정 및 경영규모 등의 결정에 실수를 한다면 치명상을 입게 되며, 때로는 경영관리의 노력을 배증(倍增)해야 하거나, 그러한 노력만으로는 도저히 입지의 결점을 보완하지 못하는 경우도 생긴다. 이러한 입지선정활동은 주거지, 공업지, 상업지, 공공용지 모두에 해당된다고 할 수 있다.

2. 용도별 입지선정

부동산입지선정의 대상이 되는 것은 주택지, 상업지, 공업지, 사무용지, 농업용지, 임업용지, 전원시설용지, 광산용지 등이다. 그 중 부동산활동을 전개하는 데 있어 마케팅측면에서 중요한 대상은 주택지, 상업지, 공업지, 사무용지 등이라 할 수 있다.

1) 주택지 입지선정

주택지 입지선정에 있어 우선 고려해야 할 사항은 주거지의 지역요인과 개별요인이다. 이를 잘 분석해야 쾌적한 주거지의 입지선정을 할 수 있다. 주거지의 유용성은 거주의 쾌적성 및 생활의 편리성에 의존한다. 따라서 좋은 주거지는 그러한 조건을 갖춘 택지라고 할 수 있고, 다른 용도의 지역에서도 같은 원칙이 적용된다.

지역의 유용성을 비롯하여 부동산의 가격수준을 파악하는 데 도움을 주는 일반적 요인 및 그 지역의 자연적 조건을 「지역요인」이라 한다. 일반적 요인은 다시 지역의 유용성 및 수요, 구매력, 가격, 거래 등에 영향을 미치는 사회적 요인, 경제적 요인, 행정적 요인으로 구분된다.[5]

---

4) 김영진, 부동산학원론, 건설연구사, 서울, 1972, p.153.
5) 김영진, 부동산평가론, 건설연구사, 1977, 제2장 제1절 부동산가격의 형성요인 참조.

지역요인은 지역의 규모, 지역의 구성과 내용, 지역의 기능 등에 이르는 「지역특성」을 형성하는 동시에, 지역의 용도에 따른 다음과 같은 구체적인 지역요인을 형성하는 데 영향을 미친다.

① 주거지역의 지역요인6)

(a) **지역의 기상상태**: 일조, 온도, 습도, 풍우(風雨) 등의 기상상태는 주거지역에 있어서의 쾌적성을 좌우하는 요인이다.

(b) **지역의 사회적 환경**: 거주자의 직업, 직장, 지위, 소득수준, 재산, 연령 등은 그 지역의 사회적 환경의 양부(良否)에 상당한 영향을 미친다. 뿐만 아니라 지역의 사회적 명성(social prestige)을 비롯하여 주택의 소유비율(자가율), '지역발전 사이클'의 국면, 법질서의 유지상태 등도 중요한 요인이라 할 수 있다.
  인근지역의 사이클패턴(neighborhood age cycle pattern)은 성장기, 성숙기, 쇠퇴기, 천이기(遷移期, 옮기어 바뀜, 생물의 군집이 시간의 추이에 따라 변천하여 가는 현상), 악화기의 단계로 진행된다.

(c) **도로의 포장상태**: 주거지역의 도로의 폭, 포장상태, 보차도(步車道)의 구분 등은 지역의 유용성에 큰 영향을 미친다. 도로의 폭은 너무 넓지도, 좁지도 않고 적정해야 한다. 그 기준은 지역의 규모, 인근의 다른 도로 등을 감안하되, 도시계획법, 도로법, 건축법, 기타의 법령이 정하는 기준 이상이어야 한다. 구체적 내용은 도시계획 등의 당해획지에 관한 개별적 규제내용에 따른다.

(d) **도심과의 거리7) 및 교통수단의 상태**: 도심과의 거리(여기서는 주로 시간거리임)와 도심에 이르는 대중교통수단의 상태 및 발차의 빈도 등이 그 지역의 유용성에 영향을 미치는 것은 당연하다. 특히 도심에의 의존도가 높은 지역은 교통관계가 더욱 중요하여, 도심에의 거리에 대한 수요층의 선호 및 그 동향에 따라 평가기준이 달라질 수도 있으므로 유의할 필요가 있다. 거리 중에서 고객들이 마음속으로 느끼는 '의식거리'(意識距離)는 부동산개발업의 입지선정에 큰 영향을 미친다. 따라서 사업입지는 가능한 한 고객들이 친근감을 느껴 왠지 가깝게 의식되는 곳을 선택하면 좋다.

---

6) 김영진, 부동산학총론, 경영문화원, 서울, 1980, pp.136~142.
7) '거리'는 어떤 기준으로 측정하느냐에 따라 실측거리, 시간거리, 요금거리, 의식거리로 구분할 수 있다.

(e) 상점가의 배치상태: 상점가의 배치상태는 그 지역의 규모, 발전·개발패턴 등에 따른 차이도 있지만, 일반적으로 지역의 모든 지점에서 접근성이 좋도록 배치되어야 한다.

(f) 상하수도·가스·전기 등 공급·처리시설의 상태: 도로와 함께 상하수도는 주생활의 기본적 요건이다. 상수도의 필요성은 말할 것도 없거니와, 하수도가 불완전하면 쾌적하고 위생적이며, 안전한 생활이 되지 않는다. 가스시설의 유무는 그 주거지역의 생활수준에 큰 영향을 미친다.

(g) 학교·공원·병원 등의 배치상태: 각급 학교가 고루 배치되어 있고 진학 및 통학에 편리하며, 명문학교가 있는 지역은 좋은 평가를 받는다. 또한 병원은 지역에 반드시 있어야 하는 시설 중 하나이다. 이는 지역의 규모와도 관계가 있어 종합병원과 같은 수준이 요구되는 지역에 그러한 시설이 없다면, 지역의 유용성이 크게 떨어진다. 공원도 시민의 정서함량과 건강에 크게 기여한다. 공원은 기능별로 구분된다. 도심에는 소공원, 광장, 중공원, 근린공원 그리고 교외에는 대공원, 도로공원 등이 있다.

(h) 위험·혐오시설 등의 유무: 지역에 어떤 위험시설이나 혐오시설 등이 자리 잡고 있는 경우에는 그 지역의 쾌적성 또는 안전성을 저해하는 요인이 된다.

(i) 재해발생의 위험성: 지역은 홍수나 침수, 산사태 등의 위험성이 없어야 한다. 서울의 서초구 우면산 산사태로 산자락에 입지한 아파트 주민이 희생된 사건이 좋은 사례이다.

(j) 공해발생 상태: 대기오염, 수질오염, 소음, 진동, 지반침하, 악취 등으로 인하여 주민이 피해를 입는 현상을 공해라 한다. 이는 주민의 육체적·정신적 건강에도 영향을 미칠 수 있다. 공해의 원인은 당해지역에서 발생하는 경우와 타 지역에서 발생하여 바람이나 강, 바다 등을 타고 흘러오는 경우도 있다.

(k) 획지(劃地)의 면적과 배치 및 이용 등의 상태: 지역 내 획지의 표준적 크기, 획지의 배치관계, 동질성 등의 적합관계, 이용 상태 등은 지역의 품위나 유용성을 판단하는 하나의 기준이 된다. 예컨대, 획지의 표준면적이 작다면 고급주거지역이 되기에 한계가 있다. 획지의 상태는 대상지역에 대한 요인만이 아니라, 대상지역에 도달하기 위해서 지나야 하는 진입로 쪽의 다른 지역의 경우도 관심의 대상이 된다. 즉, 대상지역에 도달함에 있어 지나야 하는 유일한 진입로 쪽 획지의 상태가 크게 나쁜 경우에는 대상지역에도 좋지 않은 영향을 미칠 것이다.

(1) 지역의 자연적 환경: 지역의 조망, 경관 등 지역의 자연적 환경은 쾌적성을 좌우하는 요인의 하나로 중요한 조건이라 할 수 있다. 주민의 경제적·사회적 수준이 향상될수록 자연적 환경을 보다 크게 평가하는 경향이 생긴다.

(m) 지역의 규모: 인근지역의 규모는 별로 크지 않은 것이 통상이지만, 광역적 지역의 규모, 기능, 구성내용 등은 인근지역의 유용성에 상당한 영향을 미칠 뿐만 아니라, 지역에 불가결한 지역시설(지역난방, 종합병원, 학교, 소방서, 경찰서, 백화점 등), 개발의 종합성, 장래성 등에도 영향을 미친다.

(n) 토지이용에 관한 공법상의 규제상태: 토지이용에 관한 공법상의 규제내용 및 상태는 지역 내 토지의 이용가치에 큰 영향을 미친다. 그러나 언제나 마이너스요인이라고만 생각할 수는 없다.

이상에서 말한 지역요인을 통해서 그 지역의 유용성을 판단한 후, 대상 부동산 자체의 위치를 생각한다. 이 작업의 기준이 되는 여러 가지 사항을 개별적 요인이라 한다.

② 주거지의 개별요인

(a) 획지의 면적·형상·일조·건습: 획지(劃地)는 인근환경 등을 기준으로 적정한 면적을 갖는 것이 유리하다. 택지에는 다양한 형상(개별성)이 있고, 그 형상에 따라서 유용성 및 가용률에 상당한 차이가 생긴다. 또한 쾌적성의 관점에서 적당한 일조 및 건습은 무시할 수 없다.

(b) 교통시설에의 거리: 당해지역에 아무리 좋은 교통시설이 있어도 획지로부터의 접근성이 나쁘다면 큰 도움이 되지 않는다.

(c) 획지의 고저, 각 획지(角劃地), 기타 접면가로와의 관계: 주거지의 획지가 도로보다 다소 높은 것은 무방하나, 도로보다 낮으면 쾌적성 등의 관점에서 불리하다. 각 획지나 인근에 광장 등이 있는 경우에는 쾌적성의 면에서 유리한 것이 일반적이지만, 때로는 오히려 소음 등으로 방해가 될 수 있다.

(d) 기타: 그 외 접면가로의 계통·구조 등의 상태, 인접부동산 등 주위의 상태(부동산의 환경성), 공공시설 등에의 접근 정도, 상점가와의 접근 정도를 고려해야 한다.

주거지의 입지선정은 원칙적으로 쾌적성의 추구가 목적이지만, 근래에는 주거용 부동산을 투자자산으로 인식하는 경향이 있어, 수익성도 함께 고려해야 한다. 이는 소비자의 구매형태가 과거와 다른 것을 의미한다. 주택은 단지 생활을 영위한다는 개념에서 투자 내지 재산증식수단으로 인식하는 국민의 주의식의 변화에 기인한다. 마케팅에서는 이와 같은 소비자 주의식 패턴도 유의하여 관찰해야 할 것이다.

그런데 수익성이 높은 주거지는 쾌적할 수밖에 없으므로 양자는 상호 밀접한 관계에 있다고 할 수 있다. 이 주거지 유용성의 관건이 되는 것은 앞에 이야기한 여러 가지 요인 중에서 교통체계의 상태가 차지하는 비중이 크다고 한다.

2) 상업지 입지선정

시장, 슈퍼마켓, 백화점, 소·도매점포, 호텔, 극장, 영화관, 고급음식점 등의 상행위를 하는 데 필요한 부동산의 입지선정은 그 매상고가 최고로 기대되는 곳이 고려되어야 한다. 이러한 개개의 상업지 입지결과는 상업지역이라는 점포의 집단 및 그들 점포가 상업 활동을 하는 배후지를 의식하는 개념이라고 할 수 있다. 따라서 지역적 위치는 개개의 상업지에 직접·간접의 많은 영향을 미치기 때문에 상업지의 입지선정에는 우선 지역요인이 고려되어야 하고, 다음으로 획지의 개별요인을 분석해야 한다.

① 상업지의 지역요인

(a) 배후지 및 고객의 질과 양: 상업 활동은 고객을 상대로 하므로 그 고객들이 존재하는 배후지(背後地, hinterland)는 가장 중요한 조건이다. 상업 활동의 매상고는 배후지의 인구, 면적, 소득수준, 고객의 양, 기타 고객의 구매력에 영향을 미치는 요인에 따라 영향을 받는다. 지역에 따라서는 고객의 구매습관이 달라서 매상고 또는 팔리는 상품의 양과 종류에 영향을 미치는 수도 있다. 상업지역은 배후지주민의 구매력의 변동에 따라 그 유용성에 영향을 받는다.

(b) 고객의 교통수단의 상태: 배후지의 인구가 아무리 많고 그 소득수준이 높더라도, 상업지역에 도달하는 교통수단이 발달되어 있지 않으면 고객을 흡인할 수 없다. 따라서 고객이 이용하는 교통수단이 어떤 것이냐(자가용, 대중교통수단, 도보 등)의 문제가 배후지의 양 및 질의 문제와 함께 중요하다. 교통수단의 발달로 인해 교외에도 상업지역이 발달하고 있다.

(c) 영업의 종류 및 경쟁의 상태: 상업지역에 있어서 어떤 종류의 상업이 그 지역의 주체가 되어 있는가의 문제는 대상지역의 상업수익성을 판단하는 데 유익하다. 또한 경쟁의 정도도 같은 역할을 한다. 경쟁이 과도한 상업지역은 건전한 곳이 못되고(경쟁의 원칙), 대형마트와 같은 대단위의 점포가 나타

나면 종래의 배후지를 차단하여 일부의 상업지를 쇠퇴하게 만들기도 한다.

(d) **경영자의 창의력과 능력**: 상업지역의 경영자들에게 풍부한 창의력과 능력이 있느냐, 없느냐는 수익성을 좌우하고, 대상지역의 번영도에 영향을 미친다. 새로운 경영지식과 판매기술을 발휘하여 점포를 확장하고, 건물의 설비를 현대화하는 성장지역과 그러하지 못한 지역에는 수익상의 차이는 물론, 대상지역의 부동산가격에도 영향을 미친다. 최근 서울에서 젊은이들이 몰려들어 호황을 누리고 있는 홍대입구, 경리단길, 이태원, 성수동 등의 지역도 거기에 자리 잡은 경영자들의 기발한 창의력의 산물이라고 해도 과언이 아니다.

(e) **번영(繁榮)의 정도 및 성쇠(盛衰)의 상태**: 당해상업지역이 얼마나 번영을 하고 있는가, 지역 사이클 면에서는 어떤 국면에 있는가(여기에는 배후지 포함)는 지역으로서도 중요한 요인이다. 그러한 현상은 대체로 유형적으로 나타난다. 그와 함께 다음 몇 가지의 유형적 요인도 중요한 판단기준이 된다.

| 상업지역 번영 및 성쇠 상태 판단 유형 |

- 해당 상업지역의 번화가(100% location)

번화가는 도심에서 지가수준, 매상고, 교통량 등이 가장 높은 곳이다. 따라서 이 지점은 지역의 지가수준 및 유용성의 상한선을 제시하는 곳이므로, 지역 전체의 분석에 유익한 척도가 되는 수가 많다. 때로는 이러한 지점이 존재하지 않을 수도 있는데, 이는 당해지역 전체가 아직도 덜 성숙·발전한 증좌(證左)도 된다.

- 상가 성장의 외형적 흐름

상가의 성장 방향이 외형적 흐름이 파악된다면 그 현상을 뒷받침하는 요인분석을 통하여 당해지역의 성장 발전축을 파악할 수 있다.

- 소매점포의 기업화 등

소매 점포들이 얼마나 활발한 기업화 경향을 보이고 있고, 투자의 경향이 어떤가를 판단하는 것은 해당지역의 번영상태를 파악하는 방향의 하나가 된다.

- 점포건설용지 등

새로운 점포를 건설할 수 있는 용지나 주차장용지 등의 상대를 파악하면 당해지역의 미래상을 알 수 있다. 물론 새로운 점포의 출현이 당해지역을 위해 유리한가, 불리한가의 판단이 선행되어야 한다.

② 상업지의 개별적 요인

(a) 접면(接面)너비, 획지의 형상, 면적, 지반: 상업지는 상품의 전시 등을 감안하여 가급적 가로와 접한 폭(접면너비)이 넓은 것이 유리하다. 획지의 형성은 상업 활동에 영향을 미치는 경우가 많으므로, 이에 대한 신중한 검토가 있어야 한다. 지가수준이 높은 상업지역에서는 면적이 작아도 높은 유용성을 발휘하는 경우가 있으나, 건축허가 등을 위한 면적의 최소한도에 관한 규정을 의식할 필요가 있다. 지가수준이 높거나, 빌딩용지와 같은 지중공간의 사각도가 높거나 하중이 큰 건물을 건축할 경우에는 지반의 상태에 대한 조사도 중요하다.

(b) 고저, 각 획지(角 劃地), 기타 접면가로(接面街路)와의 관계: 상업지는 도로보다 높으면 고객의 접근성을 나쁘게 하므로 마이너스요인이 되는 것이 통상이다. 각 획지 즉 코너의 토지는 고객의 시야를 넓게 확보할 수 있는 장점이 있어 일반적으로 상업용지로서 유리하다 할 수 있으나 고객의 통항패턴 등 개별성의 특성이 많이 작용한다.

(c) 기타: 그 외 접면가로의 계통·구조 등의 상태 및 그 위치관계, 번화가에의 접근성, 고객의 통항패턴 및 적합성, 인근부동산 등 주위의 상점, 부동산의 상태 등은 상업용지 입지선정의 개별요인으로 충분한 검토가 필요하다.

3) 공업지 입지선정

① 공업지역의 지역요인

(a) 제품의 판매시장 및 원재료 구입시장과의 위치: 관계제품을 생산하는 공업지역(주로, 소비자 지향형 공업)과 제품을 판매하는 소비지와의 위치관계는 제품의 판매비용에 큰 영향을 미친다. 주로 거리의 원근에 따라서 제품의 수송비와 판매비용이 달라진다. 이는 원재료 구입시장과의 위치관계에도 같은 영향을 미친다.

(b) 간선도로·항만·철도 등 수송시설의 정비 상태: 간선도로 등 수송시설의 정비 상태가 어떠하냐는 공업지 입지선정에 중요한 영향을 미친다. 양호한 수송시설은 발송시간은 물론, 포장비, 연료비, 수송시간 등을 절약하게 하

여 판매비용을 감소시킨다(주로, 교통지향형 공업, 임해형공업). 특히 중후장대(重厚長大)한 상품인 철강, 자동차회사들은 수송비 때문에 제조, 즉시 선적할 수 있는 항만에 입지해야 한다.

(c) **동력자원 및 용·배수에 관한 비용**: 석유 등의 동력자원과 공업용수의 양, 질 및 조달비용, 공장배수(用水指向型工業)의 비용도 산업비용에 영향을 미친다.

(d) **노동력 확보의 난이(難易) 여부**: 노동력은 생산 활동의 기본적 조건(노동지향형 공업)이다. 입지론에 있어서는 이를 사회적 조건 또는 사회적 자질의 하나로서 기후, 용수, 토지 기타의 자연적 조건과 함께 기본조건이라 할 수 있다. 1970년대 농촌소득을 올리기 위해 정부가 계획적으로 추진했던 지방의 읍, 면 단위 새마을공장이 당시 문을 닫은 것도 노동력을 확보하지 못해서였다.

(e) **연관 산업과의 관계**: 자동차제조업이나 조선업과 같은 현대적 종합산업은 부품공장을 비롯한 연관 산업과 상호 의존, 보완적 관계에 있기 때문에, 이들은 서로 가까이 입지하는 것이 비용과 생산성 측면에서 유리하다. 최근 판교가 IT산업단지로 뜨고 있는 이유도 연관산업(聯關産業)들이 한자리에 모여 클러스터(cluster, 집단)를 형성, 서로 협력하기 때문에 시너지 효과를 나타내고 있는 것이다.

(f) **온도·습도·풍설(風雪) 등 기상 상태**: 자연적 조건은 작업능률을 비롯하여 생산비에 영향을 미친다. 특히 전자공업의 경우 습도는 제품에 민감한 영향을 미친다. 선박제조공업과 같이 야외작업이 필요한 경우는 물론이고, 그렇지 않은 공업에 있어서도 자연적 조건이 불리한 경우는 건물이나 설비로 보완(예: 냉장창고, 제설시설, 습도유지시설 등)해야 하기 때문에, 시설비와 관리비의 투입이 많아져서 상대적으로 제품의 코스트에 영향을 미친다.

(g) **공해발생의 위험성**: 공장의 배수나 매연 등이 공해발생의 요인이 되는 경우는 공해의 제거조치가 필요하게 되고, 그만큼 제품원가에 반영된다. 공해제거 또는 방지에 소요되는 비용을 장애가격(nuisance value)이라 한다.

(h) **행정상의 조장 및 규제의 정도**: 공업지역이 행정상(수도권정비계획법, 공업배치법, 기타 지역 개발계획 등) 조장의 대상이냐, 규제의 대상이냐에 따라 생산 활동과 그 비용에 큰 영향을 미친다. 비도시형(非都市型)공업의 경우 도시의 분산조치에 따라 이동 또는 확장의 규제를 받게 됨으로써 지역의 성장에도 영향을 미친다. 수도권정비계획법에 따라 수도권에 설정된 성장관

리권역, 과밀억제권역, 자연보전권역이 대표적인 정부의 조장, 규제의 사례이다. 과밀억제권역에는 과밀화를 방지하기 위해 공장, 대학 등 인구유발시설에 총량규제 등을 통해 경제적 부담을 주어 이들 시설의 입지를 막고 있다.

② 공업지 개별요인

공업지 입지선정의 검토해야 할 개별요인에는 면적, 형상, 지반, 항만, 철도, 간선도로 등 수송시설과의 위치 관계, 용·배수 등의 공급·처리시설의 정비의 필요성 등이 있다.

제3절　제품계획

1. 제품계획의 의의

제품이란 인간의 욕구를 충족시켜 줄 수 있는 것으로 종래 생산물의 개념으로 이해되었으나, 오늘날에는 유형재뿐만 아니라 무형재인 서비스를 포함하는 개념으로 쓰이고 있어 재화(goods) 및 상품(merchandise)과도 거의 동의어로 쓰이고 있다. 부동산에 있어 제품이란 주로 건물이 그 대상이 되고 있으며, 용도나 거래별로 상이하다고 할 수 있다.

현대는 부동산시장이 주거나 업무·상업용같이 단순하던 과거와는 달리 부동산 제품도 콘도미니움, 전원별장, 주말농장에 이르기까지 다양화되고 있다. 아울러 그러한 제품의 마케팅에 있어서 시장환경의 변화로 단순한 제품의 생산만으로는 판매가 불가능해졌다. 고객지향적이고 창조적인 판매를 해야 기업이 생존할 수 있다. 이제는 소비자를 왕으로 모시는 제품계획이라야 성공할 수 있다.

더욱이 소비자운동이 보편화되고 있는 요즘 부단한 신제품의 개발, 디자인, 서비스 등 제요소를 고려하지 않으면 시장에서 생존이 어렵다. 소비자는 보다 신용이 있고, 보다 저렴하고, 보다 기능적·능률적인 제품을 원하기 때문이다.

현대마케팅은 이같이 가격에 의한 경쟁에서 제품에 의한 경쟁으로 이행되고 있는 상황이어서 기업의 제품계획 활동은 활발해지지 않으면 안 되게 되었다.

2. 제품계획의 영역

1) 신제품개발

부동산업에 있어 신제품개발은 투자액이 큰 만큼 그 이익 또한 큰 매력이 있다. 그동안 신제품개발로 많은 수익을 올린 회사들이 있다. 신제품개발이 모두 성공하는 것은 아니며, 투자액이 큰 만큼 실패할 경우 그 피해 또한 치명적인 것이 부동산업이기 때문에 신중한 계획을 세워야 한다. 요즈음 선을 보이고 있는 주문주택의 예도 신제품개발성공의 좋은 예이다.

기업이 신제품을 개발하고자 할 때에는 다음과 같은 목적의 일부나 전부를 달성시켜 줄 수 있을 때 실시하는 것이 좋다.

① 유휴설비의 활용
② 영업범위의 확대
③ 신고객의 창출과 현 고객과의 거래 증대
④ 새로운 분야의 개척
⑤ 국내외 수주의 부진
⑥ 업종의 다양화를 추구할 때

2) 기존제품의 개량

소비자는 제품에 대한 가치를 지각하고 인정하기 때문에 구매, 임대한다. 제품의 가치에 대한 지각은 ① 제품이나 서비스의 문화적 중요성 ② 고객의 상표이미지 ③ 제품자체의 실체적, 감각적 측면에 의해 결정된다.

그러나 이러한 소비자의 지각은 언제나 불변하는 것은 아니며, 항상 시간이 흐르고 생활환경과 양식이 바뀜에 따라 자꾸 변화하는 가변적인 것이기 때문에 시장은 끊임없이 동태적인 것이 된다. 따라서 기존제품도 고객의 입장에 따라 수시로 개량되지 않으면 안 된다. 만약 이 개량을 하지 않을 경우 시장경쟁에서 뒤지고 만다. 10년 전에 설계한 도면을 가지고 아파트를 건설하여 분양한다고 가정해 보라. 이 아파트가 과연 팔리겠는가?

이렇게 볼 때 부동산기업은 시장성을 높이기 위해 기존제품의 품질, 형태, 스타일, 설계, 구조, 설비, 임대서비스 개선 등의 개량을 끊임없이 연구, 개선해 나가야 경쟁에서 이길 수 있다. 이 때 고려할 사항은 ① 종전제품보다 기능적으로

우수할 것, ② 기존제품보다는 설비가 현대식일 것, ③ 기존제품에 비교하여 가격이 쌀 것 등이다.

3) 기존제품의 신용도(新用途) 개척

기존 제품의 신용도 개척방법으로는 여러 가지 방법이 있겠으나, 우선 투자가에 있어서는 입주자갱신을 들 수 있고, 고도상업지구에 있어서는 업무용 건물을 상업용 건물로 전환하는 것 등을 들 수 있다. 그 외에도 공한지 등의 주차장, 테니스장, 화원 및 주유소 등의 활용방안도 대두된다.

3. 제품 계획 시 고려할 사항

제품 계획은 소비자욕구에 적합하도록 해야 하는데, 이러한 제품계획은 부동산기업이 현재 가지고 있는 생산설비와 기술을 전제로 제품계획을 하는 경우와 이와 반대로 소비자욕구를 전제로 이것을 충족시켜 주는 생산기술을 개발시키려는 두 가지 경우가 있다. 어느 경우든 간에 부동산기업이 제품 계획 시 고려할 요소는 다음과 같다.

1) 품 질

제품의 품질은 가격과 더불어 상품의 시장성과 경제성을 좌우하는 2대 요소로, 제품의 재료, 생산기술, 마감, 견고성 등에 의해 결정된다. 우수한 재료에 의한 건축물은 가치가 높다. 과거의 대형건설업자의 아파트와 소규모 영세업자의 연립주택의 비교는 건축품질의 좋은 예이다.

2) 설 계

건축에 있어서 기능, 구조, 미(美)의 3대 요소는 고대에서 현대에 이르기까지 모든 건축 활동에 있어 기본이 되는 요소이다. 부동산제품은 용도에 따라 그 공간이 쓰임새에 잘 맞고 효율적이며, 기능적으로 만들어져야 하며, 안전하고 합리적인 구조로 형성되어야 하고, 또 공간활동이 즐겁고 쾌적한 장소가 될 수 있도록 아름답게 꾸며져야 한다.

3) 입지조건

건물설계 시 기본이 되는 중요한 요건이 되는 것은 입지조건이다. 주거지는 일조·통풍 등 주위의 자연적 환경과 사회적 환경이 좋아야 하고, 상업지는 배후지가 좋아야 한다. 대지의 형상도 정형이어야 좋다. 대체로 황금분할비(1:1.618)를 가진 장방형이 좋으며, 동서보다 남북으로 긴 모양이 바람직하다.

4) 브랜드(brand)

주택분양 시 회사의 이름은 매상고에 큰 영향을 미친다. 아파트나 연립·단독주택 분양 시 다음 사항을 고려하면 좋다.
① 신용 있는 회사는 회사명을 나타낼 수 있는 문구를 사용한다.
② 업적이 많은 회사는 이미 분양한 아파트의 이름과 연관을 지어 나타낸다.
③ 회사의 심벌마크를 사용하는 것도 좋다.
④ 그 지역에서 신용을 얻은 중·소규모분양업자는 그 지역에서 사업을 계속할 경우 브랜드를 바꾸는 것은 좋지 않다.

5) 디자인

건축의 마감 재료는 내장 재료와 외장 재료로 구분된다. 현대건축에서는 외장재료가 내장에도 많이 쓰이고 있다. 이는 건축의 기능뿐만 아니라 미를 살리기 위해서이다. 건축의 마감에서는 재료뿐만 아니라 디자인의 원리나 점선, 형태, 질감, 공간, 색 등의 조형요소를 이용하여 건축미를 한껏 살려야 한다. 건축물 자체의 미는 외부 환경과의 조화도 함께 고려해야 한다.

4. 제품의 개발전략

제품생산의 공업화를 추진하기 위해서는 신기술의 개발이 불가결의 전제가 된다. 기본적으로 주택생산의 공업화에 필요한 모든 기술의 개발과 개량을 추진하는 것은 현재 및 앞으로 공급되어야 할 주택에 있어 대단히 중요하며, 또한 고도의 기술수준이 요청된다. 즉, 고층주택의 공업화공법, 설비유니트, 호환성이 있는 부품 등의 생산에 따르는 기술개발을 중점적으로 전개하여, 그 성과를 다른 부문의 기술개발에도 응용해야 한다.

기술개발을 추진하려면 민간 기업에서 충분한 연구개발비를 투입하여 적극적으로 노력해야 하며, 정부에서도 민간의 연구개발이 바람직한 방면으로 발전할 수 있도록 지원하고 있으며, 우수한 기술의 개발에는 정부의 자금 및 세제상의 지원이 가능하도록 되어 있다.

1) 공업화와 규격·표준화

주택산업의 발전에 관련된 모든 업무에 대하여 현대화를 도모해야 한다. 이 가운데 주택생산 분야에 있어서는 건축코스트의 절감, 품질의 향상, 생산능력의 확대 등을 위해 주택생산의 공업화를 추진하는 것이 가장 긴급한 과제이다. 주택생산의 공업화는 천연재료를 공업제품으로 돌려 재료, 부품 등의 유통을 합리화하는 것이다. 또한 현장작업을 기계화하고 단순화하는 등, 생산, 유통, 시공 등 주택생산의 업무전반에 대하여 폭넓게 추진해야 할 것이다.

주택생산의 공업화의 방법은 주택 전부를 공장에서 생산하는 것과 재료부품 등을 공장에서 생산하고, 그 이외의 생산 활동은 시공현장에서 하는 여러 단계의 방식이 있다.

이 주택공업화의 대표주자의 하나가 조립식주택(prefabricated house)이다. 유럽 스칸디나비아 국가들이 개발, 발전해 왔는데 한때 우리나라 주택공사가 콘크리트계 조립식 주택을 판교에서 재작하기도 했으나 대중화하는 데 실패했다. 일본은 조립식주택산업이 상당한 수준에 올라있다. 일본은 콘크리트계를 비롯해서 목질계(木質係), 경량철골계(輕量鐵骨係) 등 다양한 재료로 조립식주택을 개발하고 있다. 또 하나의 주택산업에 혁명적 사건이 중국에서 일어났다. 지난 2014년 중국에서는 24시간 만에 콘크리트 건축물 10채를 3D프린터로 뚝딱 만들어 냈다. 제작비는 건물 한 채당 500만원 남짓 들었다. 공사기간이 짧기 때문에 비용이 크게 절감된다. 앞으로 주택문제를 해결하는 데 3D프린팅이 크게 기여할 것으로 기대를 모으고 있다. 3D프린팅기술은 자본과 시간 인력 등이 부족한 중소기업에 시제품제작에도 유용하다. 시간과 비용이 대폭 절감되기 때문이다.

3D프린터(3 Dimension Printer)란 말 그대로 제품을 3차원(三次元)으로 출력하는 장치이다. 1차원이 선이라면 2차원은 평면, 3차원은 입방체이다. 즉 입체도면을 입력해주면 신호에 따라 3D프린터 속 노즐이 움직이면서 재료물질을 분사해 형상을 만든다.

3D프린팅은 디지털 디자인 데이터를 이용해 특수소재를 적층하는 방식으로 3차원(3D)입체설계도를 실물로 뽑아내는 인쇄기술이다. 컴퓨터로 작성된 물체의 3차원설계도에 따라 잉크대신 고분자 물질이나 플라스틱, 금속가루 등을 뿜어내 입체형 물건을 인쇄하듯 만들어 내는 것이다. 크게 *액체 형태의 (플라스틱)소재를 뿌리는 방식, *소재를 층층이 쌓아 올린 뒤 레이저로 굳히는 방식, *레이저를 쏜 열로 소재분말을 원하는 형태로 굳히는 방식으로 나뉜다.

공장에서 어느 정도로 가공된 제품을 생산하느냐의 문제는 주택수요의 지역적 분석과 교통사정 등의 사회적 조건, 주택의 형태, 수요자의 의지 등을 고려하여 판단할 필요가 있으나, 기본적으로는 공장생산단계에서의 부가가치를 높이는 방향으로 나가야 할 것이다. 또 합리적인 공장생산을 가능하게 하기 위해 재료부품 등을 규격화하여, 그 생산기업은 양산화에 적절한 규모로 해야 한다.

주택생산의 공업화를 보다 더 효율적으로 추진하기 위해 주택의 성능(안전성, 거주성, 내구성)의 표준을 책정하고, 이를 바탕으로 치수(촌법), 성능 등을 규격화·표준화해야 한다. 규격화·표준화는 합리화과정의 필수적인 요건이며, 과학적 관리의 기본이다.

주택생산에 있어서의 규격화·표준화는 현대인의 주택선호에 맞춰 기본으로 다양한 주택을 생산할 수 있도록 기본단위를 규격화·표준화해야 하는 것이다. 그러므로 이것은 현재의 생산동향, 장래의 주택방향, 생산기술의 예측을 충분히 고려해서 추진해야 한다.

2) 제품차별화와 시장세분화

시장지향적인 현대기업의 마케팅활동에 있어서 제품을 고객의 욕구나 기호에 맞게 생산해야 하는 것은 절대적으로 필요하다. 이와 같은 소비자 지향적인 시장 상태에서 고객의 기호를 유발하기에 충분한 특이성을 제품에 반영하여 경쟁자의 제품과 식별토록 하는 동시에, 경쟁에 있어 유리한 지위를 점유하도록 하기 위해 쓰는 전략을 제품차별화(product differentiation)라 한다.

또 제품을 소비자 수요에 적합하도록 하기 위해서 시장을 세부적으로 구분하여, 구분된 각 시장의 수요에 맞추어 제품을 생산 및 판매하는 전략을 시장세분화(market segmentation)라 한다.8)

① 제품의 차별화

자사제품과 타사제품이 같은 가격일 경우, 자사제품이 타사제품을 능가할 수 있는 차별화가 필요하다. 무언가 다른 회사 것보다는 낫다는 인상을 부각시킬 수 있는 설계, 시공에 있어서의 특징이 요구된다. 또한 제품차별화는 심리적인 영향도 지대하므로 기업의 이미지 메이킹(image making)에도 부단한 노력을 아끼지 말아야 할 것이다. 제품을 차별화하기 위해 여러 가지 방법이 채용되고 있다.

(a) 수정(modification) : 특정하게 구분된 시장에서 판매소구할 수 있는 제품으

---

8) 김동기, 현대마케팅원론, 박영사, 서울, 1982, p.304.

로 만들기 위해 어떤 특징(features)을 추가한다.

(b) 서비스: 애프터서비스는 신규수요 창출에 절대적인 요소이다. 분양주택의 경우 하자보수기간이 정해져 있지만, 그 외에도 단지 내의 주거편익시설 등의 서비스는 고객의 욕구를 증진시킨다.

(c) 외관: 건물은 외장 재료의 적·부(適否)에 따라 그 자체의 품질의 양호여부 까지도 소비자로 하여금 판단케 하는 경우가 많다. 외장 재료의 선택에 따라 다른 제품과 식별이 쉽게 되므로 특히 제품 계획 시 외장 재료의 선택은 중요하다. 그에 따라 외관에 나타나고, 특히 주위의 건물과 비교되기 쉽기 때문이다.

(d) 광고: 일반상품과는 달리 부동산고객은 부동산광고에 의해 정보를 획득하는 경우가 많아 광고의 역할이 부동산기업에 있어 특히 중요하다. 만족감을 줄 수 있는 특징을 강조하여 판매촉진을 돕는다.

② 시장세분화

시장세분화란 소비자를 몇 개의 다른 세그먼트(segment)로 나눈 후 이 중의 특정 세그먼트를 시장표적으로 선정하여 놓고, 이 세그먼트에 어필하는 제품계획이나 광고를 비롯한 판매촉진활동을 전개하는 것을 의미한다.9) 목표시장의 설정에 있어서 시장세분화전략을 실시해야 소비자행동의 세분화에 신속히 적응할 수 있으며 집중적인 마케팅공세를 취할 수 있다. 특히 경쟁이 심할 경우에는 자사의 시장특성이 강하게 살아날 수 있어야 하므로 제품 정책상 반드시 필요하다.

③ 제품다양화

현대마케팅의 제품정책으로서 수요자의 범위를 넓히기 위해서는 개성을 중시하는 다양한 제품의 개발이 필수적이다. 즉 다양한 상품을 구비하여 전체수요의 범위를 확대시키는 것으로, 획일적인 것보다 개성을 중요시하는 현대인의 욕구에 부합되어야 할 것이다.

부동산구매자 행동에서 나타난 것처럼 대부분의 응답자들이 자신들이 살고 있는 현 주택의 거주성에 불만을 가졌다는 사실을 감안한다면 제품다양화는 더욱 절실하다. 이것은 다른 말로 하면 제품혼합(product mix)이라고도 표현되며, 여러 사람의 기호에 맞출 수 있는 주택의 디자인 및 택지의 크기에 응용되고 있는 것

---

9) Johl Robinson, Economics of Imperfect Competition, Macmillan & Co., London, 1954, pp.179~188.

이다.

④ 제품고급화

같은 질의 상품으로 계속적인 생산·판매를 하기는 힘들다. 제품의 미비한 점을 보완하고 정밀도를 높여야 급변하는 수요에 발맞출 수 있으며, 지속적인 수요의 창조를 가능하게 할 수 있다. 주택의 경우는 담장, 대문에서부터 내부 자재 등에 이르기까지 디자인의 변화, 가공 및 개선의 여지가 얼마든지 있다. 택지도 주거환경의 완비란 점에서 보면 주택보다 가공, 개선의 폭이 더욱 크다.

(a) 설비: 생활수준의 향상과 기술의 진보에 따라 주거생활을 쾌적하게 하는 설비의 비중이 높아져 설비의 고도화와 대량생산도 발전시키지 않으면 안 되게 되었다.

(b) 성능: 주택의 건축방식, 규모에 맞추어 설비와 그 성능의 기준을 정해야 하나, 주택의 각 부문에 걸쳐 방화, 단열, 방음, 환기 등의 성능이 충분히 발휘되고, 적당한 내구성을 갖게 하여 안전하고 쾌적한 생활, 특히 사생활이 보장될 수 있도록 해야 한다.

(c) 환경: 주거환경의 향상을 도모하려면 먼저 주택의 품질과 성능 등을 향상시켜야 하며, 주택의 주위환경을 미화하여 쾌적하고 문화적인 생활을 영위할 수 있도록 해야 한다. 따라서 시가지에서는 오픈 스페이스를 확보하고 대도시지역의 교외지에서는 자연과의 조화를 이루며, 상하수도, 공원, 의료시설, 교육시설, 구매시설, 통신, 교통시설 등 일상생활을 윤택하게 영위할 수 있는 공공공익시설을 정비하여, 주택이 좋은 환경과 일체적으로 공급되는 것을 목표로 해야 한다.

제4절 가격전략

1. 부동산가격의 이해

일반적으로 소비자가 상품을 구입하는 것은 상품 그 자체가 아니라 사용·소비함으로써 얻는 이익, 만족, 편익이다. 그러므로 공급자는 수요자가 바라는 상품, 즉 욕구충족상품 및 사회공헌상품을 제공하지 않으면 안 된다. 건설업자나 분양대행업자, 임대업자 등은 제품을 제공함으로써 수요자의 욕구를 충족시킴과 동시에 경영목적을 달성해야 한다. 따라서 가격은 ① 소비자에 의해 구입하기가 쉽고, ② 경영상 이익이 확보되며, ③ 수요자가 욕구를 충족할 수 있도록 책정되어야 한다.

이러한 사고를 전제로 가격을 결정하는 경우 어떠한 목적으로 가격을 결정할 것인가 하는 문제가 제기된다. 가격결정은 기업과 마케팅목적 및 전략달성에 일치되어야 한다. 예를 들면 가격결정의 목적이 이익 극대화라고 한다면, 그 목표를 달성할 수 없는 요인이 발생한다. 즉 기업도 이익을 희생해서 시장점유율 혹은 매상액을 늘려야 하는 경우가 있어, 이익을 최대로 하려는 것과는 거리가 생기는 경우가 발생한다. 뿐만 아니라 소비자는 언제나 질이 좋고 싼 가격을 원하기 때문에 값을 높게 책정한다는 것은 윤리적인 문제가 되기도 한다.

David T. Kollat 등은 가격결정의 목적으로서 다음과 같은 것을 제안했다.[10] 일반적으로 기업은 이러한 여러 가지 문제 중 하나에 중점을 두지만, 어느 것에 초점을 맞추는가는 기업에 따라 달라진다.

| 가격결정의 목적 |

① 목표투하자본수익율의 달성
② 가격 및 마진의 안정
③ 목표시장점유율 실현
④ 경쟁에 대응하고, 또 경쟁을 방지
⑤ 제품차별화

2. 가격결정 방법

특정 부동산의 가격목적이 확립되고, 가격정책이 수립되었다면 그에 일치하는 대상 부동산의 단위가격을 결정하는 문제가 남는다. 가격결정이론으로 아래와 같은 것이 있다.

1) 원가기준법

일명 코스트플러스방식(cost-pluss approach)이라고 하며, 어느 분야에서나 널

---

10) David T. Kollat, Roger D. Blackwell and Jammes F. Rdbeson, Strategic Marketing. Holt, Rinehart and Winston, Inc., 1972, p.259.

리 이용되고 있는 방식이다. 이 방식은 생산원가에다 일정비율의 마진을 더해서 원가를 결정하는 방식이다. 이는 건물의 재조달원가에 생산자의 토지구입비를 더하면 대상 부동산의 원가가 될 것이다. 여기에 기업의 이윤을 더하면 대상 부동산의 판매가격이 된다.

대상 부동산의 원가(rP) = 토지구입비(LV) + 건물 재조달원가(R)

2) 수요공급분석법

이는 수요지향적 가격결정이라고도 한다. 이는 제품생산에 들어간 생산비보다는 시장의 수요와 공급, 즉 시장상황이 판매자시장이냐 구매자시장이냐에 따라 가격을 결정하는 방식이다. 즉 가격은 생산비에 관계없이 수요력의 크기에 따라 결정하기 때문에, 생산비가 적게 들더라도 수요력이 크면 판매가격을 높게 잡을 수 있고, 반대로 생산비가 많이 들어도 고객의 수요력이 작으면 싼값으로 팔게 된다.

부동산의 수요곡선을 변동시킬 수 있는 요인은 ① 대체부동산의 입수가능성, ② 욕구충족의 용이함, ③ 필요의 긴급성, ④ 구매력, ⑤ 판촉, ⑥ 정부의 조치 등을 들 수 있다.

3) 경쟁제품기준법

자사제품과 경쟁기업의 제품이 시장에서 판매되고 있으면 경쟁력이 강한 기업이 아닌 이상 독자적인 가격결정이 어려운 것이 사실이다. 이 방법은 경쟁기업의 판매가격을 기준으로 경쟁기업의 제품, 시장구조 기타 비가격적 요인의 강약을 자사의 것과 비교하여 가격을 결정하는 방법이다.

3. 가격정책

가격정책은 전반적인 가격결정의 목적에 따라서 확립되어야 한다. 가격은 마케팅환경의 영향을 받게 되므로 거시·미시의 마케팅환경을 고려하지 않으면 안 된다. 구체적으로 가격을 결정할 경우에는 원가, 이익, 상품의 품질과 특징, 수요, 매상 등의 여러 가지 요인이 고려될 것이나 가격결정에서 '성공할 수 있는 공식'은 없다. 그러므로 각 부동산기업은 시장 환경에 관련된 요소를 기초로 하여 정책을 결정해야 할 것이다. 이 때 아래와 같은 유형의 의사결정이 이루어지는 것이 바람직하다.

① 업계의 평균가격과 자사의 가격을 어떻게 비교해야 하는가? 평균가격보다 비싸야 하는가? 싸야 하는가? 그 시점은 언제로 하는가? 평균가격을 구하는 데는 어느 업체의 가격을 기준으로 할 것인가?
② 경쟁업자의 가격인하나 인상에 어느 정도 신속하게 대처해야 하는가?
③ 어느 정도의 빈도로 가격변경을 하는 것이 좋으며, 가격안정은 어느 정도까지가 유리한가?
④ 회사는 "공정거래"의 가격유지를 채용해야 하는가?
⑤ 회사는 어느 정도의 빈도로 가격 프로모션을 실시해야 하는가?

또한 가격정책은 여러 가지로 분류될 수 있으나, 여기서는 아래와 같이 구분하여 살펴보고자 한다.

1) 가격수준정책

각 기업은 부동산업계에서 프라이스 리더(price leader)가 될 것인가 추종자가 될 것인가 결정해야 한다. 회사의 기본정책이 경쟁업자의 가격으로 팔 것인가 아니면 그 가격에 가까운 가격으로 팔 것인가 결정해야 한다. 이때 경쟁업자의 가격을 감안해서 높거나 낮게, 아니면 동일하게 해야 하는데, 어느 쪽을 택하는가는 회사의 정책이 되는 것이다. 이러한 가격수준을 정하는 정책은 시가정책, 저가정책 및 고가정책이 있다.

① 시가정책(market price policy)

이 정책은 경쟁업자의 가격과 동일 가격으로 하든가 혹은 경쟁업자의 가격을 추종하지 않으면 안 되는 경우에 취하는 가격정책이다. 몇 개의 경쟁업자들이 매긴 가격은 사실상 타 기업이 따라야 하는 가격이 되는 게 보통이나 이러한 프라이스 리더(price leader)와 그 추종가격을 모방가격 혹은 추종가격이라 한다.

② 저가정책(low price policy)

이 정책은 단위면적당 가격을 낮게 책정하여 소비자의 구매력을 높여 다수의 고객을 확보하는 정책이며, 장기적인 면에서 이익을 확대하려는 정책이다. 때로 경쟁업자의 시장침입을 저지하는 방법이 되기도 하나, 가격경쟁을 조장할 우려도 있다. 일반적으로 이 정책은 다음과 같은 경우에 주로 이용된다.

- 부동산경기침체로 거래가 부진하거나 분양이 안 될 때
- 자금회수를 빨리하려 할 때
- 지역구매자의 구매력이 낮을 때
- 상품의 차별화정책을 하고 있을 때
- 시장점유율을 확대하려 할 때
- 경영합리화로 코스트다운이 실현된 경우

③ 고가정책(high price policy)

이 정책은 우수한 고객층을 빨리 파악하여 가능한 한 위험을 최소한으로 하려는 경우 이용된다. 비교적 고수준으로 가격을 결정하는 방법이나 고객층이 한정되고 시장에서의 수용 속도가 늦고 경쟁기업이 급속히 진출할 가능성이 있다.

타 기업의 제품보다 자재, 설계, 시공 등이 뛰어나다거나, 효과적인 광고 등으로 회사의 이미지가 높은 경우 이용되고, 또 제품의 차별화가 효과적으로 행해지고 있는 경우도 채용된다.

2) 가격신축성정책

부동산기업은 그 기본이 되는 가격정책으로서 단일정책가격(one price policy)과 신축가격정책(flexible price; variable price policy)을 고려하지 않으면 안 된다.

① 단일가격정책

이는 부동산을 동일조건으로 가정하고 단위당가격을 모든 고객에게 동일한 가격으로 제공하는 방법이다. 13평 아파트나 60평 아파트, 5층이나 1층에 구애 없이 단위당 분양가격을 동일하게 책정하는 방법이다. 비신축가격 또는 고정가격이라고도 한다. 부동산은 개별성이라는 특성을 지녔기 때문에 부동산기업이 전국적 차원에서 이 방법을 채용할 수는 없다. 지역적으로는 채용할 수도 있으나 비현실적이다.

② 신축가격정책

이 방법은 부동산기업이 같은 자재, 시공, 설비를 한 경우라도 다른 가격으로 판매하는 방법을 말한다. 같은 동의 같은 평수의 아파트라도 위치, 방위, 층에 따라 가격을 달리하는 방법이다. 부동산은 개별적·지역적인 특성이 강하므로, 이

방법이 주로 쓰이는 방법이다. 그러나 대상부동산과 인근유사 부동산이 거의 같은 특성으로 대체성이 있는 경우는 가격에서 큰 차이가 나면 설득력이 없고 오히려 소비자로 하여금 반감을 일으킬 수도 있다.

3) 할인 및 할부정책

할인정책에는 현금할인, 특별할인 등이 있고, 할부정책에는 연·월 할부정책이 있다.

① 현금할인

판매대금을 신속히 지급하여 주는 구매자에게 제시하는 가격인하인데 일시불은 몇 % 할인, 며칠 내, 몇 달 내 지불은 몇 % 할인하는 식으로 할인을 받게 해주는 방법이다. 기일 전에 대금지급을 받으면 금리를 부담하지 않아도 되므로 이러한 금리의 절약분만큼 할인해 준다. 또 수금량 대손위험 등에 대한 보험료 등도 고려하여 현금할인은 고율의 연간이율에 상당하는 금액을 할인하여 주는 것이 좋다.

② 특별할인

이 방법은 특수한 경우에 해당하는 방법으로 자기 회사원의 사기앙양을 위해 특별할인으로 분양해 주거나 국가유공자 등에게 특별 할인하여 주는 방법이다.

③ 할부정책

이 방법은 토지의 대단위거래나 고가인 부동산의 거래 시에 흔히 쓰인다. 기간은 장기, 중기, 단기 등이 있다. 토지의 경우 장기계약으로 할부가 쓰일 수 있고, 소규모분양아파트는 부동산경기가 불경기인 경우 단기의 할부정책이 쓰일 수 있다.

제5절 커뮤니케이션전략

인류의 역사는 바로 인간들의 의사소통(communication)을 중심으로 이루어졌다고 할 수 있으므로, 개인, 집단의 실존은 곧 커뮤니케이션의 시공 속에 놓여 있다고 할 수 있다.11) 커뮤니케이션이란 말은 학자에 따라 다를 수 있으나 전달자와 피전달자(被傳達者) 사이에 기호나 상징을 통하여 상호간의 정보나 메시지를 송수신함으로써 공통된 의미를 수립하고, 나아가서 서로의 행동에 영향을 미치는 과정이나 행동으로 정의할 수 있다.12)

오늘날 부동산기업이 아무리 좋은 제품을 개발, 생산하고 매력적인 가격을 설정한다고 해도 그것이 곧 판매되는 것은 아니다. 부동산은 특히 위치의 고정성 때문에 고객이 원하는 곳에서 상품의 제시가 어려우므로 광고나 홍보를 제대로 하지 않으면 소기의 목적을 달성할 수 없다. 또 소비자의 입장에서도 무수히 건설되고 분양되는 제품이나 전국적 혹은 여기저기 산재한 토지를 어떤 매체에 의한 정보의 습득 없이는 좋은 상품을 싸게 구입하기가 어렵다. 또 소비자가 구입했다고 해서 반드시 그 상품에 만족하는 것도 아니다. 그러므로 상품이 매매된 후에도 상호 커뮤니케이션이 잘 이루어졌는지 아니면 왜곡되었는지를 조사하여 마케팅과의 관계개선이 이루어져야 한다. 부동산마케팅에 있어서 커뮤니케이션전략에는 홍보, 광고, 프로모션 등이 거론될 수 있을 것이다.

1. 홍 보

1) 홍보의 개념

홍보(publicity)란 본래 '널리 알려짐', 「사물을 공개하는」 것이었다. 구체적으로는 기업이 보도기관에 뉴스의 소재를 제공하는 활동을 말한다.13) 보도기관은 신문, 잡지, 라디오, TV, 인터넷 등에서 뉴스의 형태로 분양지, 아파트, 쇼핑센터 등의 제품과 기업에 플러스가 되는 보도를 한다. 홍보가 광고와 다른 점은 광고는 매체기관으로부터 스페이스와 시간을 구입하고, 광고비의 범위 내에서 자유로이 연출할 수 있고, 몇 번이고 반복할 수 있는 데 반해 홍보는 매체의 스페이스시간이 보도기관의 자유재량판단에 맡겨지고 뉴스 형태로 제공되기 매문에 반복도 불가능한 점이다.

오늘날 대중사회에서는 어떤 조직집단이든 그 발전전략으로 대중매체를 활용할 줄 모르면 경쟁에서 낙오될 수밖에 없다. 이해와 설득을 통하여 사람들의 지지와 협조관계를 얻을 수 있도록 여론을 조성하려면 부단한 커뮤니케이션을 통하

---

11) 윤정길, PRs론, 건대출판부, 1983, p.62.
12) 상계서, p.66.
13) 片山又一郎 外, 전게서, p.122.

여 대중에게 어필해야 한다. 광고와 홍보가 다른 점을 위에 지적했지만 홍보는 특히 대중매체의 의사에 의해 대중에게 전달되므로 공신력이 크다는 점에서 광고와 더불어 커뮤니케이션을 이용하는 PR의 2대 수단이 된다.14)

따라서 부동산기업은 무엇보다도 뉴스가치가 있는 소재를 제공해야 한다. 뉴스의 가치관, 화제성, 공공성, 파급성이 고려되어야 하고, 평소부터 그러한 소재를 마련해 두는 일이 중요하다. 이러한 뉴스의 소재로서는 ① 기업의 활동과 역사, ② 조직과 인사, ③ 경영재무, ④ 상품서비스, ⑤ 판촉과 유통, ⑥ 상표, 슬로건, 심벌, ⑦ 지역사회와의 관련 등이 있다.15) 요컨대 기업의 활동이 뉴스의 소재가 될 수 있는 것이다.

홍보활동은 기업의 광고에서 볼 수 있는 주관적인 표현과는 다른 제3자적인 객관적 평가가 되기 때문에 정보원과 정보내용에 대한 수신자의 신용은 절대적인 것이다. 따라서 이러한 신뢰를 토대로 광고활동도 효과적으로 전개할 수 있다.16) 그 때 효과는 상당히 높기 때문이다. 동경올림픽 때 시계제조회사 세이코가 육상경기장에 계측용 시계를 제공하여 국제적인 신용을 확립할 수 있었던 사례가 홍보와 광고를 훌륭히 연결시킨 성공스토리의 하나라고 할 수 있다.

2) 홍보의 방법

홍보의 기법에는 여러 가지가 있으나 크게 다음과 같은 세 가지 방법으로 구분할 수 있다.17)

① News Release

News Release란 PR의 주체가 뉴스가 될 수 있는 내용을 매체 측의 편집진에게 유출시키는 자료이다. 보도기관에 자기의 정보를 제공하는 통신문서이다. 뉴스릴리즈의 내용으로는 일반적으로 PR주체의 정책결정, 업무활동의 과정에서 발생하는 뉴스, 즉 인사이동, 신점포의 개설, 중요한 계약 등이다. 뉴스릴리스 작성요령은 다음과 같다.

(a) 양질의 백지에 더블 스페이스(double space)로 타이핑한다.

(b) 출처를 밝혀야 한다.

(c) 유출일자(지면에 게재(揭載), 방송)나 시간을 요청하는 것이 좋다.

---

14) 상게서, p.122; 윤정길, 전게서, p.104.
15) 片山又一郎 外, 상게서, p.122.
16) 상게서, p.123.
17) 윤정길, 전게서, pp.110~116.

(d) 간결·명료하게 쓴다.

(e) 첨가적인 정보를 말미에 추가할 수도 있다.

(f) 가능한 한 한 페이지로 작성하는 것이 좋고 경우에 따라서는 그 이상도 가능하다.

② 기자회견

이는 뉴스 릴리즈 보다는 효과적인 퍼블리시 활동이다. 이는 기자로부터 미리 질문내용을 서면으로 받아 이에 구두나 서면으로 답변하는 것이 보통이다. 기자회견은 발표하는 정보소재의 내용에 따라서 형식적으로는 기자회견, 기자발표 및 기자간담회의 3종이 있다. 기자회견은 한 기관의 책임자가 기자들을 초치하거나 그가 직접 기자클럽에 나아가 긴급하거나 중요한 것을 발표하는 것이고, 기자발표는 기업이나 조직의 간부 또는 홍보 책임자가 기자클럽에 가서 중요한 기업정보를 문서 또는 구두로 발표하고 질의에 응답하는 것이 일반적인 형태이다.

그리고 기자간담회는 기자클럽의 가까운 장소나 사내 또는 공장 내에 기자를 초대하여 기업에 있어서는 중요하나 사회적 뉴스가치에 있어서는 약하다고 볼 수 있는 기업정보를 제공하여 기업 측의 열의나 의도를 설명하는 것이다. 기자회견을 마련할 때는 발표할 정보의 사회적 뉴스 가치의 검토, 시기적 긴급성과 중대성 등이 신중히 고려되어야 한다.

③ 현장견학 및 특별행사

현장견학은 현장에 기자들을 초청하여 정보를 제공하고 호의적인 관심을 갖도록 함으로써 이에 대한 보도의 기회를 갖도록 하는 것이다. 이 경우 기자들에게 프레스 키트(press kits)를 배부하는 것이 관례로 되어 있다. 키트에는 여러 가지 회사의 홍보에 관련된 자료가 들어있으므로 보도를 위한 자료로 활용될 계기가 된다. 특별행사는 PR주체가 매체의 관심을 끌기 위한 기획된 행사로 홍보를 위한 하나의 수단이 된다.

3) 홍보의 원칙

홍보는 어디까지나 PR 측과 매체 측의 상호이해와 신뢰를 바탕으로 이루어져야 한다. 그러나 원칙을 벗어나 매체 측의 불신과 분노를 유발하는 경우가 있다. 기업은 자신의 이익과 효과를 극대화하려는 나머지 한계를 벗어나는 행등을 할 가능성이 있으므로 이를 경계해야 한다. 일반적으로 홍보 원칙으로 다음과 같은 사항이 지적된다.

2. 부동산광고

우리나라 부동산업계도 급속한 부동산환경의 변화에 따라 과거의 판매자중심(賣者中心)에서 구매자중심(買者中心)으로의 광고 전략의 전환이 시급하다. 광고의 기초적 지식도 없이 신문, 잡지에다 부동산광고를 일삼고 있는 것이 오늘날의 현실이다. 이제는 광고예산의 편성, 연간광고계획, 매체선정 및 효과적인 광고물제작으로 목표시장에 강하게 소구할 수 있는 광고정책과 광고 전략이 필요한 시점이다.

1) 부동산광고의 개념과 정의[18]

세상에서 가장 오래된 부동산광고는 '폼페이'유적의 벽에 남아있는 셋집광고이다. 베스비어스화산의 분화가 서기 79년의 일이었기 때문에 폼페이의 부동산광고는 그 이전의 일이 아닌가 추측된다. 문제의 셋집광고란 "알프스 니기디우스 시니어의 재산인 집을 7월 15일부터 대여함. 오두막이 딸린 점포, 신사용 아파트이며, 임대희망자는 니기디우스의 노예에게 신청할 것"으로 되어 있다.

그러면 부동산광고란 무엇인가? 부동산업에 있어서는 광고가 어떻게 이해되고 있으며, 어떻게 개념을 정하고 정의를 내려야 할까? M. A. Unger와 G. R. Karvel 교수는 부동산광고의 기능을 ① 부동산시장에 상품을 소개하고, ② 그 판매방법을 강구하는 것이라고 정의했다. H. E. Hogland 교수는 부동산광고란 광고주가 일반 대중에게 생각하도록 영향을 미치는 것이며, 부동산사무소의 입지선정, 설비의 레이아웃, 경영주나 판매원의 태도 및 고객이 받는 나쁜 인상 등도 광고가 된다고

---

18) 방경식, 부동산광고에 관한 고찰, 건대논문집 18집, 건국대학교, 1984, pp.233~237.

했다. William M. Shenkel 교수는 "현대부동산광고를 설명하는 데에는 광고의 함정에 대한 논의 없이는 곤란하다"고 주장하고 있으며, A. A. Ring 교수는 부동산광고의 원칙으로 ① 주의를 집중시킬 것, ② 흥미를 끌 것, ③ 욕망을 자극시킬 것, ④ 행동에 옮기도록 할 것 등의 네 가지를 제시하고 있다.

그러면 일반광고의 개념을 부동산광고에서도 그대로 받아들여야 좋은가, 아니면 부동산광고는 달리 개념을 정하고 정의를 내려야 하는가? 위에서 여러 학자의 견해로 볼 때 부동산광고는 일반상품광고의 개념을 그대로 받아들일 수 없을 것 같다. Unger 교수가 말하는 부동산시장이나 Hogland 교수가 말하는 부동산사무소의 입지선정 등이나, Shenkel 교수가 말하는 광고의 제한 등은 부동산광고에서만 나타나는 특징이라고 볼 수 있기 때문이다.

또한 일반광고는 특정상품의 살 사람을 대상으로 하는 것이지만, 부동산광고는 살 사람뿐만 아니라 팔 사람도 소구의 대상으로 하는 양면성의 특성을 가지고 있다. 부동산의 수요자에 대한 광고가 동시에 공급자 흡인작용을 할 수도 있기 때문이다.

따라서 부동산광고의 개념은 일반광고의 개념과는 달리해야 할 것 같다. 그렇다면 부동산광고를 어떻게 정의해야 하는가? 일반광고의 정의가 연구자마다 다르고 다양하듯 부동산광고에 대한 이해도 학자마다 다르다. 그러나 일반광고와 부동산광고에서 공통점 몇 가지를 발견할 수 있다. ① 광고주, ② 상품, ③ 판매, ④ 설득이 그것이다. 따라서 이러한 요인을 고려하면서 부동산광고가 일반광고와 다른 ① 팔 사람, 살 사람을 대상으로 하는 점, ② 부동산은 시장이 제한되고 있는 점, ③ 부동산은 일반상품과 판매기법이 다른 점 그리고 ④ 제조업에서는 부동산이 고정자산이지만, 부동산업에서는 그것이 판매를 목적으로 하는 상품인 점 등을 감안하면 부동산광고란 "명시된 광고주가 고객의 부동산결정을 도와주는 설득과정의 하나이다".라고 정의할 수 있다.

① 명시(明示)된 광고주

일반상품은 생산자나 판매자만이 소비자를 대상으로 광고를 하지만 부동산상품은 중개업자, 팔 사람 및 살 사람 모두 광고를 할 수 있는 특징이 있다. 따라서 광고주체에 따라 광고가 달리 표현될 수도 있다. 이러한 특징은 부동산이 갖는 위치의 고정성으로 인해 생기는 개별성 등의 자연적 특성에 기인된다고 할 수 있다.

② 고 객

일반상품은 생산자와 소비자가 엄격히 구별되어 있으나, 부동산의 경우는 그
것이 명확하지 않다. 부동산을 취득하거나 임대할 때에는 고객의 입장이 되는가
하면, 매각하거나 임대할 때에는 공급자의 역할을 하게 된다. 여기서 고객이라는
말 대신 팔 사람(賣主), 살 사람(買主)으로 표현할 수도 있으나, 부동산은 상품으로
서 높은 가격을 갖는 특징이 있으므로 꼭 사고 싶어도 금전의 한계나 세금 때문
에 살 수 없는 경우도 있으므로, 이를 모두 포괄할 수 있는 용어로 고객이라는
말이 적당하다고 생각된다.

③ 부동산결정

부동산결정(real estate decision making)이란 어떤 부동산활동(real estate activity)
의 목적을 어떻게 달성하는 것이 합리적인가에 관한 의사결정이다. 이는 부동산활
동의 주체나 종류에 따라서 공익적 결정과 사익적 결정이 있으며, 그 구체적 내
용에 차이가 나기 마련이다. 즉 그 주체에 따라서 부동산매각결정, 구매결정, 이
용결정, 교환결정, 입지선정결정, 개발결정, 지역·지구결정 등 여러 가지가 있을
수 있다. 여기서 말하는 부동산결정이란 위에 든 여러 가지 예 중에서 구매결정,
매각결정, 임대결정, 교환결정 등을 말한다.

④ 설득과정

인간이 크고 작은 커뮤니케이션 네트워크 속에서 생활하는 유기체라면 인간의
환경은 설득과정의 연속성 상태(連續性狀態)에 있다고 할 수 있다.

부동산판매는 설득의 연속과정이다. 부동산판매에 있어서는 설득이 중요한 비
중을 차지한다. 일반상품은 동일상품과 비교가 가능하지만, 개별성의 특성을 지닌
부동산은 비교가 어렵기 때문에 고객으로 하여금 의사결정을 어렵게 한다. 이 세
상에 동일한 부동산은 없기 때문이다. 따라서 고객은 상품(부동산)에 대한 정확한
정보가 필요하며, 이 정보취득과정에서 설득을 당하게 되는 경우가 많다. 이 설득
과정을 잘 활용하는 것이 부동산판매의 요체이다. 부동산광고는 고객이 얻을 수
있는 정보이기도 하지만, 설득을 당하는 과정이기도 한 것이다.

2) 부동산광고의 내용

광고메시지나 광고물은 광고매체를 통해 전달된다. 광고매체(advertising media)
란 기호화된 광고메시지 내지 광고소구를 전달받음으로써 어떠한 영향을 받게 되

리라고 기대되는 개인이나 집단에게 발신 내지 전달하는 매개물(vehicle), 운반물(carrier) 또는 수단(means)이 되는 것으로서 이는 커뮤니케이션 경로를 형성한다. 따라서 이는 기호를 신호로 전환하여 전달함으로써 메시지와 오디언스를 연결시키는 기능을 수행하는 것이다. 우리나라에서 부동산광고에 이용되는 매체는 다음과 같은 것들이 있다.

① 신문광고

부동산광고에서 가장 많이 이용되고 있는 매체는 신문이다.[19] 신문에 이용할 수 있는 부동산광고는 안내광고와 전시광고가 있다.

(a) 안내광고: 안내광고(classified ads)는 한정된 공간에 많은 정보를 넣어야 하므로 약어를 이용하는 경우가 많으며,[20] 일체의 삽화가 들어가지 않아서 광고주는 광고에 이용하는 활자의 크기와 공간을 조정하여 개성을 창출한다.[21]

| 안내광고의 특징 |

㉠ 스페이스(space)의 제약과 약어: 신문안내광고는 스페이스가 제약되어 있어 한정된 지면에 될수록 많은 정보를 싣기 위해 독특한 약어(略語)적 표현을 쓰고 있다. 미국의 안내광고약자는 해독하기가 곤란한 것이 많으며, 최근에는 가능한 한 주부에게도 이해할 수 있는 문장으로 표현하는 경향이다.

㉡ 형식적 제약: 안내광고를 다른 회사 것보다 눈에 띌 수 있게 하기 위해서는 큰 활자, 고딕체의 활자를 사용하면 좋을 것이다. 그러나 그것만으로는 지면 미관에 좋지 않다. 만일 다른 안내광고가 모두 같은 방법이라면 독자들의 주목을 끌기 어려워진다. 그러므로 자기 회사 특유의 광고전략에 따라 광고문안을 작성하지 않으면 안 된다. 현재 주요신문의 안내광고구성은 다음과 같이 되어 있다.[22]

(b) 전시 광고(展示廣告): 전시 광고(display ads)는 안내광고보다 공간이 크기 때문에 캐치프레이즈나 사진, 상세한 설명문 등을 자유로이 이용할 수가 있을 뿐만 아니라, 이왕이면 고객의 주목율(注目率)이 큰 요일이나 장소를 선택할 수가 있다.

---

19) William M. Shenkel, Marketing Real Estate, Southwestern Publishing, 1979.
20) 상게서, p.43.
21) Frederick E. Case, Real Estate Brokerage. 村田稔雄(譯), 新しい不動産業經營, 住宅新報社, 東京, 1968, p.284.
22) 村田稔雄, 不動産のマケーテイング, 전게서, pp.152~188.

우리나라의 전시 광고는 중·대규모 부동산업자 또는 공기업이 많이 이용하고 있다. 여기에는 아파트 연립주택, 단독주택 분양광고가 있고, 상가 및 택지 분양 광고, 택지, 주택, 공장, 임야, 매각공고 등이 있다.

|참고| 점두광고

부동산업의 점두광고는 다른 업종과 같이 메이커(maker)가 공급하는 POP(point of purchase; 구매시점광고)와는 달라서 중개업자가 스스로 입안, 작성하여 점두광고를 함으로써 후진적이고 미숙한 광고가 되고 있다. 효과적인 점두광고가 되려면 AIDA의 원리에 맞도록 해야 한다.

점두광고성공의 제1단계는 점포 앞을 통행하는 사람들이 될수록 많이 주의를 집중하도록 하는 것이다. 극단적으로 말한다면 업자의 점포 전체가 중요한 광고매체이다. 경우에 마라서는 인테리어전문가와 상의하여 부동산업자로서의 새로운 이미지를 줄 수 있는 점포설계를 생각할 필요가 있다. 주의를 집중시키기 위해서는 색채, 형태, 조명 등 여러 가지가 고려되어야 한다.

제2의 단계는 흥미이다. 모처럼 주의를 끌도록 하였다고 하더라도 신문안내란을 확대하여 유리문에 붙인 것과 같은 인상이라면 흥미가 일어날 수 없다. 그러나 부동산에 관한 질문, "××통의 일번지는 1평에 몇 만원인지 알고 계십니까?"라든지, "○○방면의 별장지가 잘 팔리고 있습니다." 등과 같이 하면 흥미를 가지고 읽을 수 있을 것이다.

평소 면접조사나 앙케이트에 의해서 부동산의 어떤 문제가 가장 관심이 있는지를 조사하여, 시의적절한 기획으로 흥미있는 화제를 제공할 필요가 있다. 최근에는 지가의 추세를 도표에 표시하여 점두에 내어 놓고 얼마의 예산으로, 어느 정도의 토지와 주택을 살 수 있다는 것을 알 수 있도록 하는 것이 효과적일 것이다.

제3의 단계는 욕망이다. 아무리 가격이 싼 부동산일지라도 욕망이 생기지 않는 한, 그 물건은 고가의 부동산이나 다름없다. 점두광고를 욕망에 결부시키기 위해서는 광고작성의 시점을 물건에서 사람으로 옮겨야 한다. 각 물건이 갖고 있는 특징이 가망고객의 목적실현수단으로 좋다고 인식될 경우, 처음으로 그 물건에 대한 욕망이 발동하게 된다. 주변에 별로 신경을 쓰지 않고 좋은 자유로운 생활, 자녀들의 교육에 이상적인 환경, 가정적인 단란함 등의 판매소구점을 물건의 특징과 잘 결합시키지 않으면 안 된다.

제4의 단계는 행동이다. 가망전객과 업자와의 거리는 불과 유리창 한 장 정도이지만 욕망을 가진 가망고객에게 이 장벽을 넘도록 "상담하는 것은 모두 무료입니다. 마음 놓고 들어오십시오." 등 최후의 행동을 재촉하는 말을 잊어서는 안 된다. 요컨대 AIDA의 원리에 따랐는지, 점두광고를 재검토하는 것이 중요하다.

② 다이렉트 메일 광고

다이렉트 메일(direct mail)이란 우송에 의한 직접광고를 말한다. 부동산업을 개업할 때 우선 친구, 아는 사람, 교제하고 있는 모든 사람에게 신규개업을 알리는 수단으로 중요한 역할을 한다. 다이렉트 메일은 조그만 엽서로부터 큰 팜플렛에 이르기까지 모든 광고물을 이용할 수 있으며, 업자가 희망하는 대상만을 선별하여 광고할 수 있고, 불특정다수인에게 광고하는 것과는 달리 특정개인을 대상으로 광고할 수 있는 특징이 있다.

반면에 상대방의 명부를 작성하고 이사, 전직, 결혼 등의 상황을 항상 파악하고 있어야 하기 때문에 그것을 유효하게 유지하는 것이 문제가 되며, 부동산거래에 관심이 없는 사람에게까지 광고를 해야 하기 때문에 비용이 많이 드는 단점도 있다. 다이렉트 메일의 효과는 많은 요인분석 없이는 측정이 어렵다. 한 가지 방법으로는 왕복엽서나 왕복봉합엽서를 이용하는 방법이 있다. 부동산을 팔고 싶다, 사고 싶다, 부동산에 관한 세금에 대해 알고 싶다, 부동산의 시장가격을 알고 싶다 등의 제 항목을 설문조사하고 그 반응을 살피는 것이다. 반응을 보여 온 사람에게는 적절한 대응을 하는 것이 좋다. 보다 적극적으로 판매원을 보내서 상담해 주는 것도 좋은 방법이다.

이 방법이 활발히 이용되는 미국, 일본에 비해 우리나라 부동산업계에서는 잘 이용되고 있지 않는 것 같다. 소규모 연립주택의 분양업자들이 겨우 물건안내 광고지를 신문에 끼워서 광고하는 정도에 그치고 있다.

D.M의 효과는 지속적이며, 누적적이므로 발송회수가 많을수록 좋다. 산발적인

표 8 다이렉트 메일의 장단점

장점	단점
• 형식의 다양성: 작은 것으로는 엽서로부터, 크게는 팜플렛에 이르기까지 모든 형태의 광고물을 이용할 수가 있다. • 대상의 선택성: 업자가 희망하는 수의 대상을 선택하여 광고할 수 있다. • 전달의 개인성: 불특정다수를 대상으로 하는 광고와는 다르며, 특정개인을 지적한 광고이므로 전달의 개인성이라는 특색이 있다고 볼 수 있다.	• 명부의 유효성, 유지의 곤란성: D.M의 효과는 우송대상자명부의 유효율에 의존한다. 예를 들면 고객의 사무실, 집의 이전, 전직, 결혼, 사망에, 명단의 중복, 탈락 등 명부의 가치는 시시각각 변화하며, 이것을 어떻게 정정하여 그 유효성을 유지하는가가 문제이다. • 비용이 비교적 고액: 어떤 광고방법일지라도 손실율이 없는 것은 없으며, D.M을 부동산거래에 관심이나 필요가 없는 사람에게 보낼 가능성이 있으며, 1건당의 비용은 비교적 고가가 되므로 대상을 엄선할 필요가 있다.

광고로서는 비경제적이고 정기적이며, 계속적인 활동이 필요하다. DM의 장단점을 살펴보면 다음과 같다.

③ 출판물광고

부동산업계의 출판을 이용하여 광고하는 방법이다. 미국에서 조사한 바에 의하면 부동산업자들이 이용하는 부동산광고 매개 중 효과가 가장 적은 것이 이것으로 나타났는데(〈표 8〉 참조), 부동산정보를 알리는 대중출판물인 경우는 효과가 적지 않을 것으로 생각된다. 우리나라에서는 1970년대 현대주택, 월간 부동산 등 잡지가 발행되기도 했으나 현재는 부동산전문지출판이 활발치 않기 때문에 이것이 활성화되려면 앞으로 많은 시간이 소요될 것으로 생각된다.

④ 교통광고

교통광고란 기차, 전철, 버스 등의 차내 광고, 역내 간판광고, 기업이 운용하는 차에 기업명을 써 알리는 광고 등을 말한다. 버스, 전철, 지하철 등의 차내 광고에 있어서는 교통기관의 이용자의 행선지, 직업, 소득계층, 통근거리, 시간 등을 분석하고, 광고해야 할 부동산과 관련이 깊은 고객층이 주로 이용하는 노선과 문안을 선정한다. 이러한 차내 광고는 분양아파트와 같이 다수의 물건을 일괄해서 광고하는 경우에 효과적이다.[23] 차내 광고는 차의 옆면이나 뒷면 혹은 앞면에 기업명을 넣어 기업명과 이미지를 광고하는 것이 일반적이다.

⑤ 라디오 및 TV광고

라디오 TV광고의 장점은 많은 가망고객에게 빨리 알릴 수 있고 회사의 신용도가 높다는 것을 과시할 수 있다. 라디오 광고는 다른 매체보다 광고비가 비싸 대규모 분양지광고나 기업광고의 매체로서 이용할 경우가 많다

TV광고는 가장 강력한 광고매체이지만 광고비가 높기 때문에 뉴타운 개발, 별장지분양 등과 같이 대규모 사업의 광고 또는 계획적인 부동산업자의 이미지제고를 위한 기업광고가 아니면 전파에 실리기가 어렵다.

부동산업자는 장기적인 안목에서 동업자단체가 합동하여 새로운 주민들을 위한 프로그램을 만들어 부동산업자 선정방법, 토지를 보는 방법, 건물수리, 부동산과 세금 등 소비자들에게 도움을 제공하는 PR활동도 잊어서는 안 된다, 지방방송

---

23) 村田稔雄, 不動産, 전게서, p.185.

국의 경우는 뉴스, 일기예보 등과 같이 시청자들이 자주 청취하는 프로그램의 스폰서(sponsor)를 하는 것도 좋은 방법이다. 부동산시장의 특성인 지역적인 제약을 고려한다면 전국방송보다 오히려 지방방송국을 이용하는 것이 바람직하다.

⑥ 노벨티광고

노벨티란 개인 또는 가정에서 이용되는 실용적이며 장식적인 조그만 물건으로, 그것을 광고매체로 이용하는 것을 노벨티광고(novelty ad.)라 한다. 부동산업에 있어서 노벨티광고의 목적은 ① 부동산 업자를 일반에게 알리고, ② 장래 고객을 확보하고, ③ 거래하여 준 데 대한 감사의 뜻을 표하며, ④ 앞으로도 계속 호의를 가져 달라는 데 있다.

3) 효과적인 광고방법

부동산은 소비자가 있는 곳까지 운반할 수 있는 상품이 아니기 때문에 잠재적 소비자를 제품의 소재지까지 안내하지 않으면 안 된다. 제품을 보여 줄 상대가 없으면 아무리 유능한 판매원이라도 그것을 팔 수가 없는 것이다. 광고에 관한 구체적인 계획, 제작 및 실시야말로 대다수 부동산업자가 끊임없이 직면하고 있는 큰 과제인 것은 바로 이 때문이다.

부동산광고는 경험이 풍부한 담당자를 두거나 광고대행업자에게 의뢰하는 방법이 있으나 소규모 기업은 대개의 경우 업주 스스로 아니면 판매원을 시켜서 작성하고 있다. 때로는 신문사 광고부의 담당자의 조언을 구하는 경우도 있지만, 이 경우 광고의 내용을 보면 기존의 타사 광고를 모방했거나 창의성이 없는 사례가 대부분이다.

① 광고예산의 편성

광고비는 부동산업의 주요경비의 하나로 구성되어 있지만, 통제에는 상당한 곤란이 따르는 것이 보통이다. 통제를 한다고 해도 극히 개략적인 범위의 통제가 가능할 뿐이다. 광고비지출의 예측과 조정이 어려운 것은 의뢰받는 물건과 완결하는 매상물건이 수시로 변동하기 때문이다. 광고비가 거의 변동하지 않는 기업은 대개 계획된 예산을 따르고 있기 때문이다. 광고비예산 편성방법은 세 가지가 있다.

(a) 전년도매상고기준법

이 사고방식의 근거는, 전년도 성적에 필적하는 매상을 올리려면 올해에도 작년과 동액의 광고비를 지출해야 한다는 사고방식이다. 이 방법은 전년도 수입으로부터 충분한 광고비가 책정되는 장점이 있다. 전년도가 평년 미달이었다면 전년매상고를 상회하거나 그 이상의 판매 예측을 기초로 하여 광고예산을 증액한다. 현실적으로 광고예산은 판매예측의 측정으로 편성되기 때문에 과거의 경험에 비추어 실현가능한 만큼의 예측량을 기준으로 하여 편성한다. 월별로 책정하고, 전시 광고(display ad.), 안내광고 기타 광고별로 책정한다. 우리나라의 경우는 경영을 합리화하려는 몇몇 업자만이 채택하고 있는 것 같다.

(b) 매년 정액법

이 방법은 부동산 경기와 상관없이 매년 정액의 광고비를 지출하는 방법이다. 경기가 후퇴했다든가 경쟁이 치열해졌다든가 하는 등으로 광고비의 증액사유가 분명해졌을 때에 한해서 광고비를 변경하는 것이다.

(c) 현황기준법

이 방법은 판매원의 수, 사무소의 입지 및 현재 시장의 현황 등을 고려하여 광고하는 것이다. 이 방법도 쓰일 수는 있으나 계획에 차질을 빚는 수가 많아, 권할 바는 못 된다. 왜냐하면 경기침체 기간에 아무리 광고를 많이 한다고 해도 그 광고효과를 기대한다는 것이 어렵기 때문이다. 판매노력에는 여타 많은 변수가 작용하고 있기 때문이다.[24]

광고를 가장 효과적으로 이용하는 기업은 광고를 주의 깊게 기획하고 예산을 편성해야 한다는 것을 인식하고 있다. 시장을 조사하고 가장 효과적인 매체를 선정하고, 각각의 매체를 이용할 경우의 비용을 추정하고 달성해야 할 매상건수를 계산하여, 최후의 광고예산을 짠다. 경기가 좋을 때 광고비를 증액하고, 나쁠 때는 감액하는 기업은 광고의 기본적 기능을 인식치 못하고 있다고 보아야 한다. 분기별로 광고비를 조정하는 것도 바람직하지 않다. 매년 예측은 월별로 검토하고 적절히 조정하는 것이 좋다.[25]

광고가 효과적이기 위해서는 첫째, 계속해서 광고하는 것이 좋다. 어떤 시기에는 분주하게 광고를 내고 어떤 시기에는 전혀 광고를 하지 않는 것은 계속적인 매상창출에 영향을 줄 수가 있다. 둘째로 광고비를 변경하려고 할 때는 경기가

---

24) Williarn M. Shenkel, op. cit., p.140.
25) Loc. cit.

나쁠 때 지출하여 매상을 올리고, 매상이 신장될 때는 조금 줄이는 것이 좋다. 호경기에 집중하거나 불경기동안 줄이는 것은 좋지 않다. 또 호경기를 누린 해의 자금을 불경기의 광고를 위해 챙겨 두는 방법도 좋지 않다.

② 광고매체의 선택

많은 매체 중 어떠한 매체를 이용하는 것이 효과적일까? 부동산기업은 이용가능한 모든 광고매체를 동원하지만, 그 중에서도 신문광고에 가장 많은 비중을 두고 있다. 시카고에서 가장 많이 읽히는 '시카고트리뷴'지에 윌리엄 L. 컹클회사는 1년 내내 광고를 내고 있으며,[26] 우리나라에서도 주요일간지에 매일 같이 부동산광고가 나오고 있으며, 광고물건도 전문화하는 경향을 보이고 있다. 신문 이외에도 개인적으로 편지를 낸다거나 인쇄된 물건 안내장, 팸플릿, 현지 간판, 라디오, TV, 기념품 등을 이용하는 방법도 있다. 그러면 이러한 매체를 어떻게 이용하는 것이 가장 효과적일까?

부동산광고에 있어서도 애드믹스(ad mix)를 적용할 수 있다. 광고에 있어서도 수확체감의 법칙이 작용하기 때문에 특정의 매체에 광고비 전액을 쏟아 넣는 것은 비경제적이다. 이론적으로 말하자면 각 매체의 한계효과가 균등하도록 예산배분을 할 수 있다면 더 바랄 바 없겠지만, 실제에 있어서는 추가광고비에 상응하는 주목율의 증가를 안다는 것이 쉬운 일이 아니다. 따라서 신문광고가 아무리 효과가 좋다고는 하지만, 광고비 전액을 쏟아 넣을 수는 없는 일이다. 여기서 마케팅믹스의 개념을 광고에도 적용할 수 있게 된다. 이를 애드믹스라 한다. 일단 광고예산이 짜이면 광고효과지수의 크기에 따라 신문광고, 팸플릿, TV 식으로 광고비를 책정하면 된다. 그러나 애드믹스는 결코 절대적인 것만은 아니다. 동업자와의 경쟁뿐 아니라 관련업과의 경쟁관계도 고려해야 한다. 또 각기 매체의 단가도 변동하고 광고해야 할 부동산의 종류에 따라서도, 애드믹스는 당연히 변화된다. 이러한 최적결합은 시행착오의 과정을 거치면서 추구되는 것이다. 업자가 실제로 애드믹스를 결정하기 위해서는 먼저 광고효과지수를 산출해야 하는데, 그 방법은 다음과 같다.

| 광고효과지수 산출방법 |

(a) 과거 1년간에 지출한 매체별 광고비 집계

---

26) William M. Shenkel, op. cit., p.140.

(b) 그 중 하나의 매체를 기준으로 선택, 광고비를 100으로 보고, 타 매체의 광고비
    지수 계산
(c) 과거 1년간 접촉한 의뢰자에 대하여 어느 매체에 의해 업자를 선택했는가 하는
    기록을 매체별로 집계
(d) 기준매체의 의뢰자수를 100으로 보고, 다른 매체의 의뢰자수를 지수로 산출
(e) 광고비지수를 분모로, 의뢰자수를 분자로 한 효과지수 산출

표 9   광고효과

광고매체	회사수	비율(%)
직송우편	27	17.7
안내광고	47	30.9
전시 광고	26	1.1
업계출판물	9	3.9
라디오	12	7.8
TV	11	7.2
기타	23	15.1
계	152	99.7

우리나라에서는 아직 조사된 바가 없는 것 같으나 매체별 광고효과에 대해서
미국의 William M. Shenkel 교수가 조사한 바를 살펴보자. Shenkel 교수가 150개
기업을 대상으로 한 조사에 따르면 신문안내광고가 30.9%로 가장 효과적이었다고
하고 있다. 다음이 다이렉트메일이고, 그 다음이 전시 광고의 순으로 되어 있
다.27) 신문광고는 광고 중에서도 가장 많이 이용되며, 특정물건 또는 부동산기업
이 제공하는 서비스를 알리는 데 이용된다. 신문광고 이외의 안내광고지, 팸플릿,
게시판 등의 광고는 주로 기업명과 기업이 제공하는 서비스에 주의를 환기시키는
데 유효하다.

③ 광고효과의 측정

효과적인 광고방침 광고가 잘 되었는지를 측정한다는 것은 상당히 어려운 일
이다. 가장 흔히 이용할 수 있는 방법은 광고의 반응으로 나타나는 일체의 조회
나 문의를 기록하는 방법이다. 어떠한 종류의 광고라 하더라도 효과의 측정은 기
업소유자가 해야 한다. 그 이유는 매상을 실현시킬 수 없었던 것은 광고가 부족
했다든가 광고의 매체가 잘못되었다든가 하는 생각이 판매원과 판매관리자한테

---

27) Williarn M. Shalkel, op. cit., p.137.

나오기 때문이다. 광고의 생산성을 측정한다는 것은 상당히 어려운 일이기 때문에 각 기업은 광고비가 가장 효과적으로 이용되고 최선의 광고 문안이 작성되도록 방침을 세워야 한다. 가장 효과적인 광고를 하는 기업들은 다음과 같은 방침을 권장하고 있다.28)

(a) 기업 내에서 한 사람을 선발, 광고문안의 작성과 결과 측정의 책임을 맡길 것. 각 판매원은 광고할 주택의 규모, 상태, 매각조건 및 주택의 특징에 관한 정보를 광고담당자에게 제공하고, 대충 문안이 작성되면 접수한 판매원의 점검을 받든가 또는 판매원이 기업에 광고를 요구하고 있는 물건 당 3종류의 광고 문안을 그 판매원에게 작성시키고 아이디어를 근거로 최종문안을 작성할 것.
(b) 기업이 광고하는 목적을 판매원 전원에게 주지시킬 것. 각 판매원에게 현재 게재중인 전 광고의 부본을 배포하고 각 물건에 대한 특징을 정확히 인지하도록 교육시킬 것.
(c) 사무소에 업무일지를 비치하고, 전화내방을 불문하고, 일체 문의자의 성명, 문의 물건 및 광고에 대한 그들의 의견을 기입할 것.
(d) 사무소에 성과를 올려준 매체를 발견할 때까지 여러 매체를 시험해 볼 것.
(e) 경쟁상대의 광고방법을 모방하기 전에 과연 그들이 원하는 결과를 얻을 수 있는가를 조사할 것.
(f) 큰 광고를 1회 하는 것보다 조그만 광고를 계속해 내는 것이 더 유효한 결과를 가져온다.
(g) 각 판매원에게는 그 선택한 광고에 대해 적어도 최소한의 지출을 인정하고, 그 대신 결과를 보고 시키며, 혹 보고하지 않을 때에는 예산을 잃은 것으로 할 것.
(h) 광고한 물건의 현지안내는 특정 판매원에게 할당하고 그 물건에 관한 문의, 접수건수와 그 물건을 미리 조사한 의뢰자의 반응을 그 판매원에게 매일 보고 시킬 것. 이러한 반응으로부터 광고에 추가해야 할 변경 내용을 알 수 있다.
(i) 지방신문사의 안내광고자와 안내광고의 이용법에 관해 의논, 광고제작에 협조를 얻을 것.

안내광고를 효과적으로 이용하려면 계속하여 이미 게재된 광고의 결과를 평가해야 한다. 가장 좋은 안내광고의 작성방법을 개발하기 위해서는 체크리스트를 만들고, 그에 따라 판단해야 한다. 각 광고는 다음 각항의 기준에 따라 판단하는 것이 좋다.29)

---

28) 村田稔雄(譯), 新しい不動産業經營, 전게서, pp.287~288.
29) William M. Schenkel, op. cit., p.129.

(a) 광고가 머리글에서부터 주의를 끌면서 시작되는가? 머리글은 활자가 크고 간략하며, 광고문안의 특징을 부각시켜야 한다.

(b) 고객의 요구에 어필할 수 있는 광고인가? 주택이라면 그것이 가지고 있는 독특한 특징을 강조하여 고객에게 매력을 주어야 한다.

(c) 가장 적합한 고객에게만 어필하는가? 광고에 실린 주택에 가장 합당한 고객의 조건을 생각해야 한다. 주택이 노부부에게 적합한지, 어린 애가 딸린 젊은 부부, 독신자, 중소득층, 고소득층 등 어느 부류에 적합한지를 고려해야 한다.

(d) 광고를 가장 강력히 어필시켜 본 적이 있는가?: 광고되는 각 부동산은 최고의 쾌적성을 강조해야 한다.

(e) 광고가 흥미 있고 고객이 요구하는 바가 충분히 설명되는가?

(f) 명확하고 생동감 넘치는 광고이며 비효과적인 것, 불필요한 단어는 생략하였는가?

(g) 고객이 원하는 점에 가장 관심을 바짝 돋워 놓았는가?

광고는 매 건수마다 일상적으로 평가하는 것이 좋다. 모든 광고의 기록을 유지해 두면 다음 광고 작성 시 유익하다. 신문광고의 기록을 유지하는 방법으로는 스크랩을 하는 것이 좋다. 그와 함께 매 광고로부터 들어온 요청 건수를 표시하고 의뢰시간, 날짜, 상담판매원의 성명 등도 기입한다. 또 매 광고마다 들어간 비용도 함께 기록한다. 이같이 기록을 함으로써 신문광고 프로그램의 효과를 알 수 있고, 광고효과의 측정을 할 수 있게 된다.

3. 판매촉진

판매촉진(sales promotion)은 "판매를 증진시키는 모든 활동"이라고 정의되는 최광의에서 특매책과 공동광고만을 의미하는 최협의까지 다양하게 해석되고 있으나, 대체로 목표시장 반응을 빠르고 강력하게 자극하기 위해 기획되는 단기적인 유인으로서의 촉진수단을 말한다. 이 때 판촉에는 광고·홍보 및 인적판매를 제외한 모든 촉진활동이 포함되며 결국 이 것들을 효율화하도록 조성하는 특수 활동이다. 판매촉진수단은 세 가지로 나뉜다. 미국마케팅학회(AMA)는 판촉이란 소비자와 유통업자의 수요를 자극하는 인적판매, 광고, 홍보 외의 모든 촉진활동이라고 정의하고 있다.

1) 소비자촉진수단

소비자촉진수단에는 모델하우스, 경품(premium), 하자보수, 조그만 가구의 제공

등이 있다.

2) 거래촉진수단

거래촉진수단에는 구매공제금, 무료상품, 협동광고 등이 있다.

3) 판매원촉진수단

판매원 촉진수단에는 상여금, 경진대회, 판매원집회 등이 있다. 이러한 판매촉진기법의 단점으로는 다음과 같은 것이 지적되고 있다.[30]

| 판매촉진기법의 단점 |

① 판촉은 일시적이고 단명이기 때문에 장기적으로 유용하지 않다.
② 판촉은 그 자체만 이용되는 것을 의미하지는 않는다. 그 이상의 promotion tool
　과 결합시켜 이용할 수 있는 것이다.
③ 빈번한 판촉은 제품의 이미지를 손상시킨다.
④ 판매촉진은 부수적 재료에 지나지 않는다.

이러한 사항은 대개 판매촉진의 단점이라기보다는, 사고와 활용방법상의 문제점이라고도 할 수 있다. 따라서 판매촉진의 이러한 문제점을 해결하고 효과적으로 채택하도록 연구되어야 한다.

판촉은 촉진도구(promotion tool)로서 위에 든 단점 외에 아래와 같은 장점도 가지고 있다. 적절한 판촉을 위해서는 이러한 장·단점의 이해가 필요하다.

| 판매촉진기법의 장점 |

① 소비자가 무엇을 얻어야 하는가? 감을 잡도록 해 준다. 이리하여 상품에 대한 적
　극적인 태도를 자극시킨다.
② 빈번한 판촉활동은 직접유인책이 된다. 이러한 활동은 후일이 아니고 지금 행동
　을 유발시키고 있다. 이것이 효과적으로 작용하면 매상이 증가한다.
③ 판촉은 상당히 유연성이 풍부하다. 제품의 라이프사이클 어느 단계에 있어서도
　유효하게 이용된다. 광고 또는 인적판매에 의해서 제공된 판매·메시지를 증강
　시키며 회사 세일즈맨의 활동을 강화시킨다.

---

30) RiChard E. Stanley, Promotion; Advertising, Publicity, Personnel selling, sales promotion, Prentice—
　　Hall, 1977, pp.307~310.

판매촉진활동을 수행한 다음에는 그 결과를 평가하고, 이를 토대로 판촉실행
계획을 개선해 나가야 한다. 평가방법은 아래와 같다.

| 판매촉진활동수행 평가방법 |

① 판매성과변동분석: 판촉실시 이전과 이후의 판매성과를 비교하는 방법이다. 판촉
  이전의 시장점유율이 증대되었다면 신규고객을 확보한 것으로 보고 효과가 있음
  을 알 수 있다.
② 소비자패널 자료의 이용: 판촉에 반응을 보인 구매자의 종류 및 판촉 후에 어떤
  제품을 구입하는 가를 파악할 수 있다.
③ 소비자 행태조사 실시: 얼마나 많은 사람이 판촉캠페인을 상기시키며 어떻게 생
  각하고 어느 정도의 이익을 얻었으며, 판촉 후 그들의 구매행동에 어떤 영향을
  미쳤는지 알 수 있다.
④ 판촉실험의 실시: 유인의 가치, 배포수단도 같은 요인에 따라 판촉효과가 어떻게
  알리지는 가를 알 수 있다.

---

4. 인적 판매

이 유형의 프로모션은 유니크하고, 그 이름이 지칭하는 바와 같이 인적 기반
으로 이루어진다. 인적 판매(personal selling)는 구입을 유도하기 위해 고객 및 예
상고객과의 직접 접촉할 때 판매원이 기울이는 여러 가지 노력이고, 그것은 개인
적이기 때문에 고도의 유연성이 요구된다. '상품판매의 최후의 열쇠를 쥐고 있는
것은 판매원이다'라고 할 정도로 판매원의 역할은 지대하다. 아무리 광고와 판촉
이 활발히 전개되어도, 아무리 상품이 좋아도 고객은 판매원이 직접접촉하기 때문
에 판매원의 활동여하로 판매는 결정된다. 특히 부동산업의 경우는 판매원의 능력
에 따라 매상고에 크게 영향을 받으므로 이들의 활동이야말로 기업의 성패를 좌
우한다고 하여도 과언이 아니다. 부동산중개업이나 부동산평가업 같은 서비스업은
인적 판매가 갖는 비중이 매우 크다. 전쟁 때 최전방에서도 후방으로부터 대포
등 화력의 지원을 받지만 최후의 고지점령은 소총수들이 하는 것과 같은 원리다.

1) 인적 판매의 장점

① 정확한 예상고객의 발견
광고 및 기타 촉진도구는 비잠재구매자를 잠재구매자로부터 분리할 수 없지만

판매원은 자사제품의 예상고객을 찾아내고, 또 그를 표적으로 활동할 수 있다.

② 특정의 반대를 만족시킨다

광고는 통상 비교적 광범위한 그룹을 대상으로 한다. 잠재고객을 대상으로 의도적 광고는 할 수 있으나 예상구매자의 반대를 설득하여 만족시킬 수는 없다. 그러나 판매원은 방문한 고객의 필요를 만족시킬 수 있고, 또 고객의 고정(苦情)도 해결하여 만족시킬 수 있다. 그러므로 인적 판매는 고객에게 상품의 특징과 기대감을 확산시키는 데 상당히 효과적이다.

③ 상품을 실제로 제시할 수 있다

광고는 상품의 기능이나 그 밖에 여러 가지 정보를 알리기만 하나 판매원은 찾아온 고객을 대상으로 직접 상품을 제시하고 설득할 수 있다.

④ 우호관계의 유지

인간은 원래 자신의 벗을 도와주려고 하는 천성을 지니고 있다. 훌륭한 판매원은 고객의 친구가 된다. 일단 판매원에게 호의적인 태도를 갖게 된 고객은 또다시 자기가 사귄 판매원을 찾는 경향이 많다. 부동산서비스업에서는 일반적인 현상이다.

⑤ 계약체결에 연결된다

판매원은 그 자리에서 계약을 체결할 수 있는 입장에 있다. 광고는 고객을 유인하여 부동산이 있는 곳까지 데려오는 유인기능을 한다면 판매원은 closing을 하는 기능을 한다.

⑥ 커뮤니케이션의 제공

판매원은 판매자와 소비자의 중간에 서서 상호의견을 조정하는 등의 커뮤니케이션 경로역할을 한다.

⑦ 비판매활동의 수행(非販賣活動의 遂行)

판매원은 많은 서비스를 제공할 수 있다. 신용정보의 수집, 고정처리, 시장조사 등 인적 판매 외에도 많은 활동을 수행한다.

2) 인적 판매의 단점

인적 판매의 단점으로는 ① 판매원 양성을 위한 비용이 많이 들고, ② 우수한 판매원의 확보가 어렵고, ③ 광고와 기타 촉진도구가 할 수 있는 일을 못하는 것을 들 수 있다.

| 참고 | **주택시장 구조변화와 종합부동산회사의 출현: 미쓰이부동산주식회사 사례**

고령화·저출산, 1인 가구의 증가 등 인구 및 가구구조가 변화하면서 주택에 대한 패러다임이 투자가치에서 주거가치로 변화하고 있다. 이제 더 이상 수요자들의 주택 선택의 기준이 자산 증식이 아니며, 그 보다 먼저 편리하고 안전한 주거 서비스 이용을 추구하기 때문이다.

이러한 시장의 변화에 기반하여 이제 주택 및 부동산시장은 "건축"에서 "관리"의 시대로 변화하고 있다. 관리의 시대에 맞는 건설업계의 비즈니스 모델은 일회성 수익창출이 아닌 지속적 수익구조를 기반하고 있다. 기존 건설사들은 주택을 건축한 뒤 분양해 판매하는 모델로 프로젝트별 일회성 이익에 주력했다. 하지만 향후 건설시장을 주도할 것으로 전망되는 종합부동산 회사들은 임대·관리·중개·컨설팅 등을 통하여 지속적인 현금흐름을 창출한다. 짧게는 1년, 길게는 5년 이상 월별로 장기적인 수익구조를 가지고 있으며, 이에 따라 안정적인 현금흐름을 확보하고 있다.

성공적인 종합부동산회사의 모델로 일본의 미쓰이부동산(三井不動産)주식회사의 사례를 종종 인용한다. 미쓰이부동산은 1941년 설립된 일본 부동산 업계의 최대 기업이며, 미쓰이 그룹의 핵심기업 중 하나이다.

1990년대 초 일본 주택시장의 버블붕괴 이후 주택시장이 장기침체 구조로 자리잡기 시작했다. 더불어 2000년대 저출산·고령화의 영향이 본격적으로 시장에 나타나면서 주택의 수요는 감소했고, 이에 따라 주택 수요 트렌드가 변화하면서 임대주택 수요가 폭발적으로 증가하였으며 도시재생 및 관리수요 증가와 함께 주택유통의 전문화가 강조되었다. 이러한 시장의 변화에 따라 종합부동산회사가 성장하기 시작하였는데 그 중 미쓰이부동산주식회사가 단연 시장을 주도하였다. 부동산 관련 전 영역에 대하여 전문화를 시도한 미쓰이부동산은 건축도급에 치중하던 종합건설업체의 사업구조에서 벗어나 도시재생사업, 복합개발사업을 중심으로 임대사업 비중을 점차 확대하였으며, 그 결과 매출액 규모가 크게 감소한 대부분의 일본의 종합건설업체나 주택전문건설회사와 달리 매출액 성장을 기록하며 일정수준의 수익률을 유지하고 있다.

일본에서 미쓰이부동산을 비롯한 종합부동산회사가 종합건설업체나 주택전문건설회사와 달리 주택시장안정기에도 매출액 성장을 기록하고 수익률을 유지할 수 있었던 중요한 이유는 시장의 변화를 빠르게 받아들이고 변화하는 시장환경에 필요한

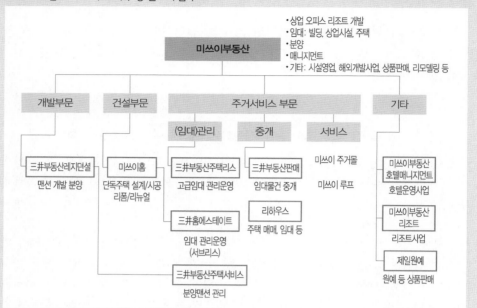

그림 11　미쓰이부동산 사업구조

자료: 주택산업연구원(2013).

관리 영역의 전문화 노력과 수요자의 needs를 적극적으로 반영한 결과라 할 수 있다. 이 과정에서 미쓰이부동산의 수익구조는 개발 중심의 일회성 수익구조가 아닌 일정비율 보유 및 임대를 통하여 안정적, 계속적인 수익구조를 구축할 수 있었다.

　한국의 주택 및 부동산산업은 여전히 건설회사의 아파트 개발 공급 중심의 산업구조를 가지고 있다. 한국 또한 저출산·고령화, 저성장의 시대를 피할 수 없다. 이러한 영향으로 한국의 주택시장 또한 향후 안정기 시장으로 전환될 것으로 보인다. 이러한 시장 환경의 변화는 주택 및 부동산산업에 있어서 과거 대규모 택지개발에 의한 아파트 건설 및 분양 중심에서 도시재생, 임대주택 수요의 다양화, 소규모 개발, 관리 중심으로 변화를 가져오게 될 것이다.

　주택 및 부동산시장의 패러다임 변화에 대응하기 위해서 부동산산업계의 다양한 고민과 연구가 필요할 것이며, 미쓰이부동산의 성공사례는 미래 한국의 부동산건설업계의 방향 설정에 중요한 시사점을 전하고 있다.

제 8 장

부동산개발업의 마케팅활동

1. 시장조사

계속기업으로서의 현대기업(modern enterprise as a going concern)이 장기적이고 지속적인 이윤추구를 위해서는 기업이 현재보다 장래에 관한 의사결정, 그것도 불확실성하의 의사결정(decision marking under uncertainty)이 대부분이므로, 이러한 상황하의 의사결정에는 정보가 대단히 중요하다. 그러나 현대와 같은 변화무쌍한 사회에서 경영관리자가 미래에 관한 의사결정을 하는 경우 대개 주어진 정보의 범위 내에서, 그것도 부족한 정보와 전망이 불확실한 상황에서 결정을 내려야 하는 경우가 많다.[1]

그러므로 경영자의 판단에 추측과 주관성을 배제하고 객관적인 사실에 근거를 바탕으로 오판의 가능성을 최소화하기 위해서는 보다 확실한 자료와 정보가 필요하다. 이를 위한 수단으로 생산자로부터 소비자에 이르는 상품과 서비스의 판매, 유통에 관한 사실의 수집, 기록, 분석 등 시장조사[2]가 필요하다.

한국의 부동산업계도 시장조사를 하고 있다. 그러나 수요창조를 위한 적극적인 시장조사는 아직도 미흡한 상태이다. 그 원인은 소규모업체가 많고, 아직도 과거의 매도자시장(sellers' market)을 벗어나지 못하고 있기 때문이다. 또한 아직도

---

1) 金東基, 現代마아케팅原論, 博英社, 서울, 1971, p.369.
2) 安台鎬, 市場調査論, 博英社, 서울, 1968, p.26.

경영자들이 시장조사의 중요성을 인식하지 못하고 자신의 경험과 주관에 의존한다는 점도 중요한 원인이라 할 수 있다.

시장조사와 유사한 개념으로 시장분석(market analysis)이 있다. 이 둘은 서로 혼용되기도 하지만 차이가 있다. 시장분석이란 회사의 각종 기록물이나 외부의 간행물, 도서, 통계자료를 분석하여 시장상황을 파악하고 판단하는 방법을 말한다. 한편, 시장조사란 소비자나 판매업자 등을 대상으로 직접 시장상황에 대한 정보를 수집 및 분석하여 시장상황에 대한 판단을 내리는 것을 말한다. 시장조사에 필요한 정보수집의 분야에는 다음과 같은 것이 있다.

① 소비자조사
② 시장규모(판매가능량)의 조사
③ 판매경로와 판매업자조사
④ 제품조사
⑤ 광고조사
⑥ 판매조직과 판매활동조사
⑦ 판매분석
⑧ 경쟁양태(競爭樣態)와 추세조사

시장조사를 함에 있어서 모집단 전체를 대상으로 할 수는 없으므로, 주로 통계적 방법으로 표본조사를 한다. 표본추출은 조사목적을 달성할 수 있는 방법을 택한다. 시장실사의 방법은 주로 질문법, 관찰법, 실험법 등 문제의 성격에 따라 적절히 사용한다. 현대사회는 정보사회라고 불릴 정도로 광범위하게 정보를 이용한다. 정보이용에 관심을 가진 기업은 수많은 기술혁신을 이루어왔고, 또한 대량생산된 상품을 대량소비시킬 수 있었다.

2. 부동산 상품화과정

마케팅에서 가장 중요한 것은 상품 그 자체이다. 만약 기업이 생산한 상품이 소비자가 원치 않는 것이라면 아무리 많은 광고비를 투입하고 판매촉진을 위한 노력을 한다고 해도 소비자의 욕구를 자극하지 못해 가치 없는 상품이 된다.[3] 따라서 상품의 생산은 소비자의 욕구 지향적(慾求 指向的)으로 결정되어야 판매에 성공할 수 있다.

구매자의 입장에서 구매자선호(buyer's preference), 구매동기(buying motive) 및 구매관습(buying habit)을 충분히 감안하여 제품계획을 수립하는 것이 현대 마케팅에서의 제품계획이다. 어떻게 하면 생산된 제품이 판매저항을 받지 않고 수요자들에게 잘 받아들여질 것인가 라는 관점에서 제품계획이 이루어져야 하는 것이다.

---

3) 金東基, 前揭書, p.187.

소비자 지향적 제품계획은 ① 구매자의 필요나 욕구를 충족, ② 판매량의 증가, ③ 경쟁에서의 우위, ④ 판매촉진활동의 자극, ⑤ 과잉원재료 이용, ⑥ 불요제품활용(不要製品活用) 등을 위해서 필요한 것이다.

제품계획에서 고려해야 할 요소들은 ① 품질, ② 디자인, ③ 상표, ④ 색채 등이 있으며, 이들을 고려할 때 항상 소비자를 염두에 두어야 한다.

1) 토지의 확보 및 개발

주택 및 택지사업의 근간을 이루는 것은 사업지의 확보이다. 사업지는 제조업체에서의 원재료와 동일한 것이다. 토지가 확보되지 않으면, 더 이상의 주택이나 택지를 공급할 수 없다.

우리나라의 부동산개발업은 토지투기의 한 부산물로 발전했다고 해도 과언이 아니다. '지으면 팔렸기' 때문에 지금도 토지확보에 대한 계획적인 전략이 부족한 편이다. 대부분의 경우 이미 소유하고 있던 토지를 활용하거나 즉흥적인 방침에 따라 토지를 매입하는 경우가 많았다. 따라서 택지나 주택의 원가비율이 높을 뿐만 아니라 비과학적인 방법에 의한 사업지선정으로 개발 도중 문제가 발생하는 경우가 많았다. 이 절에서는 우리가 반드시 참고해야 할 일본의 대표적인 부동산개발회사인 미쓰이부동산(三井不動産)주식회사의 토지확보와 개발전략을 소개한다.

(1) 택지개발업무의 개요

① 정보의 발생

- 중개업체로부터의 물건소개
- 토지매매업자와의 접촉
- 직원이 직접실사하여 정보수집
- 지방공공단체와의 접촉
- 사내정보교환(과장회의)

② 정보의 취사선택(제1차 심사)

- 소개자, 소유자의 적격성(適格性)
- 입지(거리, 용수(用水))
- 악성분쟁에 걸려 있는 물건
- 공공투자전망
- 면적의 협소성
- 법령관계
- 채산성(採算性)
- 회사정책과의 일치여부

③ 예비조사

④ 현장조사

⑤ 제1차 조사

- 지세(地勢), 지질
- 지역장래성
- 등기상 권리
- 소유자관계
- 법률관계
- 단지매수(買收)가능성
- 인근환경, 교통관계
- 근처 유사지(類似地)의 시가(時價)
- 도시시설(수도, 가스)
- 도시계획
- 배수관계(排水關係)
- 기 타

⑥ 제2차 심사(개발적부심사(開發適否審査))

⑦ 제2차 조사

- 1차 조사의 철저화(徹底化)
- 채산계획(pilot plan 작성자료)
- 지주의 매각의도에 대한 조사

⑧ 제3차 조사(상무, 부장, 개발관계 과장회의)

⑨ 경영회의: 방침결정

⑩ 매수방침(買收方針)의 입안

- 매수지 범위(買收地 範圍)
- 지주·업자접촉, 업자신용조사
- 매수(買收)전략검토
  - 매수형태(직접 또는 간접)
  - 기간(구입완료까지)
  - 대금지급방법, 시기
  - 착수의 시기
  - 전지역 완전매수가능 시일
  - 가 격
  - 공부 또는 실측매수(實測買收) 여부
  - 중개료 산출방법
  - 대외사용명의
  - 매수동의자(買收同意者)에 대한 대책
- 제한물권(制限物權), 채권(債權), 입목(立木), 지상작물(地上作物)의 처리
- 공권(公權) 및 관습법(慣習法)에 대한 처리
- 특별법에 대한 대책
- 도시계획상의 조사(계획도로까지 매수할 것인가)
- 명도시기(明渡時期) 등

⑪ 매수(買收)

가. 직접매수시(直接買收時)

- 지도, 등기의 최신판 준비
- 지주의견 청취
- 인맥의 조사, 교섭상대결정
- 유력자(有力者)·협력자 그룹 편성
- 지방공공단체의 협력요청
- 계약체결
- 물건의 확인, 경계확인
- 국유재산에 대해서는 ⓐ 사정(査定), ⓑ 표시등기(表示登記), ⓒ 불하(拂下)신청, ⓓ 대금불입

- 토지대장, 각호대장(各號臺帳)작성, 등기 상 권리자 조정
- 실시반 편성
- 지방유력자 및 협력자 물색, 절충
- 매수가격(買收價格) 설득
- 승낙자(承諾者) 확인
- 대금지급(계약금, 중도금, 잔금)
- 점유이전(占有移轉), 등기이전

나. 간접매수시(間接買收時)

- 직접매수시의 8번째 항까지의 실행지시(實行指示) 및 수시 보고수령
- 간접매수시 매수경비 변동한계 결정, 토지대금, 중개료, 제한물권, 채권, 토지작물 처리비 등
- 계약자결정
- 대금의 지급방법 결정
- 매매계약체결
- 위임보수지급(委任報酬支給)

다. 불응지주대책(不應地主對策)

- 지주설득 강화(인적 관계, 집단적 압력)
- 단가(單價)인상(단, 다른 계약자와의 표면적 균형은 이루어야 함)
- 지역 외 대체지확보(代替地確保) 촉진
- 지역 내 대체지 조성계획 및 구역변경(區域變更)
- 조성 후 환지여부절충(換地如否折衷)
- 불필요지역 외(不必要地域外) 토지의 고가격 동시매수
- 소작료(小作料)지급, 기타 지상물(地上物)비용 부담
- 계획구역의 변경
- 사업방침의 변경(일괄개발 → 구획정리사업지로(區劃整理事業地))
- 개발사업 포기(전매계획(轉賣計劃) 등)

⑫ 개발가능확인(買收終了)

⑬ 현황조사

가. 법 령

- 법률: 도시계획법 및 시행령, 환지법(換地法), 공원법, 하천법, 녹지보호법(綠地保護法), 광업법, 삼림법(森林法), 국유재산법, 사방법, 사도법(私道法), 하수도법, 전기사업법, 소방법, 지방공공단체의 조례, 공공시설정비기준 등
- 관습(慣習): 수리관행(水利慣行), 조합규정(토지개량조합·경지정리조합 등), 私道통행권

나. 현물조사

- 현지답사: 용수, 지상물, 고압선, 지질, 지세
- 지형측량, 지적측량
- 지질조사: ① 함수비(含水比), 간극비(間隔比), ② 성토(盛土), 절토관계(切土量과盛土比), ③ 토목공사비의 단가산정기초자료
- 상수수원(上水水源) 확보
- 오수(汚水), 우수(雨水)의 방류(放流)지점조사

다. 도시시설조사

- 상수도(公營, 私營수도의 유무, 용량, 이용가능성)
- 가스(도시 가스, 프로판 가스)
- 하수(배수)시설(공공 하수처리지역 여부, 集中汚水處理場 여부, 방류가능성)
- 우수방류시설(雨水放流施設)(직접방류, 放流地 필요성)
- 전기, 전화시설(인입관계)
- 교통기관의 현황 및 전망, 도로의 교통량
- 상점, 병원, 구청, 학교, 경찰서, 소방서, 생활관계 시설
- 도시발전상의 동향
- 동업 타회사의 동향, 부근 다른 분양지의 분양상태
- 부근 지가의 동향

(2) 사업계획수립

택지매수 후 현물조사와 도시시설조사 등이 끝나면 사업계획수립의 순으로 들어간다. 먼저 파일럿 플랜(pilot plan)으로서 사업계획에 대한 기본구상을 수립한다. 즉, 개발예정지에 대하여 도시계획이나 지역개발 관점에서 토지이용의 방향을

모색하고, 토지의 최고최선의 이용계획을 수립하는 것이다.

① 파일럿 플랜(pilot plan, 기본구상의 수립)

- 토지이용계획: 토지이용구분, 예정건축물의 형태, 인구밀도, 건물배치, 공공시설배치
- 교통계획: 도로폭의 구성(최소 5~6m), 종횡단면도(縱·橫斷面圖), 도로교차점(交叉點)의 계획도
- 상하수도 계획: 상하수도계획, 수량계획도
- 정지계획(整地計劃): 배수계획도, 우수(雨水), 오수(汚水), 유수(流水) 및 그 루트
- 공공·공익시설의 배치계획: 공원·녹지계획도(평균 총 소지(素地)의 3%)
- 각종 계획결과의 도면화
- 채산성검토, 설계조건의 정리
- 소관 관청에 파일럿 플랜 사업제출, 상담절충

② 마스터 플랜(master plan, 기본계획)

- S＝1/1000 지형측량도(地形測量圖)에 따라 파일럿 플랜의 정밀화를 기하고, 동시에 용지매수의 정리, 재검토를 시행한다.
- 사전소관청심사(事前所管廳審查)

③ 기본설계

- 최대한 정밀한 도면으로 계획설계
- 공정별(工程別) 공사비의 개산(槪算)
- 연도별 자금계획
- 공정표(工程表) 작성

④ 실시설계

- 공사실시에 관한 각종 설계도, 시방서(示方書), 공정표(工程表), 공사비, 공사자 선정 등 수행
- 실측도(實測圖) S＝1/500~1/50
- 도로설계도(평면, 표준횡단(標準橫斷), 종단(縱斷), 구조(構造) 등)
- 정지계획도(조성평면도, 법면(法面), 옹벽 설계, 토량계산, 토량선토도(土量選土圖), 녹화)
- 배수시설도(우수, 오수 평면도, 종단도, 人孔取付管의 구조 및 계산, 오수 처리평면도·기능도)
- 급수(給水)·급탕(給湯)설계도
- 가스전기설계도(전력회사, 가스회사와 협의)

- 공원 · 녹지설계도(각종 공원평면, 기능)
- 건물배치
- 수량계산표(공사단가표, 공사비명세서)
- 시방서(示方書)
  - * 각 용지의 표준비율
    - ─택지: 65~70 %   ─공원: 3% 이상(1인당 3㎥ 이상)
    - ─도로: 20~25 %   ─오수처리장(汚水處理場): 0.3~0.5㎥/1인(평균 0.5%)
  - * 法面(경사면)의 유효면적 평가치(有效面積評價値)
    - ⓐ 1m 이하의 법면: 무시
    - ⓑ 방향에 따라 다음과 같다.
      - 남향 법면: 평균치 × 1/2
      - 동서향 법면: 평균치 × 1/3
      - 북향 법면: 평균치 × 1/10
  - * 절토(切土)와 성토(盛土)의 변화율과 압응침하율(壓應沈下率)

절토 1㎥		성토
	0.8㎥	
	1㎥	
	1.38㎥	

  - * 도로계획상 요점
    - ─구배(勾配): 8% 이하
    - ─폭(幅): 5~6m 이상, 1차선 폭(幅) 2.75m
    - ─가능한 한 세로(細路)는 동서로 뻗어 주택과 접하여야 한다.
    - ─동서의 교차점(交叉點)을 최대한 줄인다.
    - ─도로면적을 최대한 줄인다.
  - * 주택배치상의 요점
    - ─일조(日照): 1일 최대 4시간 이상 일조시간이 되게 함.

🏠 그림 12 주택배치의 모형

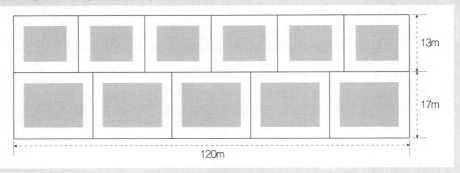

－주택위치의 변경

－축대의 그늘은 고도의 1.5배, 따라서 최소 2~1.5배 뛰어서 주택 배치(맨션인 경우 2.5~2배 간격)

(3) 허가신청

민간기업의 경우 택지사업의 승인신청은 개간허가신청(開墾許可申請)과 일단(一團)의 주택지 경영사업 인가신청으로 나눌 수 있다. 일단의 주택지 경영사업을 위한 사업인가절차를 살펴보면 다음의 그림과 같다.

그림 13 일단의 주택조성사업 허가절차

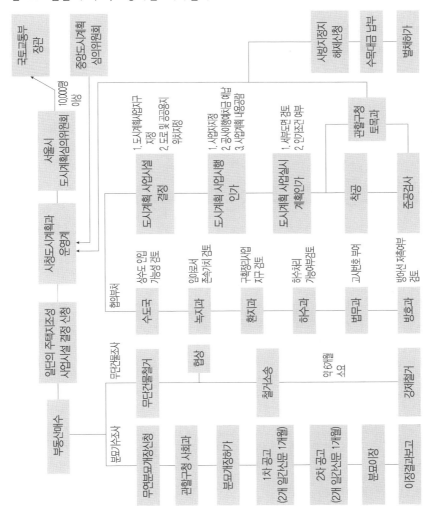

2) 주 택

주택을 상품화하는 과정은 우선 불특정 수요자를 대상으로 하므로 먼저 이들에 대한 조사를 해야 한다. 가격, 가족구성, 생활양식 기타 수요자의 욕구를 정확히 파악, 분석, 정리해서 이를 기초로 기본 계획을 세운다. 기본 계획을 수립할때는 최종실수요자 한 사람 한 사람이 만족할 수 있는 여러 가지 욕구를 제품계획에 반영해서 최종적인 계획안을 확정한다. 이를 바탕으로 기본설계를 하는데 기본설계에는 평면·입면구성 등을 마치고 각 부문의 상세설계에 들어간다.

이와 병행하여 전기, 위생, 난방 계획과 설계를 한다. 설계가 완성되면 도면은 건축허가를 받아야 하며, 한편으로는 적산을 해서 예산서를 작성하고 공사에 소요되는 자금을 산출한다. 필요하다면 공정계획, 자금계획, 자재수급계획 등이 뒤 따라야 하며, 건축허가가 나오면 착공·시공에 들어간다.

공사가 끝나면 준공허가를 받는 한편, 정산(精算)을 실시하는데 이 과정을 도식화하면 다음과 같다.

그림 14 주택의 상품화 과정

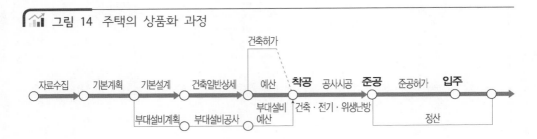

3) 공 사

주택의 상품화과정이 끝나면 공사에 들어간다. 공사과정에는 먼저 시공업자선정을 하고 그 다음으로 공사도급계약체결, 착공, 준공 등의 순서로 진행된다.

(1) 시공업자의 선정
① 견적참가업자의 선정
② 현장설명
③ 경쟁입찰의 실시(견적서 제출)
④ 업자결정
⑤ 재견적서(再見積書) 제출

⑥ 업자와의 협의 실시

(2) 공사도급계약 체결
① 견적서
② 시방서
③ 관련도면

- 시공지구 위치안내도
- 지형도
- 공원 사본
- 일반계획 평면도(마스터 플랜)
- 좌표평면도(座標平面圖)
- 좌표표(座標表)
- 구적도(求積圖)
- 택지분할평면도
- 방재계획평면도(防災計劃平面圖)
- 소방·수리(水利)평면도
- 토공평면(土工平面), 토공량계산표(土工量計算表), 토량계획도
- 정지 종횡단도(整地 縱橫斷圖)
- 도로평면 종단구조도(縱斷 構造圖)
- 지하매설물(埋設物) 표준도

- 우수관 종단도(雨水管 縱斷圖)
- 우수계획(雨水計劃), 배치평면도
- 아스팔트포장 구조도
- 우수 입찰구조도(雨水 入札構造圖)
- 난간 배치기준도
- 난간 구조도
- 지구조도(池·構造圖, 造水池)
- 오수계획, 배치평면도
- 오수관종단도
- 오수관 기타 구조도
- 오수 입찰구조도
- 오수처리장 평면구조도
- 석축(石築), 옹벽전개도(展開圖), 구조도(構造圖)
- 방화·방재·수조구조도(水槽構造圖)

(3) 착 공

(4) 공사감리
① 시공감리
② 안전감리
③ 기계감리

(5) 준 공
① 공사관련자료 참조
  - 지상측량 일반시방서
  - 측량업무 도급계약서

- 공사감리관계 일절
② 도로설계의 일반적 원리
- 10만평 이상의 단지에는 2개 이상의 진입로가 필요
- 도로 폭의 일반원칙
  진입도로: 12~16m
  간선도로: 8~12m
  부 간선도로: 6~9m
  세가로(細街路): 4~6m
  녹보도(綠步道): 2~4m
③ 지반연약지대(地盤軟弱地帶)의 성토(盛土)대책
- 30~50cm를 성토하고 난 후 다지고, 다시 30~50cm를 성토하고 다진다.
- 연약지대토지를 완전히 조적(造積)
- 샌드 매트(sand mat)방법
- 샌드 파일(sand pile)방법

4) 부동산 판매가격의 구성

(1) 판매시의 시장가격조사

과연 팔릴 수 있는 가격은 얼마인가를 조사하고, 이를 가격결정의 과정에 반영시켜야한다. 소비자의 동향을 고려하지 않는 가격결정은 부동산시장에서 무의미하기 때문이다. 판매가격은 자사의 이익을 최대로 하면서 동시에 목표시장 소비자들의 지급능력을 고려한 것이라야 소비자가 기꺼이 지갑을 열게 된다. 또한 경재업자들을 이길 수 있는 가격이어야 한다. 이 처럼 판매가격을 결정할 때는 원가, 소비자의 지급능력, 경쟁회사의 가격 등 세 가지를 고려해서 정해야 하는 복잡한 문제가 내재되어 있다.4)

(2) 가격결정에 영향을 미치는 여러 가지 요인

한 기업의 제품이나 서비스의 판매가결정에 영향을 미치는 요인은 단지 원가 수급관계뿐만 아니라 제품의 성질, 경쟁기업의 판매가, 수요의 질과 양, 예상판매량, 각 판매경로별 적정이윤, 판매가 이외의 마케팅전략 등 광범위하다. 그래서 가격결정에 영향을 미치는 요인도 제품에 따라 다르고, 후발기업의 경우 선발기업

---

4) 俞鵝老, 마아케팅理論과 實際,-潮閣, 서울, 1968, p.273.

의 가격선도성(價格先導性, price leadership)에 준해서 뒤따르는 모방가격을 결정해야 하는 경우도 있다.[5]

(3) 원가기준 산출방법

택지, 주택의 원가구성은 토지대, 직접공사비, 간접공사비, 일반관리비로 대별할 수 있다. 이 가운데 원가의 구성비중이 큰 것은 토지대와 공사비로 전체 원가의 80% 정도를 차지한다. 택지조성사업에는 토지의 전체 면적이 택지로 되지 않고, 도로·공원 등 이른바 공공시설면적 등으로 20~25%가 감소되므로, 택지의 가격은 25~30% 상승한다. 여기에다 공사비, 판매비 및 일반관리비를 더하며 당초의 소지가(나대지의 값)와 완성택지의 가격과는 상당한 격차를 보인다.

예를 들어, 평당 10만원씩 만평을 구입하여, 평당 4만원의 공사비를 투입했다고 하자. 그리고 판매비 및 일반관리비는 공사비의 25%이며, 조세는 제품총원가의 15%이며, 도로, 공원 등으로 인한 감보율(減步率)은 20%라고 하자. 연간 금융비용은 토지가격의 30%이며, 적정수익률은 총원가의 15%로 가정하자. 그렇다면 완성시의 택지가격은 281,250원이 된다.

토지가격	10,000평×@10만원	= 10억원
공사비	10,000평×@4만원	= 4억원
판매비 및 일반관리비	10,000평×@1만원	= 1억원
조세	15억원×0.15	= 2억 2,500만원
금융비용	10억원×0.3×10/12 (소요기간: 10개월)	= 2억 5000만원
이익	15억원×0.15	= 2억 2,500만원
합계		= 22억 5,000만원
택지가격	= 22억 5,000만원/8,000평(감보율 20%) = 281,250원	

위에서 살펴본 것은 원가계산의 구성과정에 불과한 것으로, 판매원가와는 상당한 차이가 난다. 부동산의 가격은 여러 가지 요인에 의해 영향을 받을 뿐만 아니라 개별적 요인에 따라 가격이 결정되므로 판매원가는 원가계산에 의한 기본가격에다 그 부동산의 개별적 요인에 의한 평가가 가미되어 결정되므로, 여기에서 획일적인 가격을 환산하는 것은 불가능하다.

---

5) 金東基, 前揭書, p.326.

택지와 주택의 원가분석을 더욱 확실히 하기 위해 일본의 사례를 여기에 소개한다. 택지의 공급가격은 소지의 취득가격, 조성비, 각종의 시설정비비, 일반관리비, 금융비부담률, 이윤 등의 총합으로 결정된다.

> 처분가격 = (용지취득가격 + 조성공사비 + 시설정비비) × 일반관리비 및 금융비 부담률
> × 이익률 × 처분택지율

예들 들어, 용지취득비가 평당 5만원, 〈조성공사비 + 시설정비비〉가 평당 5만원, 일반관리비 및 금융비 부담률이 30%, 이익률이 20%, 그리고 처분택지율이 60%라 가정하면 택지의 처분가격은 26만원이 된다.

$$처분가격 = (50,000 + 50,000) \times 1.3 \times 1.2 \times (100/60) = 260,000원$$

📊 그림 15 제품판매가격의 구성

제품판매가격	이익 조세				
	제품판매원가	금융비 관리비 간접판매비			
		제품총원가	직접판매비		
			제조원가	직접경비	직접재표비
					직접노무비
					직접경비
				간접경비	간접재료비
					간접노무비
					간접경비
				토지비	토지비

(4) 코스트계획

맨션아파트의 채산성을 고려할 때, 토지의 값과 용적률과의 관계는 대단히 중요한 과제이다. 대중맨션과 고급맨션의 수지구조를 간단하게 설명하면 다음과 같

다. 이 때 취득한 토지에 대한 용적률은 300%로 가정한다.

	대중맨션	고급맨션
용지취득가격(평당)	240만원	360만원
용적률	300%	300%
지가부담률(용적률100%당)	80만원	120만원
건축비(평당)	160만원	240만원
건설원가(지가부담률＋건축비)	240만원	360만원
유효면적당 원가(건설원가의 80%)	300만원	450만원
판매경비 및 원가(유효면적당 원가의 30%)	90만원	135만원
판매가격(유효면적당원가＋판매경비 및 원가)	390만원	485만원

일본의 대중맨션과 고급맨션의 차이는 여러 가지가 있을 수 있다. 아래에서는 그 중 대표적인 다섯 가지 사항을 제시한다.

- 입지의 우열
- 냉난방의 유무
- 건축설비의 우열(주방·욕실·화장실, 특히 출입문의 손잡이나 장치 등)
- 건축마무리의 관계
- 공용부분(共用部分)의 충실성(엘리베이터, 주차장 설비 기타)

공장, 도로, 주택 등의 건설비용 중 용지비가 차지하는 비율이 최근 크게 높아지고 있다. 일반적으로 유럽이나 미국에서는 주택비용 중 토지비용이 차지하는 비율은 25% 이하가 관례로 이해되고 있다. 이처럼 용지비용의 상승은 건설비용 상승에 큰 영향을 미친다.

제2절   부동산의 유통구조(marketing channel)

1. 마케팅경로

마케팅경로란 상품이 생산자로부터 소비자에게 이르기까지의 경로를 말한다.[6]

일반적으로 생산자로부터 소비자 혹은 사용자에 이르기까지의 상품의 마케팅경로는 소비재, 농산물 또는 생산재에 따라 각각 다르다. 또한 상품의 품종, 품목, 기업의 판매경로정책에 따라 달라진다. 오늘날 기업의 최대과제는 시장점유율을 높여 시장에서 자사제품의 우위성을 확보하는 데 있다. 이를 위한 하나의 수단으로 판매경로를 통한 마케팅능률(marketing efficiency)의 향상을 추구하고 있다.[7]

마케팅경로는 상품의 시장배포(market coverage), 판매촉진(sales promotion)에 깊은 관계를 지니고 있다. 기업의 마케팅정책에서 마케팅채널정책이 차지하는 중요성을 고려할 때 경시할 수 없는 문제이다. 현재의 마케팅채널은 크게 두 가지로 나눌 수 있다. 하나는 부동산공급자가 중개자를 거쳐 수요자에게 부동산을 공급하는 것이며, 다른 하나는 부동산공급자가 중간경로를 거치지 않고 바로 수요자에게 공급하는 것이다. 이를 그림으로 표시하면 다음과 같다.

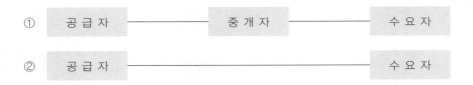

①의 경우는 공급자의 공신력이 부족할 때, 공급물건이 소수일 때 이용한다. 일반적으로 부동산소재지의 중개업자에 판매를 의뢰하는 경우가 많다. ②의 경우는 공급자의 공신력이 크고 자금력(광고비용)이 충분할 때, 매스컴을 통한 광고활동으로 부동산을 직접 수요자에게 판매하는 것이다. 비교적 규모가 큰 업체가 이용하는 방법이지만, 광고비용이 많이 든다는 약점이 있다.

한편 일본 부동산업계의 유통경로를 보면, 수요와 공급의 양자 간에 개재(介在)하는 경우는 단순한 중개업자, 부동산을 사서 매매차익을 목포로 사는 투자업자, 임야나 농지를 사서 택지를 조성해서 분양하는 택지조성업자, 주택과 택지를 함께 분양하는 분양주택업자 등이 있다.[8] 이들 중간에 개재하는 삼자(三者)를 경우에 따라 묶어 보면 다음과 같은 부동산유통의 기본형태를 이루고 있다.

[그림 16]에서 ①번은 수급양자 사이에 매개자 없이 직접 거래하는 경우이다. 이런 경우는 대부분 양자가 친척 또는 친지 사이일 때 발생한다. 그러나 상호 신뢰한대로 거래가 이행되지 않거나 소유권이전문제로 분쟁이 일어날 수도 있다.

---

6) 金東基, 前揭書, p.449.
7) 上揭書, p.475.
8) 蒲池紀生, 日本의 不動産業, 日本經濟新聞, 東京, 1970, pp.34~44.

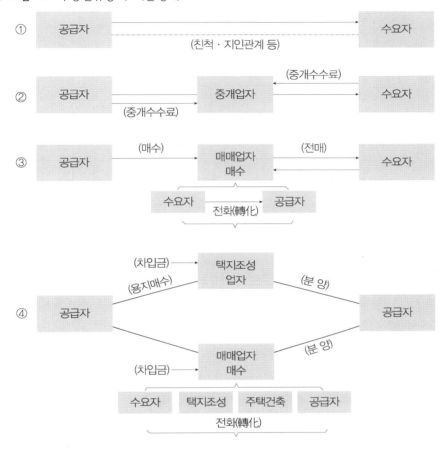

그림 16 부동산유통의 기본형태

②번은 단순중개거래로 전문적인 중개업자가 개재되는 경우이다. 중개업자는 공급자, 수요자로부터 매각 또는 구입의뢰를 받아 업자간의 정보교환 및 광고 등의 수단을 통해 그 희망조건을 거래상대방에 보여 양자 간에 합의해서 매매계약을 하게 된다.

③번의 형태는 중개업자가 특정의 토지를 사 두었다가 토지가격이 올라갔을 때 전매(轉賣)하는 경우이다. 이 때 중개업자는 단순한 중개수수료가 아니라 고액의 매매차익을 차지한다.

④번은 택지분양, 주택분양업자가 토지를 매입하고 택지조성을 해서 주택건축 공사를 한 후 수요자에게 분양하는 형태이다. 주택분양업자는 분양총가격에서 용지비, 공사비, 판매비 등을 제외한 나머지를 이윤으로 수취한다.[9]

---

9) 蒲池紀生, 前揭書, pp.44~46.

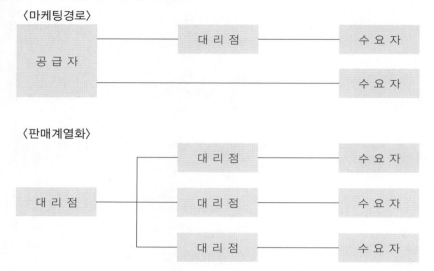

📊 그림 17 마케팅 경로와 판매계열화

〈마케팅경로〉

| 공급자 | 대리점 | 수요자 |

수요자

〈판매계열화〉

대리점	대리점	수요자
대리점	수요자
대리점	수요자

한편 일부 회사는 판매계열화를 통해 주요대리점과 고객의 계열화로 마케팅경로정책에서 많은 성과를 거두기도 한다.

제 3 절 최근 주택건설업계의 마케팅전략

1. 아파트 분양시장에서의 마케팅전략의 필요성

한국에서 아파트는 이제 대표적인 주거공간으로 자리 잡았고, 매년 전국적으로 특징을 지닌 새로운 브랜드의 아파트가 분양되고 있다. 이렇듯 수많은 아파트 분양의 성공적인 사업성과를 내기 위해 분양 사업자들은 마케팅전략수립과 다양한 형태의 마케팅활동을 수행하고 있다.

아파트의 성공적 분양을 위한 마케팅전략수립과 체계적인 마케팅활동은 시장환경의 변화에 따라 다양하게 발전하고 있다. 과거 주택공급이 부족하던 시기 아파트는 짓기만 하면 판매가 되는 시장이었다. 아파트를 구매하려는 수요자는 얼마든지 찾을 수 있었기 때문에 아파트 분양에 있어서 별다른 마케팅전략이나 활동 없이도 분양에 어려움을 느끼지 않았다.

그러나 대규모 택지개발과 보금자리 주택, 행복주택 등의 보급으로 꾸준히 아파트가 공급되고, 주택보급률이 증가함에 따라 성공적인 분양을 위한 마케팅전략 수립은 분양 초기 단계에서부터 가장 중요한 요소로 자리 잡게 되었다. 즉 분양 사업자들 간의 끝없는 경쟁이 벌어지고 건설한 아파트를 구매하려는 수요자를 찾아야 하는 수요자 중심의 아파트 시장으로 마케팅환경이 변화하게 되었다.

또한, 1990년대 말 분양가 자율화 이후 아파트가 전문화, 차별화, 고급화되었고, 각 분양 사업자와 건설사 들은 그들이 건설하는 차별적인 아파트를 표현하기 위해 아파트에 브랜드를 도입하게 되었다. 아파트의 브랜드화에 따라 건설사들은 그들의 브랜드를 중심으로 본격적이고 체계적인 마케팅활동을 전개고 있으며, 그 결과로 아파트 분양마케팅 전략수립도 더욱 정교화되어 가고 있다.

2. 분양마케팅의 전개

최근 수요자 중심의 아파트 분양시장에서는 성공적인 아파트 분양성과를 달성하기 위해서 분양전략의 수립과 다양한 마케팅활동이 요구되고 있다. 사전 가망고객을 발굴하고, 분양아파트 상품을 홍보하고, 상품이 가진 가치와 혜택을 가망 고객이 공감하고 확신할 수 있도록 설득하며, 상품에 대한 가망고객들의 시장반응을 최대화하기 위한 다양한 분양마케팅을 전개하고 있다.

분양마케팅 전략은 분양아파트 상품과 분양시점의 환경특성을 분석하여 분양아파트 상품을 구매할 가능성이 높은 가망고객을 선정하여 목표시장을 정하고, 목표시장을 대상으로 분양아파트에 대한 시장반응을 최대화하는 방향으로 수립된다.

마케팅전략이 수립되면 마케팅전략에 따른 활동을 수행할 인력을 확보하고 조직화하게 된다. 분양마케팅전략에 입각하여 분양사실을 고지하고, 분양아파트 상품을 알리고, 혜택과 가치를 설득하기 위해 신문광고, 전단, 광고, 인터넷 광고 등의 다양한 마케팅활동을 전개한다. 또한 보다 신뢰성 있는 방식으로 홍보하고, 분양아파트에 대한 호의적인 여론을 형성하기 위해 인터넷과 신문을 활용한 홍보활동을 적극적으로 펼친다.

가망고객은 분양아파트에 대하여 시공사 또는 시행사가 제공하는 가치와 혜택을 충분히 공감하고 확신할 때 청약 및 실제 계약으로 이어질 가능성이 높아진다. 가망고객의 계약행동을 유도하기 위해서는 공감과 확신이 필수적인 요소이다. 이에 따라 분양아파트에 관심을 보이는 가망고객들로부터 걸려온 문의전화를 효과적으로 관리하거나 정보제공에 동의하도록 유도하여 다양한 정보를 제공하는 등의 마케팅활동을 전개하게 된다.

고객이 문의전화, 추가적 정보 요구 등의 반응을 보일 때 이를 어떻게 관리하느냐에 따라 주택 판매의 성과를 좌우하는 경우가 많으며, 전화문의, 추가적인 정보 요구 등의 반응은 실제적 판매활동을 시작하는 출발점이며, 고객의 효과적 관리를 통하여 판매로 이어지게 되므로 분양마케팅에 있어서 고객관계관리(CRM: Customer Relationship Management)[10]를 적극적으로 도입하고 있다.

CRM은 기업들이 고객들의 성향과 욕구를 미리 파악해 이를 충족시켜주고 기업들이 목표로 하는 수익이나 광고효과 등 원하는 바를 얻어내는 기법을 말한다. 또한 이는 기업이 고객관계를 관리해 나가기 위해 필요한 방법론이나 소프트웨어 등을 의미하기도 한다. 고객들에게 분양아파트를 실제적으로 경험할 수 있도록 하기 위해 모델하우스를 설치하게 되는데, 이는 분양아파트의 실체가 존재하지 않는 상태에서 아파트 분양을 진행하는 선분양의 문제점을 해소하기 위함이다. 모델하우스는 아파트에 대한 내외부적인 실제적 경험을 제공하고, 분양아파트나 분양과 관련된 다양한 정보제공과 의문사항 해소, 분양아파트의 가치에 대한 공감 형성을 위하여 필수적인 고객 접점이라 할 수 있다.

따라서 분양마케팅에서는 가능하면 많은 가망고객의 모델하우스 방문을 유도하고, 모델하우스에서의 체류시간을 연장시키기 위해 모델하우스를 중심으로 다양한 이벤트 행사를 진행한다. 또한 모델하우스 방문을 통해 분양아파트에 대한 관심을 제고하고, 분양아파트를 실제로 경험할 수 있도록 하며, 분양아파트의 가치와 혜택에 대한 인식을 개선하고, 분양에 대한 붐 조성과 더불어 예비 고객들의 경쟁의식을 유발함으로써 구매 욕구를 높이는 등 계약행동을 촉구하기 위한 다양한 마케팅활동을 전개하고 있다.

성공적인 아파트 분양을 위해서는 체계적인 마케팅전략수립과 다양한 마케팅 활동이 필수적인 요소이다. 분양아파트가 우수하고, 분양환경이 양호하다고 해도 잠재적 구매자들에게 분양사실을 고지하고, 분양아파트의 가치와 혜택을 알리고, 이를 효과적으로 설득하지 못한다면 성공적인 분양을 달성하기는 어렵기 때문이다.

3. 부동산시장의 환경변화에 따른 새로운 마케팅전략

21세기는 산업사회에서 인터넷으로 대표되는 지식정보화사회로 사회문화적 환

---

10) CRM은 고객의 정보를 기초로 고객을 세부적으로 분류하여 효과적이고 효율적인 마케팅 전략을 개발하는 경영전반에 걸친 관리체계이다.

경이 급속히 변화하고 있다. 외환위기 이후 경제회복기에 경험한 바와 같이 새로운 부의 창출은 벤처 사업가, 정보통신업자, 금융업자, 개인 주식투자자 등 상대적으로 젊은 세대를 중심으로 진행되고 있다. 이와 같은 신흥 자산가들의 등장으로 인해 주택시장에도 과거와 달리 개성이 강하고 합리적인 투자를 하는 구매력 있는 젊은 수요층이 대거 진입하고 있다.

이와 같은 시장 환경의 변화에 대응하기 위하여 주택개발업체들은 이미 신제품 개발, 브랜드 마케팅, 웹마케팅, 데이터베이스 마케팅 등 다양한 마케팅전략을 실행하고 있거나 준비 중이다.

1) 상품 특성을 활용한 마케팅전략

성공적인 분양을 위해 건설사들은 제각기 상품의 특성을 활용한 다양한 마케팅전략을 수립하고 있다. 먼저 아파트 평면의 장점을 활용한 넉넉한 주거공간을 제공하거나, 대형평형의 분양성과 향상을 위해 공간을 완벽히 분리한 부분임대형 평면 제공전략을 실시하고 있다.

부분임대형 상품 도입전략은 최근 경기 불황과 수명 연장으로 노후 대비에 따른 직장인들의 우려와 소액투자에 대한 관심을 활용해 '살면서 월세도 받는다.'는 컨셉으로 세대 일부에 별도의 출입문과 주방 등을 설치한 부분임대형 설계를 말한다.

또한 넉넉한 서비스 면적 제공, 맞춤 인테리어를 제공하는 사례가 증가하고 있다. SK건설은 인천 SK스카이뷰 115㎡형에 3면 개방 발코니 설계를 적용하여 56㎡의 서비스 면적을 제공하고, 84㎡형에는 1개의 알파공간을, 전용 95㎡ 이상의 세대에는 2개의 알파공간을 제공하고 있다.

입주민의 취향에 맞는 인테리어를 선택할 수 있도록 하는 전략도 증가하고 있다. 다양한 스타일 옵션을 적용해 선택의 폭을 넓히고 붙박이장을 설치하는 등 수납공간을 극대화하고, 대우건설은 생애주기형 인테리어를 도입해 가족구성원에 따라 인테리어를 선택할 수 있도록 하는 전략을 실시하고 있다.

2) 브랜드 전략의 강화

건설사의 아파트의 브랜드화 성공을 계기로 한동안 주택건설업계에는 아파트 브랜드 만들기 경쟁이 치열했다. 아파트 소비도 기능성 위주에서 상징적인 소비심리를 만족시키는 제품이 팔리는 시대가 열렸기 때문이었다. 따라서 현대, 삼성, LG, 대림 등 대형 건설업체들은 종전 프로젝트별로 일회용 브랜드가 아닌 지속적

그림 18 동대문구 용두동 롯데캐슬리치 설계도

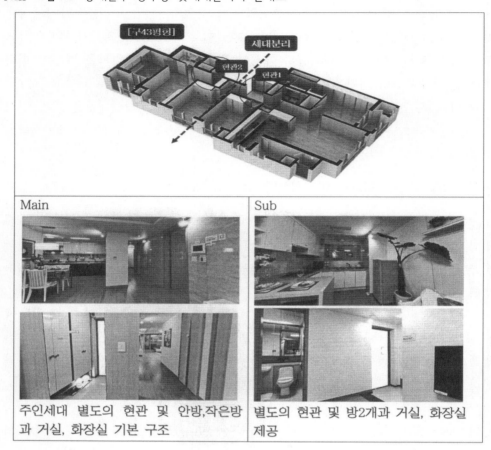

Main	Sub
주인세대 별도의 현관 및 안방,작은방과 거실, 화장실 기본 구조	별도의 현관 및 방2개과 거실, 화장실 제공

인 패밀리 브랜드를 만들어 아파트 브랜드 이미지를 구축해가고 있다.

　브랜드마케팅에 있어서 브랜드 개발보다 중요한 것은 유지관리이다. 특히 브랜드의 아이덴티티를 유지하기 위해서는 후속 상품이 지역이나 분양가 제품 구성에서 최초의 상품과 일관성을 유지해야 한다. 만약 브랜드 유지관리가 이루어지지 않는다면 먼저 유통되는 제품의 가치가 하락할 수 있기 때문에 브랜드 관리자는 소비자의 권익보호 및 상품로얄티 확보를 위해서 세심한 주의를 기울여야 한다.

　이와 더불어 최근 건설사들은 푸르지오와 자이 등 아파트 명칭에 이어 자이안센터, 클래시안센터 등 커뮤니티시설 브랜드마케팅전략을 추가적으로 실시하고 있다. 이에 따라 저마다 커뮤니티시설 특화를 분양 조건으로 내세우고 있다. 대형건설사들은 이미 몇 년 전부터 이러한 커뮤니티시설의 브랜드화를 통해 고급화, 차별화에 나선 단지를 부각하는 전략을 선보이고 있는 추세이다.

3) 웹마케팅과 데이터베이스 마케팅

인터넷 시대에 맞추어 건설회사들은 인터넷 홈페이지를 통한 홍보 및 분양정보 제공, 회원 모집 등을 하거나 계획 중에 있다. 또한 아파트 단지를 인터넷에 공동체화하기 위하여 전문 인터넷 컨텐츠 업체, 통신망 제고업체들과 제휴하여 주문형 비디오 시스템인 VOD(Video on Demand)서비스 등이 가능한 초고속통신망을 제공하고, 입주 후 다양한 인터넷환경에 기반을 둔 서비스를 제공하고 있다. VOD는 영화과 같은 영상, 유성, 정보 등을 시청자가 원하는 시간에 원하는 내용의 프로그램을 전송, 재생해주는 시스템을 말한다.

또한 각 업체별로 고객 데이터베이스를 구축하고 지속적인 관리를 통해 잠재고객의 예측, 고객충성도 확보, 다양한 소비자 요구를 충족시키기 위해 차별화된 평면개발, 분양평형 및 분양가, 분양시기의 결정 등 소비자의 정보를 이용한 데이터베이스 마케팅을 추진하고 있다.

1999년 정부 주관으로 시작된 정보통신 인증제에 발맞추어 사이버 아파트 선풍이 분 것처럼 주택업체들은 환경성능인증제 등에 대비하여 환경 친화적인 제품계획 및 홍보전략 수립에 최대한의 노력을 경주하고 있다.

건설업계 특히 주택개발활동은 타 산업과 마찬가지로 생산지향적 경영에서 고객지향적 경영으로 전환되고 있다. 이에 따라 주택업체들은 마케팅을 핵심으로 하는 기업체제로 바뀌고 있으며, 다각적인 마케팅전략을 실행하고 있다.

환경변화에 능동적으로 대응한 마케팅전략을 전개하는 기업은 무한 경쟁이 예상되는 주택시장에서 승리자가 될 것이나, 그렇지 못한 기업은 소비자들로부터 외면 받아 시장에서 도태될 수 있다. 이에 건설업체들은 기업의 궁극적인 목적인 이윤획득을 위해, 빠르게 변화하는 주택시장의 패러다임을 정확히 분석하고 대응해야 할 것이다.

4) 입지여건을 활용한 마케팅전략

최근 건설사들은 입지여건을 활용한 마케팅전략을 실시하고 있다. 이는 불특정 다수의 고객을 대상으로 하는 광범위한 마케팅전략수립보다 사업지의 수요범위지역을 대상으로 직접적인 마케팅전략이 훨씬 효과적이기 때문이다. 사업지의 장점을 부각시킨 노래가사를 덧붙여 사업지만의 독특한 로고송을 제작하거나, 소셜네트워크서비스(Social Network Service, SNS)를 활용한 입소문마케팅, 지역민들을 위한 김장김치 담그기 등 다양한 마케팅활동을 펼치고 있다.

SK건설은 인천 SK스카이뷰에 로고송을 만들고, 영통 SK뷰에도 기존 곡을 개사한 로고송을 제작해 마케팅활동을 함으로써 소비자들에게 단지와 브랜드를 쉽게 각인시켜줄 뿐 아니라 브랜드에 대한 소비자의 심리장벽을 낮추려는 전략을 채택했다.

경기도시공사가 분양한 위례 '자연&래미안', 'e편한세상'은 SNS를 통한 이벤트를 진행한 바 있다. SNS 친구 10명에게 해당 이미지를 전송하고 인증 샷을 올리면 응모자 중 추첨을 통해 쿠폰을 증정하는 방식이다.

5) 소비자 심리를 활용한 마케팅

부동산시장이 실수요 중심으로 변화하면서 아파트 분양 마케팅전략도 점차 진화하고 있는 가운데 정부의 부동산 대책들이 발표될 때 마다 정부정책을 활용하는 경우와 소비자의 눈높이에 맞춘 고객 맞춤형 마케팅전략으로 다양해지고 있다.

① 부동산경기 활성화 방안을 활용한 마케팅전략

2013년 발표된 4.1대책에서는 연말까지 전용 85㎡ 이하 또는 분양가 6억 원이하 신규 및 미분양 주택을 계약하면 5년간 양도소득세 면제라는 혜택을 부각해 2013년 말 세제 혜택 종료를 앞두고 새 집을 사려는 주택 수요자의 구매 심리를 적극 활용하는 정책을 내 놓았다. 즉 시세차익의 50%까지 부과되던 세금을 내지 않아도 되기 때문에 5년 동안 집값이 오른 만큼 고스란히 수익으로 남아 주택 수요자도 새 아파트나 미분양 아파트에 대한 관심이 커졌다. 이러한 정부의 주택정책에 따라 건설업계에서는 미분양 아파트 해소를 위하여 정부정책을 활용한 다양한 마케팅전략을 펼쳤다.

② 착한 마케팅을 통한 기업 이미지 제고와 판매촉진

최근 건설사들은 분양과 함께 일거리제공, 기부, 자녀 교육 등 착한 마케팅을 통해 분양율과 기업의 이미지를 동시에 높이는 방식의 마케팅을 늘리고 있는 추세이다.

삼성물산은 여성가족부와 업무협약을 맺어 정부가 추진해 온 공동육아 나눔터 사업을 아파트 단지에 적용하기로 했다. 이 사업은 핵가족화로 상실된 가족 돌봄 기능을 보완하기 위한 정부 차원의 프로그램이다. 삼성물산은 서울 강동구 래미안 강동팰리스를 시작으로 이웃 간 돌봄 품앗이가 가능하도록 앞으로 분양하는 단지 내에 지역 사랑방 기능을 하는 공간을 제공하기로 했다.

현대건설은 2013년 6월 위례 힐스테이트 아파트를 분양하면서 '행복 나눔' 이벤트를 실시했다. 이 행사는 아파트 견본주택을 방문한 고객이 행사에 응모하면 현대건설이 응모한 고객 1인당 1,000원씩 지역 복지기관에 기부하는 형태로 운영되었다. 당시 견본주택에 방문한 3만 5천여 명의 방문객 중 2만 1천여 명이 행사에 참여해 2,100만원의 기부금이 성남시 복지기관과 독거노인에게 전달됐다.

롯데건설 역시 금천구 독산동 롯데캐슬 골드파크 현장 주민들에게 일자리를 제공하는 프로그램을 진행했다. 분양 대상 단지 주변에 거주하는 30~40대 여성 및 주부 중 70여 명을 선발해 홍보업무를 맡겼으며, 급여수준은 계약직원 수준으로 지급했다.

현대산업개발도 2013년 8월 수원 아이파크시티 3차 아파트를 분양하면서 기부하는 도보여행 행사를 개최했다. 참가신청을 한 고객이 걷기 측정 무료 어플리케이션을 스마트폰에 설치한 후 단지 내 조성된 2km정도의 산책로를 걸으면 10m당 1원씩 기부금으로 적립해주는 프로그램이었다.

기업의 사회적 책임에 대한 요구가 높아짐에 따라 건설사들도 이러한 시장의 니즈를 반영한 마케팅을 활발히 진행하고 있다. 이윤추구와 동시에 기업의 이미지를 높일 수 있는 착한 마케팅은 향후 지속적으로 증가할 것으로 보인다.

③ 다양한 고객 맞춤형 전략

얼어붙은 소비자의 마음을 녹이기 위한 고객 맞춤형 마케팅전략이 다양하게 펼쳐지고 있다. 이 전략은 소비자들이 실질적으로 체감하고 공감할 수 있는 고객 만족형, 체험형, 실생활 밀착형의 마케팅전략을 수립해 다양한 활동으로 전개되고 있다.

고가의 경품을 지급하는 마케팅이 분양가 상승으로 이어진다는 점을 인식하는 소비자가 늘어나면서 실속을 내세운 고객 맞춤형 마케팅이 대세로 자리 잡고 있는 추세를 반영하고, 소비자의 다양한 니즈를 충족시켜 소비자와 공감대를 형성할 뿐만 아니라 우호적 이미지를 형성하기 위해 실시되고 있다.

포스코건설은 아산 더샵 레이크시티 단지 내 상가 일부를 3년간 무상임대해주는 전략을 채택했다. 일반적으로 아파트 상가는 입주 후 일정기간이 지나야 활성화된다는 점을 감안해 입주 초기 입주민들의 주거 만족도를 높이고 2년 뒤 입주할 고객의 실생활 편의까지 고려하는 고객 만족형 전략이라 할 수 있다.

건설사들은 경기 침체 속에서 소비자들에게 직접적으로 금전적 혜택을 제공하기도 한다. SK건설은 신동탄 SK VIEW Park 견본주택 방문 고객들에게 매주 금

1돈, 자전거, 주방용품을 증정하는가 하면, 읽지 않는 아동 도서를 가져오면 영유아용, 초등용 중고도서로 물물 교환해주는 프로그램을 운영하였다. 또한 GS건설은 메세나 폴리스 입주민에게는 요트회원권과 골프와 요가강습을 2년간 무료로 받을 수 있도록 서비스를 제공하였고, 일주일에 한 번씩 집안 청소를 해주는 가사도우미 서비스와 발렛파킹 서비스도 무료로 제공하였다.

체험형 마케팅전략 실시로 소비자의 불안감을 해소하는 건설사들도 있다. 포스코 건설의 송도The #(더샵) 마스터뷰는 단지 바로 앞에 잭니클라우스 골프장과 서해바다를 조망할 수 있는 전망대를 견본주택 2층에 마련했다. 소비자가 직접 인근 자연환경과 조망을 쉽게 체험할 수 있도록 한 것이다.

미분양 아파트 단지 해소를 위해 고객이 전세로 미리 살아 본 후 매매 결정을 도입한 단지도 있다. 부산 해운대구 마린시티에 위치한 위브더제니스는 계약금만 내고 2년 거주 뒤 거주를 희망하지 않을 경우 건설사가 해당 주택을 매입하고 취등록세까지 돌려주는 저스트 리브 마케팅을 실시했으며, 대우건설의 인천 송도 글로벌캠퍼스 푸르지오에서도 'After Living'이란 이름으로 미분양 물량을 해소하기 위해 안간힘을 다했다. 청주 지웰시티는 단지 내 게스트하우스에서 1박 2일을 머물면서 단지 내 커뮤니티 시설을 직접 체험할 수 있는 마케팅을 실시해 큰 호응을 얻었다.

소비자들에게 실절적인 도움이 될 수 있는 실생활 밀착형 마케팅전략도 실시되고 있다. 동탄2신도시 동탄역 더샵 센트럴시티는 분양에 앞서 고객을 직접 찾아가 진행하는 칼갈이 서비스와 지역 상점들과 제휴를 맺어 할인 혜택을 제공하는 마케팅을 펼친바 있다.

소비자의 심리를 활용한 마케팅전략은 구매력 있는 수요층을 철저히 분석해 먼저 다가가는 전략을 선택한 것으로, 사전에 수요자를 확보해 분양 성공을 높일 수 있기 때문에 건설업체에서 최근 적극적으로 채택하고 있다.

6) 편리성, 안전성, 경제성, 힐링 기능을 추구하는 아파트

최근의 아파트들은 편리성, 안전성, 경제성, 그리고 힐링 기능까지 구비하는 특징을 보이고 있다. 정보통신기술이 아파트에 접목되면서 아파트가 삶의 질을 바꾸고 있다. 사물인터넷의 도움으로 아파트도 스마트홈으로 변신하는 중이다. 건설사들은 입주민이 스마트폰이나 태플릿PC 등으로 집을 원격으로 관리할 수 있는 스마트홈 어플리케이션을 선보이고 있다. 기존 월패드의 모든 기능을 어플리케이션으로 옮겨 담아 스마트 기기만으로 집안의 가스, 조명, 난방, 에너지 사용량을 확인할 수 있는 시대이다. 대형건설사들이 생활을 편리하게 해주는 첨단기술을 아파트에 경쟁적으로 도입한 덕택이다.

아파트단지 내 안전기술도 나날이 발전하고 있다. 풀HD급으로 화질이 좋은 CCTV를 개발하여 아파트단지에 설치하고 있는가하면 일부 아파트에는 얼굴인식로봇이 등장했다, 한양건설이 용인시에 지은 광교산 한양수자인 더킨포크 아파트에는 출입문 옆에 있는 얼굴인식카메라에 얼굴을 비치면 1초 만에 인증이 끝난다. 이 아파트에는 초인종이 필요 없다.

에너지절감 기술도 발전하고 있다. 대우건설이 건설한 경기 구리 갈매 푸르지오는 '그린 프리미엄'이라는 친환경 기술을 장착했다. 실시간 에너지모니터링 시스템인데 입주민들이 가구의 에너지 사용량을 실시간으로 확인할 수 있는 시스템이다. 주방에는 자동으로 물의 양을 조절하는 '센서식 싱크 절수기'가 설치되었다.

최근에는 대부분의 주차공간을 지하에 만들고 아파트 1층 공간은 차가 다니지 않는 공원으로 조성하는 것이 일반화되었다. 주차장에 불과했던 지상 공간을 입주민들이 운동하고 산책하는 공원으로 바꾼 것이다. 또한 입주민의 건강을 위해 단지 내 조경시설에 첨단기술을 적용하고 있다. 산책로 입구에 설치된 큐알코드에 스마트폰을 대면 어떻게 운동을 하는 것이 좋은지, 운동했을 때 칼로리 소모량이 얼마인지 등 상세한 정보를 제공한다. 아파트 단지 내에 들어선 피트니스센터의 건강증진 시설도 발전하고 있다. 코오롱이 서울 장위동에서 분양한 꿈의 숲 코오롱하늘채의 경우 코오롱 스포렉스 트레이너들의 노하우를 적용해 근력운동, 유산소운동, 밸런스운동이 조화롭게 이뤄지는 자가 순환운동프로그램을 편성, 이를 아파트단지 내에서 할 수 있도록 맞춤공간을 만들어 입주민에게 서비스하고 있다.

제4절 리모델링 마케팅

1. 리모델링 시장 현황 및 특징

리모델링(remodeling)은 기존 건축물의 기본 골조를 유지하면서 건물의 노후화를 억제하거나, 그 기능을 향상시켜 건축물의 물리적, 사회적 수명을 연장하는 일체의 활동을 말한다. 리모델링은 크게 유지, 보수 및 개수라는 세 가지 영역으로 구분할 수 있다. 여기서 유지는 각종 시설 점검 및 관리를 통해 건축물의 기능저하를 늦추는 활동을 말하며, 보수는 수리, 수선 활동을 통해 노후 된 건축물의 기능을 준공시점 수준으로 회복시키는 것을 의미한다. 그리고 개수는 건축물에 새로운 기능을 부가함으로써 건축물의 기능을 고도화하는 활동으로 기존 건축물의 증개축이나 대수선 등이 개수에 포함된다.

산업화 및 도시화의 영향으로 빠른 속도로 증가한 주택과 건축물 재고, 그리고 경제발전 속도 둔화의 영향으로 향후 신축 수요가 위축될 것이라고 전망되면서 낡은 건물을 새것으로 바꾸는 리모델링이 사회적으로 큰 관심을 끌며 부동산산업의 신규 사업 분야로 부상하고 있다. 이러한 변화에 따라 그간 건축물 신축에 전념해오던 대형건설업체들도 리모델링이라는 새로운 시장에 관심을 보이고 있다. 이러한 현상은 비단 한국에서만 나타나는 현상은 아니며 선진국의 경우 리모델링 시장이 이미 전체 건축시장의 30% 이상을 차지할 정도로 성장했다. 선진국에 비해 아파트 등 공동주택의 비중이 높은 한국은 저비용·고효율이라는 사회·경제적 니즈의 변화가 가속화되면서 향후 리모델링 시장이 더욱 확대될 것으로 보인다.

리모델링이 일반 신축사업과 구별되는 특징으로는 다음과 같은 것을 들 수 있다. 첫째, 리모델링 사업은 주로 소규모로 행해지는 것이 일반적이며, 사업의 종류, 대상 건축물에 따라 다양한 형태로 발생한다. 둘째, 리모델링 사업 수주는 대체로 민간의 상업용 건물이 주를 이루고 있으며, 공사의 규모가 소규모인 경우가 많아 체계적인 수주 영업을 통한 방식 보다는 주로 지인을 통한 소개로 이루어지는 것이 일반적이며, 주로 가격경쟁입찰방식과 사업제안방식 중 사업제안방식으로 추진된다. 그렇다보니 사업제안 능력이 수주의 핵심이라 할 수 있다. 셋째, 리모델링 사업에서 요구되는 핵심 경쟁력은 종합적인 엔지니어링 능력이다. 리모델링은 비록 기존 건물을 대상으로 하는 소규모 사업이지만 기술적인 측면에서 풍부한 경험과 기술적 노하우를 필요로 한다. 넷째, 리모델링 사업을 통하여 건설업체는 자금흐름 측면에서 경영의 안정성을 제고하는 데 효과적이다.

2. 리모델링 마케팅

리모델링 시장에서 마케팅전략은 시장 확보에 초점을 맞추는 것이 중요하다. 유통경로는 선택적으로 사용하며 초기수용층(early adaptor)을 목표로 한 마케팅전략을 수행해야 한다. 홍보 전략으로는 리모델링 관련 정부정책의 홍보를 통하여 시장의 저변을 확대하는 것이 중요하다.

한국에서 리모델링 시장은 도입기 시장이라 할 수 있다. 도입기 시장에서의 가격전략은 고가전략이 일반적이지만 리모델링 시장에서는 원가전략을 수행해야 한다. 그 이유는 리모델링 사업을 추진하는 목적이 재건축 사업과 다르기 때문이다. 부동산114의 조사에 따르면 재건축 사업은 '사업 후 개발이익'이 주된 목적이었던 반면 리모델링 사업의 추진 목적은 '주민부담금절감'인 것으로 나타났다. 이는 리모델링 사업의 시행 여부에 있어서 비용절감이 상당히 중요하다는 것을 보여준다. 이러한 시장의 특성을 감안하여 원가절감에 노력하는 것은 사업의 성패에 중요한 영향을 미친다.

또한, 리모델링 사업은 유통경로 설정이 쉽지 않다. 상품과 고객이 명확해야 유통경로를 설정할 수 있다. 그러나 리모델링 사업의 경우 상품도 맞춤식이며 고객은 잠재되어 있는 경우가 많기 때문에 유통경로 설정에 원천적인 어려움이 있다.

국내 건축물 중 500㎡ 이하의 소형 건축물이 차지하는 비중이 높기 때문에 리모델링 사업은 단위공사 규모가 작으나 발생건수가 많다는 특징이 있다. 따라서 리모델링 사업에서의 마케팅전략은 다품종 소량생산체제로의 전환이 중요하다. 이러한 다품종 소량생산체제는 리모델링 수요 대응차원에서는 바람직하다. 그러나 문제는 이러한 상품은 당장 수선을 필요로 하지 않기 때문에 경기가 어려워지면 반드시 필요하지 않거나 급하지 않은 지출을 줄이는 특성으로 경기변동에 따라 사업의 부침이 있을 수 있다. 따라서 투자형 리모델링 사업을 적극적으로 발굴하는 등 대안을 마련할 필요가 있다. 선 투입되는 부담은 있지만 아이디어만 있으면 경기변동에도 불구하고 꾸준한 물량확보가 가능하며 상당한 수준의 초과 수익도 기대할 수 있기 때문이다.

리모델링 사업의 수주는 여전히 지인 등을 통한 소개가 주류를 이룬다. 따라서 리모델링 사업에 있어 입소문마케팅(buzz marketing)[11]은 중요하다. 이러한 소개를 통한 수주를 탈피하기 위해서는 체계적인 영업활동과 마케팅 시스템 구축이 필요하다. 이를 위해 마케팅 채널을 다양화시키는 노력이 요구되는데 홈페이지를 통한 수주 다변화와 함께 박람회 등의 이벤트를 적극적으로 활용하는 자세가 도움이 될 수 있다.

리모델링 수주는 소개에 의한 지명경쟁으로 이루어진다. 구체적으로는 가격경쟁입찰방식과 사업제안방식으로 분류되는데 사업제안능력이 수주의 핵심적 관건

---

11) 입소문마케팅이란 소비자들이 자발적으로 메시지를 전달하게 하여 상품에 대한 긍정적인 입소문을 내게 하는 마케팅기법이다. 꿀벌이 윙윙거리는(buzz) 것처럼 소비자들이 상품에 대해 말하는 것을 마케팅으로 삼는 것으로, 입소문마케팅은 구전마케팅(word of mouth)이라고도 한다.

이 된다. 일반적으로 발주자는 리모델링 추진의 방향설정과 사업타당성 분석까지를 요구하는 경우가 많다. 따라서 사전마케팅(pre-marketing) 활동은 무엇보다 중요하며, 종합적인 엔지니어링 능력이 수주의 핵심 관건이라 할 수 있다.

마지막으로 리모델링 사업은 하자보수의 분쟁해결을 위한 합리적인 장치가 마련되어야 한다. 즉 사후서비스(after service)가 중요하게 작용한다. 이를 위해 사전조사와 진단을 철저히 하여 불확실한 요인을 사전에 제거하려는 노력이 선행되어야 한다. 이와 함께 계약을 철저히 하고, 시공보증 등으로 고객의 불안요소를 해소하고, 적극적인 사후 서비스를 통하여 고객과의 관계를 정립하기 위해 노력해야 한다. 가장 중요한 점은 하자가 아닌 하자까지 책임지게 되는 사태를 미연에 방지하기 위해 적극적인 커뮤니케이션이 필요하다는 점이다.

제 5 절　아파트 브랜드마케팅[12]

1. 브랜드마케팅의 현황

과거에는 유형의 자산과 수익이 기업의 중요 지표였으나, 최근 무형의 브랜드 가치가 유형의 수익을 창출하게 되면서 브랜드가 기업의 가치를 창조하는 하나의 중요한 무형자산으로 인식되고 있다. 기업이 생산하는 것은 제품이지만 소비자는 제품을 구매하는 것이 아니라 브랜드를 구매하고 있고, 기업은 제품을 판매하는 것이 아니라 브랜드를 판매하며, 경영자는 브랜드를 경영하는 시대가 되면서 현재는 브랜드가 기업의 최대자산이 되는 시대가 되었다(안광호·한상만·전성률, 1999).

건설시장에서도 브랜드의 중요성은 점점 증가하고 있는 현실이며, 1998년 이후 경쟁적으로 도입하기 시작한 아파트 브랜드는 이제 각 건설업체들의 중요한 마케팅전략의 하나로 자리 잡고 있다.

현재 아파트 시장은 브랜드의 포화상태라 볼 수 있을 정도로 브랜드가 넘쳐난다. 예를 들어 GS건설의 '자이', 삼성건설의 '래미안', 대우건설의 '푸르지오', 대림건설의 'e편한세상', 현대건설의 '힐스테이트' 등은 이미 일반인들에게 친숙한 브랜드가 되었으며, 계속해서 새로운 아파트 브랜드가 등장하고 있다.

2004년 발표된 LG경제연구원의 아파트 시장에서의 고객만족 전략 보고서에

12) 이 절은 한성대학교 이현진(경제부동산학과 박사과정) 연구원의 발표자료를 요약 정리한 것이다.

따르면 입지가 가장 중요한 선택 기준일 것이라는 일반의 예상과 달리 브랜드가 아파트 구매의 가장 중요한 기준인 것으로 나타났다. 같은 건설회사에서 시공하고, 비슷한 평수에 유사한 주변 환경을 보유하고 있는 아파트라 하더라도 어떤 브랜드명이 붙느냐에 따라 아파트의 가치는 판이하게 달라진다.

2. 브랜드 아파트의 특성

1) 브랜드 아이덴티티(brand identity)

① 브랜드의 정의와 역할

브랜드(brand)의 어원은 고대 노르웨이어의 'brandr'에서 유래되었으며 '태운다(burn)'는 뜻을 가진다(Keller, 2007). 고대 유럽에서는 소, 말, 양 등의 가축소유주들이 불로 달군 쇠로 낙인을 찍어 출처를 표시했으며 이러한 표시는 주로 타인 소유물과 자기 소유물을 구별하기 위해 자신의 소유권을 증명하는 것으로 사용되었다.

또한 미국마케팅협회(AMA, american marketing association)에서는 브랜드를 '판매자 개인이나 단체가 재화와 서비스를 구별하고 이것을 경쟁자의 재화나 서비스로부터 구별할 수 있도록 의도된 이름, 용어, 표시, 심벌, 디자인 또는 이들의 조합'이라고 정의하고 있다. 브랜드는 브랜드명뿐만 아니라 그에 따른 표시, 용어, 디자인 등을 모두 포함하는 복합적인 상징물로서 현대 마케팅에서 점차 그 역할이 증대되고 있다. Kotler(2010)에 따르면 지난 60년 동안의 마케팅은 제품, 고객, 브랜드의 3가지 핵심을 바탕으로 역할을 해왔다. 1950년대부터 1960년대까지의 마케팅의 핵심은 제품관리였고, 1970년대부터 1980년대까지는 고객관리, 1990년대부터 현재에 이르러서는 브랜드관리가 마케팅의 핵심으로 자리 잡았다.

브랜드는 기업의 측면에서 여러 가지 가치 있는 기능들을 제공하고 이익을 줄수 있는 역할을 하는 동시에 소비자에게도 제품 선택에 있어서 신속하고 효율적인 수단과 방법을 제시한다는 점에서 필요성을 지닌다.

〈표 10〉은 브랜드의 기업 측면에서의 역할과 소비자 측면에서의 역할을 보여준다. 기업 측면에서 브랜드는 제품 취급을 단순하게 해주는 확인 수단이며 제품의 특성을 보호하는 법적 수단이자, 품질을 나타내주고 제품에 독특한 연상을 부여해주는 수단이 된다. 또한 경쟁 우위의 수단이 되며 재무적 수익 원천의 역할을 한다. 소비자 측면에서 브랜드는 제품의 출처를 보다 쉽게 확인할 수 있고 제

표 10   브랜드의 역할

소비자	기업
제품의 출처 확인 제품 생산자에 대한 책임부여 제품 선택의 위험을 줄임 제품 탐색비용의 절감 제품 생산자와의 약속, 보증, 계약 상징적 도구 품질에 대한 표시	제품 취급 등을 단순하게 하는 확인 수단 제품 특성을 보호하는 법적 수단 품질을 나타내는 수단 제품에 독특한 연상을 부여하는 수단 경쟁우위의 수단 재무적 수익의 원천

자료: Keller, 2008.

품 생산자에게 책임을 부여할 수 있으며 제품 선택에 있어서 위험부담이 적어지고 그만큼 제품 탐색비용을 절감해주는 역할을 한다.

② 브랜드 요소

브랜드 아이덴티티(brand identity)는 브랜드가 무엇인지를 나타내는 것으로, Aaker(2003)는 브랜드 아이덴티티를 '브랜드 전략가가 창조하거나 유지하기를 열망하는 브랜드 연상들의 집합'이라고 정의한다. 즉 브랜드 아이덴티티는 브랜드를 통해 나타내고자하는 희망의 목표 이미지이다. 브랜드 아이덴티티는 브랜드 가치를 생성하고 브랜드에 대한 신뢰성을 제공함으로써 브랜드와 고객 간의 관계를 확립하는 데 도움을 준다.

소비자에게 이러한 브랜드에 대한 인지도는 일반적으로 광고 등의 반복적인 노출에 의한 브랜드와의 친밀성 증가로 창출된다. 또한 긍정적인 브랜드 이미지는 소비자의 기억 속에 강하고 호의적이며 독특한 연상을 브랜드와 연결시키는 마케팅 프로그램에 의해 창출된다.

브랜드 요소들은 이러한 브랜드를 규정하고 차별화하기 위해 적용되며 브랜드명, URL, 로고, 상징물, 캐릭터, 슬로건, 징글, 패키지 등을 지칭한다. 일반적으로 브랜드 요소를 선택하는 기준으로 Keller는 아래와 같이 6가지 기준을 제시하였다.

a) 기억의 용이성(Memorability): 높은 브랜드 인지도를 획득하기 위해서는 브랜드의 내재된 의미나 시각적 모양 등이 그 브랜드를 더 잘 기억할 수 있도록 해야 한다.
b) 유의미성(Meaningfulness): 본래의 의미가 브랜드 연상 형성을 제고시켜주는 브랜드 요소를 선택할 수 있으며, 의미있는 모든 내용들을 선택할 수 있다.
c) 호감성(Likebility): 브랜드 요소에 의해 제시된 연상이 항상 그 제품과 연관되지

는 않는다. 시각적, 언어적 이미지 면에서 풍부하면서 재미있고 흥미로운 브랜드 요소는 소비자에게 쉽게 인식되고 더 설득적인 브랜드 요소가 될 수도 있다.

d) 전이가능성(Transferablility): 제품군과 지리적 측면에 있어서의 브랜드 요소의 전이가능성은 라인 확장 또는 영역 확장에 있어서 고려되어야 할 점이며, 일반적으로 이름이 덜 구체적일수록 더 쉽게 전이가능하다.

e) 적용가능성(Adaptability): 소비자들의 가치관과 견해가 변하거나, 새롭고 현대적이고자 하는 욕구 때문에 브랜드 요소들은 시간 경과에 따라 새롭게 변경되어야만 한다. 브랜드 요소가 적용성이 있고 유연할수록 더 쉽게 변경이 가능하다.

f) 보호가능성(Pritectability): 브랜드 요소는 법적인 측면과 경쟁적인 측면 모두에서 보호받을 필요성이 있다.

3. 아파트 시장에서의 브랜드

1) 브랜드 아파트의 출현

아파트 브랜드는 IMF이후 다양한 아파트 마케팅전략이 활발히 진행되면서 기존의 '아파트'라는 개념으로는 대형빌라, 주상복합건물 등 새로이 등장한 주거문화를 담을 수 없게 되자 기업에서 이전과 다른 새로운 개념의 이미지를 담고자 추진하였다. 현재 아파트 시장에서는 브랜드를 통해 아파트의 특징을 홍보하고, 주택을 하나의 상품으로 간주하면서 주택상품과 브랜드는 불가분의 관계를 맺고 있다. 기존에 건설사나 기업의 이름으로 아파트를 홍보했다면, 현재는 건설업체별로 세분화, 전문화된 브랜드 아파트를 개발하여 브랜드명으로 아파트를 홍보하고 있다. 실제 2000년 이후에 분양하는 아파트들 중에 고유의 브랜드를 가지지 않는 것은 거의 찾아보기가 어렵다. 아파트 시장에서 브랜드가 점차 많아지기 시작하면서 기업에서는 아파트 브랜드에 대한 소비자의 애호도, 선호도가 중요하게 되었으며, 이는 마케팅전략에도 큰 영향을 미친다.

Oliver(1999)는 애호도(loyalty)를 '행동을 바꾸도록 하는 잠재력을 지니고 있는 상황적 영향과 마케팅 노력에도 불구하고 장래에도 현재 선호하는 제품이나 서비스를 재구입하거나 계속 애호하려고 하는 깊이 내재된 몰입'으로 정의한다. 즉 브랜드 애호도(brand loyalty)는 고객이 어떤 브랜드에 대해 긍정적이고 지속적인 정서적 애착을 가지고 해당 제품을 반복적으로 구매할 때 발생한다. 브랜드에 대한 능동적인 몰입이 일어나기 위해서는 강한 애착, 사회적 일체감, 또는 둘 다가 일반적으로 필요하다(Keller, 2008).

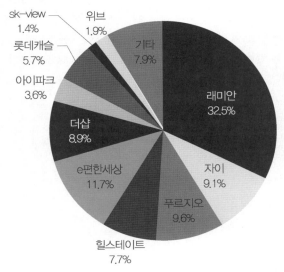

📊 그림 19 아파트 브랜드 선호도

sk-view 1.4%
위브 1.9%
롯데캐슬 5.7%
기타 7.9%
아이파크 3.6%
더샵 8.9%
래미안 32.5%
e편한세상 11.7%
자이 9.1%
푸르지오 9.6%
힐스테이트 7.7%

자료: 부동산114(2014).

[그림 19]는 2014년 "아파트 브랜드 선호도 조사"를 나타낸 결과로, 삼성물산의 '래미안'이 32.5%의 응답률로 1위에 올랐으며 2위는 대림건설의 'e편한세상', 3위는 대우건설의 '푸르지오', 4위는 GS건설의 '자이', 5위는 포스코건설의 '더샵'이

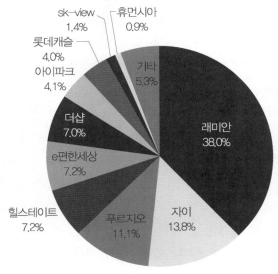

📊 그림 20 아파트 브랜드 최초상기도

sk-view 1.4%
휴먼시아 0.9%
롯데캐슬 4.0%
아이파크 4.1%
기타 5.3%
더샵 7.0%
래미안 38.0%
e편한세상 7.2%
힐스테이트 7.2%
푸르지오 11.1%
자이 13.8%

자료: 부동산114(2014).

차지했다. 실제 2013년에도 1위는 '래미안'이었던 것을 감안하면 아파트 브랜드 시장에서의 소비자의 선호도는 '래미안'이 현재까지는 경쟁우위에 있다고 보여진다.

또한 [그림 20]은 2014년 "아파트 브랜드 하면 가장 먼저 떠오르는 브랜드(최초상기도)"에 대한 조사를 나타낸 그림으로 역시 삼성물산의 '래미안'이 1위를 차지했으며, 2위는 GS건설의 '자이', 3위는 대우건설의 '푸르지오', 4위는 현대건설의 '힐스테이트', 5위는 대림건설의 'e편한세상'이 차지했다. 브랜드 선호도와 최초상기도에 대한 조사결과를 보면 상위권의 브랜드는 대부분 겹치는 것을 알 수 있다.

2) 우리나라 브랜드 아파트의 변천사

아파트 이름의 역사는 1950~60년대에 종암 아파트, 마포 아파트 등 지역명이 아파트명에 그대로 사용되면서부터 시작되었다. 1970년대부터는 대기업 건설업체들이 본격적으로 아파트 건설업에 참여하면서부터 현대아파트를 대표주자로 한양, 경남, 대림, 쌍용, 우성, 청구 등 대형 건설사가 주를 이루었다. 1980년대에 들어서며 부산 럭키동래아파트(1986) 등 지역명과 건설업체명을 혼합한 아파트명이 등장하기 시작했다. 이후 10년간 지역과 건설업체명 혼합 형식의 아파트명이 주를 이루었다. 1970년대 말에는 개나리, 진달래, 장미 등 꽃 이름과 무지개 등의 명칭이 사용되었다. 브랜드 무한경쟁 시대를 연 계기는 1998년의 분양가 자율화였다. 평당 분양가의 상한선이 없어짐에 따라 건설업체들은 땅값이 비싼 지역에 아파트를 건설하고 고급스러운 자재를 사용하는 등 기존의 아파트와는 다른 차별화된 아파트를 짓기 시작했다. 다양한 품질과 가격의 아파트가 나오면서 소비자의 눈길을 끌기 위해서는 아파트명에도 건설사 이름 이상의 특별한 것이 필요했다.

2000년 대림건설은 용인시 기흥구 보정동의 아파트 분양을 앞두고 '대림아파트'가 아닌 'e편한세상'이라는 아파트명을 달았다. 지금은 건폐율(전체 사업지 면적 중 건물을 짓는 면적의 비율)이 40%대인 널찍한 아파트 단지들이 많지만 당시만 해도 50%대인 아파트 단지가 드물었다. 대림건설은 동간 간격이 넓고 녹지가 많은 자연친화적인 단지에 '편한 세상을 경험(Experience)한다'는 브랜드를 입혀 자연 속에 산다는 점을 부각시켰다. 사업 부지를 13개로 나누어 따로 사업승인을 받은 덕에 아파트 단지면서도 고급빌라 같은 느낌을 주도록 지었다.

같은 해 삼성물산 건설부문은 업계 처음으로 '래미안'이라는 아파트 브랜드(BI) 선포식을 열고 본격적인 브랜드 시대를 열었다. 수원시 장안구 천천동에 분양한 '수원 천천(율전2차 래미안) 래미안' 아파트가 그 시작이다. 공급면적 86㎡, 114㎡

중형아파트 876가구로 구성된 이 아파트는 '삼성아파트'라는 이름 대신 '래미안'이라는 브랜드를 입고 2002년 4월 입주했다.

가장 먼저 브랜드 아파트를 분양한 대림건설이 'e편한세상'이라는 이름을 선택했지만 아파트에 브랜드를 도입하겠다고 선포한 곳은 삼성물산으로 알려져 있다. 상표권은 '래미안'이 1999년 10월26일에 출원해, 2000년 1월13일 상표권을 출원한 'e편한세상'보다 석 달 가량 빠르다. 특허 등록날짜가 먼저냐, 대중에 공개한 시점이 먼저냐의 기준에 따라 달라지지만 건설업계에서는 대부분 이들 2개 사의 브랜드가 2000년도 이후 브랜드 경쟁시대를 열었다고 본다.

생활수준이 향상됨에 따라 소비자들은 아파트 구입에 있어 '가격이 얼마나 싼가, 역세권과 얼마나 가까운가' 등의 문제에서, '얼마나 자연과 가까운가, 얼마나 생활에 편리한 주거환경을 보유하고 있는가, 얼마나 고급스러운가'의 문제 또한 중요하게 여기기 시작했다. 아파트 브랜드 자체에 대한 소비자의 선호도가 증가함에 따라 건설 업체들은 적극적으로 자신들의 아파트를 브랜드화하게 된다. 지금이야 주소가 '롯데캐슬'이나 '힐스테이트', '타워팰리스'라는 이름이 어색하지 않지만 아파트 브랜드가 지금처럼 자리 잡은 지는 15년 남짓이다.

4. 브랜드 아파트의 활용 전략

1) 브랜드 요소의 선택과 통합 관리

브랜드 아이덴티티(brand identity)를 형성하는 데 중요한 핵심적인 브랜드 구성 요소들의 선택은 브랜드 전략의 기본이다. 브랜드 자산(brand equity) 구축을 위해 브랜드 요소를 전략적으로 선택해야 하는 중요성은 '애플'의 예를 보면 알 수 있다. '애플'은 그 제품군에서는 브랜드 인지도를 향상시키고 강화시키는 요소들을 갖고 있는 독특하고 단순하면서도 유명한 단어이다. 또한 그 이름이 지니고 있는 의미는 회사가 '친밀한 빛'과 '따뜻한' 브랜드 이미지라는 인식을 심어주었다. 거기다 애플은 지리적이고 문화적인 경계를 넘어 누구나 쉽게 이해될 수 있는 로고를 사용함으로써 시각적으로 강화될 수 있었다. 애플의 경우는 브랜드명의 적절한 선택이 브랜드 자산(brand equity) 창출에 얼마나 유용하게 기여될 수 있는지 보여주는 좋은 예이다. 브랜드 요소의 핵심인 브랜드명은 쉽게 기억할 수 있어야하고, 브랜드 포지셔닝의 기초로 작용하는 특별한 이점이나 제품군 모두를 제시할 수 있어야 하며, 광범위하고 다양한 제품 및 지리적 환경을 초월할 수 있어야하고,

시간을 초월한 지속적인 의미 및 연관성을 가져야 하며, 법적인 측면과 경쟁적인 측면에서 보호받을 수 있어야 한다(keller, 2008). 효과적인 브랜드 전략은 좋은 브랜드명의 선택에서부터 시작된다고 해도 과언이 아니다.

브랜드 요소들은 브랜드 자산(brand equity) 구축에 있어 각각의 역할을 수행한다. 브랜드 자산(brand equity)을 극대화하기 위해서는 이러한 서로 다른 브랜드 요소들을 혼합하고 조화시키는 것이 중요하다. 예를 들어, 로고를 통해서 시각적으로 표현된 브랜드명은 그러한 강화가 없는 브랜드명보다 더 쉽게 기억된다고 한다. 브랜드 요소들의 통합은 브랜드 아이덴티티(brand identity)를 만든다. 즉 브랜드 아이덴티티(brand identity)는 브랜드 인지도 및 이미지에 대한 모든 브랜드 요소를 반영한다.

브랜드 요소들을 선택하고 관리하는 데는 다음과 같은 다섯 가지 기준이 매우 중요하다(Keller, 2008). 첫째, 브랜드 상기 및 인지의 관점에서 선천적으로 기억이 잘 될 수 있는 브랜드 요소들이 선택될 수 있다. 둘째, 제품군의 본질과 브랜드의 특별한 속성 및 이점, 또는 이 둘 모두에 대한 정보를 전달해주는 것과 같은 본래 의미 있는 브랜드 요소들이 선택될 수 있다. 셋째, 브랜드 요소에 의해 전달된 정보만이 반드시 제품과 관련된 것은 아니며, 단순히 본래부터 호소력 있거나 호감 있는 것일 수도 있다. 넷째, 제품군 내외에서나 지리적, 문화적 영역 및 세분 시장을 망라하여 전이될 수 있는 브랜드 요소들이 선택될 수 있다. 다섯째, 시간 경과에 따라 적용 가능하고 탄력적인 브랜드 요소들이 선택될 수 있다. 또한 가능한 법적으로 보호받고 경쟁자들이 방어할 수 있는 브랜드 요소들이 선택되어야 한다.

브랜드 요소는 서로 각기 다른 장단점을 가지므로 성과를 극대화하기 위해서는 브랜드 요소들을 효과적으로 설계하고 통합 관리하는 것이 중요하다. 브랜드 요소들 중 현재의 브랜드 아파트 마케팅에서 적용 가능한 요소들은 브랜드명, 슬로건, 로고 등이다. 아파트 시장에서도 기업이 추구하는 가치를 담은 효과적인 브랜드명의 선택과 슬로건의 조화, 전략적인 로고와 심볼 광고의 전략적 조화로 해당 브랜드를 연상시키고 브랜드 인지도를 높이거나 소비자들에게 긍정적인 이미지를 형성시킬 수 있다.

2) 브랜드명

좋은 브랜드명은 제품을 성공으로 이끌어내는 데 매우 큰 영향을 준다. 브랜드명은 해당 브랜드에 대해 소비자에게 외적으로 보여주는 수단으로서 제품의 품

표 11 아파트 브랜드명

브랜드명	내 용
힐스테이트	• Hill – 고급주거단지(남보다 격이 높은 곳, 자랑할만한 곳) • State – 높은 지위, 위엄, 품격, 탁월함
e편한세상	• e – experience • 편한세상
래미안	• 래(來) – 미래의 • 미(美) – 아름답고 • 안(安) – 안전한
자이	• X(eXtra) – 특별한 • I(Intelligent) – 지성
롯데캐슬	• Castle – 성(城)
SK VIEW	• View – 전망, 풍경
IPARK	• I – 단단한 사업적 기반을 나타내는 보와 기둥의 형태
푸르지오	• 푸르다 – 깨끗함, 싱그러움 • GEO – 대지, 공간
더샵	• # – 반올림을 뜻하는 음악기호
수자인	• 수(秀) – 빼어날 • 자(自) – 스스로 • 인(人) – 사람
두산위브	• We've? We have!

질과 상징적 의미까지 전달한다. 브랜드명은 브랜드 아이덴티티(brand identity)의 형성과 유지에 있어서 가장 중요하고 강력한 구성요소 중 하나이다(안광호·한상만·전성률, 1999). 간결하면서도 경제적인 방식으로 한 제품의 특징을 전달하는 것이므로 기업이 브랜드명을 결정하는 것은 본질적으로 중요한 선택이다. 브랜드명은 마케팅에 있어 매우 효과적이고 빠른 방법이 될 수 있다. 소비자들이 마케팅 커뮤니케이션을 이해하는 데 걸리는 시간은 짧은 광고시간 정도로 실제 판매를 위한 과정이 오래 걸릴 수 있다는 사실에서 보면 브랜드명은 단 몇 초 만에 인지되어 그 의미가 기억 속에 저장될 수도 있다. 따라서 브랜드명은 선택 이전에 체계적으로 조사하고 결정되어야 한다.

아파트의 브랜드명을 살펴보면, 대림산업의 'e편한세상', 현대산업개발의 '아이파크' 등은 기능성을 강조하였고, 대우건설의 '푸르지오'는 자연과의 조화를 강조한 자연 친화적 성격을 강조하였다. 현대건설의 '힐스테이트', 롯데건설의 '롯데캐슬' 등은 고급스러움과 품위를 강조하였으며, 포스코건설의 '더샵', 두산건설의 '위브' 등은 감각적인 측면을 강조하였음을 알 수 있다.

3) 브랜드 슬로건(brand slogan)

슬로건(slogan)은 브랜드에 대해서 묘사하거나 설득적인 정보를 의사소통하는 짧은 문구이다. 슬로건은 강력한 브랜딩 도구이다. 브랜드명처럼 슬로건은 브랜드 자산(brand equity) 구축에 있어 매우 효과적이고 빠른 수단이기 때문이다. 슬로건은 브랜드가 무엇이며 브랜드를 특별하게 하는 것이 무엇인가에 대한 관점에서 소비자들로 하여금 브랜드 의미를 파악하는 데 유용한 고리역할을 수행할 수 있다. 그것은 짧은 몇 마디 단어나 문구로 마케팅 프로그램의 취지를 요약하고 전달하는 필수불가결한 수단이다(keller, 2008).

슬로건은 광고에서 브랜드에 대한 핵심을 짧게 표현한 광고 슬로건과 브랜드와 관련해 강조하고 싶은 것을 브랜드 앞에 붙여서 직접 수식하는 브랜드 슬로건으로 나뉘지만 대부분의 브랜드 슬로건은 광고 슬로건이다. 세븐업(Seven-Up)의 'Make 7 UP Yours'나 오리온 초코파이의 '정' 나이키(Nike)의 'Just Do It' 등은 오랜 기간 성공적으로 사용된 광고 슬로건의 예이다. 하지만 슬로건은 시간이 지나면서 변화될 수 있는 가장 쉬운 브랜드 요소이기 때문에 기업은 계속해서 효과적인 슬로건을 찾기 위해 노력한다.

아파트 브랜드 슬로건 역시 시간이 지나며 계속해서 변화한다. 대체로 각 브랜드가 추구하고자 하는 가치를 담은 브랜드명의 목표 안에서 시간이 변화함에

표 12   아파트 브랜드 슬로건

브랜드	내 용
힐스테이트	시대의 앞에 서다 아파트의 어제와 오늘 그리고 내일까지
e편한세상	진심이 짓는다
래미안	Experience of PRIDE(자부심의 경험)
자이	수준 높은 주거 문화를 선도하는 고품격 아파트
롯데캐슬	Prestige of Life(생활의 품격)
SK VIEW	Convenience & Comfort(편리함과 편안함)
IPARK	꿈과 희망을 디자인하는 IPARK, 주거의 새로운 역사를 만들어 갑니다
푸르지오	사람과 자연이 함께하는 프리미엄 주거 문화공간
더샵	마음을 읽습니다
두산위브	당신의 감각을 표현한 아파트

따라 변하는 소비자의 시각에 맞춰 슬로건도 변화하는 경우가 많으며, 특별한 슬로건이 없는 브랜드도 있다.

4) 브랜드 로고

브랜드명이 브랜드 요소의 핵심일지라도, 브랜드 자산(brand equity)을 구축하는 데 있어 시각적인 브랜드 요소들도 중요하다. 시각적인 요소는 특히 브랜드의 인지도의 관점에서 중요한 역할을 한다. 독특한 형태로 쓰인 회사명이나 트레이드마크에서부터 워드마크(기업명 자체를 레터링하여 마크화한 것)나 브랜드명이나 기업명과 전혀 관련 없는 완전히 추상적인 로고에 이르기까지 수많은 유형의 로고가 있다. 강한 워드마크를 갖고 있는 브랜드들의 예로는 코카콜라, 던힐 등이 있고, 추상적인 로고의 예는 올림픽의 오륜 등이 있다. 이러한 워드마크가 아닌 로고들은 심벌(Symbol)이라 불린다. 로고와 심벌은 시각적 본질 때문에 쉽게 인지되고 제품을 구별하게 하는 중요한 수단이 되며 비언어적인 경우가 많기 때문에 시간과 문화를 초월하여 더 잘 전달될 수 있다(Keller, 2008).

다음의 〈표 13〉은 아파트 브랜드 로고 유형과 모티브를 정리한 내용이다. 힐스테이트는 Hyundai와 Hillstate의 'H'를 상징적으로 표현하며 클래식 모던체를 강조하며 와인색으로 고급스러운 이미지를 주었고, 두산위브와 SK View는 기업명과 담고자하는 내용을 로고에 넣었다. e편한세상은 오렌지 구름으로 따뜻하고 안정된 이미지를 주었으며, 푸르지오는 간결하게 녹색의 푸른 공간을 표현하여 보다 더 색채에 비중을 두었다. 래미안은 래(來), 미(美), 안(安)의 모티브로, 수자인은 수(秀), 자(自), 인(人)의 모티브로 로고에 추구하는 가치를 글자 그대로 담아 표현하였다. 자이, 더샵은 다소 추상적인 심벌로 표현하였음을 알 수 있다.

로 고	모 티 브
H 힐스테이트	• Hyundai와 Hillstate의 'H'의 상징적 표현 • HIGH SOCIETY의 탁월한 주거공간
e편한세상	• 오렌지 구름 – 가장 편하게 가족 모두가 따뜻한 행복을 나누고 활기차게 살아가는 공간
來美安 래미안	• 3개의 박스를 통해 래(來, 미래의), 미(美, 아름답고), 안(安, 안전한) 주거공간을 형상화
Xii 자이	• X(eXtra) – 특별한 • I(Intelligent) – 지성
LOTTE CASTLE	• 독수리 – 고품격 • 방패 – 전통, 명예
SK VIEW	• SK – 기업명 • VIEW – 창, 전망
IPARK	• I – 사업적 기반을 나타내는 기둥의 형태 • PARK – 기본적인 생활 공간에서 벗어난 문화공간
PRUGIO	• 푸르다 – 깨끗함, 싱그러움 • GEO – 대지, 공간
The Sharp #	• #(반올림을 의미하는 음악기호) – 더 윤택하고 세련된 삶
sujain 한양수자인	• 수(秀) – 빼어날 • 자(自) – 스스로 • 인(人) – 사람: 집, 나무, 산, 사람을 형상화하여 자연과 인간이 더불어 살아가는 친환경 주거공간
두산 We've	• We've? We have! – 모든 것을 다 가진 풍요로운 삶

5) 색채가 브랜드에 미치는 영향

① 색의 정의

색은 빛이 만물에 비칠 때 일부는 흡수되어 열(빛 에너지)로 변하지만 흡수되지 않고 반사, 투과되는 빛의 일부는 우리 눈을 자극시켜 색을 느끼게 한다. 빛이 없는 상태에서 색은 존재하지 않으므로 색은 곧 빛이며 감각이고, 일종의 에너지이자 전자파의 집합이다. 색은 물리학적 차원에서 보자면 진동수로 표시되며, 각각의 색은 고유의 진동수를 갖는 에너지 상태로 사람에게 영향을 미친다.

사전적 의미의 색(色)은 빛을 흡수하고 반사하는 결과로 나타나는 사물의 밝고 어두움이나 빨강, 파랑, 노랑 따위의 물리적 현상 또는 그것을 나타내는 물감 따위의 안료를 뜻한다. 반면 색채(色彩)는 물리적, 생리적, 심리적 현상에 의해 생기는 시감각으로 물체 자체가 발광하지 않고 빛을 받아 반사, 투과되어 나타나는 물체의 색을 뜻한다. 하지만 오늘날 색과 색채는 거의 같은 의미로 쓰이고 있다.

우리 주변에서 색의 쓰임새는 다양하다. 교통 표지판이나 신호 체계는 색에 의해서 자연스럽게 통제되고 있고, 복잡한 지하철 노선의 표시는 특정 색으로 구분되어 있다. 이는 색채가 시각적으로 매우 큰 역할을 하고 있음을 잘 보여준다.

② 색채심리

교통표지나 신호등의 색은 세계 어느 나라를 가도 같은 의미로 쓰이며, 국제적으로 통용되고 있다. 언어를 사용하지 않아도 색으로 메시지를 전달할 수 있기 때문에 기업이나 산업체 등에서는 고유한 상징적인 색(Symbol color)을 중시하고 있다. 사전적 의미로 연상(聯想)이란 하나의 관념이 다른 관념을 불러일으키는 현상을 뜻하며, 색은 보는 이에게 구체적이거나 추상적인 것을 연상시킬 뿐만 아니라 경험이나 기억, 이상 등 심리적으로도 영향을 미칠 수 있다(정숙영, 2011).

a) 색에 대한 연상과 상징성

색채에 대한 심리적 연상은 생활양식, 문화, 개인의 기호와 경험에 따라 다르게 나타나지만, 일반적인 색에 대한 연상과 상징성은 〈표 14〉와 같다.

표 14   색에 대한 일반적인 연상과 상징성

색상	연상	상징성
빨강 (Red)	태양, 피, 저녁노을	축하, 젊음, 정열, 애정, 쾌락, 분노, 위험, 행운의 상징
주황 (Orange)	가을, 감, 귤, 석양	희열, 유쾌, 만족, 풍부, 흥분, 활력
노랑 (Yellow)	봄, 개나리, 황금	교만, 쾌활, 명랑, 희망, 신경질, 팽창, 경박
연두 (Yellow Green)	잔초원, 새싹, 유아	산뜻함, 화사함, 젊음, 탄생, 신선, 고요
녹색 (Green)	여름, 오이, 상추	안정, 평화, 고요, 건강, 성실
청록 (Blue Green)	깊은 바다, 호수, 하늘	냉정, 싸늘, 질투, 죄
파랑 (Blue)	하늘, 물, 남성, 보석	고요, 신비, 서늘, 냉정, 추위
남색 (Purple Blue)	천사, 나팔꽃, 포도	냉정, 무한, 영원, 신비
보라 (Purple)	포도, 향기, 히야신스	신비, 창조, 예술, 세련됨, 고귀, 불안한 이미지, 비애
자주 (Red urple)	팥, 포도주, 목단	애정, 성, 창조, 정열
흰색 (White)	종이, 눈, 웨딩드레스	순수, 깨끗, 고결, 청결, 차가움
회색 (Gray)	건물, 노인, 아스팔트	평범, 중립, 무기력, 겸손, 중용
검정 (Black)	어둠, 죽음, 머리카락	비판, 절제, 허무, 침묵, 권위, 적막, 슬픔
갈색 (Blown)	나무, 낙엽, 대지	안전, 수수함, 늙음

b) 색의 이미지와 효과

색에는 연상되는 이미지가 있고 고유의 색에 따라 인간의 감정을 자극하는 효과가 있어 일상생활에 다양하게 이용되기도 한다.

– 빨강(Red): 빨강은 에너지를 나타내는 색으로, 건강, 생명, 축하의 의미를 지니고 있다. 또한 외향적이고 행동적이며 감정을 쉽게 표출하고 현실적 쾌락을 즐기며

정력적인 이미지를 대변한다.

- 주황(Orange): 주황색은 주목성이 높은 색으로, 자신을 어필하고 눈에 띄고 싶을 때 사용하면 좋다. 또한 시간 경과를 빨리 느낄 수 있는 색으로 패스트푸드점에서 음식을 빨리 회전시키기 위해 사용되는 경우가 많다. 식사할 때는 즐겁고 맛있게 느껴지는 색이므로 주방에서 즐겨 쓰는 색이다.
- 노랑(Yellow): 자기표현이 확실하고 논리적이며 지적인 능력을 연상시키는 활달한 색이나, 서양에서는 불길한 색이기도 하다. 노랑을 좋아하는 사람은 의사소통 능력이 뛰어나고 새로운 것을 찾아 자기실현을 꾀하고자 하는 경향이 있다.
- 녹색(Green): 마음을 편안하게 진정시키고 타인과의 조화로운 공감을 유도하는 색으로 스트레스를 해소시키며 안도감을 준다. 조화와 균형을 상징하며 희망과 평화를 상징한다.
- 파랑(Blue): 차분하고 시원한 색으로 내향적이며 감수성이 예민하여 독단적이고 강한 신념을 지닌 색이다. 색의 주목성은 낮으나 기분을 여유롭게 하고 믿음과 침착함을 표현한다. 파랑을 좋아하는 사람은 냉정하고 보수적인 경향이 있다.
- 보라(Purple): 소생의 색이며 자립심, 개성, 창조적인 상상력을 유도한다. 주목성은 낮으나 우아함, 화려함, 고귀함 등 정신적 권위의 상징을 나타낸다. 일반적으로 자의식이 높고 창의적 분야에 종사하는 사람들이 좋아하는 색이다.
- 흰색(White): 공정하고 결백함의 상징이며 타협하지 않는 기품이 있는 색이다. 어떤 색과의 배색에도 수용적이나 차갑고 감정도 없는 불모의 색이다. 흰색을 좋아하는 사람은 자아감이 약하고 항상 수동의 상태로 주의를 의식하는 경향이 있다.
- 회색(Gray): 백색과 흑색의 성격을 모두 가지고 있는 색으로 도시적이고 남성적인 반면, 불안, 무기력한 의미를 지닌다. 회색을 좋아하는 사람은 일반적으로 온화하고 수수하다.
- 검정(Black): 세련되고 격조높은 색인 반면에 심리적으로 위압감을 주고 절망과 영원, 신비의 색이다. 또한 불명예, 불길함 등의 의미를 지니고 있다. 검정색이 바탕색일 경우 선명한 색을 보다 선명하게 보여준다. 방어적이고 신비로운 색으로 검정색을 좋아하는 사람은 위엄과 권위를 추구하는 경향이 있다.
- 갈색(Blown): 대지를 느끼게 하는 색으로 안정감을 나타내며 갈색을 좋아하는 사람은 새로운 것을 받아들이기 싫어하는 반면, 성격이 꼼꼼하여 경솔한 행동은 하지 않는다.

③ 아파트 브랜드의 색 활용

어떤 이미지나 개념을 떠올릴 때 연상되는 색이 그 이미지나 개념을 결정하기도 한다. 두 가지 이상의 색을 특별한 효과나 목적에 맞게 배치하여 조화를 이루면서 새로운 효과를 나타낼 수 있도록 만드는 것을 배색이라 하며, 같은 색이라

해도 배색된 색에 따라 서로 다른 이미지를 주게 되므로 브랜드의 이미지를 결정하는 데 있어서 주요 색상의 선택과, 색의 배색은 중요한 역할을 한다.

아파트 브랜드에 주로 사용되는 색은 파랑(Blue), 갈색(Blown), 주황(Orange), 녹색(Green) 등 이다. 파랑(Blue)은 차분하고 편안함을 주는 색으로 기분을 여유롭게 하고 만족감을 주는 색이며, 갈색(Blown)은 안정감을 주며 고급스러움을 표현할 때 많이 쓰이는 색이다. 주황색은 주목성이 높은 색으로 다른 색상도 조화를 잘 이루며, 녹색(Green)은 마음을 편안하게 진정시키고 타인과의 조화로운 공감을 유도하는 색으로 스트레스를 해소시키며 안도감을 준다. 또한 조화와 균형을 상징하며 희망과 평화를 상징한다.

이러한 색상활용은 각 아파트 브랜드의 이미지에 맞게 조화롭게 잘 활용되었음을 알 수 있다.

표 15   아파트 브랜드의 색 활용

브랜드	내 용
힐스테이트	• 와인색 – 고급스러움, 품격, 리더의 이미지
e편한세상	• 주황색 – 즐겁고 편안한 공간 • 갈색 – 친환경 주거 공간
래미안	• 녹색 – 미래지향, 자연, 풍요로움 • 회색 – 아름다움, 이상, 자유로움
자이	• 파란색 – 이지적, 세련됨
롯데캐슬	• 갈색 – 고품격
SK VIEW	• 빨강색 • 주황색 – Smart, Caring • 갈색
IPARK	• 빨강색 • 회색 – 따뜻하고 편안한 공간
푸르지오	• 녹색 – 싱그럽고 깨끗한 공간
더샵	• 블루바이올렛 – 부드러움, 감성적, 귀족적
수자인	• 파란색 – 수 • 녹색 – 자 • 주황색 – 인
두산위브	• 파랑 – 차분, 편안함

6) 마케팅커뮤니케이션

기업은 브랜드자산 구축을 위해 브랜드 도입 전에 브랜드 아이덴티티(brand identity)를 체계적으로 설계하려는 노력을 해야 하지만, 브랜드 도입 후 지속적이면서 일관성 있는 마케팅 노력을 통해 소비자에게 브랜드와 관련하여 호의적이면서 강력하고 독특한 브랜드 이미지를 심어주어야 한다. 기업의 다양한 마케팅활동 중에서 특히 마케팅커뮤니케이션은 브랜드 자산의 구축에 효과적인 역할을 수행한다(안광호·한상만·전성률, 1999).

마케팅커뮤니케이션 또는 촉진은 기업이 판매하는 제품과 브랜드에 대해서 직접 또는 간접적으로 소비자들에게 정보를 제공하고 설득하고 해당 브랜드를 생각하도록 시도하는 수단들이다(Kotler & Keller, 2009). 최근 들어 많은 마케팅 실무자들과 연구자들이 촉진보다 마케팅커뮤니케이션이란 용어를 광의의 의미로 해석해서 선호한다. 광의의 의미에서 마케팅커뮤니케이션은 기업과 고객 간에 자신이 전달하고 싶은 의미를 공유하는 과정을 말한다. 이런 정의를 채택할 때 마케팅커뮤니케이션에는 전통적인 촉진믹스 외에 브랜드명, 로고, 패키지, 가격 등 브랜드 관련 요소들이나 다른 마케팅믹스 요소들도 포함될 수 있다(안광훈·김동훈·유창조, 2008). 마케터는 광고, 판매촉진, 인적판매, PR 등의 다양한 마케팅커뮤니케이션 도구들을 결합함으로써 실제로 표적고객들에게 강력하고 호의적인 브랜드 이미지를 심을 수 있다. 마케팅커뮤니케이션은 브랜드의 인지도를 생성하고, 브랜드에 대한 주요 연상을 브랜드와 연결시켜 브랜드 자산 구축에 효과적인 역할을 수행한다.

광고는 광고주가 정보전달의 매체를 이용하여 어떤 상품(서비스, 생각, 사람, 조직단체 등 포함)을 특정 대상에게 소개하거나 판매를 촉진하는 활동이다(장대련·한민희, 2008). 광고는 다양한 기간에 걸쳐 효과가 있고, 사람들에게 동시에 전달될 수 있으며 시각적 요소, 소리, 색상 등을 통해 제품, 모델 등을 다양하게 표현할 수 있다. 광고에서 등장하는 모델은 해당 브랜드를 상징하고, 해당 제품을 특징을 효과적으로 설명해주며, 브랜드 자산을 제고하는 등 다양한 역할을 한다. 많은 기업들은 광고에서 스타 모델을 등장시켜서 자사 브랜드와 관련된 인지도, 호감에 긍정적 효과를 얻으려한다. 스타마케팅은 대중에게 잘 알려진 스타를 통해 브랜드에 긍정적인 연상과 이미지를 형성시키고 브랜드 인지도를 향상시키는 등 기업이나 브랜드의 목표달성에 이용하는 마케팅이다. 하지만 광고는 시대의 트렌드에 따라 민감하게 반응하는 경향이 있다.

아파트 시장에서도 예외는 아니다. 몇 년 전만 해도 TV에는 브랜드 아파트의 광고가 넘쳐났고 항상 최고의 스타 광고모델이 등장했다. 고소영을 등장시키며 고급스러운 이미지를 내세운 현대건설의 '힐스테이트', 김남주를 오랜기간 광고모델로 내세운 대우건설의 '푸르지오', 이영애를 등장시키며 품격있는 이미지를 내세운 GS건설의 '자이' 등 대부분이 스타 광고모델이었으며, 일부 브랜드만이 일반 모델을 내세웠다. 광고모델이 즉 브랜드 아파트의 이미지였으며 광고 효과도 높았다. 하지만 시대의 트렌드는 변하며 대중매체에 의존한 광고가 브랜드자산구축에 직접적 효과를 가져다주는지에 대한 의문을 제기한 기업들은 비용효율적인 마케팅 커뮤니케이션 기법에 관심을 보이게 되었다. 즉 TV, 신문 등을 이용한 대중매체 광고, 판매촉진, 다이렉트 마케팅, 이벤트, PR 등을 통합적으로 운영하여 시너지 효과를 얻으려는 것이다.

최근 들어 케이블TV, 인터넷 등 다양한 매체가 증가하면서 예전보다 대중매체 광고의 주목성이 감소하게 되었고, 이와 더불어 데이터베이스를 구축하기 위한 정보기술의 발전으로 고객의 이름, 주소, 전화번호, 구매행동 등을 파악할 수 있게 되었다. 이에 따라 불특정대중시장을 표적으로 하던 예전과 달리 우량고객과의 우호적 관계를 공고히 하는 개인마케팅(individual marketing) 혹은 관계마케팅의 도입이 필요하게 되었다(안광호·한상만·전성률, 1999).

과거에는 마케팅 커뮤니케이션 수단들이 별개의 마케팅으로 수행되었으나, 기업들은 강력하고 일관된 브랜드이미지를 창출·유지해야 했고 이에 따라 통합적 마케팅커뮤니케이션(Integrated Marketing Communication; IMC)의 필요성이 대두되었다. 통합적 마케팅커뮤니케이션은 광고, 판매촉진, 인적판매, PR의 4가지 촉진 믹스 등 다양한 커뮤티케이션 도구들을 이용하여 고객 및 잠재고객의 행동에 영향을 미칠 수 있는 통합적 커뮤니케이션 프로그램을 개발, 실행하는 과정이다(김우성, 2012). 대중매체광고가 전부였던 과거에 비해 현재의 소비자들은 새로운 정보의 습득에 더 쉽게 접근 가능하졌고, 다양한 매체의 발달로 인해 대중매체광고의 효과에 대해 의문이 제기되며 통합적 마케팅커뮤니케이션은 더욱 부각되었다. 제품에 따라 TV광고가 효과적일 수도 있고, 직접반응광고가 효과적일 수도 있다 통합적 마케팅커뮤니케이션은 표적 소비자에게 가장 효과적이면서 효율적인 마케팅 커뮤니케이션 수단 및 매체를 통합·조정하여 시너지효과를 창출하는 데 목적이 있다.

7) 브랜드 아파트의 전망과 발전

브랜드 아파트의 무한경쟁시대가 도래하면서, 브랜드 아파트는 더 이상 이름과 광고만으로 만들어지지 않는다. 브랜드 아파트 초기에는 건설사들이 정보통신기술(ICT)을 활용한 생활 편의성 증진에 중점을 두었다. 유비쿼터스(사용자가 네트워크나 컴퓨터를 의식하지 않고 장소에 상관없이 자유롭게 네트워크에 접속할 수 있는 정보통신 환경)란 말이 이미 10여년 전부터 아파트 광고에 쓰였을 정도다. 국내 대형 건설사들이 생활을 편리하게 해주는 첨단 기술을 아파트에 경쟁적으로 도입했기 때문이다. 최근 들어 건설사들이 중점을 두는 것은 힐링 기능이다. 무엇보다 건강이 가장 중요하다는 인식이 커지면서 아파트 입주민들의 건강을 증진시키는 기술 개발에 역점을 두고 있다.

요즘 브랜드 아파트는 보안 기능을 강화하여 안전성을 강조하고, 전기 등의 에너지를 절약하는 기술을 접목하여 경제성을 강조하고, 아파트의 첨단시설을 강조하면서도 친환경 컨셉을 유지하기 위해 다방면으로 진화하고 있다.

① 1가구 중심의 라이프 스타일 맞춤 설계

초기에는 주로 주부들을 위한 동선 설계, 주부들을 위한 주방 맞춤 설계 등으로 광고하는 브랜드 아파트가 많았으나 최근 아이와 노인 등으로 그 대상이 점차 확대되어 세분화되는 모습을 보이고 있다. 현대건설의 '힐스테이트'의 경우 "아이를 키우기 좋은 안심설계, 라이프 스타일에 따른 맞춤형 공간설계"라는 컨셉으로 특화된 '아이 키우기 좋은 아파트'로 조성해 내부는 창의력 컬러벽지를 사용하고 자녀들의 안전을 고려해 둥근 모서리 가구를 적용하는 등 아이 중심의 맞춤 설계를 선보였다. 대우건설의 '푸르지오'는 아이들이 단지 내 어디서든 안전할 수 있도록 어린이 놀이터, 단지 내 어린이 안전 보행통로 키즈벨트, 그리고 단지 곳곳의 나무와 벤치까지 어린이 맞춤으로 설계하였다는 것을 강조하고 또한 노인들을 위한 시니어 운동시설과 시니어 레일 등 노인 맞춤 설계도 선보여, 그동안 상대적으로 중시되지 않았던 노인과 아이에 대한 관심이 고조되고 있음을 보여준다.

② 원스톱 라이프

과거에 아파트 단지는 주거목적으로만 설계되었으나 최근에는 아파트 단지 안에서 모든 것을 해결할 수 있도록 설계되고 있다. GS건설의 '자이'는 단지 안에서 쇼핑과 교육, 문화 생활을 모두 즐길 수 있는 자족형 브랜드 타운을 선보여 주민들이 멀리 나가지 않고도 쉽고 편리하게 쇼핑할 수 있도록 단지 내 근린생활시설에 슈퍼마켓 입점을 추진하며, 어린 자녀를 둔 수요를 감안해 단지 내에서 다양한 교육이 이뤄질 수 있도록 교육시설도 대거 유치하는 원스톱 라이프를 추진한다.

③ 스마트한 첨단시설

스마트폰이 대중화되면서, 스마트시대에 맞추어 아파트에도 스마트폰 활용은 기본이다. 대림산업의 'e편한세상'은 입주민이 스마트폰이나 태플릿PC 등으로 집을 원격으로 관리할 수 있는 스마트홈 어플리케이션을 선보여 기존 월패드의 모든 기능을 어플리케이션으로 옮겨 담아 스마트 기기만으로 가스·조명·난방·에너지 사용량을 확인할 수 있는 시스템을 선보였다. 현대건설의 '힐스테이트'도 스마트폰을 이용하여 각 가정의 에너지 사용 정보 확인이 가능한 힐스테이트 스마트폰 앱 어플리케이션을 제공하여, 전기와 수도, 가스 사용량을 실시간으로 확인할 수 있는 '세대별 에너지 관리시스템'을 비롯해 대기전력차단 시스템, 실별온도 제어 시스템 등을 선보였다. 현대산업개발의 '아이파크시티'는 편의성을 고려한 기술을 동원하여 욕실에 설치된 발광다이오드(LED)등에 동작 인식 감지 장치가 있어 밤에 스위치를 켜지 않고 화장실에 들어가도 조명의 20% 정도가 자동으로 켜지는 시스템을 선보이는 등 아파트의 첨단시설은 점점 더 스마트해지고 있다.

④ 조경에도 IT기술 접목

요즘 아파트의 대부분은 주차장에 불과했던 지상 공간을 차 없는 곳으로 만들었다. 지상 공간을 입주민이 운동하고 산책하는 공원으로 바꾸고 조경 시설에 공을 들이는 곳이 늘고 있다. 또 조경 시설에도 첨단 기술이 들어가고 있다. 일반인에게 알려지지 않은 아파트 조경 관련 신조어 중에 스마트 스케이프(Smartscape)란 게 있다. 스마트(smart)와 조경을 뜻하는 랜드스케이프(landscape)의 합성어로 공원처럼 조성된 아파트 지상 공간에 IT기술이 들어간 것이다. GS건설은 단지 곳곳에 큐알 코드를 설치하여 산책로 입구에 설치된 큐알코드에 스마트폰을 대면 어떻게 운동하는 게 좋은지, 또 그렇게 운동했을 때 칼로리는 얼마나 소모되는지 등의 자세한 정보가 나온다. 주요 나무에 있는 수목안내판의 큐알코드에는 그 나무에 대한 내용이 담겨있다.

⑤ 커뮤니티센터의 발달

아파트 단지 내의 커뮤니티센터는 나날이 그 종류가 증가하고 구체화·전문화되어가고 있다. 기본적으로 휘트니스센터 이외에도 수영장, 실내골프연습장, 탁구장, 사우나, 도서관, 멀티룸 등 다양한 편의시설을 조성하는 추세이며, 새 아파트 분양 시에 각 브랜드에서 얼마나 더 특화된 커뮤니티센터를 내세울지가 중요한 이슈가 되고 있다. GS건설의 '자이'는 단지 내에 실내 어린이 놀이터인 키즈 카페를 조성하고, 입주민 건강을 위한 헬스케어 프로그램으로 근처 병원과 사회공헌 협약을 체결해 입원비, 종합건강검진비, 영안실 사용료 등 할인혜택을 제공해 입주민들의 병원비 부담을 줄이는 프로그램을 만들었다. 또한 코오롱글로벌의 '코오롱하늘채'의 경우 코오롱 그룹이 운영하는 종합스포츠센터의 노하우가 도입되어 근력운동·유산소운동·밸런스운동이 조화롭게 이뤄지는 자가순환운동 프로그램을 만들고, 이를 아파트 내에서 할 수 있게 맞춤 공간을 만들었다.

⑥ 공간 활용

소비자가 집을 구매하는 데 가장 기본적인 요건인 생활 편의성을 강화한 점도 돋보인다. 분양시점부터 방과 방 사이의 가벽을 선택하여 방을 2개로 만들거나 혹은 하나로 통합하고, 서비스 공간을 가족룸으로 만드는 등 공간 활용을 할 수 있게 하는 아파트가 늘어나고 있다. 롯데건설의 '롯데캐슬'은 '드림 라인월' 설계기술을 갖추어 거실 벽체의 타일과 타일 사이에 레일을 걸어 입주민이 선반과 수납장을 자유롭게 설치할 수 있도록 하여 거주자의 취향과 생활 습관에 맞게 거실 공간을 연출할 수 있도록 했다.

⑦ 안전한 아파트

안전성은 기본이다. 아파트 단지 내 보안 기술도 나날이 발전하고 있다. 대림건설은 풀HD급으로 화질이 좋은 CCTV를 개발해 새로 짓는 아파트 단지에 설치하고 있다. CCTV카메라의 화질이 200만 화소로 기존 아파트에 설치된 CCTV의 41만 화소보다 5배 가량 선명하다. 이를 통해 촬영된 화면은 확대해도 화질이 선명하게 유지돼 약 20m 밖에 있는 차량 번호까지 식별할 수 있다.

또한 대부분의 건설사들이 사각지대가 없는 CCTV를 설치하고 있다. 한양건설의 '수자인'은 얼굴인식로봇까지 설치된다. 출입문 옆에 있는 얼굴인식카메라에 얼굴을 비추면 1초 만에 인증이 끝난다. 얼굴을 인식하기 때문에 이 아파트에는 초인종도 없다. 사용자의 얼굴에서 수 만개의 특징을 포착해 얼굴을 인식하기 때문에 쌍둥이도 구별할 수 있다.

⑧ 에너지 절감 기능

에너지 절감 기술도 빠르게 발전하고 있다. 삼성물산의 '래미안'은 실시간 에너지의 사용 현황, 동일평형 에너지 사용량 비교 정보 등을 통해 에너지 절감을 유도하고, 자연 에너지를 생활 에너지로 변환하여 실질적 관리비 절감 혜택을 주는 에너지 세이빙 시스템과 실내·외 공기의 온도와 습도를 조절해 에너지 사용을 줄이는 전열교환 방식의 환기 설비를 설치했다. 대우건설의 '푸르지오'는 '그린 프리미엄'이라는 친환경 기술을 장착하여 '실시간 에너지모니터링 시스템'을 도입했다. 주방에는 자동으로 물의 양을 조절하여 관리비절감에 도움이 되는 '센서식 싱크 절수기'는 기본이다. 현대건설의 '힐스테이트'는 '대기전력 차단장치'가 설치되어 전자 제품의 전원이 꺼진 상태에서도 전기가 자동으로 차단된다. 대기전력은 전기 플러그가 꽂혀 있으면 실제 사용하고 있지 않더라도 소모되는 전력이다. 이를 통해 가정의 전기 사용량을 최대 20%까지 줄일 수 있다. GS건설의 '자이'는 단지 안에 '전력 회생형 승강기'를 설치해 승강기 동작 때 발생하는 에너지를 전력으로 바꿔 다시 사용할 수 있도록 했다.

아파트 브랜드는 기업의 이미지이기 때문에, 건설사들은 각자의 브랜드 이미지와 중시하는 가치에 맞춰 더 새롭고 안전하고 편리한 기술을 선보이고 있다. 가족중심의 컨셉, 안전을 강조한 컨셉, 첨단 시설을 강조하거나 친환경시설을 강조한 컨셉 등 브랜드가 희망하고자 하는 목표를 담아 브랜드 아이덴티티를 만들어내고 실생활에 접목시켜 아파트에 담아내고 있다.

2015년 부동산분석학회 학술대회 "부동산 산업의 현재와 미래"
상업용 부동산 산업의 변화와 발전

savills

2015년 12월 8일
Presented by 전경돈/세빌스코리아 대표

savills.co.kr

---

savills

현재 상업용 부동산 시장 현황은?

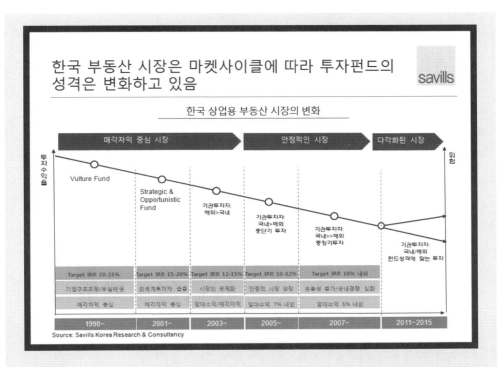

한국 부동산 시장은 마켓사이클에 따라 투자펀드의 성격은 변화하고 있음

한국 상업용 부동산 시장의 변화

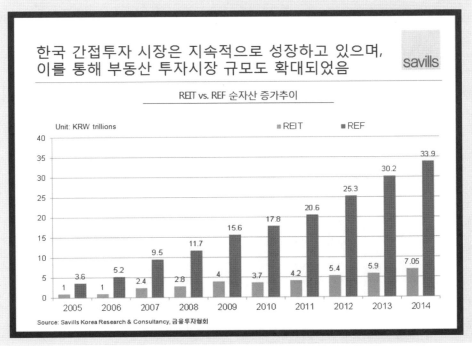

한국 간접투자 시장은 지속적으로 성장하고 있으며, 이를 통해 부동산 투자시장 규모도 확대되었음

REIT vs. REF 순자산 증가추이

주요 연기금의 자산운용 규모는 확대되고 있으며, 저금리 시대에 대체투자의 비중은 확대되는 추세임

연기금의 대체투자 비중

국민연금 대체투자 포트폴리오

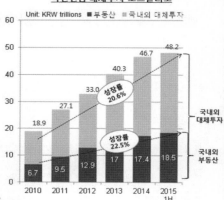

국민연금, 공무원연금공단, 교직원공제회, 사학연금, 경찰공제회, 행정공제회 기금운용현황 자료 취합

Source: Savills Korea Research & Consultancy

2012년 이후 오피스 투자규모는 약 5조원 수준으로 확대됨

프라임 오피스 거래규모 추이

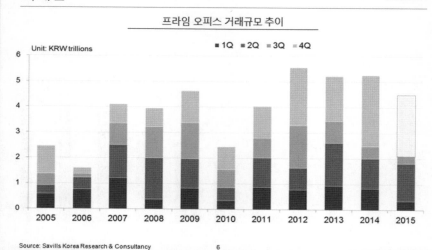

Source: Savills Korea Research & Consultancy   6

안정화된 오피스빌딩의 Market Cap Rate는 5% 수준,
글로벌 금융위기 이후 최저 수준으로 보임

savills

오피스 Cap Rate Vs. 국고채 (5년) 추이

Cap rate: (interest income on security deposit + Face Rent + residual income from maintenance fee) × occupancy rate (95%) × 12 / transaction amount
Source: Savills Korea Research & Consultancy   7

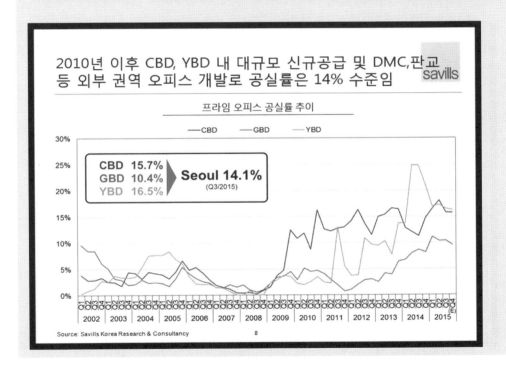

2010년 이후 CBD, YBD 내 대규모 신규공급 및 DMC,판교
등 외부 권역 오피스 개발로 공실률은 14% 수준임

savills

프라임 오피스 공실률 추이

CBD 15.7%
GBD 10.4%   Seoul 14.1%
YBD 16.5%   (Q3/2015)

Source: Savills Korea Research & Consultancy   8

시장의 높은 공실률로 인해, 2015년 마케팅 임대료의
상승률(Y-o-Y)은 0.4%로 CPI 보다 낮은 수준을 보임

프라임 오피스 임대료 및 상승률 추이

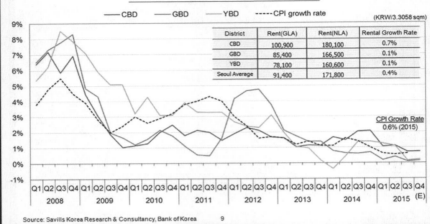

District	Rent(GLA)	Rent(NLA)	Rental Growth Rate
CBD	100,900	180,100	0.7%
GBD	85,400	166,500	0.1%
YBD	78,100	160,600	0.1%
Seoul Average	91,400	171,800	0.4%

Source: Savills Korea Research & Consultancy, Bank of Korea   9

높은 유동성과 낮은 이자율, 안정된 물건 선호에 따라
프라임 오피스 매각금액은 지속적으로 상승함

CBD 오피스 매각가 추이

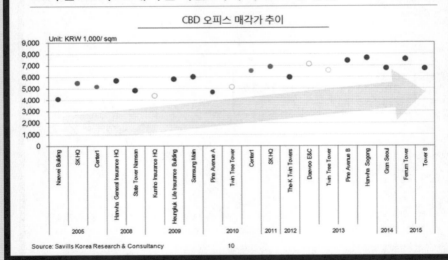

Source: Savills Korea Research & Consultancy   10

오피스 선호도는 여전히 높으나, 높은 공실률 및 투자자 경쟁환경으로 오피스투자는 새로운 국면을 맞음

savills

오피스 투자시장

- 투자자의 안정적 자산 선호 (Core/Core+)
- 오피스 시장 및 자산특성의 높은 이해도
- 자산 운용 경험 및 전문성

- 높은 공실률 (Supply & Demand)
- 국내기업 중심 임차 (80%)
- 매입경쟁→ 매각가 상승 부담
- 지역 편중
- 시장규모의 제한(우량매물 제한)

Deal Structuring을 통하여 자산유형별 Risk를 낮추고 투자시장 확대됨

savills

자산 Type	Risk 요인	Deal Structure
Office	• 높은 시장 공실률 • 임차인 확보 어려움	• 잠재 임차인 확보 및 LOI • 시공사 책임임차 • 매도자 책임임차
Retail	• 리테일 운영 노하우 부족 • 대기업 위주 시장	• 대기업 마스터리스 • Anchor Tenant 확보
Hotel	• 변동성 높은 호텔매출 • 호텔운영 노하우 부족	• 호텔 운영브랜드 마스터리스
Logistic	• 화주(임차인)에 대한 높은 의존도	• 우량 기업과의 장기 계약 • 임차 기업 Equity 참여 (SI 제휴)

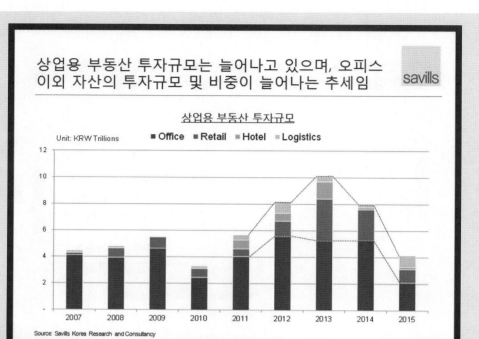

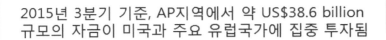

2015년 3분기 기준, AP지역에서 약 US$38.6 billion 규모의 자금이 미국과 주요 유럽국가에 집중 투자됨

savills

AP Inbound/Outbound 투자규모 추이

Unit: US $ billions ■ Capital inflow to Asia Pacific ■ Capital outflows from Asia Pacific

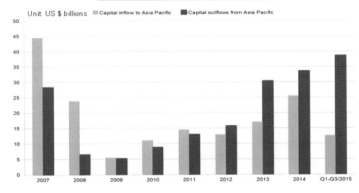

All analysis based on properties & portfolios $2.5m and greater. Not all property deals are included in aggregate statistics (such as entity-level transactions). Estimated prices are not posted, but are used in aggregate volume.

Source: Savills Asia Pacific Research, RCA

싱가폴, 중국, 홍콩, 한국 순으로 해외투자가 활발했으며, 투자지역은 미국, 영국으로 주로 집중됨

savills

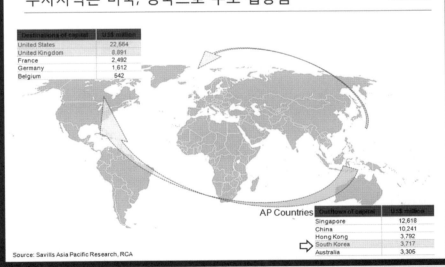

Destinations of capital	US$ million
United States	22,564
United Kingdom	8,891
France	2,492
Germany	1,612
Belgium	542

AP Countries

Outflows of capital	US$ million
Singapore	12,618
China	10,241
Hong Kong	3,792
South Korea	3,717
Australia	3,305

Source: Savills Asia Pacific Research, RCA

지난 5년간 해외의 부동산펀드 증가세는 국내 펀드
증가세를 능가하는 연평균 30.7% 성장률을 보임

savills

국내/해외 부동산 펀드 설정액 추이

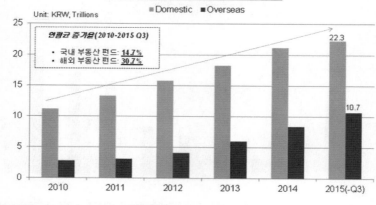

■ Domestic ■ Overseas

Unit: KRW, Trillions

연평균 증가율(2010-2015 Q3)
• 국내 부동산 펀드: 14.7%
• 해외 부동산 펀드: 30.7%

Source: Savills Korea Research & Consultancy, 금융투자협회

상업용 부동산 현황

savills

➡ 상업용 부동산 투자시장➡오피스 중심 발달/규모확대 (과거)

➡ 저금리 시대/유동성 풍부 ➡ 대체투자 비중 확대 (현재)

➡ 2010년 이후, 오피스 중심에서 투자 Sector 다변화 시도

➡ 해외투자 관심도 및 투자사례 증가

savills

향후 상업용 부동산 변화 및 발전 전망?

향후 리츠시장 확대 및 자산 운용사 등록제 등의
시장변화로 간접 투자시장 확대가 예상됨

savills

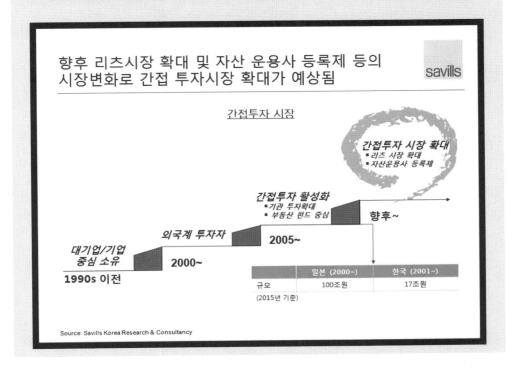

간접투자 시장

간접투자 시장 확대
- 리츠 시장 확대
- 자산운용사 등록제

간접투자 활성화
- 기관 투자확대
- 부동산 펀드 중심

향후~

외국계 투자자

2005~

대기업/기업
중심 소유

2000~

1990s 이전

규모	일본 (2000~)	한국 (2001~)
(2015년 기준)	100조원	17조원

Source: Savills Korea Research & Consultancy

현재 성숙화된 부동산 시장에서 투자 자산은 더욱 다양화 및 세분화 될 것으로 예상됨

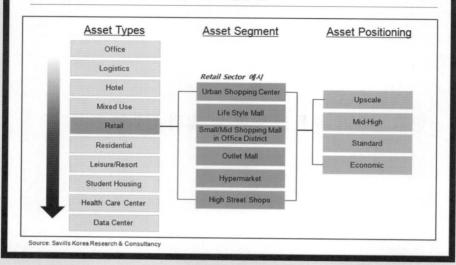

Source: Savills Korea Research & Consultancy

각 Sector별 부동산 전문가 역량 및 풍부한 자산운용 경험의 중요성이 확대될 것으로 예상됨

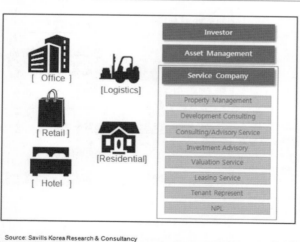

Source: Savills Korea Research & Consultancy

향후 전망 및 변화 방향

savills

➡️ Portfolio 확대 (Investment Asset Type 다양화,세분화)

➡️ Globalization 투자 확대

➡️ Sector별 특화된 부동산 전문역량 강화

➡️ 개인투자자의 간접 투자시장 참여→간접투자 시장 확대

제 9 장

부동산중개업의 마케팅활동

1. 우리나라 부동산중개업의 역사

1) 객주, 거간

우리나라의 부동산중개업은 고려시대의 객주(客主)에서 출발하여 시대의 변천과 경제, 사회의 발전에 따라 차차 그 형태가 변모되어 왔다. 객주란 상품매매의 중개를 하는 경제행위를 뜻하는 데서 유래했는데, 객주는 생산자가 위탁한 상품을 자신의 이름으로 직접 보관, 관리하며 가망 구매자와 상담을 하고 판매를 하는 대리중간상이다. 이들은 일정량의 상품을 위탁받아 판매해주고 나면 계약은 끝난다. 객주는 언제나 판매자만을 대표한다. 객주(客主) 중에서 특히 타인간의 물건을 흥정하는 사람을 거간(居間)이라 하였다.

거간과 객주는 계약 이행시에 구속성 유무와 판매상품의 직접취급 여부에 따라 다르다. 거간은 상담시 자유로이 활동할 수 있으나 객주는 위탁조건에 따라 제약을 받는다. 거간은 판매상품을 보관하거나 관리를 하지 않으나 객주는 위탁상품을 보관하면서 판매한다. 객주는 판매기능은 물론 보관, 분할, 재포장, 및 위탁주(委託主)에 대한 금융기능도 수행한다. 역사적으로는 금융기능이 객주의 중심적인 업무였다. 거간(居間)은 위탁주의 계산으로 상품판매가 원활히 이루어지도록 상담을 대신하여 주는 대리중간상(代理中間商)으로서 주된 기능은 매매쌍방의 연관을 맺어주는 데 있다. 쌍방의 중간에 개입하는 자(go-between)에 불과하다. 거간은 한편에서는 상품구매자를 발견하고 다른 한편으로 판매자를 찾아낸다. 그는 판매자, 구매자 쌍방으로 부터 수수료를 받는다. 이같이 쌍방에서 구전(口錢)을 받는다는 점에서 객주와 다르다.

거간은 객주처럼 상품을 보관하지 않기 때문에 창고가 필요 없다. 거간은 그들이 취급하는 상품종류에 따라 포목거간(布木居間), 양사거간(洋絲居間), 우거간(牛居間), 금전거간(金錢居間) 등이 있다. 이러한 중간상인에 해당하는 객주나 거간제도가 발달하면서 내국인 사이의 거래는 물론 일본 등 국제간의 거래에도 객주나 거간이 중간에 개재하는 것이 관례로 되어 있었다. 그 이유는 이들이 오늘날의 금융기관 기능뿐 아니라 운송, 창고 혹은 여관업까지 겸하였기 때문에 위탁자를 위해 매우 편리했으며, 거간은 양 당사자 간의 거래를 가능하도록 도와주는 역할을 해왔기 때문이다. 거간(居間)은 객주와 함께 조선시대의 대표적인 중간상인으로서 상행위의 중개나 토지와 가옥의 매매, 임차, 전당(典當)의 중개를 직업으로 하는 중간 상인을 말한다. 이는 생산자와 상인, 상인과 상인, 상인과 소비자, 국내 상인과 외국 상인 사이에 거래를 알선하고 구전을 받았다.

2) 가쾌, 복덕방

거간 중에서 부동산 거간을 집주름, 가쾌(家儈), 복덕방으로 불렀다. 주로 부동산의 매매·임대차 등의 거간을 위해 마련된 장소를 복덕방(福德房)이라고 하였다. 복덕방이란 말은 조선중엽 이후(18세기 초)부터 있었던 것으로, 이를 가쾌(家儈: 거간의 집)라 불렀다. 복덕방이란 명칭은 조선말엽에 이르러 '생기복덕(生起福德)'이라 하여 복을 중개하여 큰 복과 덕이 일어난다는 뜻에서 붙여진 이름이다. 이러한 복을 중개하는 사람, 즉 집을 흥정붙이는 사람을 집주름이라고 했는데, 오늘날 부동산중개업자를 뜻하는 의미로 발전하였다.

그러나 원래 집주름, 즉 집거간(家居間)은 집뿐만 아니라 토지를 비롯한 부동산의 매매, 임차 및 전당 등의 중개에 종사하는 사람을 말하는 넓은 의미로 쓰였다. 또한 가쾌(家儈)란 대도시 특히 서울과 평양의 양 도시에서 부른 집주름을 호칭하는 말이었다. 서울과 지방에서 가쾌들이 모여 사무소를 만든 것이 복덕방(福德房)이다. 원래 복덕방은 서울에서 발생하여 서울과 그 부근에서만 존속하여 온 독특한 민간업이었다. 당시 서울, 평양 등 대도시 중심지 번화가에 살고 있는 부유층들은 주거를 자주 옮기지 않았기 때문에 복덕방은 주로 변두리에서 성행하였다. 복덕방영업은 옛날에는 거간이 하는 일종의 자유업이었다. 조선 조 말만 해도 100여개의 복덕방과 500여명의 가쾌(家儈)가 있었다고 한다. 작가 염상섭(廉想涉)

이 1948년 발표한 '슈監家僧와 乭釗'라는 소설에 나타난 것처럼 과거의 집주름들은 대개 50 이상인 노인층이었기 때문에 '복덕방영감', '복덕방장이'라고 호칭하기도 했다.

복덕방은 예전에는 고령자가 행하는 영업으로 인식될 정도로 종사자 중 노령자가 많았다. 소개행위나 거래가 성립되면 이에 대한 보답으로 조그마한 선물로 고마움을 표시하였는데, 이는 노인들이 소일삼아 정자나무 밑에 모여 앉아 장기나 바둑 등을 두고 있다가 찾아오는 손님이 있으면 거간노릇을 하였기 때문이다. 당시의 선물내용은 매우 다양했다. 처음에는 시럭초를 짧게 썰어 하얀 종이에 곱게 싸서 수고비(手苦費)로 전달되었고, 거간꾼이 소개를 할 때 집주인이 매도금액을 정해 주면 거간들은 이 금액에 얼마를 덧붙여 이득을 얻곤 하였는데, 나중에는 이것이 구전(口錢) 또는 구문(口文)의 형식으로 발전하였다.

당시 구전은 거래대금의 100분의 1 정도였으며 매도인이 부담했다. 구전(口錢)의 발생 시기는 거래가 끝나는 시점이었다. 초기의 복덕방 간판은 누런 삼베를 주로 사용하였다. 이는 삼베가 수수해서 복이 잘 붙으라는 의미와 재료 자체가 질겨 오래 사용할 수 있다는 뜻이 있었으며, 또한 삼베간판 밑을 여러 갈래로 갈라놓아 드나들기에 편하게 만들었다. 그 때에도 복덕방들은 선전활동을 눈에 띌 정도로 많이 하였는데, 복덕방경영자들은 당시 대개가 노인층으로, 이들이 입고 있던 삼베옷과 간판과는 묘한 대조를 이루어 독특한 선전효과를 누리기도 하였다

이 후 서구문물이 들어오고 개화기가 시작되자 서민 계급 간에는 상업에 종사하는 사람이 많아지고, 상업이 성행하게 되면서 백성들이 주거지를 자주 옮기게 되었다. 당시 한번 주거지를 옮기려면 풍수지리를 보고 택일을 하는 풍습이 있었는데, 이사를 할 때에는 집주름의 도움을 받는 것이 그때의 관행이었다. 그로 인하여 대도시에는 복덕방영업을 하는 집주름이 무질서하게 늘어나면서, 여러 가지 부작용이 발생, 이를 규제하기 위한 필요성이 대두되자 정부는 1890년 5월 5일자로 '객주거간규칙(客主居間規則)'을 만들어 이들을 통제하기 시작했다.

객주거간규칙은 중개업을 최초로 제도화하는 계기가 되었으며 부동산중개업에 관련된 최초의 법제이다. 객주거간규칙에 따르면 당시 거간을 하려는 사람은 신원조사를 받은 후 일정한 절차를 밟은 후에야 거간인가증(居間認可證)을 내주는 등 거간들로 하여금 상인조합을 조직하도록 하고 그들을 관리하기 위한 통제감독기관까지 만들었다.

3) 부동산소개업

거간의 인가제도는 1910년 한일강제합병과 함께 일본총독부가 거간인가제도를 폐지하면서 자유영업체제로 바꿨다. 그 후 일본이 조선을 본격적으로 침략하면서 우리 땅에서 일본인들의 토지확보와 침탈을 도와주기 위한 목적으로 복덕방 규제의 필요성을 느낀 일본정부는 1922년 경기도령(京畿道道令) 제10호로 소개영업취체규칙(紹介營業取締規則)을 제정하게 되는데, 이것이 소개영업취지(紹介營業趣旨)에 관한 최초의 법령으로 기록되어 있다. 제

그동안 복덕방 등 모든 소개행위는 이 규칙의 규제를 받으며 시행되어 왔다. 이 법은 시대상을 제대로 반영하지 못하는 법이었지만 광복 후까지 그대로 존속되어 오다가 정부가 1961년 9월 23일 제정, 공포한 소개영업법(법률 제726호)에 의해 바뀌었다. 당시 소개영업법에는 부동산뿐만 아니라 결혼 중매, 직업소개까지 할 수 있는 내용이 포함되어 있었다. 그 후 1962년 9월 3일 소개영업법 중 결혼 중매와 직업소개 조항을 삭제하고 부동산, 동산, 그 밖에 재산권에 관한 소개업만을 다루도록 했다. 모법은 입법되었으나 소개영업법시행령이 마련된 것은 1970년 2월 26일 대통령령 제4673호에서 비롯되었다.

해방 후부터 6·25전쟁에 이르기까지 복덕방은 대도시에 편재되어 있었다. 신규주택보다 주로 기존 주택의 매매, 임대차, 상가의 임대차 그리고 임야 등을 다루었다. 당시 농촌이나 중소도시의 경우는 이동장(里洞長)이나 사법서사가 사실상 복덕방을 대행했다.

1960년대 접어들어 정부가 경제개발계획을 추진하면서 급격한 공업화, 도시화 현상과 여기에 남서울개발계획이 추진되면서 복덕방의 역할이 증대되기 시작했다. 1960년대 후반에는 서울 등 전국의 대도시, 교외임야, 논밭 그리고 소규모 주택업자가 공급하는 단독주택과 공업단지 후보지가 거래의 대종이었다. 이때부터 업계에는 기동력과 전문지식이 없는 노인층이 물러나고 실력을 구비한 젊은 층이 투입되기 시작했다.

1970년대 전반에는 정부의 개발정책에 힘입어 서울 근교의 임야, 주공아파트. 시영아파트를 중심으로 전국의 모든 토지가 거래의 대상이 되었다. 이때부터 복덕방도 전국을 영업구역으로 한 기동력, 개발정보, 부동산 관련 법률지식을 구비하지 않으면 경쟁력이 없었다. 이에 따라 노인층은 사글세, 전세, 소규모주택 거래를 중개하는 쪽으로 밀려났다. 이때 젊은 학사출신의 엘리트들이 복덕방에 본격적으로 참여, 전국을 영업권으로 기동력과 정보, 자금동원력을 바탕으로 기존의 복

덕방을 주식회사 형태로 발전시켰다.

1970년대에는 정부의 적극적인 개발정책으로 전국적으로 투기가 발생, 이 투기에 복덕방들이 투기를 조장하고 각종 비리를 저질러 각종 사고가 빈발했다. 복덕방이 사회문제의 원흉으로 등장, 복덕방=투기=사기하는 등식이 성립될 정도였다. 1980년대에는 중개업소의 명칭이 'ㅇㅇ 부동산'으로 변천되었으며 법률지식과 정보력이 부족한 노인층은 중개업 중심에서 밀려났다. 당시는 서울 강남의 민영아파트, 전국의 레저기지, 제주도의 토지 등이 주종을 이루었으며 복덕방 영업도 공장, 임야, 빌딩, 단독주택, 아파트, 상가, 레저기지 등 분야별로 전문화되고 중개업소도 주식회사 형태로 바뀌고 종업원의 수도 급격히 늘어났다.

4) 부동산중개업

부동산투기가 전국을 휩쓸면서 각종 부동산 거래사고가 급증했다. 연령이나 경력과 관계없이 신고 하나만으로 심지어 범법자까지도 영업이 가능했던 소개영업법으로는 거래사고로부터 국민의 재산권을 보호할 수 없을 뿐 아니라 정부의 경제정책과 부동산정책 등 우리나라 경제 전체에 해독을 끼치는 중개업을 더 이상 방치할 수 없게 되었다, 1978년 초 부동산투기가 전국적으로 번지자 정부는 이른바 8.8부동산투기억제조치를 발표하고 그 대책 중의 하나로 부동산거래질서 확립을 위해 부동산소개업을 신고제에서 허가제로 변경하는 '부동산거래중개업법'을 내무부가 성안했다. 이 법안의 주요골자는 소개영업법을 폐지하는 조건으로 중개업자의 영업을 신고제에서 허가제로, 영업보증금제도 신설, 거래업자의 의무강화, 업자에 대한 감독강화, 부동산중개협회 설립 등 선진 제국의 제도를 도입하는 내용이었다. 그후 1983년 내무부가 주관이 되어 '부동산거래업법'을 성안, 그해 국무회의를 거쳐 국회를 통과했다. 정부는 그해 12월 30일 이 법을 공포했고, 1984년 4월 1일부터 시행에 들어갔다. 이에 따라 소개영업법은 폐지되었다. 1985년 부동산중개업법에 따라 우리나라에도 처음으로 선진국처럼 공인중개사가 탄생했다. 그 후 이법은 1993년까지 4차례의 개정이 이루어졌고 1994년 6월 10일 시행규칙이 확정, 공포되었다. 이규칙에 따라 수수료의 체제개선, 거래정보망의 구축, 업무법위의 확대, 전속중개제도의 도입 등 미비했던 제도를 보완, 중개업이 본 궤도에 오르게 되었다. 1996년 국제화추세에 맞춰 정부는 중개업을 외국인에게도 개방했다 이제 한국부동산시장에도 외국시장과 함께 움직이는 국제화시대가 개막되었다.

2. 부동산중개업의 정의

부동산중개업에 대하여는 여러 가지 정의가 있으며, 각 나라마다 다소 차이가 있다. 미국은 중개업(brokerage)이란 중개업자(broker)의 업을 말하며,[1] 중개업자란 "자연인이나 법인으로서 타인의 부동산거래를 돕고 보수를 받는 자"를 말한다[2]고 정의하고 있다.

Maurice A. Unger 교수는 부동산중개업자를 "보수를 받고 부동산 또는 부동산에 관한 이익의 구입·매각·교환·임대를 조정하는 자"라고 법률적 측면에서 정의하고 있다.[3]

또, California 주의 법률에 따르면 "중개업자란 부동산 국장으로부터 정규의 면허를 받고 판매원 1명 이상을 고용하여 California 주의 법률에 따라 부동산의 매각, 기타의 거래를 행하는 자"이다.[4]

Unger 교수와 Abraham의 정의에 따르면, 부동산중개업자의 자격에 관한 언급이 없으나 중개업자는 기업주로서의 부동산중개업자(real estate brokers)와 그의 고용인인 부동산판매원(real state salesman)으로 구별된다. 중개업자는 자신이 경영자가 되어 영업을 하는 것이 대부분이나 회사에 고용되어 일하기도 한다. 이때는 회사의 이름으로 계약체결도 할 수 있으며, 매도인에게 직접 받을 수는 없으나 보수도 받는다. 미국의 50주가 모두 중개업자의 자격을 요구하고 있으며, 자격에는 broker's license와 salesperson's or sales associate's license의 두 종류가 있다.[5]

이러한 면허제도 이외에 다시 Realtor(부동산중개사라고 역함)라고 불리는 미국 Realtor협회(NAR: National Association of Boards of Realtors) 칭호가 있다. Realtor는 회원에 대해 수여되는 상당히 높은 신뢰의 대상이 된다. 협회의 윤리규정을 준수하겠다는 서약과 함께 지방 부동산협회에 가입하여야 하며, 합중국 특허청에 등록된 service mark를 독점적으로 사용한다. 비회원이 그 service mark를 사용하는 것은 금지된다.

---

1) Samuel Abraham, Real Estate Dictionary and Reference Guide, Career, Orange, Calif, 1979, p.23.
2) Loc. cit.
3) Maurice A. Unger, Real Estate, 2nd ed., South-Western Publishing Co. Cincinati, Ohio, 1959, p.11.
4) California 주 부동산협회 표준양식.
5) Larry E. Wofford, Real Estate, John Willey and Sons, New York, 1983, pp.579~580.

California 주의 법률이 말하는 부동산거래의 중개를 횡적 측면에서 보면 부동산 소유권, 채권(금융), 임차권 등이고, 종적 측면은 다음과 같은 사항 등이다.

① 부동산의 매각의뢰의 접수(listing) 및 매각활동
② 부동산의 구입의뢰의 접수(listing) 및 구입활동
③ 부동산의 매각 또는 교환의 교섭
④ 부동산금융의 교섭
⑤ 부동산임대계약, 임차권의 매매·교환의 교섭

일본은 택지건물취인업법(宅地建物取引業法[6])이라는 특별법을 제정하였다. 동법의 규정에 따르면 부동산중개업이란 "택지와 건물의 매매 또는 교환, 택지와 건물의 매매, 교환, 임대차의 대리 또는 매개행위를 업으로 하는 것"[7]으로 되어 있다. 중개업자가 자신의 계산으로 택지, 건물을 매매 또는 교환하는 것도 중개업의 범위에 속한다. 또한 부동산중개업자의 정의를 찾아보면 "택건법에 따라 건설 대신 또는 도도부(都道府) 현(縣)知事의 택지, 건물 거래업 면허를 받고 영업행위를 영위하는 자"[8]라고 되어 있다.

우리나라의 부동산중개업법은 부동산중개업을 "일정한 수수료를 받고 토지, 건물, 토지의 정착물 및 기타 대통령령이 정하는 재산권 및 물건에 대하여 거래당사자간의 매매, 교환, 임대차 기타 권리의 득실·변경에 관한 행위의 알선, 중개를 업으로 하는 것"이라고 정의하고 있다.[9] 동법의 부동산중개업자의 정의를 보면 "이 법에 의하여 중개업의 허가를 받은 자"로 되어 있다. 업자가 되기 위해서는 자격을 취득하거나 허가관청의 허가를 받아야 한다. 이 밖에 우리나라에도 미국의 판매원(salesman)에 해당하는 중개보조원이 있는데, 중개보조원은 중개업자를 보조하고, 그 보조행위는 법률상 중개업자의 행위로 간주하게 되어 있다.

이상 부동산중개업과 중개업자의 정의에 대해서 살펴보았으나 나라마다 다르다. 이는 실정법 내용이 다른 데서 기인한다. 그러면 어떤 기준을 바탕으로 모든 중개행위를 포괄할 수 있는 정의를 내릴 수는 없을까? 이 작업은 쉬운 일이 아니다. 각 나라마다 그 중개행위주체의 법적 지위나 성격이 다르기 때문이다.

---

6) 1952년 제정, 1954, 1957, 1959, 1964, 1967, 1971, 1972, 1980년의 8차에 걸쳐 개정되었음.
7) 일본 택건법 제2조의2.
8) 상게법 제2조의3.
9) 부동산중개업법 제2조.

3. 부동산중개업의 역할과 특징

1) 부동산중개업의 역할

부동산거래에 있어서 택지분양, 아파트분양 등의 경우는 분양 부동산이라는 형태의 상품으로서 이미 기획되어 판매된다. 따라서 분양업자가 판매하는 상품은 다소의 차이는 있을지라도 상당히 유사성을 갖고 있다. 이에 반해 중개업자가 중개하는 물건의 경우는 고객이 물건에 관해 구체적인 것보다는 추상적인 조건을 제시하고, 그러한 조건에 합당한 물건을 찾아내는 형태이다. 이때 고객이 구입하고 싶은 물건소재지, 물건의 종류, 규모, 형상, 환경조건, 구입희망가격 등의 여러 가지 조건을 모두 만족시킬 물건이 실제로 존재하는가의 여부가 문제가 된다.

중개업자가 고객의 희망조건을 충족시킬 만한 물건을 찾지 못하는 경우도 있다. 그 이유로는 첫째로, 중개업자의 매각물건에의 접근과 분석 방법이 타당치 않았을 경우이다. 물건접근과 분석이 적절하지 않으면 시간이 걸려도 적절한 물건을 찾을 수 없다. 두 번째는 고객이 제시하는 조건이 객관적 조건에 부합하지 않는 경우이다. 중개업자는 고객의 희망조건에 부응할 수 있는 물건을 찾아내고 조건에 맞도록 조력해 주어야 할 의무를 지니고 있다.

이런 일련의 작업이 중개업무의 핵심이다. 이론적으로는 쉬운 일 같으나 실제 중개활동에 있어서는 어려운 일이다. 이를 극복하기 위해서는 첫째, 대상물건 에 관련되는 데이터를 풍부하게 확보해야 한다. 중개업자는 기본적으로 대상 부동산 관련 데이터와 지식, 이론을 구비해야 하고 상대할 고객의 나이, 직업, 지식수준, 경험, 인품과 성격에 알 맞는 설득 방법도 연구해야 한다. 둘째, 고객을 납득시키는 일뿐만 아니라 자신이 전문가로서 정확한 판단을 내리기 위해서는 사전에 물건에 대한 치밀하고 종합적인 분석과 검토가 우선시되어야 한다. 이를 위해서는 업무경험의 축적이 필요하다.

중개업무는 매매쌍방을 조정해주는 작업이지만, 매매당사자의 조건이 당초부터 100% 합치되는 것이 아니기 때문에 과거에 다루었거나 유사한 매매사례라 하더라도 그것을 실무에 적용하는 것은 쉬운 일은 아니다. 부동산중개물건은 일부를 제외하고는 상품으로서 기획되어있지 않은 것이 대부분이므로 보다 넓은 지역에서 많은 물건정보를 수집, 확보해서 영업활동에 활용해야 하는 것이다.10)

---

10) 田村訓久・村松喜平, 不動産仲介業, 自由國民社, 東京, pp.17~18.

2) 부동산중개업의 특징

① 부동산중개업은 누구나 쉽게 창업할 수 있다. 다른 사업에 비해 적은 자본으로 자격증 하나만 가지면 개업이 가능한 것이다. 때문에 별다른 실무경험과 실력을 구비하지 못한 체 바로 현업에 뛰어 들어 개업과 동시에 문을 닫는 사례가 많다. 문을 열기도 쉽지만 가장 빨리 망할 수 있는 업종이다. 중개업이야 말로 다년간의 실무경험과 탁월한 대인관계, 국내외 정치, 경제동향, 법률지식에 심리학이 가미된 마케팅을 공부하지 않고는 쉽사리 도전할 수 없는 업종의 하나이다. 바람직한 개업의 순서는 먼저 업계에서 전통과 실력으로 평가를 받고 있는 중개업소에 중개보조원으로 입사, 실무경험을 철저히 쌓은 다음에 개업하는 것이 바람직하다.

② 부동산 시장은 일반시장과는 달리 지역적으로, 국지적으로 형성된다. 아무리 유능한 중개업자라도 전국 시장을 대상으로 영업을 할 수는 없다. 시장의 특성 때문에 중개업자는 자기가 잘 알고 매력을 느끼는 지역을 선정, 이를 영업구역으로 설정하고 그 지역에 있는 부동산에 정통해야 한다. 부동산거래가 활발한 지역에는 반드시 수많은 경쟁자가 나타나기 마련이다. 이 경쟁에서 살아남기 위해서는 그 지역에서는 최고의 부동산전문가 나아가 권위자로 평가를 받을 정도가 되어야 한다.

③ 부동산중개업은 동업자와 경쟁자이면서 협업자(協業者) 관계이다. 한 중개업자가 전국 모든 지역과 모든 유형의 부동산을 취급할 수는 없다. 따라서 동업자와 같은 지역에서 경쟁하면서도 협업으로 상생(相生)할 수 있는 특이한 업종이다. 서울에 있는 업자가 제주도의 부동산을, 주거부동산을 전문으로 다루는 업자가 공장부동산을 동업자와 협업해서 거래를 성사시키면 서로에게 이익이 된다. 동업자끼리 네트워크가 이루어지려면 상호간에 신뢰가 바탕이 되어야 한다.

제2절 부동산중개업의 세일즈

1. 부동산중개업 세일즈 성공의 3조건

미국, 일본 등 선진국에서는 부동산중개업 마케팅을 주로 거래에 역점을 두어 다루고 있으나, 이 원리는 개발업에도 그대로 적용되리라 믿는다. 우리나라에서는 아직 이 분야에서 학문적 연구가 부족한 상태다. 여기에서는 미국, 일본의 모델을 중심으로 설명하고자 한다.

다수의 부동산중개 세일즈맨을 고용하여 중개업을 해온 경영자의 경험에 의하면 부동산중개 세일즈에 성공하기 위해서는 적어도 다음의 기본적인 3가지 조건을 구비하지 않으면 안 된다.[11]

1) 부동산에 관한 지식

어떤 상품에 있어서나 그 상품에 관한 충분한 지식이 필요하지만, 부동산은 거래단위가 크고 특수성을 가지고 있으므로 세일즈맨은 고객으로부터 신뢰를 받을 수 있도록 전문가다운 높은 수준의 지식이 요구된다. 더구나 부동산은 인간생활에 있어서 최대의 자산이므로, 부동산 세일즈맨이 구비해야 하는 지식은 전문적이고 광범위해야 한다. 고가의 상품을 다루는 부동산중개업자에 대한 고객들의 기대수준이 높은 만큼 중개업자는 문자 그대로 자기 업무 분야에 전문가 나아가 권위자가 되어야 고객으로부터 인정을 받을 수 있고 장기적으로 생존할 수 있다. 때문에 세일즈맨은 기회가 있을 때마다 시간을 할애하여 전문지식을 습득하도록 하여야 한다.

2) 부동산중개 세일즈맨십(salesman ship)

부동산 세일즈맨십은 과학이면서 또한 기술이다. 물론 여기서 말하는 과학이라는 것은 체계화된 지식을 뜻하지만, 과학적 세일즈맨십은 심리학, 기타 인문학의 기본원칙을 알고 이를 바탕으로 부동산 세일즈에 적용하는 것을 말하며, 기술적 세일즈맨십은 특정물건 거래에 이런 원칙을 적용하여 현실적으로 계약을 성립시키는 실천활동이라고 말할 수 있다.

3) 부동산중개 세일즈의 동기

부동산 세일즈맨의 이직률은 매우 높은 편이다. 그 원인은 충분한 지도를 하지 않고 판매목표달성을 강요하는 것이 하나의 원인이 되고 있으며, 훈련부족인 세일즈맨들은 판매저항에 직면하여 판매의욕을 상실하는 경우가 많다.

세일즈에는 슬럼프가 있기 마련이므로, 정신적·육체적 슬럼프를 극복하여 왕성한 판매활동을 할 수 있도록 이들에게 동기부여가 필요하고, 급여수준에 있어서도 세일즈 의욕을 자극할만한 배려가 필요하다.

---

11) 상게서, pp.35~36.

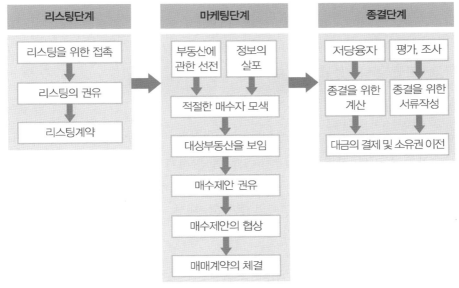

자료: Bruce Lindeman(1988), 이태교·안정근(2004) 재인용.

2. 부동산중개 세일즈과정(sales process)

1) 물건·가망고객의 획득

세일즈과정은 물건, 가망고객의 획득에서 시작되는데, 이것을 위해서는 매각의뢰물건의 정보와 매입가망고객의 정보수집이 전제되어야 한다.

2) 준 비

물건정보와 가망고객정보는 전표 또는 카드에 정리·보존해서 후보물건에 적당하다고 생각되는 가망고객을 선출하든가, 또는 반대로 가망고객의 희망조건에 걸 맞는 물건을 선택해야 물건분석과 가망고객 분석 및 선출의 재료가 될 수 있다.

3) 어프로치(approach: 접근)

가망고객 분석에 있어서는 가망고객의 주의를 끌도록 하고, 흥미를 일으킬 수 있는 물건은 어떤 특징을 가지고 있는가를 찾아냄으로써 가망고객에게 물건을 설명하는 데 필요한 자료를 작성할 수 있다. 이와 같이 치밀한 준비를 한 다음에 가망고객에게 접근하여 주의를 끌도록 하고 흥미를 일으키도록 한다.

4) 현지안내 · 제시(제안설명)

가망고객과 사전에 의논해서 현지안내를 한다. 미리 작성한 자료를 위주로 대상 물건의 어떤 점이 판매소구점으로 좋은가를 결정한 다음 가망고객의 욕망과 결부시켜 구입의욕을 돋구도록 제시한다.

5) 클로우징(closing: 종결)

설명 도중에 질문이나 불만이 나오게 되면 이에 적절한 해답을 하면서 가망고객의 욕구와 물건의 판매소구점을 요약하여 양자의 적합성을 강조하면서 설득한다. 그리고 적당한 시기를 잡아 클로우징을 하도록 한다. 세일즈맨은 고객에게 판매소구점을 강조하면서 가망고객의 욕구와 대상 부동산의 차이를 슬기롭게 조절하여 결단하도록 한 다음 마지막으로 구입행동에 들어가도록 마무리해야 한다.

3. 부동산물건 · 고객확보(listing)

1) 리스팅의 의의

부동산중개업을 개업하여 최초에 직면하는 문제는 어떻게 중개물건을 획득하느냐, 또한 어떻게 가망고객을 발견하느냐가 문제이다. 이것을 미국에서는 리스팅(listing)의 획득이라고 부른다.

그러나 Listing자체는 "중개업자가 부동산의 소유자를 대리하여 물건의 매도 또는 임대를 행하는 권리[12]"를 말한다.

구체적으로는 ① 수탁된 물건, ② 물건을 수탁하는 것, ③ 수탁물건일람표 등을 의미한다. 그러나 그러한 뜻을 정확하게 반영할 수 있는 적당한 용어가 없어 영어 표현을 그대로 쓰고 있다. Lillian Doris는 Listing이란 중개업자가 고객으로부터 부동산의 매각, 구입, 임대차, 교환 등의 의뢰를 맡아 이를 자신의 장부에 기장하는 행위 및 위임된 권한을 총칭하는 광의의 표현이라고 한다.[13] 때로는 Listing Contract, Brokers Employment Contract 등의 표현도 쓰인다. 본서는 Listing을 '중개계약'의 뜻으로 해석하려고 한다.

---

12) J. S. Gross, Illustrated Encyclopedia Dictionary of Real Estate Terms, Prentice Hall Englewood Cliffs, N. J.. 1967, p.279.

13) 村田稔雄, 米和不動産用語辭典, 住宅新報社, 東京, 1973, p.134; Lillian Doris, he Real Estate Office Secretary Handbook, Prentice-Hall Englewood Cliffs. N. J., 1966, pp.154~155.

부동산중개업에 있어서는 listing의 수집이 중요하다. 부동산 listing의 수집활동이란 매각, 구입, 임대차, 평가, 관리 등의 분야에 대한 중개업자의 서비스를 고객으로부터 의뢰 받는 활동이다. 중개업을 성공시키기 위해서는 무엇보다도 유효 listing 또는 유효물건이 풍부해야 하는데, 이는 풍부한 물건과 고객, 즉 중개업자의 일감의 풍부함을 의미한다.

그러나 listing의 수집이란 결코 매각의뢰만을 의미하는 것이 아니고, 매입의뢰를 비롯한 보다 광범위한 분야로 매각에 중점을 두는 업자라도 매각의뢰와 매입의뢰 중 구체적으로 어느 편에 중점을 두어야 하는가에 대해서는 부동산시장의 경기 변동과 관련한 시장상황이 반영되어야 한다.

① 상향시장 · 회복시장의 경우

부동산 상향시장의 특징은 수요 확대와 거기에서 비롯되는 가격의 상승인데, 부동산의 거래가 빈번하면 가격도 필연적으로 상승한다는 것이 일물일가의 법칙이 적용되는 일반 상품 유통시장과 부동산 유통시장과의 차이이다. 상향시장이 부동산투기성향에서 비롯되는 경우라면 수급이 거의 병행하여 나타나므로 listing의 수집은 양자에 다 같이 중점을 두어야 한다.

그러나 상향시장이 수요증대에 대한 공급의 부족에 기인하는 경우라면 중개업자는 보다 많은 매각물건의 수집에 중점을 두거나 임대물건의 수집에 중점을 두어야 한다.

회복시장은 수요와 거래가 드물게 나타나기 시작하고, 그것이 다시 중단될 요인이 없는 경우로, 이에 나타나는 수요자는 구입물건의 선정에 각별히 세심한 배려를 하기 때문에 중개업자 역시 그러한 배려 하에 매각물건을 수집한다. 회복시장 하에서는 장기적으로 구입의뢰와 매각의뢰에 다 같이 중점을 두는 한편, 시장의 거래동향, 보유중인 listed property의 재정비 등에 대한 각별한 관심이 중요하다.

② 하향시장 · 후퇴시장의 경우

이 시장 하에서는 통상적으로 매각물건이 구입의뢰보다 많다. 하향 · 후퇴시장에 진입하여서도 거래는 드물게 행하여지나, 고객의 성격은 직전 국면의 시장과는 다르다. 즉, 최종수요자(endusers)나 시장동향에 정통하지 못하는 층, 또는 다음 국면의 부동산경기를 장기적으로 바라보는 층 등이 대표적이기 때문에 중개업자가 매각의뢰를 수집하는 데 있어서도 같은 배려가 필요하다.

이 시장형태 하에서는 구입의뢰의 수집에 중점을 둔다.

③ 안전시장의 경우

매각의뢰와 구입의뢰의 수집이 다 같이 중요하다. 주거용 부동산시장을 주로 하는 업자의 경우는 합리적으로 풍부한 양의 유효물건 확보가 요청되므로 항상 본격적인 물건수집활동을 전개한다. 부동산경영에 있어서 Listing 관리의 능률화는 부동산판매활동의 능률성을 좌우하는 매우 중요한 첫 단계이다. 이는 후술하는 바와 같이 단순한 물건의 표시나 중개계약상의 서명날인에만 그치는 개념이 아니기 때문이다.

중개계약이 성립되어 중개업자의 list에 기재된 물건을 listed property, 의뢰인을 획득한 중개업자를 listing brokers, 판매원인 경우에는 listing salesman, 판매에 성공한 중개업자를 selling broker, 판매원인 경우는 selling salesman이라 한다.

2) 중개의뢰계약의 형태

① 일반중개의뢰계약

의뢰인이 불특정다수의 중개업자에게 경쟁적인 중개를 의뢰하는 계약형태로서 우리나라에서는 개발회사나 일반회사가 가장 선호하는 중개의뢰계약이다. 일반고객들도 거의 다가 이 형태의 계약으로 부동산을 거래하고 있다. 그러나 이는 의뢰인과 중개업자 쌍방에게 불리하다는 것이 일반적인 견해이다.[14] 위임받은 한 중개업자가 많은 자금과 시간을 투자했는데 어느 순간 경쟁업체가 먼저 계약을 해버리면 그의 노력은 허사가 되고 만다. 이는 결국 모든 사람에게 일을 맡기면 누구도 자기의 일이라고 생각하지 않기 때문에 아무도 그 일에 최선을 다하지 않게 된다. 미국 부동산업계에서는 일반중개의뢰계약(open listing contract)은 소송을 일으키는 초대장이란 말이 있을 정도로 이 계약형태를 기피하고 있다.

② 독점중개의뢰계약과 전속중개의뢰계약

일반중개의뢰계약과는 달리 중개업자에는 일종의 독점적 특권을 부여하는 형태의 중개의뢰계약이다. 독점중개의뢰계약(exclusive right to sell listing)은 소유자를 포함하여 누가 계약을 성립시켰는가를 묻지 않고 한번 의뢰받은 중개업자(listing broker)가 중개수수료를 받고, 전속중개의뢰계약(exclusive agency listing)의 경우는 의뢰인이 직접계약을 성립시킨 경우에만 중개수수료를 받지 못한다.[15] 미국부동산중개사연합회(NAR)가 권장하는 계약형태는 독점중개의뢰계약이다.[16]

---

14) M. A. Unger, Real Estate, op. cit., p.431.
15) Ibid., pp.431~437.

독점중개의뢰계약의 장점은 일반중개의뢰계약의 결점을 제거하고 중개업자로 하여금 보다 집중적인 활동의욕을 주입시켜 주기 때문에 충분한 검토, 과감한 광고비 투자 등을 할 수 있고, 다른 중개업자와 긴밀한 협동을 기할 수 있으며, 나아가서는 부동산중개업을 하나의 기업으로서 성장시킬 수 있는 제도라는 점이다. 다만 독점중개의뢰계약은 중개업자의 중개기술, 지식, 의뢰성 등이 상당히 고도화된 곳에서만 보급될 수 있다. 일본은 1983년부터 전속중개의뢰계약제도를 도입하여 시행하고 있다. 우리나라의 중개업이 기업답게 성장하지 못하는 원인도 전속중개의뢰계약형태가 보급되지 못하는 데 있다고 생각된다. 이와 같은 전속중개의뢰계약제도는 부동산의 매매에만 쓰이는 것은 아니고, 부동산의 교환이나 임대를 위해서도 사용된다.

부동산중개의뢰계약에 있어서 독점권의 획득은 불필요하다는 부정적 의견도 있으나, 이것이 판매활동의 능률화에 유익하다는 것이 통설이다. 그러므로 중개업자는 listing의 접수에 있어서 가능한 한 많은 독점권을 획득하도록 노력해야 할 것이다.

독점권을 확보한 listing에 대하여는 중개업자가 마치 자신의 물건을 구입 또는 판매하는 경우와 같이 업무활동을 집중할 수 있기 때문에 중개업경영의 가장 큰 불안요인을 최소로 줄일 수 있다. 중개업자는 가격설정, 조건설정 등과 아울러 독점권의 획득에 대한 설득기술을 구비하는 것이 바람직하다. 그러나 중개업자가 독점권의 획득에 주력할 것은 모든 종류의 listing이 아니라 listing의 내용, 종류, 조건, 거리 등을 참작하여 독점권획득을 위해 노력할 가치가 크다고 인정되는 경우라야 한다.

지금까지 설명한 listing의 접수에 관하여 강조한 가격, 조건 등이 합리화되고 독점권이 획득된 listing을 유효 listing 또는 유효물건이라고 하며, 유효 listing 또는 유효물건을 보다 많이 확보하는 것은 listing 접수의 주안점이 된다. 기업의 목표달성을 위해 필요한 유효 listing의 유지는 매우 중요함으로 이것이 유지되지 아니하면 계획기간 내의 목표의 달성은 기대하기 어렵다.

③ 공동중개의뢰계약

이 공동중개의뢰계약(mutiple listing)은 부동산단체, 부동산거래센터, 2인 이상의 중개업자가 공동으로 중개업무를 하는 보다 능률적인 제도이다. 이 제도는 부동산중개업의 능률화를 위해 가장 이상적인 제도이나 이 방법을 도입하려면 가입된

---

16) 村田稔雄, 不動産のマケーテイング, 전게서, p.150.

회원의 자질(중개기술, 지식, 신뢰성 등)이 높아야 하며, 이 경우의 계약형태는 반드시 독점중개의뢰계약이라야 한다. 공동중개계약이란 독점중개계약의 변형된 계약이라 할 수 있다. 이는 중개위임을 받은 중개업자의 독점매도권을 여러 중개업자들이 나누어 소유하는 형태이기도 하다. 공동중개계약으로 제공되는 서비스를 multiple listing service: MLS 공동중개서비스라 한다. 중개위임 된 물건이 모아진 곳을 중개풀(listing pool)이라고 하며 중개사 중 누가 부동산을 판매하게 되면 계약에 의해 수수료가 배분된다. 일반적으로 중개위임을 받은 중개사와 부동산을 판매한 중개사가 수수료를 반반씩 나누는 것이 관례이다.

④ 순가중개의뢰계약

이 순가중개의뢰계약(net listing)은 미리 매도, 매수가격을 의뢰인이 중개업자에게 제시하여 이를 초과한 금액으로 물건이 거래될 경우는 초과액 전액은 중개수수료로 중개업자가 취득하는 제도이다. 이 계약형태는 자칫하면 중개수수료가 불합리하게 과다해지거나 중개업자가 개인수익을 증대시키려는 의욕이 지나쳐 거래의 비능률화를 초래하는 폐단이 있어, 부동산중개업의 면허제가 채택된 곳에서는 이 형태의 중개의뢰계약을 금지하는 것이 통상이다.17)

3) listing의 수집방법

① 직접수집방법

직접수집방법이란 중개업자가 직접 의뢰인에 접근(approach)하여 listing을 받는 것으로, 그 방법에는 호별방문, direct mail, 전화, 신문, 과거고객의 follow up, 사교생활, 우연한 동기에서의 직접접촉 등을 통하여 중개업무 활동의 의뢰를 받는 것이다.

listing의 획득은 일반상업의 구매에 상당하는 세일즈의 출발점이며, 물건획득 수단의 양부, 시장성이 있는 물건선택의 적부, 타당한 가격결정, 사무처리 속도와 정확성의 정도 등이 중요한 문제이다.

미국의 부동산업계에서는 A property well listed is half sold(잘 listing된 물건은 절반 팔린 것이나 다름없다)라는 격언으로 중개물건획득의 중요성을 강조하고 있다. 그래서 근대화된 중개업자는 보다 능률적이고 적극적인 방법으로 listing의 수집과 유효 listing에 대한 활동을 전개한다.

---

17) 不動産取引實務研究會論, 不動産取引の實務, ビジネス教育出版社, 東京, 1968, p.299.

② 간접수집방법

간접수집방법이란 중개업자와 고객 사이에 유력한 제3자를 개입시켜 제3자의 소개나 주선 등을 받아 listing을 받는 방법이다. 이때 제3자는 부동산 비전문가인 경우와 전문가인 경우가 있다. 후자의 경우에도 중개업자인 경우와 부동산관리, 평가, escrow 등 부동산 service업을 비롯한 부동산금융, 보험업, 부동산개발업 등 통상적으로 비중개부문의 부동산전문가일 경우가 있다. 간접수집방법은 업자의 적극적이고 다양한 사교활동을 전제로 전개된다.

특히 과거에 중개업자의 서비스에 만족한 고객은 이때 매우 유력한 힘이 되므로 중개업자는 이를 활용해야 한다. 거액의 자금이 소요되는 부동산거래에서는 신뢰가 생명이므로 만족고객의 소개가 대단히 중요하다. 때문에 이들을 관리하기 위해 과거에 만족한 고객에게 감사장, 감사편지, 정성스런 선물 등을 보내면 앞으로 영업에 큰 도움이 된다.

4) listing의 관리

listing에 관한 장부는 이용에 편리하고 능률적인 체제로 정리하여 관리하도록 하여야 한다. 중개업소를 개업하면 중개계약의 양식, 부동산별로 listing 양식 등의 많은 양식과 이들의 filing에 대한 능률적인 체제의 확립이 필요하다. 초기의 filing은 부동산의 종류별로 처리하는 것이 무난하지만, 업무가 확장되면 새로운 전문적인 체제로 전환해야 한다.

listing이 접수되면 세일즈맨 전원에게 카피 본을 만들어서 교부, 어떤 물건과 어떤 의뢰가 회사에 접수되어 있는지를 완전히 알린다. 따라서 listing을 기입하고, 물건의 표시 등 모든 사항을 반영한 서류를 완성, 보충설명이 없어도 세일즈맨이 활동할 수 있도록 해야 한다. 기재사항에 변동이 생기면 즉시 정정을 한다. 한편, 거래가 완료된 부동산에 대하여도 사후관리를 위해서 차트로 관리해야 미래를 대비할 수 있다.

4. 부동산중개 세일즈 상론(詳論)

1) 부동산중개 세일즈의 준비

부동산상품이 일반상품과 차별되는 특성은 상품 하나 하나가 비동질적이고 개별성이 강하다는 것이다. 부동산을 필요로 하는 가망고객의 성격, 취미, 건축양식,

구매동기 등에 차이가 있기 때문에 이들이 제시하는 희망조건 또한 비동질적이다. 따라서 부동산 세일즈맨이 해야 할 역할은 비동질적 물건과 비동질적 가망고객과의 중간입장에서 적합(適合)관계를 조정하는 데 있다.

따라서 부동산업자는 여러 가지 방법으로 물건과 가망고객을 획득하게 되면 물건정보, 가망고객정보를 각각 분석해서 고객에게 적합한 후보물건과 이에 알맞은 가망고객을 선정하여 세일즈활동을 전개해야 한다.

① 물건분석

물건분석이 부동산 세일즈에 불가결한 이유는 여러 물건들이 지닌 장점을 발견하여 그것을 가망고객에게 효과적으로 소구할 계획을 세우고 세일즈의 장해가 될 결점을 조기 발견하여 사전대책을 강구할 수 있는 시간적 여유를 가질 수 있기 때문이다. 물건분석의 구체적 방법은 매도물건에 대하여 용도가 최유효이용원칙에 입각한 것인지, 어떤 가망고객에게 매도하는 것이 합리적인지, 감가상각 정도, 인근환경과의 균형, 유사물건의 매매경기상황, 금융방법 등에 대하여 분석한다.

입지조건에 대해서는 상가, 교통기관, 인구추세, 학교, 휴양시설 등에 접근하기까지의 거리, 인근의 사회적 평가, 건축 상의 제한 등을 분석한다.18)

② 가망고객의 분류

부동산 가망고객이라 함은 부동산을 필요로 하고, 현실적으로 부동산을 구입할 수 있는 자금을 가지고 있는 사람을 말한다. 우수한 세일즈맨은 많은 방문객이나 부동산이 필요한 사람 가운데서 가망고객을 선별할 능력을 갖고 있다. 일반상품의 경우는 거래금액이 크지 않아 충동구매가 가능하기 때문에 대부분의 사람이 가망고객이라고 볼 수 있다. 그러나 부동산의 경우는 거래금액이 크고 장시간 생각(長考)하고 치밀하게 검토한 후에 구매행동에 들어가게 되므로, 효과적인 세일즈활동을 하기 위해서는 먼저 가망고객의 선택이 중요한 과제이다. 방문객은 비동질적이기 때문에 어떤 기준에 따라 유형을 분류하고, 그 중에서 가망고객을 선별하고 거기에 알맞는 접근방법을 찾아 시도해야 성공할 수 있다.

a) 우유부단형(優柔不斷型): 우유부단형에 속하는 가망고객은 여러모로 부동산의 이해득실을 생각하는 경향이 있다. 구입의사가 있어도 쉽게 결정하지 못한다. 우유

---

18) Lillian Doris, op. cit., pp.207~211.

부단형인 가망고객에게는 여러 가지 대체물건(代替物件)을 보이는 것은 좋지 않다. 오히려 업자가 자신을 가지고 추천할 수 있는 물건 하나를 선정하여 가망고객이 품고 있는 의문이나 염려에 명쾌한 해답을 주어 결단할 수 있도록 해야 한다. 또한 이러한 유형의 가망고객에 대해서는 성급하게 행동하는 것은 금물이다. 성급하게 의사결정을 재촉하는 것보다는 물건의 좋은 점(+)이 나쁜 점(-)보다 많다는 것을 하나하나 끈질기게 설명하는 것이 상책이다.

b) 가격의식형: 가격의식형의 가망고객은 무엇을 사든지 가격을 가장 중요한 선택기준으로 삼는다. 무조건 에누리하여 매입하는 것이 습관화되어 있다. 아무리 타당한 가격일지라도 한번 에누리하지 않고는 받아들이지 않는다. 에누리하는 근거로서 유사물건이 어디에 얼마에 매각되었다 등을 내세울 때가 많다. 이런 오해는 개개 부동산의 실체를 보지도 않고 가격만을 선택기준으로 했기 때문에 일어나는 것이다. 부동산은 외관상 유사하더라도 실질적으로는 많은 차이점이 있으며, 해당물건은 다른 유사물건과 이러이러한 차이가 있기 때문에, 이 같은 가격이 형성된다는 것을 친절히 설명할 필요가 있다.

c) 자기현시형(自己顯示型): 부동산에 관하여 약간의 식견을 갖고 있는 사람은 자신이 전혀 모르는 사람이 아니라는 인상을 업자에게 주려는 심리가 있다. 이런 형을 자기현시형이라고 부른다. 부동산에 대해서 좀 안다는 인상을 주려고 하는 한편, 업자에게 속지 않으려는 경계심을 가지고 있다. 그러므로 양심적인 업자라는 신뢰감을 주게 되면 불필요한 허세를 제거할 수 있다. 이 형의 가망고객은 그의 부동산지식이 많지 않다는 것이 폭로되면 그의 자존심을 손상시키게 되므로 면박을 주는 등의 언행은 삼가야 한다. 세일즈맨의 부동산지식이 부족하면 자금부족 등 가망고객의 약점을 오히려 부동산결점에 전가하는 경우가 있다. 때문에 세일즈맨에 대한 부동산전문 교육은 대단히 중요하다.

d) 다변사교형(多辯社交型): 말하기 좋아하는 이 유형의 가망고객은 접근하기는 쉬우나 자기중심적이라 세일즈맨의 이야기에 전혀 귀를 기울이지 않는 경우가 많다. 상담 중에 다른 길로 빠져 공연히 시간만 허비하기 쉬우므로 적당히 조정할 필요가 있다. 다변형의 가망고객일지라도 무한히 얘기를 계속하는 것은 아니다. 화제가 끊어지거나 많은 이야기로 피로하여 침묵하는 등, 세일즈맨이 주도권을 잡을 수 있는 기회가 꼭 생기기 마련이다. 이 형의 가망고객에게 먼저 얘기할 기회를 주지 않고 부동산에 대해 설명하면 상대방을 욕구불만으로 만들 수가 있다. 확실한 매입 가망고객이라고 판단되면 충분히 이야기할 시간을 주어 만족했을 때에 계약에 대한 말머리를 돌리는 것이 좋다.

e) 만사긍정형(萬事肯定型): 세일즈맨의 설명을 그대로 받아들이고 반대로 의문을 표시하지 않는 가망고객을 말한다. 때문에 고객의 심리상태를 외부로부터 추측할 수밖에 없다. 지금 곧 결심하는 것을 피하고 우선은 이야기를 청취하는 정도로 끝내려고 하는 심리의 표시일 가능성이 있으므로, 때때로 간단한 질문을 던져 상

대방의 동기를 알아내어 거기에 적합한 소구법을 취하는 것이 좋다.

f) 침묵방어형(沈默防禦型): 이 유형의 가망고객은 세일즈맨의 설명에 대하여 거의 반응을 나타내지 않는다. 이 들은 침묵을 방어수단으로 삼는다. 이런 고객을 무리하게 의견을 제시하도록 요구하면 오히려 역효과가 날 수도 있다. 이 같은 방어적인 태도는 부동산업자에 대한 우려, 즉 익숙하지 못한 부동산거래의 불안 등에서 생기는 경우가 많다. 따라서 고객의 불안감을 제거하는 노력을 해주어야 한다. 부동산 세일즈맨의 사명은 고객에게 전문적인 서비스를 제공하는데 있다. 가망고객도 신뢰할 수 있는 업자를 이용하면 수수료를 지급해도 결과적으로는 이익이 된다는 것을 팜플렛 기타 간접적 수단으로 고객을 이해시키는 것이 좋다.

g) 자신과잉형(自信過剩型): 이 유형의 가망고객은 동작, 음성, 표정 등에 자신만만하고 침착하다. 이런 유형의 가망고객은 민첩한 판단력으로 사업가로 성공하는 사람이 많다. 이들은 자기중심적이어서 타인에게 리드당하는 것을 좋아하지 않는다. 업자는 판단자료를 제공해서 가망고객 자신의 주체적인 의사로 결정하였다는 만족감을 갖도록 하는 것이 좋다. 이 같은 유형의 가망고객을 만났을 때는 부동산의 세일즈맨이라는 것을 잊어버리고 오히려 가망고객으로부터 한수를 배우는 학생의 입장이 되는 것도 좋은 대처법이다. 자신과잉형의 가망고객 중에는 시간이 바쁜 사람도 있으므로, 요령 있게 포인트를 짚어 설명하는 방식이 좋다. 때에 따라 세일즈맨의 자존심을 상하게 하는 경우도 있다. 이 형의 가망고객에 대해서는 그의 사업에 대한 이야기를 듣는 과정에서 상대방의 계획이나 동기를 알게 되면 만족할 만한 서비스를 제공할 수가 있다. 요컨대 자신과잉형의 가망고객에 대해서는 상대방을 존경하는 태도로 임하면 된다.

h) 자기과장형(自己誇張型): 이 유형의 가망고객은 사회적 지위나 소득을 실제보다 과장해서 말해, 부동산업자에게 좋은 인상을 주어 자기를 대우하여 주기를 바란다. 그러나 이 가운데에는 실제로 사회적 지위나 소득이 있는 실력자도 있으므로 과장여부를 잘 식별해야 한다. 자기과장형의 가망고객을 만났을 때는 가능한 한 빨리 설명을 끝내고 시간을 낭비하지 않도록 주의해야 한다.

i) 놀리는 형: 이 유형은 실제로 부동산을 구매할 의사가 없으면서 시간보내거나 취미로 부동산을 보고 다니는 사람들이다. 따라서 중개업자를 찾아다니면서 놀리는 일이 많다. 이들은 가망고객이라고 할 수 없으나 장래 부동산구매를 위해 예비지식을 얻기 위해서 업소를 순방하는 사람도 있으므로 잠재적 가망고객에 포함될 수 있다. 놀리는 형에게 귀중한 시간을 낭비하지 않으려면 구체적인 질문을 던져 상대방의 의도를 빨리 파악하고 가능한 한 빨리 설명을 끝내고 명함을 주면서 좋은 가망고객을 소개해 달라고 의뢰하는 것이 좋다.

이상에서 가망고객을 대략 9종류로 분류했다. 그러나 현실의 가망고객 중에는 두 가지 이상의 유형이 혼재하여 나타나는 경우가 있는가 하면, 어떤 분류에도 속하지 않는 사람도 있다. 이 분류는 고객의 특성을 나누는 추정에 불과하다. 문제는 상대가 가망고객인지 아닌지를 평가하여 형태별로 나눈 뒤 각 가망고객의 특성에 맞는 설명을 함으로써 시간과 노력을 능률적으로 이용하는 것이다.

앞으로는 가망고객을 사회적 지위, 소득, 가족구성, 직업 등에 따라 분류하고 보다 적절한 시장세분화를 통해서 각각의 세분단위(segment)에 알맞은 세일즈활동을 해야 할 것이며, 시간이 지날수록 가망고객 분류는 한층 더 세분화될 것이다.

2) 부동산중개 세일즈의 어프로치(sales approach)

앞에서 살펴본 준비단계를 사전 어프로치(pre approach)라고 부르기도 한다. 사전 어프로치는 문자 그대로 여기에서 다루는 어프로치의 전 단계이지만, 준비단계와 어프로치단계를 명확히 구분 못 할 때가 많다. 여기에서 말하는 어프로치는 세일즈맨이 가망고객 내지 의뢰자와의 사이에 친근감을 만들도록 하여 그 다음의 교섭을 원활히 진행시키는 것이다. 세일즈에는 AIDA의 원리가 쓰이며, 주의(attention), 흥미(interest), 욕망(desire) 및 행동(action)의 순서로 가망고객에게 구매행동을 일으키는 것이 가장 효과적이다.

준비단계에서는 물건분석이나 가망고객의 분석을 하여 가망고객에게 접근하기 위한 준비를 하는 것이지만, 어프로치의 단계는 이것들을 토대로 가망고객에게 설명할 자료를 정리하고, 실제로 가망고객에게 접촉하여 물건에 대한 주의를 끌어 흥미를 일으키는 과정이다. 욕망을 자극시키는 것은 앞으로 설명할 현지안내 또는 제시(presentation)단계이며, 행동에 들어가게 하는 것은 최후의 클로우징(closing)단계에서 하게 된다. AIDA의 원리에 따라 세일즈를 전개하는 것이 이상적이다

의뢰인이 과거에 중개업자와 거래한 경험이 있을 때에는 과거 거래에 관한 화제를 토대로 실마리를 잡을 수 있으나, 처음 대면하는 의뢰인일 경우에는 경계심을 풀고 친근감을 갖도록 하는 노력이 필요하다.

3) 현지안내와 제시

일반상품의 세일즈과정에 있어서 제시(presentation)는 업자의 점포 내에서 하거나, 또는 세일즈맨이 상품이나 견본을 가망고객에게 가지고 가서 하는 경우가 많다. 부동산의 경우 그 특성 중 하나인 위치의 고정성으로 인해 가망고객을 부동산이 있는 장소까지 안내해야 한다. 이것을 현지안내(showing property)라고 부른다.

현지안내과정은 ① 준비단계, ② 안내단계, ③ 평가단계로 나눌 수가 있다.

① 준비단계

현지안내업무를 성공적으로 수행하려면 사전의 용의주도한 준비가 필요하며, 그 준비단계는 ① 자료준비, ② 물건준비, ③ 설명준비로 세분할 수 있다.

a) 자료준비: 현지안내 예정인 물건소유자의 주소, 성명, 전화번호, 직업, 가족구성, 매도이유, 평면도, 재산세액, 전기, 상하수도, 가스, 전화 등의 인입(引込)유무, 매도가격의 산출기초자료, 필요에 따라서는 권리관계를 나타내는 서류, 지도 등 현지안내에 필요한 자료를 정비하는 것을 말한다. 소유자로부터 이와 같은 자료를 받을 때 사전에 업자와 물건에 대하여 흥미를 갖고 있는 가망고객만을 현지안내함으로써 자료정비에 소유자의 협력을 구하는 것이다. 또 가망고객에 대해서도 주소, 성명, 전화번호, 직업, 가족구성, 근무처, 취미, 현재의 주택상황 등을 사전에 조사해야 한다.

b) 물건준비: 지금까지 현지안내는 특별한 준비 없이 가망고객을 안내할 때가 많았다. 그러나 성공적인 세일즈맨은 사전에 물건을 분석하고 현장을 답사해서 그 물건에 알맞은 설명방법 등을 연구해 둔다. 단독주택인 경우 소유자의 도움을 받아 대문, 정원, 실내조명, 외벽 페인트 칠 등 가망고객이 매력을 느낄 수 있도록 철저하게 정리, 정돈을 해두어야 한다. 예컨데 가스인입, 전화가설이 계획되어 있다는 것보다는 가스, 전화가설완료라는 광고가 더 효과적이다. 문제가 될 만한 것은 사전에 제거하는 것이 좋다. 현재 나온 물건에 손댈 것이 많다면 대부분의 가망고객은 부동산을 구입한 뒤 수리나, 외형을 바꾸는데 대한 경험이 전혀 없거나 적기 때문에 어느 정도의 수리비를 지출해야 할지 예측을 못한다. 이것이 걸림돌이 될 경우 계약을 포기하게 된다.

c) 설명준비: 중개물건을 의뢰받았을 경우에 곧바로 가망고객을 현지에 안내하는 것은 현명한 처사가 아니다. 먼저 업자 자신이 현장을 답사하여 모든 사항을 철저히 확인하고 현지안내에 필요한 설명 구체안과 기초자료를 준비하는 것이 필요하다. 상류 사회계층의 가망고객은 자신들의 계층 이미지에 알맞은 부동산을 구입하는 경향이 있다. 따라서 이들의 사회적 지위에 걸맞는 물건을 선정하고 물건의 특징을 철저히 파악해서 거기에 적합한 가망고객을 찾아내야 한다.

② 안내단계

현지안내의 방법은 적절한 때에 적절한 경로로, 알맞은 수의 물건을 적절한 가망고객에게 안내하는 것이다.

a) 현지안내에 적절한 시기: 가망고객은 업자와 같이 부동산거래의 경험이 없는 경우가 대부분이다. 따라서 비오는 날에 맑은 날의 상황을 상상하는 것은 곤란하다. 때문에 우천, 강풍이 부는 날이나 가망고객이 바빠서 마음 놓고 부동산을 돌아볼 수 없을 때는 피하는 것이 좋다. 맑게 게인 날, 신록이 우거지고, 단풍이 한창인 계절 등을 안내일로 선정하는 것이 효과적이다. 하루 중에도 낮이 좋으며, 석양일 때는 해가 있을 때나 차라리 어두워진 후가 좋다. 해질 무렵에는 햇빛이 불안정하여 좋지 않다. 일반적으로 신축가옥은 낮에, 오래된 고옥은 밤에 물건이 좋게 보이는 경우가 많다. 그러나 밤에는 지나쳐서 가망고객에게 착각을 주지 않도록 주의하여야 한다. 더울 때는 찬 음료수를, 추울 때는 실내의 난방을 미리 준비해야 한다.

b) 현지안내에 적절한 경로: 출발 전에 미리 지도를 보고 능률적이고 효과적인 안내경로를 생각해 둔다. 목적지까지의 도중에 있는 명소, 고적, 저명인사의 저택 등이 있으면 가급적 그 주위를 통과하는 것으로 계획을 세우고, 가는 도중에 고사(古事)나 내력을 설명하면 가망고객의 지역사회에 대한 흥미와 친근감이 더하게 된다. 상가, 버스정류장, 역, 우체국, 병원, 학교, 레크레이션 시설 등 생활 편의시설들의 위치도 적절하게 알리면서 안내한다. 현지로 가는 경로가 몇 개의 대안이 있을 때는 슬럼(slum)가를 피하고 전망이나 환경이 좋은 쾌적한 길로 안내하는 것이 상식이다.

c) 현지안내에 적당한 물건 수: 미국의 부동산 세일즈 권위자, 레이 스미스가 안내건수와 거래성립과의 관계를 조사하여 보고한 자료에 따르면, 1~2물건을 안내한 경우가 가장 많고, 전체 평균으로는 2.7건의 안내로 거래가 성립된 것으로 밝혀졌다. 이 중에는 25건을 안내했는데도 거래가 성립되지 않았던 사례도 있었다고 한다.19) 이 조사에서 밝혀진 것과 같이 주택의 내부까지 안내할 때에는 3~4건이 최대 한도였다. 이 이상 많이 보이면 피로증가로 대상물건에 집중할 수 없기 때문에 인상이나 기억에 혼란을 일으켜 안내효과가 줄어든다. 짧은 시간에 많이 안내함으로써 가망고객에게 최대의 서비스를 한다고 오해해서는 안 된다.

d) 현지안내에 적절한 순서: 미국에서는 현지안내 시 우선 목적물건에 가기 전에 전경을 보이고, 다음에 통로 건너편에 주차하여 도보로 그 앞을 약간 지나쳐 다시 돌아오면서 전경을 보여 준다. 그런 다음 또다시 도로를 횡단하여 건물의 정면을 보이면서 현관으로 접근하는 방법을 쓰는 것이 좋다고 한다. 하나의 물건을 안내할 때도 이와 같이 합리적 방법을 취하는 면밀한 계획이 필요하다.

e) 현지안내에 적절한 설명법: 매매대상의 부동산은 공지, 옹벽, 배수구, 목재, 지붕 등의 단순한 집합체가 아니다. 문제는 그것이 가망고객에게 주는 효과와 만족이다. 따라서 가망고객의 욕망이 일어날 때까지는 어떤 좋은 부동산이라도, 또 아무리 가격이 싸도 가망고객에게는 관심의 대상이 될 수 없다.

---

19) Ray Smith, Real Estate Salesman's Training Manual, Mastercraft, 1961, p.139.

부동산 세일즈에 있어서 물건이 갖는 판매소구점이 가망고객의 문제해결에 어떤 역할을 하는지에 대한 설명에 중점을 두지 않으면 안 된다. "이것이 현관이다", "이것이 부엌이다"라는 식의 단순한 설명으로서는 가망고객의 욕망을 일으킬 수는 없다. 현관의 어느 점이 특색이 있는지, 부엌의 어느 설비가 편리하게 되어 있는지, 가망고객의 직업, 취미, 가족구성 등 미리 수집한 자료에 맞도록 구체적인 설명을 할 필요가 있다.

부동산을 팔기 위해서는 상대의 자존심을 만족시키는 것이 비결이다. 가망고객 중에는 부동산 관련 용어 중 본인이 이해하지 못하는 용어가 나오면 불안해 할 수 있기 때문에 부동산 물건에 대한 설명을 함에 있어 가능한 한 부동산전문용어의 사용을 피하고 가망고객에게 열등감을 주지 않도록 신경써야 한다. 또 용어를 이해 못하더라도 자존심 때문에 업자에게 설명을 구하지 않으려고 하는 가망고객도 있다. 어떤 물건이든지 결점은 다 있기 마련이다. 경우에 따라서는 같은 결점이 가망고객에게는 오히려 장점이 될 때도 있다. 반대로 장점이 가망고객에게는 오히려 결점이 되기도 한다.

매물에 결점이 있을 때는 현지안내하기 전에 미리 설명하는 것이 좋다. 만약 현지에서 가망고객이 결점을 지적하여 논쟁이 벌어질 때는 명쾌하게 대답하는 것이 좋다. 가망고객의 논리가 정당할 때에는 솔직히 인정하고 그 결점이 있기 때문에 가격이 싸다는 것을 강조한다. 그리고 거래조건에서 이 점을 고려하든지, 근본적으로 결점을 제거하면 된다. 가망고객이 지적한 결점, 불만, 반론 등은 리스트를 작성하여 기록하고 여기에 대한 적절한 해답방법 등 결점의 개선방법을 연구하여 모범적인 답변을 준비해야 한다.

③ 평가단계

현지안내를 했으면 반드시 그날의 행동이나 설명방법을 평가해야 한다. 반성과 개선 노력 없이 발전이란 있을 수 없기 때문이다. 부동산업자나 세일즈맨 중에는 의사표시를 잘하지 못하고 더듬는 사람이 있기 마련이다. 이를 개선하기 위해서는 미리 이야기할 내용을 적은 다음 이를 반복해서 읽으면서 고치도록 하면 된다. 부동산이란 상품은 비동질적이기 때문에 설명할 때 같은 표현이 항상 쓰이는 것은 아니다. 서로 다른 부동산과 또한 비동질적인 가망고객에게 알맞은 설명법이 필요하므로 여기에는 세일즈맨의 독창성이 필요하다. 현지안내에 성공하려면 치밀한 계획과 투철한 서비스정신, 그리고 열의에 찬 실천이 무엇보다 필요하다. 가망고객이 지적한 결점은 세일즈맨이 평가회의에서 정보를 교환하면서 이를 극복하기 위한 방법을 모색하고 한편으로 결점을 그대로 인정하고 이를 판매할 수 있는 기발한 대책을 연구해야 한다. 예를 들면, 일반인에게는 결점으로 작용하는 교통 소음이 너무 조용해서 적막감을 느끼는 가망고객에게는 오히려 좋은 조건이 될 수도 있다.

4) 부동산의 판매소구점

부동산이 갖는 여러 가지 특징 중 고객의 욕망을 만족시킬 수 있는 특징을 부동산의 판매소구점(selling point)이라고 한다. 부동산은 비동질적이기 때문에 각각의 부동산에는 특유의 판매소구점이 존재한다. 또한 반대로 부동산의 하나의 특징이 의뢰인의 여러 가지 욕망을 동시에 만족시킬 수도 있다. 따라서 가망고객의 잠재적 욕망을 자극하도록 판매소구점을 발견하여 이를 어떻게 구체적으로 설득하는가는 중요한 문제이다. 그러므로 부동산업자는 현지안내 이전에 매물에 관한 자료를 철저히 정리하여 연구해야 한다. 그리고 각각의 부동산이 가진 판매소구점을 가망고객의 부동산욕구, 동기, 소득, 가족구성, 직업, 취미 등에 결부시켜 적절한 소구점을 찾아 이를 판매하는 것이 좋다.[20]

5) 불만처리와 설득

가망고객을 현지안내하여 물건에 대한 설명을 하는 과정에서 가망고객은 회사, 가격, 물건, 세일즈맨 등에 대한 자기의 불안이나 불만을 이야기하게 된다. 이것을 적절히 처리하여 오해를 풀어주고 조건을 수정하거나 또는 물건을 손질하여 계약체결로 이끌 수 있도록 설득해야 한다.

생명보험회사의 세일즈맨에게는 소비자에게 거절당하였을 때의 응답방법에 관한 매뉴얼이 준비되어 있어 세일즈에 익숙치 못한 신입사원교육에 큰 역할을 하고 있다. 영세업자가 다수인 부동산 중개업계의 경우 중개업자 자신들이 이와 같은 자료를 작성할 시간적, 자금상의 여유가 없는 것이 보통이다. 따라서 앞으로는 동업자단체를 중심으로 업자들의 경험과 창의를 바탕으로 이 분야에 대한 연구가 있어야 할 것이다.

6) 클로우징

부동산거래가 성립되기까지의 과정에서 무엇보다 중요한 것은 클로우징이며, 이 단계까지의 모든 과정은 closing을 성공시키기 위한 수단이다.

---

20) 村田稔雄, 不動産のマケーテイング, pp.79~82.

① 클로우징의 개념

보통 클로우징이라고 하면 가망고객과 매매계약서에 기명날인하는 행위, 가망고객에게 상품을 사도록 하는 행위 등을 의미한다. 미국의 부동산업계에서는 클로우징을 아래와 같은 경우에 사용한다.

a) 부동산거래계약서에 서명시키는 행위
b) 부동산매매계약서 또는 부동산임대차계약서 등에 당사자의 서명을 시키는 행위
c) 부동산소유권을 현실에 맞추는 행위(소유권의 현실화)

즉, 부동산업에 있어서의 클로우징은 가망고객에게 계약을 시키도록 하는 것뿐만 아니라, 부동산에 관한 권리를 현실에 맞도록 이전하는 것을 포괄하는 것이다. 때문에 이를 우리말로 번역하지 않고 원어 그대로 '클로우징'이라 사용한다

② 클로우징의 시기

클로우징에 적절한 기회는 세일즈 과정에서 단 1회뿐이며, 이 때를 놓치면 영원히 기회를 잃는 것으로 생각하는 시대도 있었다. 최근에는 클로우징의 기회가 세일즈과정에 수회 있다는 것이 통설이다. 클로우징을 할 적절한 기회는 가망고객이 그의 말이나 동작으로 나타낼 때도 있으며, 고객에게 질문을 해서 처음으로 발견할 때도 있다.

가망고객이 부동산가격, 거래조건 등의 상세한 질문을 할 때나 언제 입주할 수 있느냐고 물을 때 등 가망고객의 암시된 말에서 클로우징의 기회를 찾을 수 있다. 또 가망고객이 의자에서 일어나며 공감을 표시할 때 또는 손을 쥐는 모양, 눈, 음성의 변화 등 행동과 태도를 치밀하게 관찰하여 가망고객이 물건에 흥미를 표시한 순간을 포착하는 능력이 필요하다.

③ 클로우징 방법

현지안내를 한 다음 물건의 판매소구점을 정리하여 열거해주면 가망고객에게 장점을 확실하게 기억토록 할 수가 있다. 동시에 가망고객은 클로우징 기회가 가까워 왔다는 것을 인식하고 마음의 준비를 할 수 있다. 클로우징의 기법에는 다음과 같은 방법들이 있다.

a) 점진적 확인법: 물건에 대한 설명을 하고 있는 동안에 가망고객이 관심을 가졌다는 것을 알았을 때에 이 방법을 사용하는 것이 좋다. 우선 가망고객이 안심하고 동의할 수 있는 질문부터 확인한다. 예를 들면 "당신이 희망하는 물건은 토지가 90평, 건물이 25평 정도 이지요?" 이 말에 동의하면, "그러면 이 물건은 토지가 92평, 건평이 24평이므로 면적에 대해서는 만족할 수 있겠군요"라고 말한다. 이와 같이 상대가 동의할 수 있는 질문을 계속한 다음 마지막에, "그러시다면 이 물건은 당신 희망에 가장 알맞습니다. 이것이 계약서입니다"와 같이 마무리 한다. 이 방법은 물건의 특징이나 거래조건 중에서 가망고객이 좋다고 승인할 수 있는 점을 열거하여 결단에 필요한 자료를 제공해 주는 점에서 효과적이다.

b) 계약전제법(契約前提法): 이 방법은 가망고객이 이미 부동산구매의 의사결정을 하였다고 전제하고 클로우징을 하는 것이다. 예를 들면 가망고객이 물건에 강한 흥미를 표시하는 순간을 잡아 계약서를 꺼내 질문을 하면서 "등기는 언제쯤 하면 되겠습니까?"하고 묻는 방법이다.

c) 세부선결법(細部先決法): 가망고객에게는 큰 결단을 하는 것보다 작은 결단을 하도록 하는 것이 쉽다. 이런 고객의 심리를 이용한 것이 세부선결법이다. 부동산을 사느냐 안 사느냐의 중대한 결단을 하도록 하는 대신에 구입시 총금액, 입주일 등 부동산 구입에 따른 세부사항을 끄집어내어 그것을 선결토록하고, 구입이라는 큰 결단을 내릴 수 있도록 길을 열어 주는 것이다.

d) 장단비교법: 구매여부를 쉽게 결정하지 못하는 가망고객에게는 대상 물건이 지닌 면적, 건물의 종별, 입지조건 등 장점과 단점을 다른 유사물건과의 비교 일람표를 만들어, 장점이 월등히 많다는 점과 어떤 부동산이든지 100% 만족스러운 것은 없으며, 장단점의 타협으로 매매가 이루어진다는 것을 강조하여 클로우징하는 방법이다.

e) 결과강조법: 지금 부동산구입의 결단을 주저하면 장래에 큰 손해를 볼 수 있다는 것을 구체적으로 설명하여 클로우징을 이끌어가는 방법이다.

f) 만족강조법: 이 방법은 앞의 경우와는 반대로 지금 결단을 내려 부동산을 구입하면 5년 후 10년 후에는 얼마나 만족할 수 있는지를 가능한 한 구체적으로 설명하는 방법이며, 이를 위해 사전에 가망고객의 소득, 가족구성, 취미 등을 조사해 두는 것이 좋다.

④ 클로우징과 제3자의 존재

미국의 중개사무소에는 최종적으로 계약을 맺는 클로우징룸을 별도로 만들어 관리하고 있다. 부동산거래에 참여하는 사람은 누구나 불안을 느낀다. 부동산거래에는 고객의 심리상태가 불안정해서 결단선상에서 맴도는 상황에 놓이기 마련이다.21) 부동산거래는 거래단위가 크고 단 한 번의 거래가 가정과 회사에 치명적인 타격을 주기도 하고, 때로는 경제적 지위를 놀랍게 격상시키는 결과를 가져오기 때문이다. 그래서 상당수 일반고객들은 거래 시에 이른바 부동산전문가라는 사람을 동반하는 경우가 많다. 그런데 계약을 체결하는 클로우징단계에서 제3자가 입회하면 좋은 결과를 가져오지 못하는 경우가 많다. 자기과시욕에 사로잡힌 제3자가 얄팍한 부동산상식을 휘둘러 가망고객의 결심을 동요시키는 경우가 적지 않기 때문이다. 역사가 깊은 미국의 부동산업자들은 이런 사실을 알고 오래 전부터 클로우징을 위해 별실을 만들었다. 가급적 별실에는 제3자가 들어오지 못하도록 하여 고객이 제3자의 개입 없이 조용한 분위기에서 계약할 수 있도록 하는 것이 좋다.

제 3 절 부동산중개 세일즈맨십

1. 부동산중개 세일즈맨십의 개념

부동산중개 세일즈맨십이란 업자가 부동산에 관한 가망고객의 문제해결에 조력해서 잠재적 구매동기를 발견한 후 중개업자가 알선 또는 제공하는 부동산에 대하여 가망고객의 이미지를 바꾸어 부동산과 욕망의 간격을 좁혀 거래가 성립되도록 설득하고 행동에 옮기게 하는 기술이다. 먼저 부동산판매 원리를 살펴보고 다음으로 부동산중개 세일즈맨십을 알아본다.

1) 부동산판매의 원리

부동산의 판매에는 AIDA(아이다)의 원리를 적용하면 매출증대에 매우 유익하다. AIDA의 원리란 ① 주목(Attention), ② 흥미(Interest), ③ 욕망(Desire), ④ 행동(Action)의 머리 글자를 딴 것으로, 고객이 물건 매입을 하기까지의 심리적 발전단계를 표현한 것이다.[22] 여기에서 AIDA의 원리와 부동산판매의 진행단계를 살펴보자.

① 제1단계: 주목을 끄는 단계
중개업자가 매력적인 제목으로 신문에 광고를 내거나 window display를 한다.

---

21) 상게서 pp.89~95.
22) 상게서 p.58.

점포로 찾아온 고객에게는 부동산의 특징과 개요를 요약하여 설명한다. 주택개발업자의 경우는 대상 부동산의 대형 사진을 신문에 광고하거나 model house를 세워 일반에게 공개하면 좋다. 미국의 경우는 판매를 위한 중고주택을 개방하여 누구나 마음대로 들어와 주택을 볼 수 있도록 하기도 한다. 이러한 행위는 고객의 주목을 이끌어 내는 단계로 AIDA의 원리에서 중요한 첫 단추가 된다.

② 제2단계: 흥미를 끄는 단계

제1단계만으로는 손님의 흥미를 끌지 못하거나 약간의 흥미를 끌더라도 구입을 위한 욕망까지는 이르지 못하는 것이 일반적이다. 부동산 투자자는 상품에 대한 구체적인 설명을 들어야만 흥미를 느낀다. 고객이 대상 부동산에 대해 약간의 흥미를 느끼기 시작했다고 판단될 때 salesman의 활동이 더욱 중요해진다.

부동산 투자자는 거액의 자금을 지불해야 하기 때문에 의사결정에 있어 신중을 기한다. 따라서 상품의 모든 면을 충분히 파악하기 전에는 좀처럼 욕망을 느끼지 않는다. 고객은 가격의 합리성과 장래성을 의심하고, 소유권의 진정성을 걱정할 뿐만 아니라, 건물의 구조(설계), 시공 등이 최신식 자재와 기술에 의해 건축되었는지 여부 등을 알고 싶어 한다. 때로는 환경에 대하여 불안해하며 무언가 뚜렷한 이유도 없이 불안을 느끼기도 한다. 이런 허다한 불안요소들을 제거하고, 이를 구입할 욕망으로 이끌기 위해는 salesman의 노력이 배가 되어야 한다. 설득력이 좋은 salesman은 이런 난관을 무난히 처리해내지만 그렇지 못한 salesman은 어설픈 표현과 행동으로 손님의 흥미를 잃게 만든다.

유능한 세일즈맨이라면 미리 현장을 답사, 물건을 분석하고, 구체적인 설명방법(selling point)에 관한 구상을 해 둔다. 현재 거주자의 도움을 받아 도로의 잡초제거, 배수구청소, 화단과 정원수의 손질, 기와·유리창·페인트 칠의 손질, 부엌 청소, 실내조명을 밝게 하는 등 세심한 배려도 한다.

현장안내 시 고객에게 강조할 물건의 특징(selling point)도 구체적이고 체계적으로 정리하여 두고, 인근주민과 지역의 명소 및 유래 등도 살펴 둔다. 안내받는 고객의 사회적 지위, 신분, 가족관계, 생활수준, 가구 등의 상황까지 미리 알아둔다면 더욱 효과적인 현장안내가 된다.

현지에 이르는 경로도 가장 능률적이고 효과적인 경로를 택해야 한다. 가는 도중에 명소, 고적이나 유명인의 저택이 있으면 가급적 그 앞을 지나가면서 설명하고, 약간 떨어져 지나는 경우라도 그 방향을 가리키며 설명해서 그 지역사회에 대한 흥미를 느끼게 한다. 자동차로 안내하는 경우에는 손님의 주의가 분산되지 않도록 안전운전에 유의한다.

목적물과 유사한 거래사례가 있으면 그 가격을 말해 주고 현장물건과 비교해서 설명해 준다. 이렇게 하면 고객에게 목적물의 가격에 대한 자신을 얻게 만들어 준다. 이러한 일련의 배려는 손님의 흥미를 끌기 위한 종합적인 활동이다.

현장에 도착하면 정문에서 손님의 주목을 끌도록 일단 발을 멈추거나 정차를 하였다가 약간 지나간 다음 다시 돌아오면서 건물의 정면을 보게 한다(미국식). 특히 목적물을 close-up시킬 특징이 있으면 이를 미리 충분히 준비, 교육해 둠으로써 첫 인상을 좋게 하여 흥미를 일으키도록 해야 한다.

방을 보일 때에도 가장 좋은 방은 최후로 미룬다. 주인이 직접 안내할 경우 불필요한 말을 하기 쉽고, 업자가 서두르는 기색을 보이는 것은 손님의 의혹을 사거나 흥미를 잃게 한다. 안내가 끝나면 응접실이나 거실에 잠시 안내하여 피로를 풀게 하고, 더운 계절이라면 찬 음료수 정도를 권하는 것도 좋다. 이것은 현장 안내의 성과측정을 위한 좋은 기회이기도 하다.

한 번에 안내할 적정회수는 3~4건이 최대한도라는 것이 미국업계의 조사결과이다. 이를 넘으면 육체와 눈의 피로 등으로 안내효과와 흥미가 감퇴된다. 중개업자가 미리 한 가지 물건을 내정하고 손님으로 하여금 그 것을 선택하도록 자연스럽게 유도하지 않으면 좀처럼 결정이 나지 않는다.

③ 제3단계: 욕망촉구의 단계

closing이란 손님의 욕망을 촉구시켜 계약에 서명시키는 작업이다. 고객의 검토가 거의 끝났다고 생각되면 중개업자는 조용히 closing을 시도해 본다. selling point의 설명기술이 발전된 미국에서도 closing의 기술에 대해서는 여전히 연구가 필요한 분야이다.

④ 제4단계: 행동촉구의 단계

지금까지의 결과를 바탕으로 중개업자는 본격적으로 closing을 권유한다. 이때 중개업자가 마음에 둔 물건을 판매하기 위해서는 모든 자료를 집중적으로 제시하고 최선을 다해 설득해야 한다. 이때 구매자로 하여금 closing으로 유도하기 위해서 가능하면 고객을 조용한 별실로 안내해서 구매자의 최종결심에 방해요소를 차단하는 것이 효과적이다.

2) 부동산중개 세일즈맨십

① 가망고객의 문제해결에 협력

부동산 세일즈(sales)의 비결은 먼저 고객이 그 부동산을 매각하는 이유를 이해해야 한다. 매각자의 일방적인 이야기만 듣지 말고, 진정한 매각동기가 무엇인지 파악하는 것이 바람직하다. 사실상의 매각동기는 경제적인 사정 때문인데도, 매각자의 사회적 체면 때문에 다른 이유를 내세울 때도 있다. 여러 가지 정보를 종합 판단해서 참된 매각동기를 알아야 세일즈맨이 급매할 수 있는 가격, 그 밖의 조건들을 고려해서 매각을 촉진하는 것이 매각자에 대한 참된 서비스이다.

② 잠재적 구매동기의 발견

부동산 세일즈에 성공하기 위해서는 고객의 잠재적 구매동기를 연구할 필요가 있다.23) 미국의 팩카드(Packard)가 시카고에서 판매주택 1,000호를 대상으로 판매결정의 참고자료를 얻기 위해 실시한 조사에 따르면, 여성과 남성의 부동산 구매동기가 다른 것으로 나타났다.

남성에게 주택은 직장에서 고된 생존경쟁으로 피로한 심신을 달래고 쉬기 위한 휴식처이며 포근히 안아 주는 모성의 상징으로 인식한다는 것이다. 반면 여성은 주택을 자기표현이며, 자기개성의 연장이라고 생각한다는 것이다.

③ 현실과 이미지의 접근

가망고객은 부동산에 관한 지식이나 경험이 부족하기 때문에 부동산에 대한 잘못된 이미지를 가지기 쉽다. 부동산 세일즈맨은 부동산의 현실과 가망고객이 갖는 이미지의 간격을 슬기롭게 조절해서 양자의 차를 가능한 한 좁히도록 노력해야 한다.

④ 거래를 성립시킬 수 있도록 설득

설득은 어떤 목적에 대한 인간의 동기에 작용하여 사상과 행동을 수정하려고 하는 의지적인 기도이다. 따라서 세일즈맨이 설득에 성공하기 위해서는 미리 상대의 동기를 충분히 알고 있어야 한다. 설득은 인간생활의 대인관계에 있어 필수불가결한 요소이다. 그러나 설득은 일반적으로 통용되는 원칙이나 비결이 없다.

---

23) Vance Packard, The hidden Persuaders, Pocket Books InC., p.79.

⑤ 행동을 일으키는 기술

세일즈맨(salesman)의 목적은 최종적으로 가망고객에게 구매행동을 하도록 하는 것이다. 부동산의 세일즈에 있어서도 마찬가지로 가망고객으로 하여금 구입의 사결정을 하게하고 매매계약을 체결하는 것이 목적이다. 매매계약체결에 있어서 타이밍(timing)은 무엇보다 중요하다. 세일즈맨은 항상 거래에 필요한 매매계약서를 비롯한 모든 서류를 완비하고 있어 적당한 시점에 계약이 체결될 수 있어야 한다. 또한 계약서의 내용은 이해가 쉽고 지나치게 길지 않도록 하는 것이 좋다. 지나치게 길고 난해한 계약서는 가망고객에게 경계심을 일으킬 수 있다. 계약서는 평범한 사람들도 쉽게 이해할 수 있도록 쉽게 표현하고, 가능하면 간단하고 꼭 필요한 요건만을 포함시키도록 하는 것이 좋다.

제10장

부동산특수마케팅

제 1 절 공간마케팅

1. 공간마케팅의 개념

산업과 기술의 발달로 제품과 서비스의 품질이 높아지면서 기업들은 더욱 치열한 경쟁구도에 직면하게 되었다. 이러한 환경 변화에 따라 기업들이 차별화 전략을 모색하기 시작하였고, 시기를 같이하여 소비자들은 제품의 품질은 물론 제품과 함께 제공되는 부가적인 측면을 중시하는 경향이 나타나기 시작하였다. 이에따라 많은 기업들은 다른 경쟁사들과 차별화되는 공간 디자인 전략을 세우고 이를 통해 어떻게 고객을 만족시킬지를 고민하게 되었다.

매력적인 공간은 상품 이외의 다양한 체험을 제공하기 때문에 집객효과를 높여 수익창출로 이어질 수 있도록 해준다. 즉, 공간마케팅(space marketing)은 공간을 통해 소비자의 방문을 유도하고 소비자 욕구를 충족시키며, 공간을 매개로 소비자의 체험공간을 가능하게 함으로써 기업 및 브랜드이미지 제고를 달성하는 총체적인 마케팅 활동을 의미한다. 따라서 공간마케팅은 체험마케팅의 일종이라고 볼 수 있다. 체험마케팅은 기존 마케팅과는 달리 공간의 분위기와 이미지 그리고 브랜드를 통해 고객의 감각을 자극하는 체험을 창출하는 데 초점을 맞춘 마케팅이다. 단순히 제품의 특징보다는 체험이나 감각을 제공하여 고객의 구매 욕구를 자극한다. 이러한 체험마케팅이 부동산상품에서는 공간마케팅이라는 의미로 재탄생되고 있다. 즉, 공간이 하나의 마케팅 도구로 활용되고 있으며 공간의 역할 또한 시장의 트렌드 변화에 따라 다양해지고 있다.

부동산상품에 있어서 공간마케팅은 기존의 모델하우스보다 주택문화관의 개념과 목적에 가깝다. 모델하우스는 단순히 상품을 파는 장소, 즉 유통경로로서의 특성이 강조되는 장소인 반면, 주택문화관은 간접적으로는 제품을 파는 목적을 가지고 있지만 기본적으로 다양한 구매단계의 고객들에게 자사 부동산상품을 체험할 수 있는 장을 제공해준다는 점에서 차이가 있다.

최근 대형 건설사를 중심으로 새로운 형태의 주택문화관이 속속 등장하고 있다. 기존의 주택문화관이 단순히 아파트 분양만을 위한 임시 구축공간이었다면 최근의 주택문화관은 건설사의 아파트 브랜드 홍보뿐만 아니라 몇 년 내로 실현될 아파트의 시험장이 되고, 주거문화의 변천사를 소개하는 등 각 건설사마다 추구하는 주거 문화를 엿볼 수 있는 공간이 되고 있다. 또한 휴게공간과 이벤트 홀까지 갖추는 등 복합시설로 탈바꿈하며 새로운 브랜드 가치를 창출해 내고 있다. 특히 주택문화관은 일정 기간이기는 하지만 당대의 인테리어와 자재, 소품을 한눈에 살펴보며 체험해 볼 수 있는 기준이 된다.

2. 주택문화관

주택문화관이란 건설회사가 자사의 주택을 홍보하고 분양을 촉진하기 위하여 자사 주택과 기업에 관한 자료를 고객에게 직접 제시하면서 기술적인 우위성과 품질 및 시공의 우수성을 인식시키는 전시공간이며, 타 건설사의 주택전시관과 차별적인 선택을 위해 경제적 효용과 함께 기업 이미지를 호소하는 공간으로 기업과 소비자가 서로 호흡하고 교류하는 장이다.[1] 또한, 주택문화관은 단순히 견본주택의 기능을 넘어서 주택과 관련된 현재와 미래의 다양한 정보를 제공하고, 나아가 건설회사의 기업이념을 표현하는 장소이며 새로운 주거문화를 창출하는 장이기도 하다.

과거 아파트 모델하우스는 견본주택을 보여주어 고객의 선택을 돕는 역할을 주로 하였으나 최근 다양한 소비자의 요구가 표출되면서 건설회사의 다각적인 시도에 따라 주택문화관으로 발전하였다. 주택문화관은 아파트 모델하우스가 가지는 한계를 극복하고 새로운 주거문화에 대한 앞선 제안, 나아가 문화와 연계한 상설전시의 시도로 고객의 문화적 욕구를 충족시키기 위한 전문 전시공간의 의미로

---

1) 홍성용, 스페이스마케팅, 삼성경제연구소, 2007.5.

변화하고 있다.

국내 아파트 전시시설은 아파트의 건립과 함께 지속적이고 다양하게 발전되어 왔다. 주택문화관은 견본주택부터 모델하우스, 주택전시관을 거쳐 현재의 주택문화관으로 발전되어 왔는데 기본적으로 가진 고유의 기능인 전시기능에 홍보와 판매라는 추가된 고유의 기능과 교육, 문화라는 기능이 포함되는 등 그 기능이 다양해지고 있다.

모델하우스는 분양, 접수, 추첨 등의 업무를 하는 장소로써 사용한 후 전시장이나 상담 장소 등의 다양한 공간으로 활용하여 일시적인 목적의 공간이 아니라 고객들과의 교류를 위한 문화센터로서 그 의미가 확대되고 있다. 이러한 배경 때문에 모델하우스는 고객지향의 공간으로 보고, 만지며, 느끼는 친근한 전시 공간, 주거문화의 발전을 위한 새롭고 즐거운 정보를 획득하는 공간으로서의 의미로 새롭게 변화하여 주택문화관이라는 체험공간을 탄생시키고 있다. 주택문화관은 고객과 건설회사가 직접적으로 교류하는 역할을 수행함으로써 고객의 구매 욕구를 자극할 수 있도록 가능한 수단을 모두 단일 장소에 배치하게 된다.

주택문화관이 체험공간마케팅의 장소로서 부각되면서 다양한 성격의 공간으로 구성되고 있으며, 특히 공간계획에 있어 중요한 것은 다양한 성격의 공간을 합리적으로 연계시키고, 기능적으로는 모든 성능을 충분히 발휘하게 하는 것이다. 따라서 주택문화관을 구성하고 있는 핵심 체험공간을 규명짓는 일은 중요한 작업이다. 주택문화관의 체험공간을 정확히 규명해야만 공간마케팅의 첨병으로서의 역할에 대한 이해의 폭이 넓어질 수 있기 때문이다.

제2절 도시마케팅

1. 도시마케팅의 개념

도시마케팅이란 도시 또는 도시 내 특정지역을 산업화하여 기업과 자본 등을 유치하고, 특정장소나 건축물 등을 상품화하여 투자와 관광객을 끌어들이거나, 이주자 및 기타 방문객을 도시 내로 유인하여 부가가치를 창출하는 일련의 활동을 말한다. 도시마케팅은 장소마케팅(place marketing)의 한 종류로서 주민, 잠재주민, 투자자, 방문객에게 기존 도시의 부정적 이미지에서 벗어나 새로운 이미지를 구축함으로써 도시경제를 활성화시키는 중요한 수단이다.

　　일반마케팅과 부동산마케팅, 그리고 도시마케팅은 대상 상품의 차별적인 특징 때문에 동일한 개념으로 접근할 수 없다. 각각의 마케팅별 대상 상품의 특징을 정리하면 〈표 16〉과 같다.

표 16 일반마케팅, 부동산마케팅 및 도시마케팅의 상품 특징

구분	일반마케팅	부동산마케팅	도시마케팅
성격	단일재, 단일성	집합재, 복합성	집합재, 복합성
이동가능성	이동성	비이동성	비이동성
가격	상대적 저가	고가	공공재로 비교 불가
수요자	1차 수요자	1, 2차 수요자	1, 2차 수요자

자료: 심형석, 부동산마케팅론, 두남, 2007, p.271.

　　일반마케팅 또는 부동산마케팅에서 타깃은 수요자이기 때문에 일반시장조사기법들을 이용하여 예상 수요자들의 심리와 수요를 조사 및 예측하는 데 주안점을 둔다. 반면, 도시마케팅에서는 각 분야의 도시개발 전문가들의 의견조사를 통하여 수요자와 공급자 그리고 도시개발전문가 등의 다양한 측면의 고려가 필요하며, 일반마케팅 또는 부동산마케팅보다 복합적이고 거시적인 작업이다.

2. 도시마케팅의 특성

　　첫째, 도시마케팅은 일반상품마케팅과 달리 이윤추구가 유일하고 궁극적인 목적이 아니다. 도시는 공익을 추구하는 곳으로 민간부문을 중심으로 발전되어 온 일반마케팅을 직접 적용시키기에는 어려움이 있다.

　　둘째, 도시마케팅의 대상 상품은 일반마케팅과 차별되는 독특한 특징을 갖는다. 도시는 정부가 공급하는 재화이다. 그런데 도시라는 상품은 공공재의 성격을 지니고 있다. 또 단일 목적의 상품보다는 복합재의 성격을 지니고 있으며 가격과 공급량이 정해져 있지 않다.

　　셋째, 주체와 대상이 동일하다. 도시마케팅의 고객은 크게 주민, 방문객, 기업 등 세 부류로 구분된다. 그리고 이들은 마케팅의 주체가 되기도 한다.

　　넷째, 도시마케팅의 과정 안에서 수많은 이해관계자들이 발생한다. 도시마케팅으로 인해 혜택을 입는 사람과 손해를 보는 사람이 존재하기 때문에 이해관계를

조정하는 것이 도시마케팅의 주요한 과제가 될 수 있다.

다섯째, 도시마케팅은 중앙정부와 지방정부와의 관계, 자치단체, 의회, 기업, 시민단체와 같은 정치적 관계가 상당히 중요하다. 도시마케팅에 소요되는 예산은 경제적, 정치적 이해관계에 따라 결정될 수 있기 때문이다.

마지막으로 도시마케팅은 결과를 측정하기 어렵다. 일반마케팅의 결과는 매출 등 양적 지표로 성과를 확인할 수 있는 반면, 도시마케팅은 시민 삶의 만족도 및 이미지 제고, 경제 활성화와 같은 측정하기 어렵거나 질적인 지표들이 대부분이다.

3. 도시마케팅의 대상

1) 주 민

주민은 내부고객으로서 도시의 주인이다. 따라서 도시에 거주하고 있는 인구는 도시의 운명을 결정짓는 주요한 요소이다. 이 중 외부에서 유입되는 인구도 중요하지만 지역 내 인구증가가 기본적으로 뒷받침되어야 한다.

2) 기 업

기업은 부동산시장에 있어 가장 시너지 효과가 큰 주요 임차인이다. 따라서 기업이 도시로 들어와야 연관된 다른 업종이나 임차인들이 지역 또는 단일 규모의 부동산에 입주하게 된다.

3) 방문객

방문객은 관광 방문객과 사업 방문객으로 구분할 수 있다. 이러한 방문객을 유인하기 위해서는 기반시설 구축과 관광 자원 개발이 필수적이다.

4. 전략적 도시마케팅

1970년대 중반 이후 경기침체와 물가상승에 대응하기 위해 전략계획에 마케팅 개념이 도입되기 시작했고, 1980년대에 도시간의 경쟁과 미래수요의 예측과정에 서부터 전략적 마케팅이 본격적으로 도입되었다.

전략적 마케팅은 주어진 환경에서 고객의 요구를 충족시키기 위해 경쟁우위요소를 발견하고 경쟁도시와의 차별성을 통해 그 도시만의 포지셔닝을 강화하는 것이다. 또한 전략적 마케팅은 도시의 목표와 경영자원, 변화하는 마케팅의 기회 간에 전략적 조합을 창출하고 경영하는 관리의 과정이라고 볼 수 있다.

도시경쟁에 대응하기 위해서는 전략적 도시마케팅이 필요하다. 도시는 자신의 정체성이 무엇이고, 무엇을 할 수 있는가에 대한 이해를 위해 전략적인 방법을 사용해야 한다. 이를 위해 먼저 도시의 사명을 발견하고, 장소평가를 실시하고, 비전과 목표를 설정해야 한다. 다음으로 전략을 수립하고, 실행계획을 구축한 후, 이에 대한 수행과 통제를 하는 일련의 전략계획 과정이 필요하다.

도시마케팅은 공공부문과 민간부문의 협력, 이해관계집단과 지역주민의 적극적 지원이 필요하므로 전략적 도시마케팅의 출발점은 이러한 지역주민과 기업가, 도시정부가 협력적으로 참여하는 마케팅 조직이나 마케팅 업무의 위상이 우선 확보되어야 할 것이다.

|참고| 각국의 글로벌 도시전쟁

세계적으로 저성장이 계속되면서 도시 간 경쟁이 치열하게 펼쳐지고 있다. 세계화 시대에 국가라는 개념이 흐려지고 런던, 상하이, 뉴욕, 도쿄, 서울 등 메가시티가 중요한 브랜드로 부상하고 있다. 각국은 자국 도시의 브랜드 이미지를 높이기 위해 모든 수단을 총동원하고 있다. 현대의 도시, 특히 인구 1,000만 명 이상의 메트로시티는 그 나라 전체 국내총생산(GDP)의 큰 몫을 차지한다. 때문에 도시가 활력을 잃으면 국가도 기울어 간다. 수도 서울의 경쟁력이 곧 한국의 국가경쟁력이다. 따라서 우리나라도 생존을 위해 선택과 집중을 통해 글로벌 메가시티를 키우는 거점개발을 시도해야 할 시점이다.

그런데 한국은 거점개발방식으로 국토개발의 패러다임을 전환해야 할 시점에 기존 균형발전론에 매몰돼 시대변화에 역행하고 있다. 기존 국토균형발전론은 고령화·저성장이라는 사회구조변화의 흐름 속에서 더 이상 실리도 명분도 없다. 저성장으로 재정수입이 축소되는 상황에서 균형발전을 한다면 재원을 비효율적으로 운용하는 결과를 가져온다. 대표적인 예가 농촌지역에 대한 과도한 보조금이다. 우리나라가 세종시, 혁신도시 건설 등 현재와 같은 국토균형발전론을 유지한다면 글로벌 메가시티 경쟁에서 밀려날 수밖에 없다.

홍콩은 거의 해마다 다보스포럼, 아시아 금융포럼(AFF)같은 굵직한 국제행사를 연이어 개최하며 행사 때마다 2,500여 명의 VIP들을 불러 모아 돈을 쓰게 하고 있다. 홍콩의 IFC와 센트럴플라자라는 두 개의 마천루가 방문자를 압도한다. 그런데도 홍콩 현지에서는 홍콩이 앞으로 상하이, 싱가포르에 밀릴지 모른다는 초조함을 느끼고 있다고 한다.

중동의 두바이는 유럽과 아시아의 가교역할을 하며 승승장구할 것이라는 전망이

나와 화제가 되고 있다. 지난 2015년 5월 중국 서부 쓰촨성(四川省) 내륙 중심도시 청두(成都)에서 개최된 세계지식포럼에 참석했던 한국 기업인들은 청두의 미래상에 놀랐다고 한다. 즐비한 고층빌딩과 펜타곤 8배 크기의 글로벌센터, 넓은 도로, 넘치는 외제차 등을 보면서 중국의 더 큰 미래가 다가왔다고 입을 모았다고 한다. 이들은 청두가 곧 서울을 앞설 뿐만 아니라 중국 상하이 못지않은 글로벌 최고도시가 될 것이라고 예언했다. 청두시의 인구는 현재 1,500만 명으로 한 해 동안 100만 명 이상의 인구유입이 이루어지고 있다. 청두는 주변 8개 위성도시를 합쳐 인구 4,000만 명의 메트로폴리스를 구상하고 있다.

최근 중국과 홍콩 학자로 구성된 '중국도시경쟁력연구회'는 보고서에서 중국 358개 도시의 경쟁력을 종합평가한 결과 광둥성 선전(深圳)이 2015년 처음으로 상하이, 홍콩에 이어 3위에 올랐다고 발표했다. 홍콩 발전을 옆에서 지켜보며 부러워하던 어촌마을 선전이 1980년 중국의 첫 경제특구로 지정된 지 35년 만에 홍콩을 위협하는 세계적 도시로 도약했다. 선전은 개방 초기 값싼 노동력과 외국자본이 결합한 모델로 성장했다. 그러나 성장이 한계에 부딪히자 선전은 IT와 금융을 새 성장엔진으로 갈아 끼웠다. 중국 도시 중 최대 규모의 R&D투자가 선전경쟁력의 핵심이다. 선전이 중국 금융의 새 중심지로 떠오른 것도 경쟁력을 더욱 제고시키고 있다. 중국은 위안화의 국제화를 추진하면서 홍콩과 인접한 선전을 금융허브로 키우고 있다. 현재 선전은 서울면적의 3.2배, 인구 1,500만 명, 평균연령 33세, 1인당 GDP 2만 4,000달러, 최근 30년간 연평균 성장률 24.4%라는 놀라운 기록을 세웠고 도시경쟁력에서 수도 베이징을 제쳤다.

현재 글로벌 도시전쟁에서 단연 서두를 달리고 있는 도시는 영국 런던이다. 런던은 외국인의 천국이다. 다양한 문화적 배경을 가진 사람들이 모여든 용광로 같은 도시이다. 영국은 영어가 국어인 나라지만 현재 런던에서 사용되는 언어는 250개 정도다. 런던 월워스거리(Walworth Road)의 경우 약 1마일 거리 이내에 소재한 133개 가게 중에 105곳의 주인이 외국인이다. 영국국제학생지원협회(UKCISA)에 따르면 런던에서 공부하는 학생 수는 10만 명에 이른다. 1년에 런던을 찾는 외국인 관광객은 뉴욕이나 파리보다 많은 1,520만 명 정도다. 이는 런던 인구의 2배 정도다. 다문화가 런던의 창조적 역량 토대를 조성한 셈이다. 창조도시로 거듭난 런던을 보여주는 대표적인 사례는 디자인이다. 런던은 뉴욕과 더불어 전 세계 디자인 트렌드를 이끄는 양대 도시이다. 영국 왕립미술학교와 세인트 마틴스, 브루넬 등 런던 소재 디자인 전문스쿨에서 공부하는 학생들은 3만 5,000명에 육박한다. 창조적 사고력을 키울 수 있도록 지원하는 교육시스템과 정책이 런던을 창조도시로 거듭나게 한 것이다. 이 밖에 창조도시 런던은 일반대학 아트 디자인 과정 학생 1만 5,000명, 국립박물관 11개, 공공도서관 383개, 극장 214개, 갤러리 857개, 연간 공연도 3만 2,500여 건에 이른다. 런던은 다문화를 포용해 외국인의 천국으로 만들고 세계의 디자인 수도로 변신하게 된 것이다.

우리나라도 지금이야 말로 수도권 규제를 대폭 풀어 서울을 국제경쟁력을 구비한 도시로 재창조하고 지방 거점도시들은 '도시발전법'을 제정, 지방권역마다 거점도시를 만들어 국제경쟁력을 키워야 할 때이다. 우리가 벤치마킹해야 할 도시는 역시 외국인의 천국으로 거듭난 창조도시 런던이다. 보리스 존슨 런던시장이 2015년에 밝힌(2015년 6월 4일 매일경제신문 특별취재팀 이근우 팀장과의 인터뷰) 살기 좋은 도시(Livable City)를 소개하면 다음과 같다. 그가 제시한 어느 항목에서도 우리의 수도 서울이란 명칭은 그림자도 찾아볼 수 없다.

Livable City ·························· 살기 좋은 도시, 캐나다 벤쿠버, 덴마크 코펜하겐
Intelligent City ····················· 똑똑해진 도시, 미국 시애틀, 프랑스 파리
Vibrant City ························· 활기찬 도시, 미국 텍사스 오스틴, 독일 베를린
Adaptable Megacity ·············· 진화하는 거대도시, 싱가포르
Business City ······················· 기업하기 좋은 도시, 독일 드레스덴
Linked by Anchor City ········· 거점도시, 영국 처시, 일본 쓰쿠바
Eco & Elderly City ·············· 환경, 고령친화도시, 네덜란드 로테르담
Inspired by Creative Class = <창조도시, 영국 런던>
Traditional City ··················· 전통 살린 도시, 대만 타이베이
Yield City ···························· 배려도시, 일본 기치조지상가(도쿄)

제 3 절　인터넷 마케팅

1. 인터넷 마케팅

인터넷 마케팅(internet marketing)은 인터넷을 통하여 상품이 또는 서비스에 대한 마케팅을 수행하는 것을 말하며, 웹 마케팅, 온라인 마케팅, E－마케팅 등이 같은 의미로 쓰인다. 인터넷 마케팅은 단순하게 인터넷상의 광고를 게재하는 것뿐만 아니라 이메일, 무선매체 등을 통한 마케팅활동을 모두 포함하기 때문에 그 범위가 매우 넓다. 디지털 고객 데이터 및 전자 고객관계관리(ECRM)시스템 또한 인터넷 마케팅으로 분류하기도 한다. 최근에는 휴대전화 보급률이 높아지고, 인터넷 환경이 빠르게 발달하면서 모바일 마케팅이 인터넷 마케팅에서 중요한 위치를 점하고 있다.

부동산시장에서 인터넷 마케팅은 활용성이 높지 않은 것이 현실이다. 그 이유로 다음과 같은 문제를 들 수 있다. 먼저, 인터넷 활용계층과 부동산 구매자간 연령 계층 불일치이다. 인터넷이 대중화된 기간이 짧다보니 이를 사용하는 주요 연령층이 10~20대인 반면 부동산 구매의 주요 계층은 35~55세로, 인터넷의 주요 활용계층을 벗어나고, 부동산 중개업무 종사자, 특히 중개인은 대부분 50대 이후의 고령층이기 때문에 인터넷의 습득 및 활용을 기피하는 경향이 있어 다른 일반 상품시장에 비해 인터넷 마케팅이 활성화되지 못한 측면이 있다. 둘째, 개인정보 및 보안 문제를 들 수 있다. 웹 사이트를 활용할 때 구체적인 개인의 신상정보를 입력해야 정보에 접근할 수 있는 것이 일반적이다. 그러나 개인정보 유출로 인한 피해사례들이 늘어나고 있고, 보안사고, 비밀번호의 유출 등 다양한 불안요소가 잠재되어 있다.

2. 모바일 마케팅

현대인에게 있어 휴대전화의 사용은 필수품이 되었다. 또한 전자, 통신의 발달로 휴대전화는 더 이상 단순한 전화기능에서 벗어나 다양한 정보를 습득하는 도구로 발전하고 있다. 그렇다보니 모바일 마케팅(mobile marketing)의 활용은 마케팅 담당자들 사이에 꾸준히 논의되어 왔고, 향후에도 다른 채널에 비해 발전 가능성이 크다. 왜냐하면 휴대전화는 직책의 높고 낮음에 상관없이 본인이 사용하는 개인 휴대물품이기 때문에 직접 마케팅 수단으로 적합하다는 장점이 있다. 또한 트위터, 페이스북 등 소셜네트워크서비스(SNS: social network service)의 확대는 모바일 마케팅의 발전에 지대한 영향을 미치고 있다.

부동산시장에서도 모바일 마케팅은 다양한 방식으로 활용되고 있다. 주로 모바일을 통하여 기업의 브랜드를 홍보하거나, 분양정보를 제공하거나, 모바일 경품 서비스를 제공하여 집객을 하는 방식으로 활용된다. 그 예로, 2003년 5월부터 6월까지 현대산업개발 아이파크 송도, 아이파크 포항창포 2차 프로젝트에 모바일 분양마케팅전략을 수행한 예가 있다. 이 마케팅전략의 목표는 광고에 노출된 잠재고객으로 하여금 모델하우스 방문을 유도하고, 오프라인 광고와의 시너지 효과를 극대화하는 것이었다.

먼저 인천 지역에 거주하는 30~40대 이동통신 가입자를 대상으로 송도 아이파크 모델하우스 오픈을 알리는 SMS(short message service)광고를 실시하였다. WAP (wireless application provider) 페이지와의 연계를 통해 다양한 분양관련 정보를 제공한 결과 수도권 지역 평균 모델하우스 방문자수를 뛰어넘어 3만 5천명의 방문자를 유치하였다. 다음으로 모델하우스 방문고객 및 전화문의 고객 등 청약예상자의 데이터를 추출하여 청약방법 및 일정을 알려주는 SMS 광고를 실행하여 실제로 모델하우스에 대한 관심을 성공적으로 이끌어냈다. 마지막으로 당첨자 안내 및 계약자에 대한 계약 정보를 제공하는 SMS광고를 집행하여 가망고객을 계약자로 유치하는 데 성공하였다.

제4절 귀족마케팅

1. 개 념

귀족마케팅(nobless marketing)이란 소수의 상류층, 고소득층을 대상으로 차별화된 제품을 마케팅 하는 것으로 '럭셔리마케팅(luxury marketing)', '하이엔드 마케팅(high-end marketing)', 로얄 마케팅(royal marketing) 등으로 불린다. 파레토법칙[2]에서 비롯된 귀족마케팅은 점차 다양한 분야로 확대되며 VVIP(very very important person)마케팅, SVIP(Super very important person)마케팅, MVG(most valuable guest)마케팅 등의 형태로 발전하고 있다.

귀족마케팅의 대상인 고소득층과 상류층은 높은 가처분소득이 뒷받침되기 때문에 대형, 고급, 고가 제품의 주된 소비층이며, 안정적인 고정고객이다. 또한 이들의 소비는 일반 경기 변화에 크게 영향을 받지 않기 때문에 불경기에도 소비성향이 크게 변동하지 않고 꾸준한 소비패턴을 보인다. 따라서 안정적인 매출을 기대할 수 있고 독립적인 마케팅을 가능하게 한다. 또한 일반 소비자계층이 상대적으로 가격에 민감하게 반응하는 것과 달리 고소득층, 상류층은 낮은 가격탄력성을 보이며 제품 브랜드, 품질, 서비스, 제품의 희소성, 차별성 등을 매우 중요시하는 소비 형태를 보인다.

귀족마케팅은 외환위기 이후 급속히 전개되고 있는 소비시장의 고급화와 소득의 양극화 현상의 영향으로 나타나기 시작했다. 소득의 양극화에 동반되는 문제는

---

2) 상위 20%의 고객이 매출의 80%를 창출한다는 의미로, '20:80법칙'이라고도 한다. 여기서 사용된 숫자는 직접적인 의미라기 보다는 전체 성과의 대부분이 몇 가지 소수의 요소에 의존한다는 의미이다.

중산층의 몰락이다. 사회의 안전판 역할을 하는 중산층 몰락의 징후는 중산층을 주 고객층으로 하는 제품의 판매량 격감을 초래하고 궁극적으로 소비 시장을 양분화시킨다. 지금까지 중산층이 절대 다수를 차지해 온 시장을 대상으로 평균적인 품질과 가격의 제품을 판매해왔던 매스마케팅(mass marketing)이 이제는 더 이상 통하지 않게 된다는 것이다. 그렇다보니 기업에게 있어 안정적인 매출을 기대할 수 있는 고급 소비시장은 틈새시장으로 매력적일 수밖에 없다.

2. 귀족마케팅의 4P전략[3]

1) 제품/서비스전략

상류층을 타깃으로 한 제품 및 서비스 개발을 위해서는 먼저 이들의 특성을 이해해야 한다. Thomas J. stanley는 부유층일수록 자신의 신분이나 지위를 과시하고자 하는 자기 현시욕구가 강하며, 비슷한 수준의 사람들과 어울리기를 원한다고 지적한 바 있다. 또한 고소득층은 학력수준이 높거나 유행에 민감한 공통점이 있어 첨단기술을 적용한 제품에 대한 선호가 두드러진다. 이들은 자신의 시간과 편리성을 중시하기 때문에 편의기능과 부가기능을 갖춘 제품을 선호하며, 서비스 또한 일대일 대면을 통한 개별적인 서비스를 선호한다.

2) 가격전략

일반시장에서 가격은 제품 원가에 적정마진을 더하는 식의 방법으로 책정되는 것이 일반적이다. 하지만 고급시장에서는 가격자체가 품질을 판단하는 척도로 작용하기 때문에 원가와는 관계없이 고객이 느끼는 제품의 가치에 따라 가격을 정하는 가치기준 가격정책(value−based pricing)을 적용하는 것이 바람직하다. 또한, 고가제품은 일관된 고가정책을 고수하는 것이 바람직하다. 빈번한 가격할인은 고객들로 하여금 제품의 가격 민감도를 높이고 유보가격을 하락시키는 결과를 낳을 수 있기 때문이다. 부득이한 가격할인이 필요한 경우에도 직접적인 제품 할인보다는 금융제공이나 경품 등의 간접할인 방식을 활용하는 것이 좋다.

3) 유통전략

제품의 희소성은 제품으로 하여금 고급이미지를 오랫동안 유지하기 위한 핵심

---

3) 심형석, 부동산마케팅론, 도서출판 두남, 2007, pp.237~239.

요소이다. 따라서 명품브랜드들은 폐쇄적 유통경로(exclusive distribution) 관리를 통해 철저하게 유통망을 관리한다. 고급 주상복합아파트를 분양하면서 초대장을 보유한 사람들만을 대상으로 모델하우스를 공개하는 마케팅전략은 전형적으로 폐쇄적 유통경로를 통해 유통망을 관리하는 제품의 희소성에 역점을 둔 정책이라고 볼 수 있다.

4) 촉진전략

일반 아파트 마케팅에서는 대중매체를 중심으로 한 광고가 효과적인 데 반해 고급 아파트의 경우에는 전문잡지나 인터넷 등 타깃(target) 매체 광고가 바람직하다. 특히 고급브랜드일수록 대중매체를 통한 노출은 가급적 피하여 신비감을 유지하되 구전(word of mouth)효과를 극대화하는 것이 중요하다. 때로는 제품의 이미지를 높일 수 있는 골프대회, 스포츠 행사, 문화행사 등을 지원하는 스폰서십(sponsorship) 마케팅을 활용할 수도 있다.

| 부록 | **불공정한 사회 / 양극화현상의 심화**

이 세상은 다수와 소수 누구의 것일까? 이를 분석하는 대표적 이론 중 하나가 사회적 불균형 현상을 '20:80이론'으로 설명했던 이탈리아 경제학자 파레토의 법칙이다. 이 법칙은 경제뿐만 아니라 인간의 사회적 형태를 풀어보는 중요한 수단으로 활용된다. 소득분포와 관련하여 빌프레도 파레토(Vilfredo Pareto, 1848~1923)는 1906년 이탈리아 전체 인구 중 20%가 국토의 80%를 소유하고 있다는 사실을 알아냈다. 또한 그는 영국 일류백화점의 경우, 20%의 상류층 고객이 매출의 80%를 차지한다는 법칙을 발견했다. 통계적으로 소득 상위 20%의 사람들이 한 나라의 80%의 부를 차지하는 경향이 있으며 이 법칙은 경제뿐만 아니라 사회 각 분야에 적용되는 보편적 가치라고 주장했다. 그의 발견은 이후 '20:80의 규칙'(파레토의 법칙, 최소노력의 원리, 불균형의 원리)이라고 불러지고 있다. 이 이론은 사회적 불균형현상을 설명하는 동시에 마케팅이론에서 선택과 집중의 중요성을 대변하는 원리이다.

즉 현재는 20%의 사람만이 제대로 된 직업을 통해 삶을 영위하고 80%의 사람들은 직업다운 직업을 구하지 못한 체 살아간다는 것이다. 즉 치열한 경쟁에서 우위를 점하는 개인과 집단은 20%에 불과하다는 이론이다. 따라서 우리는 선택과 집중을 통해서 이 핵심 20%(VIP마케팅)를 찾아서 그곳에 역량을 집중해야 적은 노력으로 보다 많은 경영성과를 가져올 수 있다.

현실적으로 우리나라에서도 은행들은 우량고객을 위한 대출금리 할인 행사를 정기적으로 개최하고 있고 백화점은 일정수량 이상의 제품을 고정적으로 구매하는 고객에게 우량고객카드를 발급해주고 제품 구입 시 일반고객보다 더 많은 할인혜택을 쥐 일반고객을 우량고객으로 유도하는 마케팅을 구사하고 있다.

미래학자들은 미래는 한 사람의 승자가 다 먹어치우는 승자독식사회, 즉 Super Star가 지배하는 시대가 도래한다고 주장한다. 1등만이 경제발전의 결실, 모든 것을 차지하는 시대, The Winner-Take-All Society라는 "승자 독식사회(勝者獨食社會)"가 온다고 예언하고 있다. 즉 시장에서 생산되는 재화와 서비스의 가치는 소수의 최고 실력자들이 기울인 노력에 의해 결정되며 이에 따라 이들이 엄청난 보수를 성과급으로 받게 된다는 것이다. 이러한 현상은 현재 연예계, 스포츠계, 법률, 의료 등 전문 서비스시장뿐만 아니라 제조업에도 급속히 확산되고 있다. 한 사람의 승자, 즉 Super Star가 지배하는 시대에 돌입하면서 사회 모든 분야에서 1등만이 살아남는다는 "Super Star의 경제학"까지 등장했다.

이에 따라 학자들은 21세기에 접어들어 세계가 99%:1%의 원리가 지배하는 더 치열하고 불공정한 경쟁사회에 돌입했다고 말하고 있다. 지난 2008년 세계 금융위기 이후 세계는 1%의 소수의 영화를 위해 나머지 99%가 희생해야 하는 시스템에 대한 비난이 고조되고 있다. 우리사회도 소득상위의 1%가 점점 더 고착되고 있다는 사실이 큰 문제이다. 우리사회 특권층에 대해서는 법 혹은 정책의 잣대가 다르다는 위험한 인식도 불식되지 못하고 있다. 상대적으로 소득이 높은 1%가 존재한다는 사실보다 1%가 될 수 있는 기회가 99%에게는 닫혀가고 있다는 사실에 주목해야 한다. 특권과 반칙에 기대지 않고 정정당당한 경쟁을 통해 누구라도 1%가 될 수 있다는 희망을 주는 사회가 되면 1%에 대한 반감을 극복할 수 있을 것이다. 공정한 기회가 약속된다면 많은 사람들이 사후적 결과의 불평등에 대한 위험을 감수하고라도 경쟁에 뛰어들 용의가 있을 것이다.

2010년 10월 국제금융자본과 신자유주의에 반대하는 시위가 세계 경제의 중심이요, 자본주의의 상징인 뉴욕 월가에서 벌어졌다. 최상위 1% 계층이 경제성장의 과실을 대부분 차지하는 극단적 '승자독식'현상이 보편화되었다. 그 결과 경쟁에서 탈락한 99%가 반발하면서 '월가를 점령하라'(Occupy the Wall Street)와 같은 반체제 저항운동이 전 세계로 확산되고 있다. 시위자들은 "상위 1% 부자들의 탐욕 때문에 나머지 99%의 사람들이 정당한 몫을 받지 못하고 고통 받고 있다."고 주장했다. 미국 가계의 재산실태조사에 따르면 1996년을 기준으로 상위 5%가 전체 재산의 약 50%를 소유하고 있으며 상위 1%의 부자는 전체 재산의 약 20%를 소유하고 있다고 한다.

2012년 한국조세연구원발표에 따르면 우리나라 소득 상위 1%가 전체 소득의 16.6%를 차지했다고 하는데, 이는 미국 17.7%에 이어 2위에 해당한다. 영국 14.3%, 캐나다 13.3%, 일본 9.2%, 호주 8.8% 등 국가들에 비해 소득불균형이 심각하다는 사실을 증명하는 것이다. OECD주요 19개국의 1%가 가진 소득은 전체소득의 평균 9.7%이다.

우리나라의 경우 백화점 상위 1%의 고객매출이 전체매출의 30%를 좌우하고 있다. 때문에 상위 1% 소비자를 겨냥한 '럭셔리 마케팅'이 백화점, 신용카드, 호텔은 물론 항공, 건설, 자동차, 전자 등 전방위로 확산되고 있다.

최근에는 한 걸음 더 나아가 경기회복의 과실을 극소수 수퍼 리치들이 독점한다는 뜻에서 상위 0.01%의 '더 가진 자'(the have-mores)란 표현도 등장했다. UC버클리 이매뉴얼 사에즈 교수와 영국 런던정경대학의 가브리엘 저크만 교수는 2013년 10월 발표한 논문에서 "상위 0.01%인 1만 6,000가구가 미국 전체 부의 11%를 소유하고 있다"면서 "상위 1% 내에서도 '1대99법칙'이 통용된다고 밝혔다. 즉 1986~2012년 동안 미국 상위 1%의 부는 연평균 3.9% 증가했지만 0.01%의 부는 이보다 두 배 빠른 속도로 증가하며 '가진 자' 내의 분화를 촉진했다는 것이다.

최근 소득불평등 연구의 대가 토마 피케티(Piketty) 파리경제대(EHESS) 경제학과 교수는 '21세기 자본'(Capital in the Twenty-First Century)에서 자본수익률 증가 속도가 경제성장률 증가보다 빠르기 때문에, 즉 돈이 돈을 버는 구조로 인해 소득불평등이 심화된다고 주장했다. 빈부격차가 확대된 주요 원인 중 하나는 자본수익률이 경제성장률보다 높았기 때문이라는 것이다. 즉 열심히 땀 흘려 일해서 돈을 버는 근로자보다 돈이 돈을 버는 속도가 더 빨랐다는 것이다. 폴 크르그만이나 조지프 스티글리츠 같은 진보적 경제학자들은 피케티 연구를 극찬하고 있다. 그는 '21세기 자본'을 펴내 단숨에 진보경제학계의 아이콘으로 떠올랐다. 그는 이 책에서 미국, 프랑스, 영국 등 20여 개국의 300여 년(1870~2010)에 걸친 조세자료를 분석해서 소득과 부가 상위 소수 층에 집중된다는 것을 증명했다.

그는 이 저서에서 미국 내 상위 1%가 전체 부의 30%를, 유럽의 경우 25%를 차지하고 10% 계층소득이 미국인 전체소득의 52%를 점하고 있으며 2000년 이후 2012년까지 소득증가를 보면 하위 90%의 소득이 10% 감소하는 동안 상위 0.01%의 소득은 76%나 늘어났다고 발표했다.

그가 인기가 있는 것은 지구촌 시민이면 누구나 공감할 수 있는 소득 양극화문제를 감성적, 직관적으로 파헤치고 있기 때문이다.

피케티 교수는 로마제국의 지니계수(소득불평등을 측정하는 지수로 0은 완전평등, 1은 완전불평등)는 0.43이었는데 2010년 미국의 지니계수는 그 보다 높은 0.49였다. 그는 오늘날 미국이 로마제국보다 더 불평등한 사회라고 주장했다. 그는 현재의 불평등을 방치한다면 18세기의 혼란이 재현될 것이라고 경고하고 불평등의 심화는 사회적 불안으로 이어질 것이라고 주장하면서 이를 극복하는 길은 세제개편과 교육개혁이라고 역설했다. 즉 지금은 불평등의 골이 너무 깊어 이대로 가면 자유는 물론이고 민주주의 자체가 위기에 빠질 수 있을 것으로 예상된다.

그러나 피케티는 현재 세계가 지식기반사회로 이동하면서 부동산이나 주식이 아닌 노하우, 사회성, 네트워킹 같이 세습할 수 없는 요소가 부의 요소로 부상하면서 오래지 않아 좀 더 평등한 사회가 될 것이 분명하다고 낙관론을 펴기도 했다. 개천에서 용이 날 수 있다는 얘기다.

2005년을 기준으로 빌 게이츠의 재산 465억 달러와 워런 버핏의 440억 달러를 합치면 미국 전체인구의 하위 40%에 해당하는 1억 2,000만 명의 재산총계 950억 달러에 육박한다. 사실상 미국사회는 현재 1%의 수퍼 리치와 그 나머지로 계층분화 구도가 고착된 셈이다.

세계는 지금 플루토클라트(PLUTOCRATS – 그리스어로 부(富)를 뜻하는 '플루토'와 권력을 의미하는 '크라토스'의 합성어로 부와 권력을 다 가진 부유층을 말한다)와 그 나머지로 양분되었다고 하겠다.

승자기업의 이익은 천문학적이고 CEO의 보수는 하늘을 찌른다. 애플의 CEO 팀 쿡은 2011년에 4,300억 원가량을 챙겼다. 미국 대기업 CEO의 연봉은 근로자 평균 치에 비해 1975년 35배에서, 2010년에는 325배로 폭등했다. 시간이 흐를수록 기술 이 더 발전하다보니 패자(looser)는 더 양산되고 있다. 취직에 실패한 청년실업자의 증가로 결혼도 못하는 하류인생이 넘쳐난다. 이것이 21세기 자본주의의 한 모순이 요 단면이다.

2014년 3월 사상 처음으로 공개된 우리나라 상장사 등기임원 보수를 보면 대기업 총수들이 지난해 받은 보수는 최태원 SK그룹회장 301억 원, 네파 대표 김형섭 201 억 원, 정몽구 현대자동차회장 140억 원, 김승연 한화회장 131억 원으로 나타났으며 전문경영인으로는 권오현 삼성전자 부회장 67억 원, 신종균 삼성전자사장 62억 원, 윤부근 삼성전자사장 50억 원, 이석채 KT회장 29억 원, 정준양 전 포스코회장 19억 원, 이상철 LG유플러스부회장 16억 원, 이형근 기아자동차부회장 14억 원 등으로 밝혀졌다.

한국은 미국에 비하면 훨씬 더 평등함에도 불구하고 우리사회에서 상위 1%에 대 한 불만이 더 크게 느껴지는 것은 미국의 10대 부자 중 7명이 자수성가한 1세대이 고 3명이 부모로부터 재산을 물려받았다. 반면 우리나라는 10대 부자 중 7명이 부 모로부터 물려받았고 3명이 자수성가한 1세대이다. 이른바 '금수저론'으로 풍자되고 있는 출생에 따라 사회적 지위가 결정되는 경직된 계급구조가 출현하면서 민주주의 가 위협을 받고 있다. 현제 우리나라는 편법과 탈법에 의한 부의 세습이 보편화되 고 있다는 사실이 정말 심각한 문제이다.

권영찬, 기획론, 법문사, 서울, 1979.

金東基, 現代마아케팅原論, 博英社, 1971.

김동기, 현대마케팅원론, 박영사, 1982.

김성식, 아파트 리모델링 시장 전망과 과제, LG주간경제, 2002. 8.

김영진, 부동산평가론, 건설연구사, 1977.

김영진, 부동산학개론, 건설연구사, 서울, 1972.

김영진, 부동산학총론, 경영문화원, 서울, 1980.

김원수, 마케팅관리론, 경문사, 1983.

김재덕, 부동산경영론, 경영문화원, 1984.

대한주택공사, 아파트 브랜드의 시대적 변천과정, 2000.

방경식, 부동산광고에 관한 고찰, 건국대학교, 1984.

심형석, 부동산마케팅론, 도서출판 두남, 2007.

吳相洛, 마아케팅原論, 博英社, 1978.

유필화·한상만·김용준, 현대마케팅론, 박영사, 2014.

윤정길, PRs論, 건국대출판부, 1983.

이종문·이민부, 환경교육, 한국방송통신대학교, 1999.

이태교·안정근, 부동산마케팅, 법문사, 2004.

임익순·소영일, 현대경영학원론, 박영사, 1983.

홍성용, 스페이스마케팅, 삼성경제연구소, 2007.

吉田正昭·村田昭治·井關利明, 消費者行動の理論, 丸喜株式會社, 東京, 1969.

金澤良雄 外 3人, 土地問題, 有斐閣, 東京, 1969.

不動産用語辭典, 第一法規出版, 東京, 1971.

小宮山生長, 動産·不動産鑑定評價の實務, 中央徑濟社, 東京, 1966.

實用不動産用語辭典, 商事法務研究會, 東京, 1971.

日本不動産取引研究會 編, 宅地建物取引の知識, 住宅新報社, 東京, 1969.

村田稔雄(譯), 新しい不動産業經營, 住宅新報社, 東京, 1968.

村田稔雄, 米和不動産用語辭典, 住宅新報社, 東京, 1973.

村田稔雄, 不動産のマーケティング, 住宅新報社, 東京, 1970.

出牛正芳, マーケテイング管理論, 增補版, 白桃書房, 東京, 1983.

片山又一郎 外, 現代廣告論, 實敎出版, 東京, 1980.

蒲池紀生, 離陸する住宅産業, 文藝春秋, 東京, 1969.

蒲池紀生, 不動産業界, 敎育社, 東京, 1982.

蒲池紀生, 日本의 不動産業, 日本經濟新聞, 東京, 1970.

A. P. Felton, The Marketing Concept Work, Harvard Business Review, Vol.37 No.4, 1959.

Alfred A. Ring and Jerome Dasso, *Real Estate, Prentice Hall Englewood Cliffs*, New Jersey, 1981.

Ben M. Enis, Marketing Principles, Good year Publishing Co. Inc., 1974.

Byrl N. Boyce, *Real Estate Appraisal Terminology*, Ballinger Publishing, Cambridge, Massachusetts, 1975.

David T. Kollat, Roger D. Blackwell and Jammes F. Robeson, Strategic Marketing. Holt, Rinehart and Winston, Inc., 1972.

J. S. Gross, Illustrated Encyclopedia Dictionary of Real Estate Terms, Prentice Hall Englewood Cliffs, N. J., 1967.

John Robinson, Economics of Imperfect Competition, Macmillan & Co., London, 1954.

Joseph L. Massie, Essential of Management, Prentice－Hall, Englewood Cliffs, New Jersey, 1979.

Larry E. Wofford, Real Estate, John Willey and Sons, New York, 1983.

Lillian Doris, The Real Estate Office Secretary Handbook, Prentice－Hall Englewood Cliffs. N. J., 1966.

Malrice A. Unger, Real Estate, 5th., South－Western Publishing, Cincinnati, Ohio, 1974.

Maurice A. Unger, Real Estate, 2nd ed., South－Western Publishing Co. Cincinati, Ohio, 1959.

Nelson L. North and Alfred A. Ring, *Real Estate Principles and Practices*, 5th.,

Prentice－Hall, Inc., NewYork, 1960.

P. Kotler, Principles of Marketing, Prentice－Hall, Englewood Cliffs, N. J., 1980.

Petre F. Drucker, The Practice of Management, Harper& Row, New York, 1971.

Philip Kotler, Marketing Management,4th ed., Prentice－Hall, Englewood Cliffs, New Jersey. 1980.

R. S. Butler, H. Debower, and J. G. Jones, Marketing Methods and Salesmanship, New York: Alexander Hamilton Institute, 1914.

Realtors National Marketing Institute, Real Estate Office Management People Function System, RNMI of NAR, Chicago, Illinois, 1978.

Richard E. Stanley, Promotion; Advertising, Publicity, Personnel selling, sales promotion, Prentice－Hall, 1977.

Robert Bartels, *The History of Marketing Thought*, 2nd., Grid, Inc., 1976.

Samuel Abraham, Real Estate Dictionary and Reference Guide, Career, Orange, Calif, 1979.

Theoder N. Beckman & William R. Davidson, Marketing, 7th, Ronald Press Company, New York, 1962.

William H. Newman, Administrative Action; The Techniques of Organization and Management, 2nd., Prentice－Hall Englewood Cliffs, N. J., 1963.

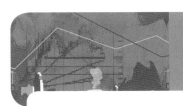

찾아보기 >>

[저자 약력]

□ 이태교(李太敎)

- 연세대학교 정치외교학과 졸업
- 서울대학교 경영대학 최고경영자과정 수료
- 한양대학교 대학원 행정학박사
- 한국일보, 중앙일보 정치부기자(청와대 출입기자)
- 삼성그룹, 회장비서실 근무
- 삼성그룹, 삼성에버랜드(주) 기획조사실장
- 동부그룹, (주)한국자보서비스 대표이사
- 한국수자원공사 사장, 사장연임
- 토지평가사, 공인감정사, 공인중개사 시험출제위원
- 한국부동산분석학회 회장
- 한성대 대학원 원장(경영, 행정, 통상정보, 예술대학원장 겸임)
- (사)한국부동산연합회 회장
- 세계부동산연맹(FIABCI) 이사회 부회장 겸 한국대표부 회장
- 21세기 국정자문위원회 운영위원
- 민주평화통일자문회의 상임위원
- 삼성에버랜드(주) 경영고문
- 서울신문 명예논설위원
- 부동산 TV 명예회장
- 서울사이버대학 부동산학과 석좌교수(현)
- 영국왕립평가사협회 펠로우(Fellow)회원(현)
- 서울부동산포럼 명예회장(현)

주요저서
- 부동산투자요령, 진명문화사, 1975
- 부동산투자의 전략, 경진사, 1978
- 부동산중개업법령 및 중개실무, 화학사, 1984
- 부동산마케팅, 경영문화원, 1985
- 재미있는 물 이야기, 현암사, 1992
- 부동산마케팅(공저), 법문사, 1997
- 부동산중개론, 부연사, 1999
- 물·환경·인간, 법문사, 2000
- 토지정책론, 법문사, 제2판, 2006
- 부동산정책론(공저), 법문사, 제3판, 2014

□ 방송희(房松熙)

- 한성대학교 경상학부 무역학/경제학 전공
- 한성대학교 대학원 경제부동산학과 부동산학 박사
- 한국주택금융공사 주택금융연구원 연구위원(현)
- 한국감정원 부동산연구원 부연구위원(전)
- 한성대학교 부동산경영학과 초빙교수(전)
- (사)한국부동산분석학회 상임이사(현)
- (사)한국주택학회 이사(현)
- (사)한국주거복지포럼 상임집행위원, 서민주택금융위원회 부위원장(현)

부동산마케팅

2016년 2월 20일 초판 인쇄
2016년 2월 25일 초판 발행

공 저 이 태 교 · 방 송 희

발행인 배   효   선

발행처 도서
        출판 法 文 社

주 소 10881 경기도 파주시 회동길 37-29
등 록 1957년 12월 12일/제2-76호(윤)
전 화 (031)955-6500~6 FAX (031)955-6525
E-mail (영업) bms@bobmunsa.co.kr
        (편집) edit66@bobmunsa.co.kr
홈페이지 http://www.bobmunsa.co.kr

조 판 (주) 성 지 이 디 피

정가 23,000원   ISBN 978-89-18-12278-6